AI 딥 다이브

AI 딥 다이브

오차역전파부터 확산모델까지, 미래를 만드는 73가지 기술 이야기

초판 1쇄 발행 2024년 7월 30일

지은이 오카노하라 다이스케 / **옮긴이** 정원창 / **펴낸이** 전태호
펴낸곳 한빛미디어(주) / **주소** 서울시 서대문구 연희로2길 62 한빛미디어(주) IT출판2부
전화 02-325-5544 / **팩스** 02-336-7124
등록 1999년 6월 24일 제25100-2017-000058호 / **ISBN** 979-11-6921-271-7   13000

총괄 송경석 / **책임편집** 박지영 / **기획 · 편집** 박지영 / **교정** 김가영
디자인 표지 박정우 내지 윤혜원 / **전산편집** 백지선
영업 김형진, 장경환, 조유미 / **마케팅** 박상용, 한종진, 이행은, 김선아, 고광일, 성화정, 김한솔 / **제작** 박성우, 김정우

이 책에 대한 의견이나 오탈자 및 잘못된 내용은 출판사 홈페이지나 아래 이메일로 알려주십시오.
파본은 구매처에서 교환하실 수 있습니다. 책값은 뒤표지에 표시되어 있습니다.
한빛미디어 홈페이지 www.hanbit.co.kr / 이메일 ask@hanbit.co.kr

지금 하지 않으면 할 수 없는 일이 있습니다.
책으로 펴내고 싶은 아이디어나 원고를 메일(writer@hanbit.co.kr)로 보내주세요.
한빛미디어(주)는 여러분의 소중한 경험과 지식을 기다리고 있습니다.

오차역전파부터 확산모델까지,
미래를 만드는 73가지 기술 이야기

AI 딥 다이브

오카노하라 다이스케 지음

정원창 옮김

한빛미디어
Hanbit Media, Inc.

지은이 · 옮긴이 소개

지은이 **오카노하라 다이스케**岡野原大輔

도쿄대학교 정보과학기술대학원 컴퓨터과학전공 박사 과정을 2010년 수료했다. 재학 중이던 2006년 친구들과 함께 PFI^{Preferred Infrastructure}를 공동 창업했으며 2014년에는 프리퍼드 네트웍스^{Preferred Networks}를 창업했다. 현재 프리퍼드 네트웍스의 대표이사 CER 및 PFCC^{Preferred Computational Chemistry}의 대표이사 사장으로 재직 중이다.

옮긴이 **정원창**

전자공학과 전산학을 공부하고 국내외의 크고 작은 하드웨어와 소프트웨어 회사에서 경험을 쌓았다. 현재는 자연어 처리에 중점을 둔 머신러닝 엔지니어로 일하고 있다. 옮긴 책으로『인사이드 머신러닝 인터뷰』,『개발자의 하루를 바꾸는 코파일럿 & 챗GPT』(이상 한빛미디어) 등이 있다.

실력자가 되려면 펀더멘탈을 넓고 깊게 공부해야 하지만 실천하기 어렵습니다. AI처럼 빠른 변화를 따라가는 것만으로도 벅찬 분야에서는 더욱 그렇죠. 그러나 새로 나온 기술의 좌표를 정확히 파악하고 더 앞을 내다보려면 다른 길이 없습니다.

이 책이 그것을 도와줍니다. AI의 고전과 신고전, 이론과 실제를 넓고 깊게 정리해서 읽는 것만으로 머릿속의 엔트로피를 줄여줍니다. 정보가 흘러넘치는 시대일수록 이런 책의 가치가 빛납니다. 세상에 실력자들은 적지 않지만, 이런 글을 써주는 사람은 아주 적습니다. 이론적인 깊이가 상당한 내용임에도, 설명 하나하나가 친절하고 직관적입니다. 저자의 실력과 성품이 드러납니다.

저자는 AI의 이론과 실제, 그리고 경영 감각까지 갖춘, 달인이라는 표현이 부족하지 않은 실력자입니다. 일본을 대표하는 AI 유니콘 스타트업인 프리퍼드 네트웍스Preferred Networks의 공동 설립자이자 최고 연구 책임자Chief Executive Researcher(CER)로서 열정적으로 활동하시는 분입니다.

이 책을 읽고 초급에서 중급으로, 중급에서 고급으로 레벨 업 하세요. 그리고 앞으로 다가올 큰 흐름을 예측할 자신만의 관점을 갖게 되시길 바랍니다.

마지막으로, 이 책의 출간을 결정하신 한빛미디어와, 번역서 출간에 흔쾌히 협조해 주신 저자 오카노하라 다이스케 님께 깊은 감사를 드립니다.

정원창

이 책은 2015년 7월부터 『닛케이 로보틱스Nikkei Robotics』지에 필자가 매달 연재했던 글을 모아 편집해 만들었습니다. 제가 매일 읽는 논문과 보고 듣는 뉴스 중에서 중요한 주제를 선택하여 작성해 왔습니다.

AI 분야는 발전 속도가 빠른 만큼 속보성이 중요합니다. 가장 빨랐던 사례를 하나 들자면, 중요한 논문이나 연구 결과가 공개된 직후 하루 안에 글을 써서 2주 이내에 지면에 게재했던 적도 있습니다. 일반 대중을 위한 기사로서는 웹 기사까지 포함하여 일본뿐 아니라 세계에서 가장 빨랐을 것이라 자부합니다.

최근 AI 분야의 발전은 놀랍습니다. 지난 2012년, 알렉스넷AlexNet이라는 신경망이 일반 물체 인식 대회ImageNet Large Scale Visual Recognition Challenge(ILSVRC)에서 압도적 격차로 우승하면서 주목받은 이른바 '알렉스넷 모멘트'가 일어났습니다. 이후 전 세계 연구자와 기업들이 급속하게 AI에 주목하기 시작했고, 이어서 거의 매년, 매달 세상을 놀라게 하는 성과들이 등장해 왔습니다. 이 책에서 다루는 기사들은 그러한 성과의 대부분을 거의 실시간으로 전달했습니다.

이러한 연구와 성과들은 갑자기 나타난 것이 아니라 초기 단계의 연구와 노력으로부터 차근차근 연속적으로 발전해 왔습니다. 예를 들어, 2022년 봄에 등장한 달리2DALL·E 2와 이매진Imagen은 텍스트로부터 이미지를 매우 충실하고 표현력 있게 생성함으로써 세상을 놀라게 했습니다. 여기에 사용된 확산 모델Diffusion based probabilistic model에 필요한 기술들은 점진적으로 발전해 왔습니다. 2014년의 변분 오토인코더(VAE), 2017년의 VWVariational Walkback, 2018년의 Neural ODE 등인데, 이보다 더 원류를 찾아 올라가자면 1995년에 등장한 헬름홀츠 머신에 이릅니다. 이러한 선구적인 연구들의 결과만 봤을 때는 실용화와 거리가 있었지만, 연구자 관점에서는 미래 가능성이 보였던 흥미로운 연구였으며 그만큼 착실하게 발전해 왔습니다. 앞서 언급한 기법들(VAE, VW, Neural ODE)이 막 등장했지만 아직 세상의 주목을 받지 못하던 단계에서부터 저는 그 모두를 연재 기사로 다루어 왔습니다.

아직 실용화에는 이르지 못했지만 주목받는 기술들도 많이 다뤘습니다. 예를 들어, NeRFNeural Radiance Field 등에 의한 새로운 시점에서의 장면 생성 기술은 앞으로 현실 세계에 AI를 도입하는 데 매우 큰 영향을 미치리라 여겨집니다. 또한 SLAM과 같은 자세 추정/공간 복원 기술은 이미 로봇 등에 널리 쓰이고 있지만, 이 책에서 다룬 기술은 이러한 기법들을 더 높은 정확도로 어려운 환경에서 빠르게 처리할 수 있는 방식입니다. 메타버스나 디지털 트윈처럼 현실 세계와 가상 세계의 경계가 점차 사라지는 가운데, 이러한 기술들은 두 세계를 연결하는 접착제 역할로서 중요해질 것입니다.

강화 학습을 통한 최적 제어 또한 주목받고 있지만 아직 현실 세계에 큰 영향을 미치지 못하는 분야 중 하나입니다. 강화 학습의 실용화에서 중요한 문제로는 대량의 시행착오가 필요하다는 점을 꼽을 수 있습니다. 이 책에 소개된 월드 모델, 시뮬레이션과의 융합이 더욱 발전하면 더욱 넓은 분야에서 활용될 것으로 기대됩니다.

AI 기술 발전에는 다음과 같은 세 가지 특징이 있다고 생각합니다. 속도, 무경계^{borderless} 그리고 창의성입니다.

첫 번째 특징인 '속도'와 관련해 현재의 AI 기술은 논문이나 코드가 순식간에 전 세계에 공유되고, SNS에서 바로 논의가 시작되며, 유튜브 등에 설명 동영상이 등장합니다. 예를 들어 큰 영향을 미치는 연구가 등장하는 경우, 순식간에 커뮤니티에 퍼지고 1개월 후에는 후속 연구가 등장하기 시작하며 6개월 내지 1년이 지난 뒤 학회에는 해당 연구를 활용한 기법의 논문이 등장합니다. 처음 방법을 제안한 논문과 그 후속 연구, 그리고 후속 연구의 후속 연구가 같은 학회의 같은 세션에서 발표되는 경우도 드물지 않습니다. 이러한 속도감도 이 책에서 함께 전달하고자 합니다.

두 번째로 '무경계'란, 지금의 AI는 특정 분야 전용 기법이라는 것이 없고 한 분야에서 성공한 방법이 곧바로 다른 분야로 퍼져 나간다는 의미입니다. 예를 들어 딥러닝 자체는 처음에는 음성 인식 분야에서 성공했습니다. 대규모 데이터로 학습하면 다양한 기법 없이도 학습이 성공하여 높은 성능을 발휘할 수 있었습니다. 이 결과를 이미지 인식에도 적용할 수 없을까라는 생각에 2012년 알렉스넷이 등장했습니다. 이 연구 성과는 시간 차이는 있지만 그 후 자연어 처리나 화합물 등 다른 분야에 도입되었습니다. 마찬가지로 자연어 처리(기계 번역) 분야에서 처음 등장한 트랜스포머^{Transformer} 역시 이미지 인식 등 다른 분야로 순식간에 퍼져 나갔습니다. 이러한 기법들의 적용 분야에 경계가 없다는 것은, 자연계에 어떤 공통된 법칙성이 있는 것이 아닐지 생각하게 만듭니다.

세 번째로 '창의성'이란, AI 기술의 발전에 있어서 영향력 있는 성과는 상식이나 기존 지식에서 벗어난 곳에서 등장한다는 의미입니다. 뛰어난 직관과 실험 능력을 기반으로 놀라운 결과가 나타나고, 얼마 후 그것을 설명할 수 있는 이론이 등장하는 흐름이 이어지고 있습니다. 이러한 결과를 볼 때마다 기술 발전을 방해하는 가장 큰 요인은 창의성의 부족이며 상식에 얽매이지 않는 유연한 발상이 필요하다는 생각이 듭니다. 이 책을 통해 이러한 유연한 발상들도 보셨으면 합니다.

이 책과 연재 기사를 집필하는 과정에서 편집자인 신도 토모노리^{進藤智則} 씨에게 많은 도움을 받았습니다. 매번 기술 내용의 오류나 불분명한 부분에 대해 예리하게 지적해 주셨습니다. 또한 저의 근무처인 프리퍼드 네트웍스$^{Preferred Networks}$의 동료들에게도 연재 기사와 관련한 오류나 코멘트를 피드백 받았습니다.

책의 내용에 오류 등이 있다면 필자인 저의 책임입니다. 연재 당시의 분위기를 전달하기 위해 내용은 연재 당시의 표현을 최대한 유지하고자 했습니다.

이 책을 통해 AI 기술의 최전선에서 어떤 일이 일어나고 있는지 파악하고 흥미를 느끼게 되신다면 저자로서 기쁘겠습니다.

오카노하라 다이스케

인공지능의 세계로의 초대, 이 책은 그 첫걸음을 위한 완벽한 동반자가 될 것입니다.

딥러닝은 인공지능의 핵심 기술 중 하나로, 현대 기술 혁신의 중심에 서 있습니다. 이 책은 딥러닝의 기본 원리 설명을 시작으로, 다양한 학습 방법론과 모델에 대한 깊이 있는 설명을 다양하게 제공합니다. 이를 통해 독자들은 딥러닝의 기초부터 심화까지 체계적으로 이해할 수 있으며, 복잡한 개념도 쉽게 접근할 수 있을 것입니다.

또한, 이 책은 인공지능 기술을 실제로 어떻게 적용할 수 있는지 다양한 활용 분야에서의 자세한 예시를 통해 명확히 제시합니다. 이미지, 음성, 언어 처리와 같은 대표적인 분야뿐만 아니라 로봇, 제어, 바이오 등 인공지능의 혁신적 적용이 이루어지는 다양한 사례를 다루어, 인공지능 기술의 범용성과 실질적 유용성을 깊이 이해할 수 있도록 돕습니다.

인공지능 기술은 개발 분야이든 연구 분야이든 방대한 이론적 지식과 함께 실질적인 적용 능력을 요구합니다. 이를 위해 이 책은 이러한 전반적인 내용을 한 권에 모두 담아내, 독자들이 체계적이고 포괄적으로 학습할 수 있도록 구성되어 매우 유용합니다.

인공지능을 처음 접하는 이들부터 이미 아는 내용을 더욱 심화하고자 하는 전문가에 이르기까지, 이 책은 모두에게 큰 도움이 될 것입니다. 딥러닝과 인공지능의 잠재력을 이해하고 그 가능성을 실현하고자 하는 모든 분께 이 책을 적극 추천합니다. 이 책은 단순한 학습서를 넘어, 인공지능 시대를 준비하는 누구에게나 필수적인 동반자가 될 것입니다.

김태섭_ 서울대학교 데이터사이언스대학원 교수

딥러닝은 쉽고도 어려운 학문 분야입니다. 딥러닝 모델은 단순하게는 선형사상 함수와 비선형 활성 함수들을 계층적으로 쌓은 복합함수로 이해할 수 있고, 그 학습도 미분가능한 함수를 미분하는 것일 뿐입니다. 그 미분조차도 자동 미분 프로그램의 도움을 받아 수행합니다. 그래서 초보자라 해도 한 달이면 기본 원리를 이해할 수 있습니다.

하지만 좀 더 깊이 들어가 보면 딥러닝의 세계는 또 한없이 깊습니다. 일반화, 최적화기법, 생성 모델, 메타학습, 강화 학습, 효율화 등 세부 주제마다 일 년에만 수천 편의 논문이 쓰이는 학문 분야입니다. 십여 년을 이것만 연구했지만 그래도 모르는 것, 손에 잡히지 않는 것투성이입니다. 그래서 기본 개념을 습득하는 단계와 연구자 수준으로 올라가는 단계 사이의 간격이 매우 큰 분야라고 할 수 있습니다.

초보자들이 기본 개념을 습득할 수 있도록 돕는 책과 교재들은 많습니다. 연구자들의 경우에는 특정 분야를 깊이 파고들어 연구하기 위해 책이 아닌 논문을 읽는데, 관련 논문 역시 너무나 많습니다. 하지만 이 둘 사이를 이어주는 가교 역할을 할 만한 좋은 자료는 많지 않습니다. 보통의 책과 교재는 기본 개념에만 충실한 경우가 많고, 논문들은 어디서부터 시작해야 할지 막막합니다. 이제 막 기본 개념을 이해한 분들에게는 너무나 막막한 대양과 같지요. 따라서 이러한 가교 역할을 할 수 있는 책이 너무나 필요하고 갈급하다는 사실은 두말할 나위가 없을 것입니다.

그러한 분들에게 바로 이 책을 추천합니다. 기본 개념들의 큰 맥락을 파악하고 싶은 분, 어떠한 주요 연구 주제들이 있는지 궁금하신 분, 각 연구 주제의 핵심을 파악하고 싶은 분에게 이 책은 좋은 길잡이 역할을 할 것입니다. 좋은 내용의 책을 집필해 주신 저자와, 좋은 번역으로 국내에서도 이러한 양서를 접할 수 있게 해주신 역자 그리고 한빛미디어에 감사한 마음을 전합니다.

안성진_ KAIST 전산학부 교수

구석구석 먼지를 청소해 주는 로봇 청소기는 이제 매장에서 구입할 수 있는 보편 기술이 되었습니다. 하지만 집안에 널려 있는 물건을 정리해 주는 로봇은 매장에서 팔지 않습니다. 인공지능이 아무리 발달했다고 해도 아직은 실험 단계에 있는 어려운 기술입니다.

이 책의 저자인 오카노하라 다이스케는 자신이 창업한 프리퍼드 네트웍스에서 개발자 20여 명과 함께 '전자동 정리 로봇'을 개발한 과정과, CEATEC Japan 전시회에서 호평을 받은 경험을 생생하게 들려줍니다. 또한 최근 인공지능이 달성한 놀라운 성공 스토리를 대중의 호흡에 맞춰 상세히 설명합니다. 이들의 성공 스토리를 가능하게 한 딥러닝에 대해서는 원리와 함께 왜 잘 작동하는지 설명하는 데 노력을 아끼지 않습니다.

다만 대중과 호흡하려고 기술의 겉 부분만 살짝 다루지는 않습니다. 신경망 초창기부터 현재 트랜스포머 시대에 이르기까지 세부 기술의 상세 내용과 발전 역사를 함께 제시하여 독자의 호기심을 유발하고, 기술의 더 깊숙한 부분까지 발을 들여놓고 싶은 동기를 자극하는 책입니다.

오일석_ 전북대학교 컴퓨터공학부 교수

PART 01
지능이란 무엇인가, 딥러닝이란 무엇인가

---

* 일러두기_ 이 책에서 소개하는 수식 중 일부분은 원서와 형태가 조금 다를 수 있습니다. 역자가 원저자의 동의 아래 더 나은 표현으로 개선하거나 오류를 수정하여 표기한 경우입니다.

PART 02

학습 기법

PART 03

모델과 아키텍처

CHAPTER 6 생성 모델

CHAPTER 7 기억의 얼개

PART 04
애플리케이션

PART 04

애플리케이션

CHAPTER 13 시뮬레이션

CHAPTER 14 게임

CHAPTER 15 바이오 생명 과학

CHAPTER 16 로봇

PART

1

지능이란 무엇인가,
딥러닝이란 무엇인가

CHAPTER

1

인공지능의 원리 해명

딥러닝 모델 학습이 잘 되는 이유

딥러닝은 이미지 인식, 음성 인식, 강화 학습 등 다양한 분야에서 큰 성과를 거두고 있지만, 딥러닝이 왜 그렇게 잘 작동하는지는 실은 아직 잘 파악되어 있지 않습니다. 딥러닝이 기존 모델보다 파라미터 수가 많고, 강력하고, 어떤 기능이든 근사화할 능력이 있는 것은 사실이지만, 그것만으로는 설명되지 않습니다.

최적화 문제에 대해서는 '공짜 점심은 없다No Free Lunch'라는 정리가 알려져 있습니다. 이는 머신러닝 학습 문제에도 적용되는데, '모든 문제에서 좋은 성능을 내는 머신러닝 모델은 이론적으로 불가능하며, 어떤 모델이 다른 모델보다 더 나은 성능을 보인다면, 그것은 해결하려는 특정 문제에 전문화되거나 특화된 경우뿐'임을 의미합니다.

딥러닝을 포함한 머신러닝 기법은 학습 데이터로부터 파라미터를 획득하여 함수를 얻습니다. 한편, 학습 데이터로부터가 아닌, 처음부터 가지고 있던 지식이나 가설을 귀납적 편향inductive bias이라고 합니다. 앞서 언급한 '공짜 점심은 없다'라는 정리와 함께, 딥러닝은 어떠한 귀납적 편향을 가진 상태에서 특정 문제에 특화됨으로써 다른 기법에 비해 우수한 성능을 달성한다고 할 수 있습니다.

현실 세계 문제에 특화

그렇다면 딥러닝은 어떤 문제에 특화되었다고 할 수 있을까요? 이 문제를 해결하기 위해 논문 발표 당시 20세의 젊은 물리학자였던 헨리 린Henry W. Lin

은 다음과 같은 가설을 세웠습니다.[1] '세상에 보이는 딥러닝은 이러한 문제들에 특화되어 있기에 성공할 수 있는 것이 아닐까'라는 가설입니다.

(1) 낮은 차수의 다항식

세상의 많은 문제는 낮은 차수의 다항식 모델로 설명할 수 있습니다. 예를 들어, 중력을 지배하는 뉴턴 방정식, 전자기학을 지배하는 맥스웰 방정식, 유체 역학을 지배하는 나비에-스토크스 방정식의 최대 차수는 높아 봐야 4입니다. 또한 이미지에서 의미semantics를 바꾸지 않는 회전이나 평행 이동과 같은 변환은 선형 변환이므로 차수가 높아지지 않습니다.

신경망에서는 낮은 차수 다항식의 근사가 잘 됩니다. 예를 들면, 하나의 곱셈은 4개의 뉴런으로 구성된 신경망으로 시뮬레이션할 수 있습니다. 임의의 다항식은 해당 계산에 필요한 곱셈 횟수의 4배 정도의 뉴런들로 이루어지는 신경망으로 근사할 수 있습니다.

(2) 국소성

세상의 많은 현상들에서는 가까운 객체끼리만 영향을 미치는 국소성locality을 찾아볼 수 있습니다. N개의 객체가 있는 시스템에서는 객체 간 상호작용이 N의 다항식 관계로 표현되겠지만, 실제로는 정수 개의 주변 물체에만 영향을 미치므로 복잡성은 N에 대해 선형적으로만 증가합니다.

실제로, 국소성을 가진 마르코프 네트워크는 노드

수에 비례하는 뉴런들로 구성된 신경망을 사용하여 근사할 수 있습니다.

(3) 대칭성

세상의 문제들은 대칭성symmetry을 보이는 경우가 많습니다. 이것도 관찰되는 복잡성의 양을 줄이는 데 큰 도움이 됩니다. 대표적인 대칭성으로는 시간 동변성equivariance이나 평행이동 동변성, 치환 동변성 등이 있습니다. 어떤 변환이 동변성을 가진다는 말은, 입력을 조작해서 다른 입력으로 만들면 출력도 그 조작에 대응하는 규칙에 따라 바뀐다는 의미입니다. 출력이 입력 조작에 대해 변하지 않는 불변성invariance은 동변성의 특수한 케이스입니다. 이동 동변성과 시간 동변성, 치환 동변성을 명시적으로 모델에 통합한 합성곱 신경망convolutional neural network(CNN) 및 RNN, 트랜스포머transformer는 학습에 필요한 파라미터 수를 크게 줄일 수 있습니다.

이러한 특징은 언뜻 복잡해 보이는 세상의 문제가 실제로는 단순하고 현실적인 크기의 신경망으로 충분히 근사화될 수 있음을 의미합니다.

계층성 모델링에 유리

그렇다면 신경망의 계층 구조는 어떤 역할을 할까요?

세상에서 관찰되는 데이터 생성 과정에는 마르코프 성질Markov property, 즉 다음 데이터의 생성이 이전 상태에만 의존하는 성질이 보입니다. 예를 들어 어떤 이미지가 관찰된다고 합시다. 물체의 위치와 모양, 광원과의 위치 관계, 카메라와의 위치 관계가 정해짐에 따라 최종적으로 보일 이미지가 결정되겠지요. 이러한 과정이 마르코프적이며, 순차적으로 변환되면서 복잡한 데이터가 생성됩니다.

데이터 생성 과정이 마르코프 성질을 가지고 있다면, 신경망은 그것을 역방향으로 거슬러 올라감으로써 그 데이터 생성의 인자를 추정할 수 있을 것[2]으로 보입니다.[3]

어떤 신경망을 사용하여 입력으로부터 생성된 출력 데이터를 다른 신경망을 사용하여 근사하는 경우, 데이터를 생성하는 신경망의 각 노드의 거동을 모방하듯이 학습할 수 있음이 알려져 있습니다.[4] 이 세상의 데이터 생성 과정이 신경망과 같다면, 그 생성 과정 자체를 재현하는 것이 됩니다.

또한 세상의 현상에는 계층성이 보입니다. 이러한 계층성은 다층 신경망에 의해 성공적으로 근사할 수 있습니다. 사람의 얼굴이 눈이나 코와 같은 부분의 집합으로 구성되고, 이때 눈이나 코는 이미지의 가장자리edge와 대비contrast로 표현되는 것과 같은 계층성을, 신경망의 각 층으로 성공적으로 모델링할 수 있음이 밝혀졌습니다.

한편, 사람이나 동물이 매우 적은 양의 경험으로부터 학습할 수 있다는 사실은 아직 발견되지 않은 귀납적 편향이 있음을 시사합니다. 사람과 동물은 이러한 귀납적 편향을 진화 과정에서 뇌 구조로서 획득해 왔지만, 거기에 공학적으로 참고할 수 있는 부분이 여전히 많다고 생각됩니다.

---

1   H. Lin et al., "Why does deep and cheap learning work so well?," https://arxiv.org/pdf/1608.08225.pdf

2   옮긴이_ 이것이 2022년부터 각광을 받은 확산(diffusion) 모델의 기본 아이디어이기도 합니다.

3   A. Patel et al., "A Probabilistic Framework for Deep Learning," https://arxiv.org/pdf/1612.01936v1.pdf

4   Y. Tian et al., "Luck Matters: Understanding Training Dynamics of Deep ReLU Networks," https://arxiv.org/abs/1905.13405

1.2 매니폴드 가설: 현실 세계 데이터의 모델링 기법

이미지나 음성 등의 대상 데이터를 고차원 공간의 한 점으로 간주하여, 데이터가 공간 속에 어떻게 분포하는지를 찾아내는 방식으로 모델링하는 것을 생각할 수 있습니다. 그러나 일반적으로 고차원 데이터에 대해 다양한 통계 모델을 추정할 때는 '차원의 저주curse of dimension'라는 어려운 문제를 만나게 됩니다.

예를 들어, 1,000차원 공간에 분포하는 데이터를 모델링할 때 각 차원을 0 또는 1의 이진값으로 하면 2의 1,000승 개의 공간으로 나누어집니다. 이는 우주에 존재하는 원자 수보다 많기 때문에, 현실적으로 관찰할 수 있는 개수의 샘플로부터는 분포를 추정할 수가 없습니다.

한편, 이미지나 음성과 같이 자연계에서 발견되는 많은 데이터는 가능한 값 조합 공간의 극히 일부만을 사용합니다. 이러한 데이터는 데이터의 겉보기 차원 수보다 훨씬 적은 파라미터에 의해 지배되는 공간에 분포하리라 생각됩니다.

예를 들어, 이미지의 각 픽셀값을 균일분포uniform distribution에서 샘플링하여 랜덤하게 생성하면 거의 모든 이미지가 모래 폭풍과 같은 무의미한 이미지가 됩니다. 한편, 실제로 관찰되는 이미지는 사람의 얼굴 이미지나 풍경 이미지와 같이 구조화된 데이터로서, 픽셀들 사이에 강한 상관관계가 있는 이미지들입니다. 또한 얼굴의 기울기가 조금씩 바뀌거나 조명이 조금씩 바뀌면 이러한 이미지가 조금씩 바뀝니다. 관찰되는 이미지는 픽셀 수보다 훨씬 적은 수의 파라미터(대상 물체의 각도, 광원의 위치, 카메라의 위치)에 의해 지배되며 이러한 파라미터를 매끄럽게smoothly 변화시키면 이미지도 매끄럽게 변화합니다. 이렇게 데이터가 적은 수의 파라미터에 의해 지배되고 그 파라미터를 변화시키면 데이터도 매끄럽게 변하는 성질은 다른 많은 데이터에서도 보입니다. 이것은 매니폴드 가설 Manifold hypothesis의 개념으로 설명할 수 있습니다.

각 점의 주변이 n차원적으로 확장된다고 볼 수 있는 공간을 매니폴드라고 합니다. 다르게 표현하자면, 국소적으로는 n차원 좌표계를 이용하여 표현할 수 있는, n차원 유클리드 공간과 위상동형 homeomorphic(매끄럽게[1] 변화시켜 동일한 형태로 만들 수 있습니다)으로 볼 수 있는 공간입니다.

현실 세계 데이터 분포에 많이 보이는 낮은 차원의 매니폴드

예를 들어, n차원 유클리드 공간 자체는 어떤 점에서도 n차원으로 전개할 수 있는 매니폴드입니다. 또한 구면spherical surface은 3차원 공간에서 2차원적인 전개를 갖는 매니폴드입니다. 구면 전체는 2차원과 위상동형은 아니지만(예를 들어 세계 지도는 북극과 남극에서 불연속임), 각 점의 주변만을 생각한다면 2차원으로 간주할 수 있습니다. 이것은 우리가 지구상에서 거의 2차원 평면상에 있는 것처럼 생각한다는 사실에서도 알 수 있습니다(매니폴드에 대한 공학적 설명은 관련 도서[2] 참조).

현실 세계에서 관찰되는 많은 데이터의 분포가 이

러한 낮은 차원의 매니폴드로 간주될 수 있다는 가설을 매니폴드 가설이라고 합니다. 우주 공간에 별과 은하가 기포막과 같은 매우 얇은 영역에 존재하는 것처럼, 많은 데이터도 고차원 공간에서 낮은 차원의 박막으로 분포되어 있다고 여겨집니다.

GAN이나 VAE를 통한 매니폴드 잠재 표현 획득

데이터에 포함된 매니폴드를 추정하는 방법과 매니폴드 중의 좌표를 원래 세계의 좌표와 대응시키는 방법에 대해 다양한 기법이 연구되고 있습니다. 이러한 대응을 실현하기 위한 선형 기법으로는 주성분 분석principal component analysis(PCA)을 사용할 수 있고, 비선형 기법으로는 Isomap, 지역 선형 임베딩locally linear embedding(LLE), 라플라시안 아이겐맵Laplacian Eigenmap, 준정부호 임베딩semi-definite embedding(SDE) 등이 알려져 있습니다.

변분 오토인코더variational autoencoder(VAE)나 생성적 적대 신경망generative adversarial network(GAN), 정규화 플로normalizing flow3 같은 최근 제안된 심층 생성 모델은, 잠재 표현으로 데이터의 낮은 차원 매니폴드를 얻을 수 있는 것으로 밝혀졌습니다.

VAE나 GAN, 정규화 플로에서는 랜덤하게 생성된 노이즈 벡터 z로부터 생성 함수 Gen을 사용하여 입력 벡터 $x = \text{Gen}(z)$을 생성합니다. Gen에 다층 신경망을 사용하여 기존 방법보다 복잡한 데이터 모델링에 성공했습니다. 노이즈의 차원 수가 데이터의 차원 수보다 적고, Gen이 신경망이면, 이 x는 낮은 차원의 매니폴드가 된다고 알려져 있습니다.[4]

학습이 성공하게 되면, 노이즈 벡터들 사이에서 매끄럽게 변화시킴에 따라(예를 들어, $z = \alpha z_1 + (1 - \alpha)z_2$에서 α를 0에서 1까지 변화), 생성되는 이미지도 매끄럽게 바뀝니다. 예를 들어, 생성 작업에서 낮은 차원 매니폴드로의 분해를 통해 가장 성공한 StyleGAN은 생성 데이터를 구성 요소별로 분해할 수 있으며(이때 노이즈 벡터가 아닌 스타일 벡터의 형태로 데이터를 잠재적으로 표현함), 어느 요소를 변화시키면 대상 물체를 회전시킬 수 있고, 어느 요소를 변화시켜서 형태가 매끄럽게[5] 바뀌도록 할 수 있는지 등의 분해가 가능합니다.[6]

최대 가능도 추정은 낮은 차원 매니폴드 표현에는 부적합

우선, 낮은 차원 매니폴드에 분포된 데이터를 생성 모델 $p(x)$를 사용하여 추정하는 경우에는 최대 가능도 추정maximum likelihood estimation (MLE)과 같은 기존의 추정 기법이 적합하지 않음이 알려져 있습니다.[7,8]

1　옮긴이_ 기하학적으로는 물체를 찢거나 붙이지 않고 구부리거나 늘이는 것을 의미합니다.

2　『情報幾何学の新展開』(サイエンス社, 2019)

3　옮긴이_ 한국어로 정착된 번역어가 없습니다. 이 책에서는 '정규화 플로'로 표기합니다.

4　M. Arjovsky et al., "Towards Principled Methods for Training Generative Adversarial Networks," https://arxiv.org/abs/1701.04862

5　옮긴이_ 바뀐 결과가 매끄럽다는 의미가 아니라, 바뀌는 과정이 급격한 변화 없이 매끄럽다는 의미입니다.

6　T. Karras et al., "A Style-Based Generator Architecture for Generative Adversarial Networks," CVPR 2019.

A. H. Bermano et al., "State-of-the-Art in the Architecture, Methods and Applications of StyleGAN," https://arxiv.org/abs/2202.14020

7　M. Arjovsky et al. "Wasserstein GAN," https://arxiv.org/abs/1701.078

8　M. Arjovsky et al., "Towards Principled Methods for Training Generative Adversarial Networks," https://arxiv.org/abs/1701.04862

두 확률 분포 사이의 거리를 측정하는 대표적인 방법으로 쿨백-라이블러 발산Kullback-Leibler divergence이 있습니다.

$$\mathrm{KL}(p \parallel q) = \int_x p(x) \log \frac{p(x)}{q(x)} dx$$

이 $\mathrm{KL}(p \parallel q)$는 두 분포 p와 q가 일치하지 않는 경우는 $\mathrm{KL}(p \parallel q) > 0$이 되고, 일치하는 경우에만 $\mathrm{KL}(p \parallel q) = 0$이 되는 함수입니다. 따라서, 대상의 확률 분포가 p이고 학습 대상인 확률 분포가 q인 경우, $\mathrm{KL}(p \parallel q)$가 최소화되도록 하는 q, 즉, 다음과 같은 식을 구함으로써 p와 일치하거나 p에 가까운 q를 찾을 수 있습니다.

$$
\begin{aligned}
q_{\mathrm{ML}} &= \underset{q}{\arg\min}\, \mathrm{KL}(p \parallel q) \\
&= \underset{q}{\arg\max} \int_x p(x) \log q(x) dx \\
&= \underset{q}{\arg\max} \sum_{x_i \in D} \log q(x_i)
\end{aligned}
$$

여기서 $D = \{x_i\}$는 목표 확률 분포 p로부터 샘플링된 학습 데이터입니다. 이 추정은 관측된 데이터의 가능도를 최대화하는 분포를 찾기 때문에 최대 가능도 추정이라고 부릅니다.

최대 가능도 추정은 생성 모델 추정의 중심적인 기법이지만 다음과 같은 문제점이 있습니다. 첫 번째는 다음과 같습니다.

$$p(x) = 0, \ q(x) > 0$$

즉, 관측되지 않는 데이터에 모델이 0이 아닌 확률을 할당하는 경우, 그 데이터의 최대 가능도 추정에 의한 값은 $q(x)$ 값과 상관없이 다음과 같이 되어버립니다.

$$p(x) \log q(x) = 0$$

즉, 모델이 잘못된 데이터 x를 생성하더라도 직접적인 페널티가 없습니다. 이것은 매니폴드 가설이 성립하는 데이터들의 경우, 많은 x에 대해 $p(x)=0$이기 때문에 문제가 됩니다.

또한, 모델 q도 낮은 차원의 매니폴드이고 많은 x에서 $q(x)=0$이므로, $p(x)>0$인 영역(이를 p의 지지support라고 함)과 $q(x)>0$인 영역이 겹치는 부분의 부피는 거의 0이 됩니다. 예를 들어, 3차원 공간에 있는 두께가 0인 종이의 부피가 0이듯이, 고차원 공간에 있는 저차원 다양체의 부피는 0입니다.[9] 이 경우에 쿨백-라이블러 발산은 정해지지 않습니다indefinite.

과거에는 이러한 문제를 방지하기 위해 관측 데이터에 대해서도 데이터의 끝에 잡음이 포함된다고 가정하여, 모든 x에 대해 $p(x)>0$이 되도록 하고, 학습 대상 모델도 모든 데이터에 0이 아닐 확률을 할당하도록 했습니다.

최대 가능도 추정의 문제를 피한 GAN

GAN은 이러한 문제를 피하여 낮은 차원의 매니폴드를 모델링할 수 있는 것으로 알려져 있습니다.

GAN 학습은 최대 가능도 추정보다는 옌센-섀넌 발산Jensen-Shannon divergence을 최소화하는 것으로 알려져 있습니다. 옌센-섀넌 발산은 다음과 같이 정의됩니다.

$$\mathrm{JS}(P \parallel Q) = \frac{1}{2}(\mathrm{KL}(P \parallel M) + \mathrm{KL}(Q \parallel M))$$

여기서 $M = (P+Q)/2$입니다. M의 지지support는 P와 Q의 지지의 합집합이므로, P와 Q가 낮은 차원의 매니폴드인 경우에도 옌센-섀넌 발산은 값을 가지게 됩니다.

또한 GAN의 개량 버전인 와서스테인 GAN Wasserstein GAN(WGAN)[10]은 분포 간의 거리로 와서스테인 거리Wasserstein distance를 사용하여 학습합니다 (EM 거리earth mover distance라고도 합니다).

와서스테인 거리는 다음과 같이 정의됩니다. 확률 밀도 함수 $p(x)$에 의해 정의되는 확률 분포를, 위치 x에 $p(x)$만큼의 모래가 존재하는 것으로 간주합니다. 두 확률 분포 p와 q의 모래의 총량은 양쪽 모두 1(확률 분포의 정의로부터)이므로 p의 각 위치에 있는 모래를 각각 운반하여 q의 분포를 만들 수 있습니다. 운송 비용을 모래의 양에 운송 거리를 곱한 값이라고 합니다. 이때, 와서스테인 거리는 p의 분포를 q의 분포로 변화시키기 위한 운송비의 최소합으로 정의합니다.

생성 모델 학습을 통한 낮은 차원의 매니폴드 획득

최근에는 자기회귀autoregressive 모델, 정규화 플로 또는 확산 모델 등의 생성 모델이 등장하여, 충실도 높은 데이터를 생성함과 동시에 데이터의 숨겨진 특징이나 인자를 추정할 수 있게 되었습니다. 이러한 생성 인자는 여러 작업에 유용한 특징으로서, 좋은 표현 학습representation learning이 됩니다. GPT-3를 필두로 하는 여러 가지 생성 모델을 사용하여 사전 학습하는 접근이 널리 사용되는데, 이를 통해 데이터의 숨겨진 구조를 성공적으로 얻어낼 수 있을 것입니다.

GAN 학습과 유사한 계산식

와서스테인 거리를 계산하기가 어려워 보일 수 있지만, 칸토로비치-루빈스타인 쌍대성Kantorovich-Rubinstein duality 정리를 사용하면 와서스테인 거리의 하한을 구하는 식이 GAN 학습과 매우 유사해집니다. 와서스테인 거리는 낮은 차원의 매니폴드 간 비용으로 정확하며, 학습 중에 와서스테인 거리를 작게 만들어감으로써 목표 분포를 정밀하게 모델링할 수 있습니다.

불연속 정보를 다룰 때는 잠재 변수(또는 매니폴드의 좌표)에 대해 이산 변수를 사용해야 합니다. 또한, 인간의 자세와 같은 구조적 매니폴드에는 계층적 매니폴드를 고려할 필요가 있습니다.

9   옮긴이_ 두 장의 종이가 교차하는 경우에, 교차선의 부피는 0에 수렴합니다.

10 M. Arjovsky et al., "Wasserstein GAN," *https://arxiv.org/abs/1701.07875*

딥러닝이 일반화되는 이유

머신러닝의 목표는 유한한 학습 데이터에서 규칙이나 지식을 얻어, (동일한 분포에서 샘플링되는) 학습 데이터에는 없지만 학습 데이터와 같은 종류의 성질을 가지는 미지의 데이터에 대해 성공적으로 추론할 수 있는 모델을 얻는 것입니다. 이 능력을 일반화 능력이라고 합니다.

일반적으로, 학습은 학습 데이터 $Z = \{z_i\}_{i=1}^{N}$이 주어졌을 때 학습 데이터에 대한 손실 함수 $l(z, f)$의 합을 최소화하는 함수 f를 구함으로써 실현됩니다.

$$L_{e(f)} = \frac{1}{N}\sum_i l(z_i, f) \quad \text{(학습 오차)}$$

이 학습 샘플에 대한 손실의 합인 $L_{e(f)}$를 학습 오차(또는 경험 오차empirical error)라고 합니다. 한편, 미지의 샘플에 대한 손실의 기댓값 $L(f)$를 일반화 오차라고 합니다.

$$L(f) = E_z l(z_i, f) \quad \text{(일반화 오차)}$$

어떤 분포에서 데이터가 생성되는지 모르는 경우에는 일반화 오차도 알 수 없습니다. 일반화 오차는 학습 데이터와는 별도로 준비된 정답이 존재하는 개발dev 데이터셋1을 사용하여 추정할 수 있습니다. 함수 f는 학습 오차를 최소화하도록 최적화되어 있기 때문에 보통 학습 오차는 일반화 오차보다 작습니다.

학습 오차는 작지만 일반화 오차가 큰 경우가 과적합

일반적으로 함수의 표현력을 높이면 학습 오차를 줄일 수 있지만 일반화 오차는 증가합니다. 예를 들어, 함수의 파라미터 수를 늘리거나 내부적으로 사용하는 함수를 선형이 아닌 비선형으로 함으로써 함수의 표현력을 높일 수 있습니다. 이렇게 모델의 표현력이 높아 학습 오차는 작지만 일반화 오차가 큰 상태를 과적합overfit이라고 합니다. 이는 모델의 표현력이 너무 강해서 우연히 학습 데이터에서만 성립하는 잘못된 가설을 찾아내거나, 학습 데이터 암기만으로는 알 수 없는 데이터를 분류하는 데 유용한 보편적인 패턴과 규칙을 획득할 수 없기 때문에 발생합니다. 반면, 모델의 표현력이 부족하다면 학습 오차는 애초에 줄일 수 없습니다. 이를 과소적합underfit이라고 합니다.

학습 오차와 일반화 오차의 트레이드오프 관계

학습 오차와 일반화 오차 사이에는 트레이드오프가 존재하며, 학습할 때 학습 오차와 일반화 오차의 합을 최소화하는 적당한 표현력을 가진 함수를 찾아야 합니다. 일반화 오차를 줄이기 위해서는 모델의 표현력을 줄이고, 모델의 표현력이 강하면 페널티를 부여하는 정규화를 적용하여 학습해야 합니다.

예를 들어, 파라미터의 크기(노름norm)를 제한하거

나, 페널티를 주거나, 입력 및 중간 계산 결과에 노이즈를 추가하여 학습하거나 할 수 있습니다.

오늘날의 심층 신경망deep neural network(DNN)은 많은 파라미터를 가지고 있으며 내부의 각 구성 요소는 비선형 함수를 나타낼 수 있으므로, 어떤 복잡한 데이터에도 피팅fitting할 수 있는 표현력이 매우 높은 모델입니다.

DNN 표현력 확인 실험

츠위안 장Chiyuan Zhang[3] 등은 DNN의 표현력을 확인하기 위해 다음과 같은 실험을 수행했습니다. 학습 데이터의 모든 레이블을 무작위로 섞어서 데이터와 레이블 간에 의미 있는 관계가 없도록 한 다음, 데이터에서 레이블을 예측하도록 DNN을 학습시켰습니다.

이러한 경우에도 DNN은 모든 엉터리 학습 샘플을 정확히 분류하는 방법을 학습할 수 있는 것으로 확인되었습니다. 즉, DNN은 일반화에 도움이 되는 패턴을 추출한 것이 아니라, 각 학습 케이스를 하나씩 암기함으로써 그 학습 케이스가 주어지면 그 레이블을 반환하는 함수를 맹목적으로 외웠다는 것을 의미합니다.

후속 실험에서는 같은 모델과 학습 기법을 데이터와 레이블 사이에 의미가 있는 경우에 적용하면 DNN이 암기보다는 패턴을 학습한다는 것이 밝혀졌습니다.[4] DNN은 같은 모델과 학습 기법이더라도 일반화가 가능하다면 그것을 배우고, 일반화할 수 없을 때는 암기하는 메커니즘을 갖추고 있습니다.

표현력이 높은데도 일반화 오차가 낮은 이유

DNN은 표현력이 높으므로 쉽게 과적합되어야 할 것입니다. 그러나 DNN은 다른 머신러닝 기법과 비교해도 높은 일반화 능력을 갖추고 있다고 알려져 있습니다. 이러한 결과는 학습 중에 정규화 기법을 적용하지 않아도 보이는 현상으로, 지금까지의 머신러닝의 상식과 일치하지 않습니다. 왜 DNN은 이 정도로 표현력이 높은데도 일반화가 될까요?

최근에는 파라미터 최적화에 사용되는 확률적 경사 하강법stochastic gradient descent(SGD)이 DNN의 일반화 능력을 획득하는 데 중요한 역할을 하는 것으로 밝혀졌습니다. 단지 목적 함수의 최솟값을 구하기 위함인 최적화 기법이, 실제로는 정규화에 중요한 역할을 하여 학습 오차를 줄일 뿐만 아니라 일반화 오차를 줄이는 데도 도움이 되는 것입니다.

SGD는 경사의 (역)방향으로 현재의 파라미터값을 약간 업데이트하여 최적화합니다. 또한, 경사를 학습 데이터 전체로부터 얻는 것이 아니라 샘플링하여 경사의 추정값을 구하므로, 경삿값에 노이즈가 포함됩니다.

---

1   옮긴이_ 검증(validation) 데이터셋이라고도 합니다.

2   옮긴이_ 내부적으로 사용한다는 표현이 있어서 혼동할 수도 있으나, 신경망의 활성화 함수를 내부 함수로, 신경망 전체를 외부 함수로 간주하는 경우가 여기에 해당됩니다.

3   C. Zhang et al., "Understanding deep learning requires rethinking generalization," *https://arxiv.org/abs/1611.03530*

4   D. Arpit et al., "A Closer Look at Memorization in Deep Networks," *https://arxiv.org/abs/1706.05394*

SGD의 내재적 정규화 효과

우선 밝혀진 것으로는, SGD가 찾은 솔루션은 파라미터의 노름이 최소가 되는 해라는 것입니다.[5] 노름값이 작다는 것은 모델의 표현력을 억제하는 강력한 정규화이며, 분류 경계면에서 각 학습 샘플까지의 거리를 최대화하는 마진 최대화로 연결[6]됩니다. 마진과 일반화 오차 사이에는 직접적인 관계가 있는 것으로 알려져 있습니다.

다음으로, SGD가 구한 해는 베이즈 추론Bayesian inference에 해당하는 것으로 알려져 있습니다.[7] 분류 시 학습 오차를 줄이는 파라미터를 하나만 선택하여 분류하는 것이 아니라 학습 오차를 줄이는 파라미터를 무수히 선택하여, 그것들을 학습 오차가 얼마나 작은지에 따라 가중치를 부여한 후 다수결로 최종 결정을 내리는 것으로 해석할 수 있습니다. 이런 식으로 복수의 모델들로부터 다수결을 취하면, 우연히 하나의 모델이 찾아낸 잘못된 가설을 취하게 될 가능성이 낮아지므로 과적합을 크게 억제할 수 있습니다.

Flat Minima를 찾아낼 수 있는 SGD

그리고 일반화 능력과 가장 관련 있는 것이 Flat Minima입니다. SGD는 최적화 과정 중 샘플링 방식에 따른 노이즈가 경삿값에 들어가게 되는데, 이것이 국소 최적해에서 벗어나는 데 도움이 될 뿐 아니라 그 주변의 값도 작은 편인 Flat Minima를 찾는 데도 기여한다는 것이 밝혀졌습니다. Flat Minima는 최소 설명 길이minimum description length(MDL) 또는 PAC-Bayes와도 관련이 있으며, 더 단순하고 표현력이 낮은 모델을 찾는 것에 해당합니다.[8]

또한 SGD에서 학습을 가속시키는 Adam 및 RMSProp과 같은 목적 함수의 곡률을 사용하는 기법은 일반화 성능을 크게 저하하는 것으로 밝혀졌습니다.[9] 이러한 방법을 사용하면 특정 학습 데이터에 특화되어 과적합되어 버리기 때문입니다.

일반화 능력에 대해서는 아직 많이 밝혀져 있지 않으며 이론과 실제 사이에 큰 차이가 있습니다. 앞으로는 일반화 능력의 이론적 해명이 필요합니다.

5   C. Zhang et al., "Understanding deep learning requires rethinking generalization," https://arxiv.org/abs/1611.03530

D. Arpit et al., "A Closer Look at Memorization in Deep Networks," https://arxiv.org/abs/1706.05394

S. Gunasekar et al., "Implicit Regularization in Matrix Factorization," https://arxiv.org/abs/1705.09280

6   옮긴이_ 저자는 서포트 벡터 머신의 관점에서 설명했습니다. 노름이 작다는 말은 정규화가 많이 되어 과적합이 덜 발생한다는 뜻이고, 마진이 최대화되었다고 볼 수 있다는 것입니다.

7   S. Mandt, "Stochastic Gradient Descent as Approximate Bayesian Inference," https://arxiv.org/abs/1704.04289

8   S. Hochreiter et al., "Flat Minima," Neural Computation vol.9, no.1, pp.1–42, 1997.

9   A. Wilson et al., "The Marginal Value of Adaptive Gradient Methods in Machine Learning," https://arxiv.org/abs/1705.08292

1.4 독립 성분 분석: 정보 얽힘 풀기[1]

비지도 학습에는 네 가지 주요 목적이 있습니다. 첫 번째는 관측 데이터의 분포를 얻는 것이고, 두 번째는 관측 데이터와 유사한 데이터를 샘플링할 수 있도록 하는 것이고, 세 번째는 지도 학습과 같은 작업에 효과적인 피처를 획득하는 것이고, 네 번째는 데이터의 숨겨진 구조를 밝히는 것입니다.

예를 들자면 첫 번째는 확률 모델의 학습이고, 두 번째는 GAN에 의한 샘플 생성이며, 세 번째는 클러스터링에 의한 피처 추출입니다. 여기서는 네 번째인 중요한 독립 성분 분석independent component analysis(ICA)을 소개합니다.

데이터를 생성 인자로 분해

세상에서 관찰되는 많은 데이터는 복수 인자(또는 정보원)의 복잡한 얽힘에 의해 생성됩니다. 예를 들어, 거리에서 수집된 음향 데이터에는 바로 근처에서 말하는 사람들의 목소리, 멀리서 들리는 전철 소리, 나뭇잎들이 서로 부딪히는 소리 등이 포함됩니다. 또한 온보드 카메라[2]의 비디오 데이터에는 도로 위의 여러 자동차와 오토바이, 도로나 배경의 나무, 하늘의 구름 등이 찍혀 있습니다. 이러한 데이터를 각각의 인자로 분해할 수 있다면 여러 가지 문제를 쉽게 해결할 수 있습니다. 이 문제는 '얽힘 풀기disentanglement'로서 표현 학습의 중요한 주제입니다.

반드시 인자를 추출하지는 못하는 PCA

예를 들어, 널리 사용되는 PCA는 n차원 관측 데이터를 제곱 오차의 의미에서 가장 잘 근사하는 $k<n$개의 기저를 찾고 그것을 사용하여 데이터를 표현합니다. 달리 표현하자면 관측 데이터를, 분산이 가장 크면서 서로 직교하는 방향들이 큰 순서부터 k개 찾아내어 그로부터 데이터를 표현합니다. PCA에 의해 얻어진 기저와 각 데이터가 어느 기저를 사용하여 구성되는지(주성분)는 데이터의 경향을 포착합니다. 한편으로, PCA는 반드시 인자에 대응되는 것은 아니며 인자 간 분산의 경향에 차이가 없다면 인자를 추출할 수 없습니다.[3]

한편, ICA는 인자가 서로 독립이라는 가정, 또는 많은 경우 인자의 확률 분포가 가우시안이 아니라는 가정으로부터 데이터를 그 생성 인자로 분해하는 작업입니다.

예를 들어 복수의 사람이 말하는 상황에서 그 음성을 마이크로 받아들이는 경우를 생각해봅시다. 마이크가 각 사람의 목소리를 어느 정도의 강도로 받아들이는지, 각 사람이 어떤 음성을 내는지는 알 수 없지만, 각 사람의 목소리가 서로 영향을 미치지 않고 독립적이라고 생각할 수 있습니다. 이

---

1 옮긴이_ 정착된 국문 용어가 없으므로 이 책에서는 이렇게 표기합니다.

2 옮긴이_ 차량 등에 탑재되는 카메라를 뜻합니다.

3 옮긴이_ 서로 다른 두 인자의 상관관계(correlation)가 1일 때, PCA로는 나누어지지 않습니다.

때, 음향 데이터만으로 각 사람의 목소리를 분리하는 작업이 ICA입니다.

ICA

ICA를 식으로 살펴보겠습니다. m차원으로 이루어진 관측 데이터가 n개 있는 경우, 각 데이터를 각 행으로 하는 n행 m열의 행렬 X를 생각할 수 있습니다. 이때 ICA는 다음 식을 만족하는 인자(정보원) $S \in R^{(n \times k)}$과, 그 혼합 함수mixing function인 $f : R^k \rightarrow R^m$를 구하는 문제로 볼 수 있습니다.

$$X = f(S)$$

여기서는 인자가 k개 있다고 하고, 각 차원이 독립인 k차원 벡터로 나타냅니다. 특히 혼합 함수가 선형인 경우 다음과 같이 혼합 행렬mixing matrix A를 사용하여 표현할 수 있습니다.

$$X = AS$$

지금까지, 혼합 함수가 선형인 경우는 데이터 X만 가지고도 혼합 행렬 A와 독립 성분 S를, 회전 등을 제외하고 결정identify[4]할 수 있다고 알려져 있습니다. 또한, 대규모 데이터에 대해서도 고속으로 구할 수 있는 많은 알고리즘이 제안되고 있습니다. 특히, 각 데이터의 독립 성분이 희소한 경우(많은 성분값이 0), 데이터를 백색화whitening한 후에 k-평균k-means 방법을 사용하여 얻은 각 클러스터는 ICA 필터(혼합 행렬의 역행렬)가 된다는 것이 밝혀졌습니다.[5]

한편으로 현실 세계 대부분의 데이터에서 혼합 함수는 여러 번의 비선형 변환을 거친 후에 관측 데이터를 얻습니다. 그러나 혼합 함수가 비선형인 경우, 관측 데이터 X를 생성하는 무수한 독립 성분과 혼합 함수의 조합이 존재하게 되어, 혼합 함

수와 독립 성분은 부정underdetermined이 됩니다.

시계열 데이터에 대한 비선형 ICA

이에 대해, 영국 유니버시티 칼리지 런던University College London의 아포 휘배리넨Aapo Hyvarinen과 핀란드 헬싱키 대학교University of Helsinki의 모리오카 히로시Hiroshi Morioka는 관측 데이터가 시계열 데이터이고 일정 조건을 충족할 경우, 비선형 ICA가 결정 가능하며 그것이 간단한 알고리즘으로 실현될 수 있음을 보여주었습니다.[6] 이는 바로 이어서 설명하겠습니다. 그들은 독립적 정보원이 비정상nonstationary인 경우와 정상stationary인 경우 각각에 대해 알고리즘을 제안했습니다.

정보원이 비정상인 경우

먼저 비정상인 경우를 소개합니다.[7] 비정상이라고 하더라도 데이터는 짧은 시간 내에서는 정상으로 간주할 수 있고 긴 시간에서는 비정상인, 분포가 천천히 변하는 경우를 생각합니다. 그런 다음 각 독립 성분이 가우시안도 포함하는 지수 분포족에 따라 생성되는 경우를 생각합니다. 이때 독립 성분은 다음의 단계들을 통해 결정할 수 있습니다.[7]

1 시계열 데이터를 일정 시간 간격으로 세그먼트로 나누어 처음부터 1, 2, 3, …, k 순서로 번호를 매깁니다.
2 각 시각의 데이터를 해당 데이터가 속하는 세그먼트로 레이블이 지정된 지도 학습 데이터로 간주합니다.
3 각 시각의 데이터가 주어졌을 때, 그것이 어느 세그먼트에서 왔는지를 분류하는 k클래스 분류 문제를 신경망 NN(x)으로 학습합니다. 신경망의 마지막 계층은 소프트맥스를 사용하여 k클

래스의 확률 분포를 만들도록 합니다.

4 NN(x)가 세그먼트를 완전히 분류할 수 있게 되면, NN(x)의 소프트맥스 직전 계층 $h(x)$가 독립 성분의 선형 변환 후와 일치합니다. 따라서 $h(x)$에 대해 선형의 ICA를 사용하여 독립 성분과 혼합 행렬을 결정합니다.

이 알고리즘의 직관적인 의미를 설명하겠습니다. 데이터의 분포가 천천히 변하기 때문에, 다른 세그먼트 간에는 독립 성분의 생성 분포도 다릅니다. 마지막 계층에 소프트맥스가 사용되므로, 이 모델에 의한 예측 분포 $q(y|x)$는 소프트맥스 바로 앞 계층이 $h(x)$일 때 다음과 같이 나타낼 수 있습니다.

$$q(y|x) = \frac{\exp\left(<w_y, h(x)>+b_y\right)}{1+\sum_{y'=2}^{k}\exp\left(<w_{y'}, h(x)>+b_{y'}\right)} \quad (^*)$$

여기서 일반성을 잃지 않고^without loss of generality $y=1$ 일 때 다음과 같이 됩니다.

$$q(1|x) = \frac{1}{1+\sum_{y'=2}^{k}\exp\left(<w_{y'}, h(x)>+b_{y'}\right)} \quad (^{**})$$

분모도 그에 따라 $1+\sum_{y'=2}^{k}\exp\left(<w_{y'}, h(x)>+b_{y'}\right)$ 가 됩니다. 한편, 참 사후 확률 $p(y|x)$은 베이즈 정리로부터 다음과 같이 됩니다.

$$p(y|x) = \frac{p(x|y)p(y)}{\sum_{y'}p\left(x|y'\right)p\left(y'\right)} \quad (^{***})$$

완전하게 분류할 수 있다는 말은 (*)과 (***)의 확률이 일치하여 다음이 성립한다는 의미입니다.

$$\log q(y|x) = \log p(y|x)$$

양변에서 $\log q(1|x)$와 $\log p(1|x)$를 각각 빼고 (*)

(**)(***)를 조합해서 정리하면 다음과 같이 됩니다.

$$<w_y, h(x)>+b_y = \log p(x|y)-\log p(x|1)$$

여기서 세그먼트들은 모두 동일한 크기이기 때문에 $p(y)=p(y')$도 사용할 수 있습니다. (*)의 분모는 가능도비^likelihood ratio를 사용함으로써 멋지게 소거됩니다. 우변은 독립 성분에 비선형 혼합 함수를 적용한 후의 확률 분포이며, 원래는 혼합 함수의 야코비 행렬식의 항이 나타나기 때문에 번거롭지만, 이것도 두 로그 가능도의 차이(가능도비)로부터 소거될 수 있어서 우변도 독립 성분을 선형 변환한 형태가 됩니다.

이 식이 모든 y에 대해 성립하므로 그것들을 나열해서 정리하면, 좌변이 $h(x)$의 (역행렬이 존재하는) 선형 변환이고, 우변이 독립 성분 s의 선형 변환식으로 나옵니다. 따라서 $h(x)$가 독립 성분의 선형 변환 후의 성분이 되므로, 선형 ICA를 이용하여 독립 성분을 결정할 수 있습니다. 이 알고리즘은 서로 다른 시간의 가능도를 비교하기 때문에

4 옮긴이_ 원문에서는 동정(同定)이라고 표현한 용어입니다. 국내에서는 일반적으로 생경한 단어이고, 이 맥락에서는 결정이라고 번역해도 의미 전달에 무리가 없기에, 이 책에서는 '결정'이라고 옮겼습니다.

5 A. Vinnikov et al., "K-means Recovers ICA Filters when Independent Components are Sparse," ICML 2014.

6 A. Hyvarinen et al., "Unsupervised Feature Extraction by Time-Contrastive Learning and Nonlinear ICA," NIPS 2016.
A. Hyvarinen et al., "Nonlinear ICA of Temporally Dependent Stationary Sources," AISTATS 2017.

7 A. Hyvarinen et al., "Unsupervised Feature Extraction by Time-Contrastive Learning and Nonlinear ICA," NIPS 2016.

8 A. Hyvarinen et al., "Unsupervised Feature Extraction by Time-Contrastive Learning and Nonlinear ICA," NIPS 2016.

시간 대조 학습time-contrastive learning(TCL)이라는 명칭으로 불립니다.

정보원이 정상인 경우

다음으로 각 정보원이 정상인 경우를 소개하겠습니다.[9] 이때, 가정으로서 인접한 시각 $s(t)$와 $s(t-1)$가 균등 의존uniformly dependent 관계인 경우를 생각합니다. 균등 의존은 $p(s(t), s(t-1))$의 로그 가능도가 $s(t)$와 $s(t-1)$에 대해서 다음이 성립하는 경우를 말합니다.

$$\frac{\partial^2 \log p(s(t), s(t-1))}{\partial s(t)\partial s(t-1)} \neq 0 \text{ for all } (s(t), s(t-1))$$

이는 $s(t)$와 $s(t-1)$이 독립이 아니라는 것보다도 강한 조건입니다. 이때, 다음 알고리즘은 데이터의 독립 성분을 결정합니다.

1 인접한 시각의 데이터 $(u, v) = (x(t), x(t-1))$를 양의 샘플($y=1$), 서로 다른 랜덤한 두 곳에서 가져온 데이터 $(u,v)=(x(t), x(t'))$ $(t' \neq t-1)$를 음의 샘플($y=-1$)이라고 합니다.

2 $r(u,v)=\sum_i B_i(h_i(u),h_i(v))$라고 하고, $q(y\,|\,u,v)$ $=\dfrac{1}{1+\exp(-r(u,v))}$ 로 하는 로지스틱 회귀 모델을 학습합니다. 여기서 h_i와 B_i는 신경망을 사용합니다.

3 학습 샘플들을 완전히 분류할 수 있게 되면, $h_i(x)$를 나열하여 얻어지는 $h(x)$는 성분별로 단조 변환되었다는 점과 순서를 섞었다는 점을 제외하고는 독립 성분들을 찾은 것이 됩니다.

이 알고리즘은 연속하는 두 데이터와 랜덤하게 골라진 두 데이터를 비교하기 때문에 순열 대조 학습permutation contrastive learning(PCL)이라고 부릅니다.

이에 대해서도 직관적으로는, 로지스틱 회귀의 분류 성능이 충분해지면 다음과 같이 되어 가능도비(로그 가능도의 차이)를 얻을 수 있다는 사실로 설명할 수 있습니다.

$$r(u,v) = \log p(1\,|\,u,v) - \log p(0\,|\,u,v)$$

이러한 성과들은 비선형 ICA가 비지도 결정이 가능하고, 학습이 용이한 분류 작업으로 실현될 수 있음을 보였다는 점에서 획기적입니다.

실용적 측면의 과제

한편, 실용적으로는 몇 가지 과제가 남아 있습니다. 하나는 이러한 알고리즘은 주어진 데이터를 분류 모델이 완벽하게 분류할 수 있다고 가정한다는 것입니다. 학습은 유한한 데이터로 수행하고, 신경망 표현력의 한계도 있기 때문에 실제로는 달성하기 어려운 가정입니다.

또한 실제 관측 데이터에는 많은 노이즈가 포함되며 정보원도 정상과 비정상이 섞여 있습니다. 이러한 경우 어디까지 정확하게 ICA를 실현할 수 있을지는 아직 모르는 상태입니다.

앞으로 이론이 해명이 진전되어 ICA가 동영상 등의 데이터에도 적용될 수 있을 것으로 기대합니다.

---

9 A. Hyvarinen et al., "Nonlinear ICA of Temporally Dependent Stationary Sources," AISTATS 2017.

1.5 딥러닝 이론 해석, 신경망 미해결 문제 해명을 향한 진전

딥러닝은 이미지 인식 및 음성 인식과 같은 많은 응용 프로그램에서 기존 방법을 훨씬 능가하는 성능을 보이지만, 사실은 잘 작동하는 이유가 무엇인지에 관한 이론적인 설명이 충분하지 않습니다. 특히 가장 기본적이고 중요한 다음과 같은 내용에 대한 완전한 해명이 이루어지지 않았습니다.

1 딥러닝 모델의 학습이 가능한 이유
2 딥러닝이 일반화되는 이유

이러한 문제를 살펴보고, 이를 해결하기 위한 최근의 접근 방식을 소개하고자 합니다.

딥러닝 모델의 학습이 가능한 이유

먼저 딥러닝이 학습하는 방법을 간략하게 살펴보겠습니다. 딥러닝은 많은 머신러닝과 마찬가지로 학습 데이터를 사용하여 모델 파라미터 θ를 기반으로 목적 함수 $L(\theta)$을 설정하고, 이 목적 함수를 모델 파라미터에 대해 최소화하는 최적화 문제 $\min_\theta L(\theta)$를 풀어서 학습합니다. 학습 시에는 목적 함수의 파라미터에 대한 경삿값 $v = \dfrac{\partial L(\theta)}{\partial \theta}$ 을 계산하여, 경삿값의 음의 방향으로 파라미터를 $\theta := \theta - \alpha v$와 같이 업데이트하는 확률적 경사 하강법(SGD)을 사용합니다. 여기서 $\alpha > 0$은 학습률이라고 하는 하이퍼파라미터입니다. 이 최적화는 마치 평면 방향을 θ, 높이를 $L(\theta)$로 하는 구불구불한 곡면상에서 가장 가파른 아래쪽으로 이동하는 것과 같습니다. 이 최적화에서 무엇이 문제일까요?

딥러닝의 목적함수는 비볼록non-convex 함수이며, 무수히 많은 국소 솔루션, 고원plateau(경사가 0에 가까운 평평한 영역) 및 안장점saddle point(말의 안장처럼 한 방향으로는 내려가고 다른 방향으로는 올라감)이 있다고 알려져 있습니다. 그래서 경사 하강법은 고원이나 안장점을 만나면 경삿값이 소멸되어 학습이 불가능한 상태에 빠지거나, 국소적으로 가장 낮은 영역에 도달하더라도 그것이 전역 최적 솔루션이라는 보장이 없습니다.

실제로 (HMM 등) 잠재 변수 모델에 대한 기댓값-최대화expectation-maximization(EM) 방법을 사용한 파라미터 최적화와 k-평균 방법에 의한 클러스터링 등에서 목적 함수는 비볼록이며 국소 솔루션이 많기 때문에, 초깃값에 따라서는 비최적 솔루션으로 수렴합니다. 그래서 2012년 이전에는 대규모 신경망(NN)을 배우는 것이 불가능할 정도로 어려운 것이 아닐까라고 생각했습니다. 그러나 2012년 캐나다 토론토 대학교University of Toronto의 알렉스 그레이브스Alex Graves와 동료들은 소위 알렉스넷AlexNet으로 대형 NN까지도 어쨌든 학습에 성공했음을 보였으며, 그 이후에도 대부분의 NN 학습에서 초깃값과 관계없이 목적 함수를 최소화(많은 경우 학습 오차가 0이 됨)하는 솔루션에 도달할 수 있음이 밝혀졌습니다.

이 수수께끼를 풀기 위해 지금까지 많은 이론적 해석이 이루어졌습니다. 예를 들어, 목적 함수가 어떤 모양을 하고 있는지(Loss Surface, Loss Landscape)의 해석이 수행되었습니다. NN의 내부 계산에서 입력에서 출력까지의 계산 경로가 독립적이도록 근사한 후, 스핀 글라스spin glass 모델을 적용하여 해석한 결과, 국소 솔루션이 최적 솔루션 근처에 모여 있는 것으로 나타났습니다.[1] 그러나 이때까지의 모델은, 데이터에 가정을 두거나 3개 계층 NN에 대해서만 해석하는 식이었으며, 실제의 복잡한 학습 데이터로 수십 계층 이상의 NN 학습을 하는 경우에 대한 설명이 되지 못했습니다.

2018년 11월, 마이크로소프트 리서치Microsoft Research의 쩌위안 앨런-주Zeyuan Allen-Zhu 등은 이 문제에 대해, 과다 파라미터를 가지는 NN이라면 SGD를 사용한 학습으로 다항 시간에 최적 솔루션에 도달할 수 있음을 보였다고 주장했습니다(거의 같은 시기에 다른 두 팀도 같은 주장을 했지만, 쩌위안의 논문이 가장 일반적면서 강력한 주장을 담고 있습니다).[2] 과다 파라미터는 학습 샘플의 개수보다 파라미터의 개수가 많은 경우를 뜻하며, 실제로 많은 NN 학습에서는 과다 파라미터를 사용합니다. 이 논문은 계층 수가 많은 현실적인 네트워크(ReLU를 사용하며, CNN, ResNet을 포함)를 다루며, 이 문제를 해결하는 데 중요한 이정표가 되었습니다.

실험적으로 NN은 파라미터 수가 많을수록 학습하기 쉽다는 것이 밝혀졌습니다(게다가 목적 함수의 최적화와는 관계가 없지만, 일반화 성능이 향상되는 것도 알려져 있습니다). 일반적으로 제약 조건의 개수보다 파라미터의 개수가 크면 부정 underdetermined 문제가 되어 수렴 속도가 느려지는 경우가 많지만, NN의 경우 이러한 문제가 발생하지 않습니다.

이 증명에는 고도의 테크닉이 사용되었기 때문에 여기서는 개요만을 설명하겠습니다. 증명의 핵심은 다음과 같은 두 가지 포인트입니다.

첫 번째, 파라미터가 임의로 설정된 초깃값에 충분히 가깝다면 파라미터의 경삿값이 너무 작지도 크지도 않다는 것입니다. 또한, 목적함수의 값이 크면 경삿값도 크다는 것을 알 수 있습니다. 이로 인해 도중에 고원이나 국소 솔루션을 만날 가능성은 거의 없습니다. 이 증명에서는, 예를 들어 학습 중에 한 샘플에 대한 경삿값이 소멸되는 경우에도 다른 샘플이 경삿값을 생성한다는 점을 이용합니다.

두 번째, ReLU 등의 매끄럽지 않은non-smooth 함수를 사용하는 경우에도 목적 함수는 어떤 종류의 평활도를 가지며, 국소적 감소 방향인 경삿값에 따라 최적화함으로써 목적 함숫값을 작게 만들 수 있다는 것입니다.

이러한 결과를 이용함으로써 NN은 초깃값이나 학습 데이터에 상관없이, 과다 파라미터만 가진다면 학습이 (거의) 항상 성공할 수 있음을 보여줍니다.

딥러닝이 일반화되는 이유

또 하나의 문제는 딥러닝이 일반화되는 이유입니다. 머신러닝의 목표는 학습 데이터에 대해 잘 작동하는 것이 아니라, 미지의 데이터에 대해 잘 작동하는 일반화 능력을 얻는 것입니다.

일반적으로 파라미터가 많고 강력한 모델, 즉 많은 함수를 표현할 수 있는 모델은 그렇지 않은 모델에 비해 일반화하기 어렵다고 알려져 있습니다. 예를 들어, 일반화 성능 이론에서는 모델의 복잡도를 정량화하기 위해 합계 상한union bound, 라데마허 복잡도Rademacher complexity, VC 차원 등을 사용하여 일반화 성능을 평가합니다. 일반화 이론의 의미에서도 '무엇인가를 설명할 때 필요 이상으로 많은 가정을 사용해서는 안 된다'라는 '오컴의 면도날' 원칙을 이야기합니다.

이에 반해, 신경망은 강력하면서도 일반화할 수 있다는 것이 수수께끼였습니다(1.3절 참고). 실제로 딥러닝 모델은 학습 데이터의 레이블을 랜덤 레이블로 대체한 데이터로도 '학습'할 수 있을 만큼[3] 높은 표현력을 갖는 것으로 나타났습니다.[4]

이러한 일반화 능력을 설명하기 위해, 모델의 복잡도만이 아닌 학습 알고리즘에 의존하는 일반화 성능을 설명하는 PAC-Bayes, 균등 안정성[uniform stability] 등을 사용한 기법이 제안되고 있습니다. 그중에서도 필자는 학습 데이터와 알고리즘의 관계를 고려한 상호 정보량에 기반한 일반화 성능 평가[5]가 가장 유력하다고 보는 만큼, 이에 관해 살펴보겠습니다.

먼저 필요한 정의를 설명하겠습니다. 확률 변수 U는 $\log \mathbb{E}\left[\exp(\lambda(U - \mathbb{E}U)\right] \leq \lambda^2 \sigma^2$ 를 만족할 때 σ-서브가우시안[subgaussian]이라고 부릅니다. 이것은 확률 밀도가 꼬리로 갈수록 가우스 분포보다 빠르게 감쇠하는 분포입니다.

미지의 분포 μ에 따라 학습 데이터가 $S = \{Z_1, Z_2, \ldots, Z_n\}$으로 샘플링된다고 하겠습니다. 또한 학습 알고리즘은 S를 사용하여 (확률적으로) 모델 w를 $P_{W|S}$에 따라 선택한다고 생각합니다. 그리고 손실 함수를 $l(z,w)$라고 하고 S와 W의 동시 확률을 σ-subgaussian이라고 합니다. 예를 들어, 하한이 a이고 상한이 b인 손실 함수는 $(b-a)/2$-subgaussian입니다. 어떤 모델 w의 일반화 오차 L_μ와 학습 오차 L_S는 각각 다음과 같이 정의됩니다.

$$L_\mu(w) = \mathbb{E}_Z[l(w,Z)]$$
$$L_S(w) = \frac{1}{n}\sum_i l(w,Z_i)$$

일반적으로 알고리즘은 학습 오차에 대해 모델을 최적화하기 때문에 $L_\mu(W) > L_S(W)$ 이며, 이 차이가 작으면 일반화에 성공한 것이 됩니다. 이 차이의 S와 W의 동시 확률에 대한 기댓값을 다음과 같이 나타냅니다.

$$gen\left(\mu, P_{W|S}\right) = \mathbb{E}\left[L_\mu(W) - L_S(W)\right]$$

이때, S와 W 사이의 상호 정보량 $I(S;W) = \int p(S,W) \log \frac{p(S,W)}{p(S)p(W)} dSdW$ 을 사용하여 gen을 다음과 같이 제한할 수 있다고 알려져 있습니다.[6]

$$gen\left(\mu, P_{W|S}\right) \leq \sqrt{\frac{2\sigma^2}{n} I(S;W)}$$

이 식의 의미를 생각해보겠습니다. 상호 정보량은 W를 알 때 S에 대해 어느 정도의 정보를 얻을 수 있는지를 나타냅니다. 따라서 이 식은 학습 알고리즘이 학습 데이터에서 너무 많은 정보를 취하지 않는 편이 일반화하기 더 쉽다는 점을 보여줍니다. 학습 데이터의 세부적인 것은 잊고, 추상적

---

1 A. Choromanska, et al., "The Loss Surfaces of Multilayer Networks," AISTATS 2015, *https://arxiv.org/abs/1412.0233*

2 Z. A-Zhu, et al., "A Convergence Theory for Deep Learning via Over-Parameterization," *https://arxiv.org/abs/1811.03962*

3 옮긴이_ 엉터리 레이블에도 쉽게 과적합된다는 뜻입니다.

4 C. Zhang, et al., "Understanding deep learning requires rethinking generalization," ICLR 2017, *https://arxiv.org/abs/1611.03530*

5 A. Xu, et. al., "Information-theoretic analysis of generalization capability of learning algorithms," NIPS 2017, *https://arxiv.org/abs/1705.07809*

6 A. Xu, et. al., "Information-theoretic analysis of generalization capability of learning algorithms," NIPS 2017, *https://arxiv.org/abs/1705.07809*

인 지식만을 추출하면, 이 *gen*을 작게 만들 수 있습니다.

이 상호 정보량을 사용한 평가는 지금까지의 일반화 이론의 도구로 다루기 어려웠던 데이터 분포 및 알고리즘($P_{W|S}$)을 자연스럽게 포함해서 더 강력한 이론적 평가가 이루어질 수 있습니다. 일반적으로 SGD는 학습 중에 노이즈를 더하게 되므로 $I(W;X)$가 한없이 증가한다는 문제가 있지만, 참고 문헌[7]에서는 가설 공간에서 샘플의 근접성을 이용함으로써 더 타이트한 상한upper bound이 생기게 됩니다.

아직은 미진한 이해

NN이 학습 가능한 이유에 관해서는 참고 문헌[8]이 현실적인 조건에서 증명했다고 할 수 있습니다. 그러나 필요한 파라미터의 개수는 모델의 깊이와 샘플 개수의 다항식이며, 파라미터의 개수를 현실적인 크기로 낮춘 경우의 증명이나, (과적합하지 않도록) 학습 오차를 0으로 만들지 않는 경우에 어떤 솔루션이 얻어지며, 그것으로 수렴이 되는지는 여전히 과제로 남아 있습니다.

일반화가 되는 원인은 아직 완전히 파악되지 않았다고 할 수 있습니다. 다른 많은 머신러닝 방법과 마찬가지로, 이론적인 일반화 성능은 상당히 비관적으로 평가되며 실제 일반화 성능과의 격차가 여전히 큽니다. 이 외에도 플랫한 솔루션[9]이 선택됨으로써 실질적으로 단순한 솔루션이 선택된다는 것, 그리고 다음 절에서 다룰 '복권 가설'에 의해 파라미터 수가 많더라도 실제로는 그중에서 유효한 서브 네트워크가 선택된다는 것이 밝혀졌습니다. 한편으로, 왜 일반화되는지는 알 수 없지만, 어느 정도 일반화되는지에 대해서는 데이터가 독립 항등 분포independent and identically distributed(iid)라면 교차 검증cross-validation 등으로 정확하게 구할 수 있습니다.[10] 앞으로도 당분간은 실용적으로 일반화 성능을 조절하면서, 일반화의 수수께끼를 풀기 위한 시도가 계속될 것입니다.

---

7   A. R. Asadi, et al., "Chaining Mutual Information and Tightening Generalization Bounds," NeuRIPS 2018, *https://arxiv.org/abs/1806.03803*

8   Z. A-Zhu, et al., "A Convergence Theory for Deep Learning via Over-Parameterization," *https://arxiv.org/abs/1811.03962*

9   옮긴이_ 예를 들면, 최소점(minima) 주변의 기울기 경사가 급하지 않고 완만한 경우를 뜻합니다.

10 K. Kawaguchi, et al., "Generalization in Deep Learning," *https://arxiv.org/abs/1710.05468*

1.6 과다 파라미터 표현 신경망과 복권 가설

신경망은 학습 데이터의 수와 같거나 그 이상의 파라미터를 가지고 있지만, 왜 과적합 없이 일반화되는지는 지금까지 해결되지 않은 문제였습니다. 이렇게 파라미터의 수가 학습 데이터의 수(제약constraints의 수)보다 큰 경우를 과다 파라미터over-parameterized 표현이라고 합니다.

일반적으로 파라미터 개수가 필요한 개수보다 많고 표현력이 너무 강하면 모델은 노이즈로부터 오는 잘못된 패턴을 학습하는데, 이렇게 되면 학습 데이터에서는 잘 작동하지만 테스트 데이터에서는 잘 작동하지 않는 '과적합'이라 불리는 현상이 일어납니다.

이를 방지하기 위해 학습 중에 모델의 표현력을 억제하는 정규화를 적용하는 것이 일반적입니다. 파라미터의 노름에 페널티 항을 추가한다든지, (부스팅boosting 등) 사용하는 파라미터 수를 최소한으로 하는 식의 방법입니다. 그러나 신경망은 학습 시 이러한 정규화(예를 들면 드롭아웃dropout, 가중치 감소weight decay, 노이즈를 포함하는 배치 정규화batch normalization[2])를 명시적으로 적용하지 않더라도 과적합이 잘 일어나지 않는 것으로 밝혀졌습니다.

그렇다고 해서 신경망(NN)이 표현력이 없다는 뜻은 아닙니다. 실제로 학습 데이터의 레이블을 랜덤하게 바꾼 학습 데이터로 신경망을 학습시켜도, 학습 오차를 0으로 만들 수 있습니다.[3] 또한 네트워크의 폭이 넓고 파라미터 수가 많을수록 학습이 용이하고 일반화 성능이 높아지는 것으로 나타났습니다. 한편, 폭을 무한대로 해서 얻어지는 뉴럴 탄젠트 커널Neural Tangent Kernel(NTK)을 사용하는 NN보다, 일반적인 유한 폭의 NN의 정확도가 높은 것도 밝혀졌습니다.[4]

DNN의 일반화 능력을 설명하는 이론

이 과다 파라미터 표현의 신경망이 일반화되는 이유를 설명하기 위한 이론으로, 미국 MIT의 조너선 프랭클Jonathan Frankle 등은 복권 가설Lottery Ticket Hypothesis[5]을 제창했습니다. 이 논문은 ICLR 2019 최우수 논문으로 선정되었습니다.

복권 가설은 '랜덤하게 초기화된 조밀한 신경망에는 잘 학습될 수 있도록 우연히 초기화된 서브 네트워크가 포함되고, 그 서브 네트워크만 떼어 내서 같은 초깃값으로부터 학습시키면 원래 신경망과 같은 정확도에 같은 학습 횟수로 도달할 수 있

---

1 옮긴이_ 부스팅은 약한 학습기를 중첩하게 되는데, 약한 학습기의 파라미터 수가 매우 적다는 것을 의미합니다.

2 옮긴이_ 배치 정규화는 해당 배치가 랜덤하게 선택되면서 자연스럽게 노이즈가 포함됩니다.

3 C. Zhang et. al., "Understanding deep learning requires rethinking generalization," ICLR 2017, https://arxiv.org/pdf/1611.03530.pdf

4 S. Arora et al., "On Exact Computation with an Infinitely Wide Neural Net," https://arxiv.org/pdf/1904.11955.pdf

5 J. Frankle et al., "The Lottery Ticket Hypothesis: Finding Sparse, Trainable Neural Networks," ICLR 2019, https://arxiv.org/pdf/1803.03635.pdf

다'라는 것입니다. 랜덤하게 초기화된 대규모 신경망에는 무수히 많은 서로 다른 초깃값 조합을 가지는 서브 네트워크(복권)가 포함되며, 그중 극히 일부만이 잘 학습될 수 있는 서브 네트워크(당첨 복권)라는 가설입니다. 잘 학습되려면 네트워크의 구조뿐만 아니라 초깃값도 중요합니다. 그래서 마침 좋은 초깃값 조합을 가지게 된 서브 네트워크가 당첨 복권이 되어 다른 하위 네트워크보다 빠르게 학습되고 다른 하위 네트워크의 활동은 억제됩니다. 그리고 네트워크가 클수록 서브 네트워크의 수가 지수적으로 많아져서 좋은 당첨 복권이 포함될 가능성이 높아집니다. 따라서 네트워크가 클수록 파라미터 수가 많아지는데도 불구하고 일반화가 잘 된다는 것입니다.

이 복권 가설을 증명하기 위해 다음과 같은 실험을 수행했습니다. 먼저 일반적인 방법으로 신경망을 학습시킨 후 가중치의 절댓값이 작은 $p\%$(예를 들면 80%)의 에지를 제거합니다. 이어서, 남은 네트워크를 학습 시에 사용했던 초깃값으로 되돌리고 다시 학습시켜서 정확도를 평가했습니다. 그랬더니 원래 네트워크 학습과 거의 동일한 학습 곡선이 나타났으며, 근접한 정확도가 달성되었습니다. 반면, 동일한 방법으로 에지들을 제거한 후 원래 학습에 사용된 초깃값과 다른 초깃값을 사용하여 다시 학습시킨 경우에는 정확도가 크게 떨어지는 것이 관찰되었습니다. 이는 네트워크 구조뿐만 아니라 초깃값의 조합도 중요하며, 전체 네트워크의 성능은 좋은 초깃값에 당첨된 서브 네트워크의 성능과 같다는 것을 보여줍니다. 신경망은 수많은 서브 네트워크 후보를 효율적으로 동시 탐색해서 좋은 네트워크를 찾아낸다고도 할 수 있습니다. 또한, 신경망의 학습은 무엇인가를 만들어 내는 것이 아니라, 처음부터 존재하던 잘 작동할 서브 네트워크를 잘라내는 것과 같은 접근 방법이라고 볼 수도 있습니다.

처음에는 이 복권 가설이 대형 신경망(예를 들어 ResNet)에 대해서는 성립하지 않는다고 보고되었지만, 완전한 초깃값은 아닌 약간 학습이 진행된 값으로 시작하면 (대형 신경망에서도) 같은 현상이 발생하는 것으로 나타났습니다. 완전한 초깃값 단계에서는 불필요한 에지를 제거했을 때의 변화가 너무 커서 학습이 불안정해지지만, 학습이 약간 진행되면 에지를 제거해도 학습이 안정적이기 때문으로 보입니다.[6]

가설을 뒷받침하는 이론

이 가설은 실험 결과에만 근거한 것이었지만, 가설을 뒷받침하는 이론이 등장했습니다.[7] 해당 이론의 제창자들은 MLP로 만들어진 교사 네트워크와 학생 네트워크라는 두 개의 네트워크를 준비하여, 교사 네트워크의 출력을 정답으로 삼아 학생 네트워크가 그것을 모방하도록 학습하는 문제 설정을 생각했습니다. 교사 네트워크는 원래 '과정이 보이지 않는' 데이터 생성 과정이라고 볼 수도 있습니다.[8] 교사 네트워크와 학생 네트워크의 노드 수와 파라미터 수가 반드시 같을 필요는 없습니다.

이 학습 다이내믹스를 해석해보니, 학생 네트워크가 교사 네트워크의 출력을 모방할 수 있게 되면 학생 네트워크의 각 노드가 교사 네트워크 각 노드의 거동을 모방하게 된다는 것이 밝혀졌습니다. 최종 출력이 일치하도록 하는 피드백만 있다면, 은닉 계층의 각 노드가 (교사 네트워크 각 노드를) 모방하게 된다는 것입니다. 여기서 말하는 노드의 거동이란, 해당 노드의 활성화 값이 0이 아니게 되는 입력의 영역으로 나타납니다. 또한, 학생 네트워크가 노드와 파라미터 수가 많은 과다 파라미터 설정인 경우에는 교사 네트워크의 각 노드와 초깃값 시점에서 가장 유사한 노드가 해당 노드의 거동을 모방하게 되며, 대응되는 노드가 없는 학생 네트워크 노드의 출력 가중치는 0으로 억제된다는 것이 밝혀졌습니다. 모방에 가장 성공한 노드가 더 잘하지 못하는 노드의 활동을 억제하는 소위 '승자독식winner-take-all'과 같은 현상이 발생한다는 것이 드러났습니다.

실제 신경망이 학습하는 대상은 반드시 다른 신경망의 출력은 아니며, 자연 현상일 수도 있고 인간 활동의 결과일 수도 있습니다. 그러나 이러한 학습 대상들의 데이터 생성 과정이 신경망과 마찬가지의 구성성과 계층성을 갖는 경우에는 그러한 생성 과정을 신경망으로 근사할 수 있습니다. 그리고 그 근사 결과를 최소한의 크기를 가지는 신경망으로 모방할 수 있으므로, 과적합 없이 일반화된다고 설명할 수 있습니다.

또한 일반화가 되는 솔루션은 플랫한 솔루션, 즉 많은 방향으로 파라미터를 움직여도 학습 오차가 거의 변하지 않는 솔루션이라고 여겨집니다.[9] 이 또한 당첨 복권에 의해 다른 서브 네트워크가 억제되는 상황에서는, 많은 파라미터를 움직여도 출력 결과가 변하지 않는 상황이기 때문이라고 설명할 수 있습니다.

인간의 뇌 발달 과정에서는, 처음에 많은 시냅스가 발생한 다음 가지치기pruning가 이루어진다고 알려져 있습니다. 이것도 복권 가설과 마찬가지로, 각각의 개체나 환경에 맞는 매우 운이 좋은 초깃값을 뽑은 서브 네트워크를 찾는 과정일지도 모릅니다. 학습 시 효율이라는 관점에서는 처음부터 유망한 서브 네트워크를 골라내 그것만 학습시키고 싶지만, 그것이 실현될 수 있을지, 다시 말해 처음부터 당첨 복권을 뽑아내는 것이 기술적으로 가능한지는 아직 알지 못합니다.

6　J. Frankle et. al., "Stabilizing the Lottery Ticket Hypothesis," https://arxiv.org/pdf/1903.01611.pdf

7　Y. Tian et. al., "Luck Matters: Understanding Training Dynamics of Deep ReLU Networks," https://arxiv.org/pdf/1905.13405.pdf

8　옮긴이_ 결과만 볼 수 있고, 결과가 만들어지기까지의 과정(신경망에서는 은닉 계층들의 거동)들은 보이지 않는, 혹은 보지 않아도 되는 프로세스라는 의미입니다. 물론 신경망에서는 내부를 관측할 수 있고, 내부 거동까지도 학생 네트워크가 모방을 하게 된다는 내용이 이어집니다.

9　N. Keskar et al., "On Large-Batch Training for Deep Learning: Generalization Gap and Sharp Minima," ICLR 2017, https://arxiv.org/pdf/1609.04836.pdf

1.7 인과와 상관: 미지의 분포에 대한 일반화 가능성

머신러닝의 큰 목표는 학습 데이터와 다른 테스트 데이터에서도 잘 작동하는 일반화된 모델을 얻는 것입니다. 학습 데이터에서만 잘 작동해도 된다면 학습 데이터를 그대로 외워버리면 되므로 컴퓨터로 쉽게 구현할 수 있습니다. 그러나 본 적이 없는 테스트 데이터에서도 잘 작동하기 위해서는 데이터 뒤에 숨겨진 법칙을 찾아내야 합니다.

일반적으로 머신러닝의 문제 설정에서는 학습 데이터와 테스트 데이터가 동일한 분포에서 서로 독립적으로 샘플링되는 소위 독립 항등 분포 independent and identically distributed(iid)를 가정합니다. 이 iid 조건 아래에서는 학습 데이터를 충분한 수만큼 모아서 학습 데이터와 잘 맞는 모델을 만들 수만 있다면, 테스트 데이터에서도 잘 작동할 것으로 기대할 수 있습니다. 이 방식을 바탕으로 학습 데이터의 오류를 최소화하는 경험 오차 최소화 empirical risk minimization(ERM)에 기반하는 학습이 사실상의 표준 학습 기법이 되었습니다. 모델이 각 샘플에 대해 얼마나 잘 작동하는지를 나타낼 손실 함수를 준비하여, 학습 데이터에서 손실 함숫값의 합계가 작아지도록 하는 파라미터를 찾는 것입니다.

그러나 세상의 많은 문제에서는 iid가 성립하지 않습니다. 학습 데이터를 만들 때 편향이 있거나 분포가 바뀌게 되는 공변량covariate이 존재하기 때문입니다. 이러한 경우 ERM을 이용한 학습은 잘못된 상관관계를 학습하게 되어 학습 데이터와 다른 환경에서는 성능이 저하되며, 심하면 완전히 엉터리 결과가 나와버리기도 합니다.

예를 들어, 이미지에 나오는 동물이 소인지 낙타인지 맞히는 문제를 생각해봅시다.[1] 학습 데이터에서는 대체로 소는 목장의 들판과 함께, 낙타는 사막과 함께 찍혀 있을 것입니다. 그래서 들판이 찍혀 있으면 소일 가능성이 높고, 사막이 찍혀 있으면 낙타일 가능성이 높도록 분류하는 모델이 얻어질 것입니다.

그렇다면 해변의 모래사장에 있는 소를 찍은 이미지에 대해서, 사막과 비슷한 모래사장이 찍혀 있으므로 낙타라고 판단하는 것이 정답일까요? 물론 오답입니다. 분포가 변경될 수 있는 환경에서는 이러한 일이 발생할 수 있습니다. 이처럼 iid가 아닌 문제 설정에서는, 학습 데이터에서 보편적으로 볼 수 있는 상관관계가 발견되더라도 그것이 테스트 데이터 환경에서도 항상 성립하는 상관관계라는 법은 없습니다. 모델을 일반화하려면 미래에도 안정적으로 성립할 상관관계를 찾아야 합니다. 앞의 예에서라면 소인지 낙타인지를 맞추기 위해서는 소와 낙타의 형상, 즉 겉모습으로부터 추정해야 하며, 배경으로부터 추정하는 것은 옳지 않습니다. 모델이 본 적 없는 데이터에 대해서 안정적이지 못한 상관관계(앞의 예라면 배경 또는 환경 등)를 어떻게 제거할지가 중요해집니다. 이러한 안정된 상관관계는 일반적으로 분류 결과와 관련된 인과관계에 기초합니다. 인과관계에 근거한 분류가 이루어진다면, 결과와 관계없는 환경 부분이 바뀌어도 분류 결과는 변하지 않으리라 기대할 수 있습니다. 여기까지의 이야기를 요약하자면, iid일 때는 상관관계를 이용한 모델이 잘 작동하지만,

그렇지 않은 경우에는 미래에도 안정적인 상관관계, 일반적으로는 인과관계를 발견하지 못한다면 잘 작동하지 않는다는 것입니다.

머신러닝은 상관관계를 구하는 기법이 많지만, 인과관계를 구하는 방식의 기법도 많이 제안되고 있습니다. 그러나 수집된 데이터만으로, 그 데이터 생성 과정에 대한 가정 없이 인과관계를 구하는 일은 일반적으로 불가능하다는 것이 알려져 있습니다(참고 문헌[2]의 예 참조). 반면에 생성 과정에 대한 무언가의 사전 지식이나 가정이 있다면, 데이터에서 어떤 변수 간에 인과관계가 있는지 추정할 수 있습니다. 또한 강화 학습과 같이 환경과 직접 상호작용을 할 수 있는 문제 설정에서도 시행착오를 통해 인과관계를 구할 수 있습니다. 예를 들어, 임상 시험에서도 사용되는 인과 추론을 할 때 가장 강력한 무작위 대조 시험randomized controlled trial을 수행할 수 있습니다. 그러나 세상의 많은 문제에서는 생성 과정을 알 수 없으며 몇 번이고 자유롭게 시도try할 수 있는 환경도 존재하지 않습니다. 그래서 이미 획득한 데이터만으로도 이러한 인과 추론을 할 수 있고 일반화가 되는 모델을 만들 필요가 있었습니다.

이러한 상황에서 뉴욕 대학교의 마틴 아조브스키Martin Arjovsky와 페이스북(현 메타Meta) 인공지능 연구소Facebook AI Research(FAIR)의 레옹 보투Leon Bottou 등은 ERM을 대체할 수 있는 일반화 가능한 학습 기법으로 불변 오차 최소법Invariant Risk Minimization(IRM)을 제안했습니다.[3] 이 IRM은 안정적인 상관관계를 찾음으로써, 학습 데이터와는 다른 분포에도 일반화되는 것을 목표로 합니다. 핵심 아이디어는 다양한 환경에서 학습 데이터를 수집하여, 그것들을 섞지 않고 따로따로 다룸으로써 모든 환경에 대해 최적의 분류기를 얻어 일반화되는 모델을 획득하는 것입니다. 이를 자세히 설명하겠습니다.

데이터 x가 주어졌을 때, x를 NN 등을 이용하여 변환하여 얻은 데이터 표현을 $\Phi(x)$라고 하고, 그것을 입력으로 사용하여 분류 결과를 반환하는 분류기를 w라고 하겠습니다. 이 둘을 결합한 입력으로부터 분류 결과를 반환하는 함수 $w(\Phi(x))$를 합성 함수 기호를 사용하여 $w \circ \Phi$로 표현할 수 있습니다. 또한, 환경 e에서의 이 분류기에 의한 기대 손실 l을 손실 함수로 했을 때, $R^e(w \circ \Phi) := \mathbb{E}_{X^e, Y^e}\left[l\left(f\left(X^e\right), Y^e\right)\right]$라고 할 수 있습니다. 이때, 모든 환경 ε에서 손실을 최소화할 수 있는 분류기들이 같다면, 이 데이터 표현 Φ는 모든 환경에서 불변invariant인 분류기 $w \circ \Phi$를 도출할 수 있을 것으로 생각됩니다.

$$w \in \arg\min_{\bar{w}} R^e(\bar{w} \circ \Phi) \quad \text{for all} \quad e \in \mathcal{E}$$

그러나 모든 환경을 나열하는 것은 불가능하므로, 대신 학습 데이터로서 모은 환경 $\mathcal{E}_{tr}$로 이것을 대체할 수 있다고 가정하면 다음과 같이 표현됩니다.

$$\min_{\Phi, w} \sum_{e \in \mathcal{E}_{tr}} R^e(w \circ \Phi)$$

$$\text{subject to } w \in \arg\min_{\bar{w}} R^e(\bar{w} \circ \Phi)$$
$$\text{for all } e \in \mathcal{E}_{tr}$$

이것을 IRM이라고 합니다. 이 최적화에서는 모든 환경에서의 최적 선형 분류기가 동일해지는 데이터 표현을 얻는 것이 목표입니다. ERM에서도 모든 환경에서 수집된 데이터에 대한 손실을 0으

1 M. Arjovsky et al., "Invariant Risk Minimization," https://arxiv.org/abs/1907.02893

2 J. Pearl, "The Book of Why," Basic Books.

3 M. Arjovsky et al., "Invariant Risk Minimization," https://arxiv.org/abs/1907.02893

로 만들 수 있다면, 각 환경의 손실도 0으로 만들 수 있으므로(일반적으로 손실을 0 이상의 값으로 정의한다고 가정[4]) 같은 것을 얻을 수 있겠지만, IRM에서는 이 분류기를 선형 분류기라는 표현력이 낮은 모델로 제한하고 있다는 점이 중요합니다. ERM은 신경망처럼 과다 파라미터 모델을 사용할 때, 학습 오차가 최소화된 경우에도 잘못된 상관관계를 포착한다고 알려져 있습니다. 또한 학습에 사용되는 모델에 학습 오차나 테스트 오차를 0으로 줄일 수 있는 모델이 포함[5]되지 않은 경우에도 잘못된 상관관계를 찾아내게 됩니다. IRM은 이러한 경우에 ERM보다 더 일반화되는 모델을 얻을 수 있다고 주장합니다.

이 IRM 최적화를 그대로 수행하려고 하면 각 환경에서의 최적화가 필요하게 되는데, 안쪽과 바깥쪽의 이중 최적화를 하려고 하면 현실적으로 구현하기 어렵습니다. 그래서 다음과 같이 바꾸는 것을 생각합니다. 먼저, 데이터 표현이 임의의 비선형 변환을 사용하는 경우, 선형 분류기는 임의의 모델을 가정하여 사용해도 된다는 점을 이용[6]하여, 최적 분류기를 단순히 데이터 표현의 첫 번째 성분을 그대로 반환하는 모델로 고정합니다. 다음으로, 손실 함수로 볼록^{convex} 함수를 사용하면 경삿값이 0에 가까운지로 최적성을 평가할 수 있다는 점을 활용합니다.

이를 사용하여 위의 최적화 문제 대신, 다음의 최적화 문제를 풉니다.

$$\min_{\Phi} \sum_{e \in \mathcal{E}_{tr}} R^e(w \circ \Phi) + \lambda \left\| \nabla_{w \| w=1.0} R^e(w \circ \Phi) \right\|^2$$

여기서 w는 스칼라값인 더미 선형 분류기인데, 데이터 표현 $\Phi(x)$의 첫 번째 성분을 그대로 사용하는 분류기입니다. 이 최적화를 수행함으로써 원래의 IRM과 동일한 결과를 얻을 수 있습니다. 또한, 두 번째 항의 노름에 대한 불편^{unbiased} 추정량으로

서, 환경으로부터 비복원 추출한 두 샘플 (x_1, y_1), (x_2, y_2)의 w에 대한 경삿값의 내적을 사용하는 것이 가능합니다.

$$\left\| \nabla_{w \| w=1.0} R^e(w \circ \Phi) \right\|^2$$
$$= \mathbb{E}_{(x_1,y_1),(x_2,y_2)} \Big[\big\langle \nabla_{w \| w=1.0} l\big(w \circ \Phi(x_1), y_1\big),$$
$$\nabla_{w \| w=1.0} l\big(w \circ \Phi(x_2), y_2\big) \big\rangle \Big]$$

이 IRM을 사용하여 학습하여 얻은 분류기는 ERM과 비교하여, 새로운 환경에 일반화하기가 더 쉽다는 것이 간단한 실험으로 확인되었습니다.[7]

오늘날의 많은 통계적 추론과 머신러닝은 인과관계가 아닌 상관관계만을 포착하기 때문에 많은 잘못된 결론을 도출한다는 지적이 요즘 제기되고 있습니다. 한편, 인과관계를 포착하기 위해서는 상관관계를 찾을 때보다 더 많은 조건과 가정이 필요하며, 범용적으로 사용할 수 있는 인과 추론은 아직 등장하지 않았습니다. 그러나 인과관계를 포착하는 것은 머신러닝에 있어 궁극의 목표인 일반화 능력을 달성하기 위해 중요합니다. 역으로, 인과관계를 포착할 수 있는 표현을 데이터로부터 학습을 통해 얻을 수 있는지도 과제 중 하나입니다. 앞으로 추론 기술이 발전하고 데이터도 능동적으로 수집할 수 있게 되어감에 따라 다양한 인과 추론이 이루어지고 진정한 일반화 모델을 얻을 수 있게 되기를 기대합니다.

---

4 옮긴이_ 당연한 이야기 같지만, 저자는 엄밀성을 위해 손실값을 비음수(non-negative)로 정의하는 경우임을 확인합니다.

5 옮긴이_ 모델 아키텍처가 정해지면, 파라미터 조합에 의해 수많은 함수 후보가 생기고, 그 안에서 최적 파라미터를 찾아낸다는 관점에서 '포함'이라는 개념이 사용되었습니다.

6 옮긴이_ 안쪽(Φ)과 바깥쪽(w)의 이중 최적화를 비선형-선형의 2단계 변환으로 분리해서 근사하겠다는 것입니다.

7 J. Pearl, "The Book of Why," Basic Books.

1.8 대칭성이 학습에 활용되는 방식

세상의 많은 현상에서는 대칭성이 보입니다. 어떤 대상 M이 대칭성 S를 갖는다는 것은 S로 지정된 조작 $g \in S$를 M에 적용해도 M이 불변이라는 의미입니다. 예를 들어, 구는 임의의 회전 조작을 적용해도 구로 유지되고, 좌우 대칭인 이미지는 좌우 반전 조작을 적용해도 모양이 바뀌지 않습니다. 이 대칭성은 기하학적 대상뿐만이 아니라 많은 물리 현상에서도 보입니다.

유용한 귀납적 편향의 역할을 하는 대칭성

이 대칭성은 학습 시의 강력한 귀납적 편향, 즉 학습 결과에 크게 이바지할 수 있는 학습 데이터 이외의 사전 지식으로 사용될 수 있습니다.

예를 들어, 이미지 인식 작업에서 인식 대상 물체가 약간 상하좌우로 평행 이동을 하더라도 이미지 분류 결과는 변하지 않습니다. 이 경우, 분류 결과는 평행 이동 조작에 대하여 대칭성이 있다고 합니다. 또한 많은 경우 이미지에 회전 조작이나 좌우 미러링 조작을 적용해도 분류 결과는 바뀌지 않습니다. 반면에 이미지를 상하 반전시키면 의미가 바뀌는 경우도 있습니다.

이러한 대칭성이 가장 잘 보이는 것이 점구름point cloud, 메시 데이터mesh data, CT 스캔이나 현미경 데이터, 지리 데이터 및 그 해석 결과들입니다. 이러한 데이터는 좌표나 기준 축의 선택이 자의적이며, 좌표를 변환하거나 축을 변경하더라도 결과는 바뀌지 않습니다. 예를 들어, 점구름 데이터에서

각 점이 물체의 어디에 대응되는지(머리, 발 등)는, 점구름 데이터가 회전했다고 해도 물론 바뀌지 않습니다. 현미경으로 주어진 이미지에서 암에 대응되는 세포는 이미지가 회전했더라도 암이라는 사실은 변하지 않습니다.

한편, 머신러닝 모델이나 신경망은 이러한 입력이나 문제가 가지는 대칭성을 반드시 감안할 수는 없습니다. 예를 들어, 전결합fully-connected 계층으로 구성된 다층 퍼셉트론multilayer perceptron(MLP)으로 이미지를 분류하는 경우, 입력 이미지가 평행 이동 또는 회전이 되면 결과가 완전히 달라집니다. 이는 모델의 관점에서 볼 때 어떤 부분에 대칭성이 있고, 입력의 어떤 변화는 감안해야 하고, 어떤 변화는 무시해야 하는지 자명하지 않기 때문입니다. 따라서 데이터 증강augmentation이라고 불리는 학습 데이터에 대한 다양한 변환(이미지의 경우에는 평행 이동, 회전, 미러링 등)을 적용해서, 데이터나 문제가 가지는 대칭성을 전부 별도의 현상으로서 모델이 기억하도록 하는 것이 일반적입니다. 이 경우 본래는 같은 모델로도 처리 가능한 것을 각각의 모델로 표현할 필요[1]가 있게 되어, (증강된) 학습 데이터의 수와 파라미터의 수도 많아지게 됩니다.

---

1 옮긴이_ (CNN 등을 사용하면) 하나의 모델로 이동, 회전, 반사를 처리할 수 있음에도, 모델이 대칭성을 이해하지 못하니 모든 변형을 따로따로 처리해야만 하여, 모델 파라미터가 많이 필요하게 된다는 의미입니다.

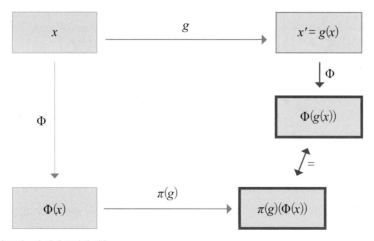

그림 1-1 변환 Φ가 조작 g에 대해 동변인 경우
오른쪽 아래의 2개 요소에 대해 $\pi(g)(\Phi(x))=\Phi(g(x))$인 경우, 변환 Φ가 조작 g에 대해 동변이라고 함

대칭성을 효과적으로 이용한 CNN

이러한 대칭성을 모델에 직접 통합하는 작업도 많이 이루어졌습니다. 가장 성공한 모델은 합성곱 신경망convolutional neural network(CNN)입니다. CNN은 모든 위치에서 동일한 파라미터를 사용하는 선형 변환인 합성곱 연산을 적용하기 때문에, 입력이 평행 이동되더라도 출력 또한 마찬가지로 평행 이동할 뿐입니다.

만약 CNN의 마지막 단계에 모든 위치의 결과를 (위치의 순서에 의존하지 않고) 종합하는 연산(예를 들어 글로벌 풀링 등)을 적용하면, 입력에 대한 평행 이동 조작에 대한 결과는 불변이 됩니다. 한편, 풀링 연산을 적용하지 않으면, 이 입력에 대한 변환은 출력에도 정보로서 그대로 남아 있게 되고, 필요하다면 사용할 수 있습니다. 이 개념은 불변과 동변equivariant이라는 용어로 설명할 수 있습니다.

불변과 동변

입력 x에 대해 어떤 조작 g를 적용하여 얻은 결과 $x'=g(x)$에 대해 변환 Φ를 적용한 결과 $\Phi(x')$가, 원래의 입력을 변환한 결과 $\Phi(x)$와 항상 일치하는 경우(즉, $\Phi(x)=\Phi(x')=\Phi(g(x))$인 경우), 변환 Φ는 조작 g에 대해 불변이라고 합니다.

한편, 입력 x에 대해 어떤 조작 g를 적용하여 얻은 결과 $x'=g(x)$를 변환한 결과 $\Phi(x')$와, 원래 입력을 변환한 결과 $\Phi(x)$에 g에 대응하는 조작 $\pi(g)$를 적용한 결과가 항상 일치하는 경우(즉, $\pi(g)(\Phi(x))=\Phi(g(x))$인 경우), 변환 Φ가 조작 g에 대하여 동변이라고 합니다(그림 1-1). 이때, g가 군group의 원소, x가 벡터 공간 V의 원소, 각 g에 대해 $\pi(g)$는 V상에서의 선형 변환이고, 조작 g는 $\pi(gh)=\pi(g)\pi(h)$를 만족한다고 가정합니다. 이러한 조작을 다루는 분야를 표현론representation theory이라고 하며, 수학이나 물리학 등에서 널리 이용됩니다.

불변이라는 것은 동변의 특수 케이스로서 $\pi(g)$가 항등 변환(입력을 있는 그대로 반환하는 변환)인 경우입니다. 불변은 입력에 대한 조작 정보를 없애는 것이라고도 할 수 있습니다. CNN에서 마지막 단계에 풀링 작업이 사용된 경우, 입력에 대한 평행 이동 정보는 없어집니다. 또한 (풀링을 사용하지 않는) CNN은 평행 이동 조작에 대해 동변으로서, 입력을 평행 이동하여 변환한 결과는 입력을 그대로 변환한 결과를 평행 이동시킨 결과와 일치합니다. 이 경우에는 $\pi(g)=g$가 됩니다. 물리 분야에서도 좌표를 어떻게 설정하는가에 상관없이 물리 법칙은 바뀌지 않는다는 공변성covariance이라는 개념이 사용되는데, 이것은 동변성의 일종입니다.

동변은 정보의 '얽힘 풀기'에 있어서 중요한 개념입니다. 어떤 조작에 대해 동변인 변환은 나중에라도 그 조작을 수행할 수 있으므로steerable,[2] 그 변환에 필요한 정보가 손상되거나 손실되지 않는다는 것을 의미합니다. 예를 들어, 이동과 회전에 대해 동변인 변환은 대상의 어떤 자세 정보를 내부에 가지고 있음으로써 변환 후에도 그 자세 정보를 사용할 수 있습니다.

학습 데이터 효율이 높은 동변 네트워크

동변인 신경망은 조작 간에 동일한 파라미터를 공유할 수 있으므로 학습 데이터 효율이 높습니다. 예를 들어 회전 조작에 대해 동변인 신경망의 경우, 학습 데이터에 회전된 샘플이 있더라도 동일한 파라미터를 이용하여 처리할 수 있습니다. 일반적인 이미지 데이터는 방향이 맞추어져 있기 때문에[3] 이점이 적을 수도 있지만, 점구름 데이터나 CT 스캔 데이터에서는 방향을 맞추기가 어려우므로, 방향에 의존하지 않고 같은 학습 모델을 사용할 수 있다면 매우 큰 장점이 됩니다.

다양한 작업에 대해 DNN을 동변으로 만드는 연구

지금까지 신경망을 여러 조작에 대해 동변으로 만드는 기법에 관한 논의들이 이루어졌습니다. 그중

에서도 대표적인 회전 조작과 미러링 조작에 대해 동변 변환을 실현하는 방법이 연구되었습니다.

2016년에 처음 제안된 G-CNNgroup equivariant convolution network은 소수의 이산적인 회전 조작, 평행 이동, 미러링 변환에 대해 동변인 신경망입니다.[4] 이 연구에서는 합성곱 연산뿐만 아니라 풀링 연산과 비선형 활성화 함수에 대한 아이디어도 제안되었습니다. 한편으로, G-CNN은 조작 수에 비례하는 계산량과 메모리 사용량이 필요하기 때문에 조작 수를 늘리기가 어려웠습니다.

G-CNN 다음 해에 발표된 Steerable CNN[5]은, 동변 변환의 계산량은 조작 수에 비례할 필요가 없고, 그 조작군에서 정의되는 환원 불가능한irreducible 표현의 조합만으로 제한하는 형태로 선형 변환(합성곱의 경우 커널)을 표현하면 된다는 것을 보였습니다. 이로 인해 동변인 경우는 오히려 적은 계산량으로 처리될 수 있고, 실제로 더 적은 파라미터로 표현될 수 있음을 보였습니다. 이 평행 이동, 회전, 미러링 조작 일반에 대해 동변으로 하는 경우에는 어떤 환원 불가능한 표현을 사용해야 좋은지도 이미 구해졌습니다.[6]

또한, 구면[7](ICLR 2018 최우수 논문상)이나 그래프 등 유클리드 공간 이외의 공간일 경우에 동변으로 만드는 기법에 대한 연구도 진행 중입니다. 이들

---

2 T. Cohen et al., "Steerable CNNs," ICLR 2017.

3 옮긴이_ 예를 들어 일반적인 사진은 위아래가 분명하고 뒤집힌 경우가 거의 없습니다.

4 T. Cohen et al., "Group Equivariant Convolution Networks," ICML 2016.

5 T. Cohen et al., "Steerable CNNs," ICLR 2017.

6 M. Weiler et al., "General E(2)-Equivariant Steerable CNNs," NeurIPS 2019.

7 T. Cohen et al., "Spherical CNNs," ICLR 2018.

을 일반화한 균질 공간^{homogeneous space} 상에서 동변이 되는 CNN[8]도 발전하고 있습니다.

이러한 동변 네트워크는 이론적으로 흥미로울 뿐만 아니라 실용적으로도 큰 성과를 올리고 있습니다. 대표적인 것으로서, 메시^{mesh}를 입력으로 받아 어느 노드가 참조 대상의 어느 부분에 대응되는지를 찾는 레지스트레이션^{registration} 작업이 있습니다.

이 레지스트레이션 작업은 대칭성이 있기 때문에 기존 방법은 여러 아이디어를 적용할 필요가 있었지만, 동변 CNN을 사용하면 특별한 아이디어를 적용하지 않고 거의 100%에 가까운 정확도를 달성할 수 있었습니다.[9] 또한, 세포 조직 등을 현미경으로 검사한 결과에 대해서도 동변 CNN를 사용한 기법[10]이 적은 수의 샘플로부터 효율적으로 학습할 수 있으며, 기존 방법을 능가하는 가장 높은 정확도를 달성하는 것으로 보고되었습니다.

이러한 동변이나 기약 표현과 같은 개념을 이해하려면 고도의 수학 지식이 필요하지만, 사용만 하려면 대표적인 조작에 대해 기존 모듈을 대체하기만 하면 동변 변환을 바로 사용할 수 있습니다.[11]

공간 중의 각 점이 그래프의 노드에 대응되는 경우, 그래프 신경망을 사용하면 동변성을 쉽게 도입할 수 있습니다. 예를 들어 EGNN[12]은, 각 노드를 업데이트할 때 노드 간의 상대 위치만을 사용함으로써 좌표 변환에 대한 동변성을 달성합니다.

또한, 몇몇 대칭성에 대해서는 대칭성을 도입하더라도 NN의 표현력을 전혀 떨어뜨리지 않고 모델을 정의할 수 있습니다.[13] 현실 세계의 문제에는 아직 고려되지 않은 대칭성이 많이 존재하므로, 앞으로 동변 변환을 통해 이러한 대칭성을 모델에 통합해 가는 것을 생각할 수 있을 것입니다.

8 T. Cohen et al., "A General Theory of Equivariant CNNs on Homogeneous Spaces," NeurIPS 2019.

9 P. d. Haan et al., "Gauge Equivariant Mesh CNNs: Anisotropic convolutions on geometric graphs," https://arxiv.org/abs/2003.05425

10 S. Graham et al., "Dense Steerable Filter CNNs for Exploiting Rotational Symmetry in Histology Images," https://arxiv.org/abs/2004.03037

11 https://github.com/QUVA-Lab/e2cnn

12 V. G. Satorras et all, "E(n) Equivariant Graph Neural Networks," ICML 2021.

13 O. Puny et al., "Frame Averaging for Invariant and Equivariant Network Design," ICLR 2022.

1.9 머신러닝의 새로운 거듭제곱 법칙: 모델이 클수록 일반화 능력과 샘플 효율 향상

세상의 많은 현상은 거듭제곱 법칙power law[1]으로 설명할 수 있습니다. 예를 들어, 지프의 법칙Zipf's law에 따르면 x번째로 높은 발생 빈도를 가진 단어의 빈도는 가장 높은 빈도를 갖는 단어의 $1/x$입니다. 파레토 법칙(전체 수의 80%가 20% 구성 요소로 실현됨), 친구 수, 지진 규모 분포 등도 마찬가지입니다. 식으로 표현하면, 어떤 변수 x와 그 결과 간에 $f(x) = ax^k + c$라는 관계가 성립합니다. 여기서 a, k, c는 상수입니다.

2020년 10월에 오픈AI 연구자들은 논문[2]을 통해 투입할 계산 자원, 데이터 크기, 모델 크기와 딥러닝이 달성 가능한 성능(손실) 사이에 거듭제곱 법칙이 성립한다고 보고했습니다. 애초에 성립한다는 사실 자체가 놀라웠던 것과 동시에, 그로부터 파생된 '큰 모델을 사용하는 것이 일반화 성능도 좋고, 학습 효율도 좋다'라는 사실이 지금까지의 머신러닝의 상식과는 매우 달랐기 때문에 연구자들 사이에서 큰 화제가 되었습니다.

또한, 최적 모델의 예상 크기가 현재 사용되는 모델보다 훨씬 크기 때문에 향후 딥러닝을 활용한 시스템 개발에 상당한 영향을 미칠 가능성이 있습니다. 이것이 사실이라면 필자는 딥러닝의 비밀을 밝혀 미래의 고성능 시스템을 만드는 길을 닦은 기념비적인 연구 성과라고 생각합니다. 이 거듭제곱 법칙에 대해 설명하겠습니다.

생성 모델에서 성립하는 거듭제곱 법칙

오픈AIOpenAI 연구자들은 앞서 언급한 연구에서, 이 글을 집필하던 당시 기준 GPT-3 등으로 성공을 거둔 트랜스포머의 디코더 전용 자기회귀 모델을 이용한 교차 엔트로피 손실을 최소화하여 생성 모델을 학습하는 문제를 다뤘습니다. 이 모델 구조는 원래 자연어의 사전 학습용으로 사용되지만, 이 연구에서는 이미지(각 픽셀을 순차적으로 배열하는 경우와 벡터 양자화로 인코딩하는 경우), 영상, 이미지와 언어의 상호 변환, 수학 문제(문제 문장과 정답은 자연문과 기호 시퀀스로 표현되고, 문제를 조건으로 받아 정답을 생성하는 문제) 등에 적용했습니다.

모든 문제에서 주어진 시퀀스 데이터는 $x = x_1$, x_2, ..., x_n으로 표현되며, 각 문자[3]를 지금까지 생성된 문자를 조건으로 하여conditioned 생성하도록 학습됩니다.

이 실험에서는 투입할 계산 자원 C, 데이터 크기 D와 모델 크기 N이 바뀌는 경우 교차 엔트로피 손실이 어떻게 바뀌는지 확인했습니다. 그 결과, 손실과 C, D, N 사이에는 다음과 같은 거듭제곱 법칙이 성립함이 밝혀졌습니다.

---

1   옮긴이_ 멱법칙(power law)으로 번역하기도 합니다.

2   T. Henighan et al., "Scaling Laws for Autoregressive Generative Modeling," *https://arxiv.org/abs/2010.14701*

3   옮긴이_ 저자는 문자라고 표현했지만, 이 맥락에서 엄밀하게는 토큰(token)입니다.

$$L(x) = L_\infty + \left(\frac{x_0}{x}\right)^{\alpha_x}$$

여기서 x는 C나 D, N이 될 수 있습니다. 예를 들어 32×32 이미지의 경우, 모델 크기 N에 대해 식 $L(N)=2.2+(N/1.9\times10^4)^{-0.14}$으로 손실을 예측할 수 있습니다.

이로부터 C, D, N을 늘리기만 해도 손실을 줄일 수 있으며, 얼만큼 늘려야 어느 정도의 성능이 얻어질지를 학습하기 전에 예측할 수 있습니다. 또한, 교차 엔트로피 손실 L은 데이터 확률 분포 P와 모델이 나타내는 확률 분포 Q를 사용하여 다음과 같이 표현됩니다.

$$L = H(P) + KL(P \| Q)$$

$H(P)$는 P의 엔트로피이고, $KL(P\|Q)$는 P에서 Q로의 쿨백-라이블러 발산입니다. 일반적인 교차 엔트로피 설명에서는 최대 가능도 추정식이 $L = \sum_{x\sim P} \log Q(x)$ [4]가 되지만 여기에 $H(P)$를 더하면 앞의 식을 만들 수 있습니다. 이와 같이 분해하면, 제1항의 엔트로피는 L_∞에 대응되고, 쿨백-라이블러 발산이 $\left(\frac{x_0}{x}\right)^{\alpha_x}$에 대응되는 것으로 생각할 수 있습니다. 그리고 엔트로피는 줄일 수 없는 손실이고, 쿨백-라이블러 발산은 줄일 수 있는 손실이 됩니다.

줄일 수 있는 손실의 감소가 후속 작업 성능 향상에 중요

교차 엔트로피 손실은 생성 모델로서의 성능이므로, 이것으로 모델을 사전 학습시키면 다른 후속 작업의 성능이 달라지는지에 대해 오픈AI는 이미지넷^{ImageNet} 분류 작업을 이용하여 확인했습니다. 줄일 수 있는 손실이 작아질수록 후속 작업의 테스트 손실도 작아져서 일반화 성능이 개선된다는 것이 확인되었습니다.

줄일 수 없는 손실의 스케일에 비해 줄일 수 있는 손실의 스케일이 작기 때문에 학습의 후반부에는 손실 감소가 매우 정체된 것처럼 보이지만, 실제로는 줄일 수 있는 손실이 감소합니다. 그리고 이 부분이 후속 작업의 일반화 성능을 향상시키는 데 매우 중요하다는 것이 밝혀졌습니다. 사전 학습된 GPT-3가 다양한 후속 작업에 놀라울 정도로 잘 적용되고 있다는 사실을 뒷받침합니다.

최적 계산 자원, 모델 크기, 데이터 크기 간의 관계

또한, 계산 자원 C가 고정된 경우의 최적 모델 크기 $N_{opt}(C)$는 $N_{opt} \propto C^\beta$ 의 관계가 성립하며, 놀랍게도 β는 문제에 따라 바뀌지 않고 변함없이 약 0.7인 것이 밝혀졌습니다.

마찬가지로, 고정된 계산 자원 아래의 최적 모델 크기 N과 데이터 크기 D 사이에도 다음과 같은 관계가 성립한다는 것이 밝혀졌습니다.

$$D \propto N^{0.4}$$

이로부터 계산 자원을 늘릴 수 있는 경우에 반복 횟수와 계산 시간을 늘리는 것보다 모델을 더 크게 만드는 것이 좋음을 알 수 있습니다. 또한 데이터를 크게 만드는 정도보다 모델을 확대하는 정도를 크게 해야 한다는 결론이 되는데, 이는 지금까지의 상식과는 다릅니다.

이 숫자들이 의미하는 바에 대한 표를 만들었습니다(표 1-1). 예를 들어, 두 배의 계산 자원을 사용할 수 있는 경우 최적 모델 크기는 1.6배이고 데이터는 1.2배입니다. 마찬가지로 100배 더 많은 계산 자원을 사용할 수 있는 경우는 모델을 25배, 데이터를 3.6배로 하는 것이 최적입니다. 데이터가 증가하는 속도에 비해 모델과 계산 자원 쪽이 급격하게 커지는 것을 알 수 있습니다. 이에 대해서는 2022년 3월에 영국 딥마인드^{DeepMind}가 발표한 논문[5]에서 수정이 필요하다는 의견이 나왔는데, 계산 자원이 일정한 경우 최적 데이터 크기의 증가와 모델 크기의 증가는 같은 정도라고 합니다. 이 경우, 원래의 논문의 주장보다는 최적 모델 크기의 증가율이 낮아집니다(모델 크기가 정해진 경우, 최적 계산 자원과 데이터 크기는 상대적으로 커집니다).

기존의 머신러닝에서는 오컴의 면도날처럼 모델의 파라미터 수(복잡도)를 필요최소한으로 함으로써 일반화 성능을 향상시킬 수 있다고 이론적으로 설명해 왔고, 실험적으로도 그러했습니다. 교과서의 시작 부분에도 쓰여 있는 기본적인 관점입니다. 그러나 딥러닝의 경우 모델이 클수록 일반화 성능이 오히려 높아진다는 것이 밝혀졌고, 이를 설명하기 위한 여러 이론도 등장하고 있습니다. 여기서 설명한 결과도 이를 뒷받침합니다.

게다가 이러한 결과에서 예상되는 최적 모델 크기는 현재 사용되는 모델 크기보다 압도적으로 큽니다. 예를 들어 8×8라는 낮은 해상도의 이미지를 생성하는 모델의 최적 크기는 파라미터 약 10억 개라고 생각됩니다. 해상도가 더 증가하면(이미지의 본질적인 차원은 해상도의 차원보다 훨씬 작지만) 최적 모델 크기는 지수적으로 증가하기 때문에 100배에서 거의 10,000배 가까이 늘어날 것으로 생각됩니다. 또한 언어 모델의 학습에 있어서는 기존의 가장 큰 모델로도 학습이 수렴하지 않으므로 더 큰 크기가 필요할 것으로 보이는데, 정확한 예상치는 없는 상황입니다.

표 1-1 계산 자원과 모델 크기, 데이터 크기와의 관계

계산 자원	모델 크기	데이터 크기
1	1	1
2	1.6	1.2
10	5	1.9
100	25	3.6

또 하나 의외의 사실로서, 모델 크기가 클수록 샘플 효율이 높다는 것, 즉 동일한 학습 데이터밖에 없는 경우에 더 효율적으로 학습할 수 있다는 것도 의미하고 있습니다.

또 다른 흥미로운 실험으로, 이미지와 그것을 설명하는 캡션 데이터를 동시에 학습하여 이미지와 언어 간의 상호 정보량^{mutual information}도 모델 크기에 대한 거듭제곱 법칙이 성립한다는 것을 발견했습니다. 텍스트로부터 이미지를 생성하는 모델의 최적 파라미터의 수는 약 3조 개로 예상됩니다. 그림 한 장이 천 마디를 대신한다는 말이 있지만, 이 실험의 결과는 32×32 이미지에 두세 단어의 정보가 있는 것으로 나타났습니다.

이러한 결과 등을 바탕으로 오픈AI는 2021년 1월 텍스트에서 이미지를 생성하는 달리^{DALL-E6}와 이미지로부터 관련되는 텍스트를 예측하는 클립^{CLIP7}을 발표했습니다. 이들은 대규모 데이터셋과 대규모 모델을 사용하여 학습되며 이전 시스템보다 훨씬 더 높은 유연성과 일반화 성능을 달성했습니다.

---

4 옮긴이_ L이 가능도(likelihood)를 의미한다면 이대로 쓸 수 있지만, 손실(loss)을 의미한다면 음수 부호(−)가 붙습니다. $L=H(P) + KL(P\|Q)$가 유도되려면 음수 부호가 붙어야 합니다.

5 J. Hoffmann et al., "Training Compute-Optimal Large Language Models," *https://arxiv.org/abs/2203.15556*

6 *https://openai.com/blog/dall-e/*

7 *https://openai.com/blog/clip/*

남은 과제

이 발견으로부터 많은 질문이 제기됩니다. 먼저, 이 발견은 현재까지의 관점과 너무나 다르기 때문에 우선 사실인지를 확인할 필요가 있습니다. 이에 관해서는 그 후 여러 그룹이 다양한 조건에서 추가 실험이나 유사한 실험을 수행한 경우에도 거듭제곱 법칙을 뒷받침하는 결과가 나왔습니다. 이번에는 트랜스포머+자기회귀 모델+교차 엔트로피 손실의 결과이지만, 다른 모델, 작업 및 손실함수의 경우에도 마찬가지로 성립하는지 검증이 필요합니다. 트랜스포머 이외의 모델(예를 들어, MLP 등)에서도 이와 마찬가지의 경향이 보였습니다. 한편 자기회귀 모델, 교차 엔트로피 손실 이외의 조건에서 이러한 경향이 보이는지는 충분히 검증되지 않았습니다.

더욱이 이것이 실험적으로 사실이라면 왜 거듭제곱 법칙이 성립하는지에 대한 이론적 이해가 필요합니다. 동일한 거듭제곱 법칙이 서로 다른 영역과 문제에 적용되고 최적의 모델 크기에 대한 계수까지 일치하며 모델이 클수록 일반화 성능이 좋아진다는 것은, 현재까지의 학계의 이해와는 여전히 큰 차이가 있기 때문입니다.

또한 실용적인 관점의 질문들도 있습니다. 이번의 결과는 데이터, 모델 및 계산 자원을 늘릴수록 성능을 한없이 향상시킬 수 있을 뿐 아니라, 투자 효과를 예측 가능한 형태로 보일 수 있다는 것을 의미합니다. 이에 따라, 그 후 여러 유력 기업이나 연구 그룹들이 모델의 대규모화를 진행했습니다. 이러한 대규모 모델은 파운데이션 모델foundation model[8]로 불리는데, 한 번 큰 비용을 들여서 만든 모델을 다양한 후속 작업에 사용한다는 흐름이 퍼지고 있습니다. 그러나 이번에 예측된 최적 크기의 모델은 현재 기술의 연장선상에서는 실현하기 어려울 것이며 새로운 기술과 하드웨어를 개발해야 할 것으로 생각됩니다(이미 파라미터가 수조 개인 모델이 등장했습니다[9]).

또한 한 번 큰 모델을 사전 학습해서 만들어 두고, 그것을 사용하여 제로샷zero-shot, 퓨샷few-shot으로 다양한 작업에 활용한다는 아이디어는 자연어 처리를 넘어 확산될 것입니다. 사전 학습된 대규모 모델이 다양한 분야에서 사용될 날이 오기 직전의 상태인지도 모릅니다.[10]

---

8 R. Bommasani et al., "On the Opportunities and Risks of Foundation Models," *https://arxiv.org/abs/2108.07258*

9 W. Fedus et al., "Switch Transformers: Scaling to Trillion Parameter Models with Simple and Efficient Sparsity," *https://arxiv.org/abs/2101.03961*

10 옮긴이_ 이 글은 2021년 3월에 쓰였는데, 2022년 정도부터 기반 모델의 도입이 가속화되어 2024년에는 거의 모든 분야에서 맹위를 떨치고 있습니다.

1.10 강건한 모델의 과다 파라미터 표현 필요성

현재 딥러닝에 사용되는 모델은 과도하게 파라미터화over parameterized된 표현, 즉 학습 데이터 수보다 훨씬 더 많은 파라미터를 가집니다. 예를 들어, 100만 개의 이미지로 구성된 이미지넷 학습 데이터에 수억 개의 파라미터를 가지는 모델을 사용하는 것이 일반적입니다. 과다 파라미터 표현은 효율이 높지 않을 뿐 아니라, 기존의 머신러닝 이론에 따르면 과적합되기 쉬운 것으로 생각되었습니다.

일반적으로, n개의 방정식이 주어지면 n개의 미지수를 결정할 수 있습니다. 마찬가지로 n개의 학습 데이터가 주어지면 n개의 파라미터를 갖는 모델을 사용하여 학습 데이터를 완전히 예측할 수 있는 모델을 생성할 수 있습니다. 따라서 학습 데이터 수보다 훨씬 더 많은 파라미터를 가지는 모델은 과도한redundant 것처럼 보입니다.

한편, 최근의 실험 결과와 머신러닝의 새로운 거듭제곱 법칙(앞 절에서 소개)으로부터 알 수 있듯이, 풍부한 지도 정보(자기회귀 문제 등)와 같은 몇 가지 조건을 만족하면 파라미터 수가 많을수록 학습 효율이나 일반화 성능이 높아지는 것으로 나타났습니다. 이는 파라미터 수가 많을수록 초깃값에서 일반화 성능이 높은 플랫flat 해에 도달하기 쉽기 때문이라고 생각됩니다.

머신러닝 모델의 중요한 성능 조건으로서, 일반화 성능 외에 강건성이 있습니다. 즉, 입력에 약간의 교란perturbation[1]이 더해지더라도 예측 결과가 크게 변하지 않는 성질입니다. 그러나 특별한 아이디어를 추가하지 않고 학습된 모델에서는 입력에 의도적으로 설계된, 아주 약간의 교란(적대적 교란)만 더하더라도 예측 결과가 크게 바뀌어 버립니다. 예를 들어, 인간이 알아차리지 못할 정도의 노이즈를 판다의 이미지에 추가하여 임의의 예측 결과로 변경할 수 있습니다.

이러한 적대적 교란에 대한 강건성은 머신러닝 모델을 현실 세계에 배포할 때 필수적입니다. 예를 들어, 자율 주행 차량 및 로봇의 이미지 인식에 대해 적대적 교란을 사용하는 많은 공격이 이미 입증되었습니다.

이 강건성에서도 과다 파라미터 표현이 중요하다는 것이 밝혀졌습니다. 과다 파라미터 표현의 사용은 강건한 모델을 만들기 위한 필요조건이고, 또한 현재의 모델은 여전히 예상되는 필요량보다 상당히 적다는 것을 시사한 연구가 있습니다.[2] 이 연구는 NeurIPS 2021 Outstanding Paper Award(최우수 논문상에 해당)에 선정되었습니다. 이 절에서는 그 결과를 소개하겠습니다.

---

1 옮긴이_ perturbation은 엄밀하게는 섭동(攝動)으로 번역하는 것이 맞겠으나, 머신 러닝의 맥락에서는 교란(攪亂)으로 옮겨지는 경우가 많아서 이 책에서는 후자를 선택했습니다(다만 일본어 원문은 섭동으로 되어 있음을 밝혀둡니다).

2 S. Bubeck et al., "A Universal Law of Robustness via Isoperimetry," NeurIPS 2021, *https://arxiv.org/abs/2105.12806*

함수의 립시츠 성질

먼저 필요한 지식으로서 립시츠 성질Lipschitzness과 Isoperimetry(등주성)[3]에 대해 설명하겠습니다. 립시츠 성질은 함수의 평활도를 나타냅니다. 함수 f가 정수 $L \in R^+$, 임의의 입력 $\mathbf{x}$, $\mathbf{y}$에 대해 항상 다음이 성립할 때, f는 L-립시츠 성질을 가진다고 하고, L을 립시츠 상수라고 합니다.

$$|f(\mathbf{x}) - f(\mathbf{y})| \leq L\|\mathbf{x} - \mathbf{y}\|$$

이것은 입력이 u만큼 달라지더라도 함수의 출력값이 Lu 이하로만 달라진다는 것을 의미합니다.

머신러닝 모델 f가 학습 데이터에 대해 완전한 예측을 하고, 또한 (적어도) 그 학습 데이터 부근neighborhood에서도 학습 데이터와 같은 결과를 내려면 함수 f가 립시츠 성질을 가져야 하고, 그 립시츠 상수는 작아야 합니다.

Isoperimetry

또한, 데이터 분포 μ가 Isoperimetry를 만족한다는 것은, 임의의 L-립시츠 유한 함수 f에 대해 함수의 출력값이 함수의 기댓값과 t보다 크게 다를 확률이 가우시안과 같거나 그보다도 빠르게 작아진다는 것을 의미합니다. 예를 들어, 가우시안이나 단위 구면상의 균일분포, 또는 매니폴드 가설로 알려진 저차원 데이터가 고차원 데이터에 들어 있는 경우는 Isoperimetry를 만족합니다.

강건성과 파라미터 수 간의 관계

이를 바탕으로 2021년 6월 마이크로소프트 리서치의 세바스티앙 부베크Sébastien Bubeck 등이 다음을 증명했습니다. 수학적으로 고도의 지식이 필요한 부분은 생략하였으므로, 정확한 결과를 알고 싶으시면 참고 문헌[4]을 확인하시기를 바랍니다.

p개의 파라미터로 구성된 함수 f를 사용하여 iid (독립 항등 분포)인 n개의 학습 데이터 $(x_i, y_i)_{i=1}^n$를 약간의 노이즈를 허용하여 피팅합니다. 입력은 d차원 벡터이고 출력값은 $y_i \in \{+1, -1\}$로 합니다. 또한 입력 분포는 Isoperimetry를 만족한다고 가정합니다. 이때, 함수 f의 립시츠 상수 $\text{Lip}(f)$는 다음과 같습니다.

$$\text{Lip}(f) \geq \sqrt{nd / p}$$

이 결과가 보여주는 것은 립시츠 상수를 작게, 특히 상수로 만들기 위해서는 파라미터 수 p를 $p \sim nd$로 해야 한다는 것입니다. 그리고 모델 크기와 모델의 강건성 사이에는 트레이드오프 관계가 있다는 것입니다. 작은 모델은 강건하게 만들 수 없고, 큰 모델일수록 강건하게 만들 수 있습니다. 작은 모델은 어떻게 아이디어를 내더라도 (립시츠 성질이라는 관점에서) 강건한 모델로 만들 수가 없습니다.

간단한 예

여기서는 간단한 문제 설정에서 nd개의 파라미터를 사용하여 강건한 모델을 구성하는 예를 설명합니다.

입력 분포가 단위 구면상의 균일분포라고 합시다. 이 경우 서로 다른 표본 $\mathbf{x}_i$, $\mathbf{x}_j$는 높은 확률로 $\|\mathbf{x}_i - \mathbf{x}_j\| \geq 1$을 만족시킬 것입니다. 이때, $g(0)=1$, $z \geq 1$일 때 $g(z)=1$이 되는 평활한 함수 g를 준비하여 이 함수를 방사형 기저 함수radial basis function(RBF)로 사용하는 다음과 같은 함수는 학습 데이터에 완벽하게 피팅되며, 립시츠 상수가 $O(1)$이 됩니다.

$$f(\mathbf{x}) = \sum_{i=1}^{n} g\left(\left\| \mathbf{x} - \mathbf{x}_i \right\|\right) y_i$$

이 파라미터 수는 $p=n(d+1)$(n개의 $\mathbf{x}_i$와 $\mathbf{y}_i$)이며, 이는 앞의 하한과 일치합니다.

아직은 작은 현재의 모델

이 이론이 실제 결과와 얼마나 잘 일치하는지 보겠습니다.[5] MNIST 데이터셋은 $n=6\times10^4$개의 이미지로 구성되며 차원은 $28^2=784$입니다. 이 데이터셋에 대해 다양한 사이즈의 신경망을 사용하여 학습해보면, 파라미터 수 약 $10^5\sim10^6$개 부근에서 모델의 강건성이 크게 변화합니다. 이로부터 MNIST의 유효 차원 수는 $15\sim150(n/p)$ 정도가 아닐까 예상됩니다.

또한 이미지넷 데이터셋의 경우 1.4×10^7개의 이미지로 구성되며 각 이미지의 차원은 약 $2\times10^5(256\times256)$입니다. 이미지의 경우 유효 차원 수는 실제 차원 수의 약 1/10 ~ 1/100 정도로 추정되므로, 강건한 모델을 실현하기 위한 파라미터의 수는 $10^{10}\sim10^{11}$ 정도가 되어야 할 것으로 예상됩니다. 이는 현재 사용 중인 모델 사이즈 $10^8\sim10^9$와는 거의 100배의 차이가 있습니다.

현재 신경망은 적대적 공격에 취약함이 밝혀졌으며, 강건하게 만들기 위한 다양한 연구가 진행되고 있지만, 대규모 데이터셋에 강건한 모델이 아직 존재하지 않는 것은 단순히 현재 모델 크기가 너무 작기 때문일 가능성이 있습니다.

대형 모델 필요성에 대한 대처

이 결과는 지금까지의 통계나 머신러닝에서 생각하던 '샘플 수와 파라미터 수가 비슷해야 한다'는

상식을 깨뜨리는 것입니다. 실용적인 관점에서는 파라미터 수가 적은 것이 좋겠지만, 필요조건으로서 요구되는 경우에는 하드웨어나 알고리즘으로 대형 모델을 지원할 수 있게 하거나, 표현 학습 등의 아이디어를 적용하여 유효 차원(d)을 낮추어 작은 모델로도 강건성을 갖게 할 필요가 있습니다.

---

3 옮긴이_ 등주성으로 번역할 수 있겠지만, 자주 쓰이는 번역어가 아니므로 영어 용어 그대로를 1차 표기했습니다.

4 S. Bubeck et al., "A Universal Law of Robustness via Isoperimetry," NeurIPS 2021, *https://arxiv.org/abs/2105.12806*

5 S. Bubeck et al., "A Universal Law of Robustness via Isoperimetry," NeurIPS 2021, *https://arxiv.org/abs/2105.12806*

CHAPTER 2

사람의 학습

2.1 뇌의 오차 역전파 여부

신경망은 뇌(신경계)를 모방하여 만들어졌습니다. 신경 세포(뉴런)는 입력 자극이 임곗값threshold을 초과하는 경우 발화firing1하여 활동 전위를 발생시켜 다른 세포로 정보를 전달합니다. 이 발화가 연쇄적으로 일어남으로써 정보를 전달하고 계산을 실현합니다. 신경 세포 간의 정보 전달에는 시냅스synapse라는 화학 물질을 사용하는 메커니즘이 사용됩니다(다른 메커니즘도 있음).

뇌는 활동 중에 뉴런 간의 연결 강도를 바꾸어 감으로써(예를 들어, 시냅스로 방출되는 화학 물질의 수용체 수를 변화시킴) 환경에 적응(즉, 학습)해 나갑니다. 이를 모방한 신경망도 마찬가지로 뉴런과 시냅스에 대응되는 파라미터로 구성되며, 파라미터를 조정함으로써 학습이 수행됩니다. 현재의 신경망에서는 오차 역전파법back propagation(BP)이 높은 학습 효율성으로 인해 널리 사용됩니다. 그러나 뇌에서 어떤 학습 규칙이 작동하는지는 아직 해명되지 않았고, 뇌에서 BP와 같은 학습 규칙이 돌아가는지는 알지 못합니다.

BP를 이용한 학습 규칙을 간략하게 소개하겠습니다. 많은 학습 문제는 목적 함수를 최소화함으로써 실현됩니다. 파라미터 θ를 가지는 목적 함수 $L(\theta)$이 주어진다고 합시다. 예를 들어, 입력 x에서 출력 y를 예측하려는 회귀의 지도 학습을 실현하려면 교사 데이터 $\{(x_i, y_i)\}$와 예측 함수 $f(x;\theta)$, 오차 함수 $l(y, y_i)$가 주어졌을 때 $L(\theta) = \sum_i l(f(x_i;\theta), y_i)$를 목적 함수로 사용합니다. 목적 함수가 작아지는 파라미터, 즉 지도 데이터와 예측 함수의 값이 같아지는 파라미터를 찾는 문제입니다.

이때, 목적함수 $L(\theta)$을 최소화하는 파라미터 θ^*는, $L(\theta)$의 θ에 대한 경삿값 $v = \frac{\partial L(\theta)}{\partial \theta}$을 구하여 $\theta := \theta - \alpha v$로 업데이트함으로써 구합니다. 여기서 $\alpha > 0$은 학습률로 불리는 파라미터입니다. v는 지도 데이터 중 일부를 사용하여 추정할 수도 있습니다. 이를 확률적 경사 하강법(SGD)이라고 합니다. 현재, 2차 경삿값 정보를 온라인으로 근사하는 Adam과 같은 기법이 널리 사용됩니다. 목적 함수가 볼록하지 않은 경우 SGD가 반드시 최적 솔루션을 제공하는 것은 아니지만, 심층 및 대형 신경망의 경우 SGD로 찾은 솔루션은 거의 모두가 유사한 성능을 가질 것으로 예상됩니다.[2]

함수 f가 신경망처럼 복수의 함수들이 조합되어 구성되는 경우, 경삿값 v를 어떻게 구할 것인지가 문제가 됩니다. 이 문제에 대해, 1986년에 데이비드 루멜하트David Rumelhart 등이 오차 역전파 방법을 제안했습니다. 이는 역방향 자동 미분이라고도 합니다. 출력에서 입력으로 향하는 역방향으로, 목적 함수의 각 함수의 출력에 대한 경삿값을 재귀적으로 계산해 갑니다. 오차가 출력에서 입력으로 전파되는 것처럼 보이기 때문에 이를 오차 역전파 방법(BP)이라고 합니다. BP는 보통 순방향 계산의 약 3배(순방향 계산에 더해지는 양이 2배, BP 전체로는 3배)의 계산량으로 구해지기 때문에 파라미터의 개수가 많더라도 효율적으로 구할 수 있습니다. 그리고 목적 함수에 대한 각 파라미터의 경삿값을 직접 구할 수 있기 때문에 학습이 매우 효율적인 것으로 알려져 있습니다.

뇌에서 오차 역전파가 어렵다고 생각되는 이유

뇌에서 BP의 실현이 어렵다고 생각되는 데는 다음과 같은 이유가 있습니다. 첫 번째는 BP에서 출력에서 입력 쪽으로 오차를 역방향으로 전파시킬 때, 순방향 시에 사용한 파라미터를 W라고 하면, W의 전치 행렬transpose을 오차에 곱할 필요가 있기 때문[3]입니다. 뉴런 사이의 연결은 단방향이기 때문에 W의 전치 행렬을 구해서 곱한다는 것은 그대로는 실현될 수 없습니다.

두 번째로, BP는 순방향 계산을 한 후에 역방향 계산이 필요합니다. 순방향과 역방향 계산이 섞이지 않도록 모든 뉴런 간에 '순방향 계산 중인지, 역방향 계산 중인지'를 동기화할 필요가 있습니다. 세 번째로, 디지털 컴퓨터는 오차 전파가 정확하고 계층 수가 100층이 넘어가도 학습할 수 있지만, 뇌 메커니즘에는 아날로그 부분이 포함되고 노이즈도 있기 때문에 도중에 오차가 소실될 가능성이 높습니다.

이러한 이유로, 뇌는 BP와는 다른 방법으로 학습하는 것이 아닐까라고 생각되고 있습니다. 예를 들어 헬름홀츠 머신Helmholtz machine와 볼츠만 머신Boltzmann machine은 모두 국소 정보만을 사용하여 파라미터를 업데이트할 수 있으므로, 뇌의 학습 메커니즘으로서 유망하게 보고 있습니다. 한편으로 BP는 공학적으로 효과적이기 때문에, 뇌의 메커니즘 측면에서 BP가 실현될 수 있다는 것이 밝혀지면 뇌의 학습 메커니즘으로서도 유력한 후보가 될 것입니다.

뇌 내 시냅스 강화 메커니즘 STDP

뇌의 학습 규칙은 아직 밝혀지지 않았지만, 어떤 경우에 시냅스가 강화되는지에 대한 몇 가지 현상이 알려져 있습니다. 시냅스에는 방향이 있는데, 시냅스 전의 뉴런을 x, 시냅스 후의 뉴런을 y라고 하겠습니다. 헤브의 규칙Hebbian learning rule은 x와 y가 동시에 발화되는 경우에 시냅스가 강화되는 현상입니다. 이 현상을 더 자세히 조사한 결과, 스파이크 시점 의존 가소성spike timing dependent plasticity(STDP)라는 현상이 있다는 것이 밝혀졌습니다. 이는 x가 발화한 직후에 y가 발화하는 경우에 시냅스가 강화되고, 반대로 x가 발화하기 직전에 y가 발화하면 시냅스가 약해지는 현상입니다.

요슈아 벤지오Yoshua Bengio 등은 STDP는 실제로는 다음과 같은 업데이트 규칙일 것으로 예상했습니다. x의 발화율을 $\rho(x)$, y의 발화율 변화를 y', x에서 y로의 시냅스 강도를 $W_{y,x}$라고 할 때, 다음과 같이 나타낼 수 있다는 것입니다.[4]

$$\Delta W_{y,x} \propto y' \rho(x) \qquad (1)$$

이것의 원래 아이디어는 제프리 힌튼Geoffrey Hinton이

---

1 옮긴이_ 생물학적 신경망 연구에서 온 개념으로서, 해당 뉴런이 활성화된 출력을 내보내는 것을 발화라고 합니다.

2 A.Choromanska,et al, "The Loss Surfaces of Multilayer Networks,"AISTATS 2015.

3 옮긴이_ 딥러닝에서는 오차 역전파를 할 때, 계산 그래프에 연쇄 법칙(chain rule)을 적용하여 연산하는 것이 일반적입니다. 그러나 이 기법 외에도, 다음과 같이 파라미터 행렬의 전치행렬을 사용하는 기법이 있습니다.

$$\delta_{backprop} = W^\top e$$

여기서 e는 오차이고, $\delta_{backprop}$은 파라미터의 업데이트양입니다. 엄밀하게는 역행렬을 사용해야 하겠지만, 계산 부담을 줄이기 위해서 의사 역행렬(pseudo-inverse)의 역할로서 전치행렬을 사용합니다.

4 Y. Bengio, et al, "An objective function for STDP," *http://arxiv.org/abs/1509.05936*

2007년에 제창했습니다. 이것이 STDP와 일치하는 이유는 y의 발화율이 증가하는 경우, x 직후에 y가 발화할 확률이 높아지기 때문입니다. 이렇게 생각하는 것은, (1)의 식이 다음 목적 함수의 최소화로서 도출되기 때문입니다.

$$J = \left\| f\left(s_{t-1}, \eta_{t-1}\right) - s_{t+1} \right\|^2 \qquad (2)$$

여기서 s_t는 시각 t에서의 뉴런 전체의 상태, η_{t-1}은 노이즈, f는 뇌의 다이내믹스로서 다음 시각의 상태를 결정합니다. 이것이 최소화 되도록 파라미터를 정한다는 말은, 뇌가 하나 앞 시각의 상태 s_{t-1}과 여기에 노이즈가 더해진 정보로부터 다음 시각의 상태를 예측할 수 있게 된다는 의미입니다. 노이즈가 더해짐으로써 디노이징denoising 오토인코더와 같은 효과를 기대할 수 있습니다. 노이즈가 더해진 정보로부터 그것을 제거하도록 학습한다는 말은, 확률 분포의 경삿값을 추정하여 그 정보의 중요한 부분을 인식해서 그로부터 재생성한다는 의미입니다. 디노이징 오토인코더는 확률 분포 자체를 추정하는 것과 동일함이 나타났습니다.[5]

이것은 생물의 입장에서도 의미가 있을 것입니다. 지금까지 얻은 정보로부터 미래 상태(미래의 감각 기관으로부터 얻은 내부 상태)를 예측할 수 있다면, 적을 더 빨리 탐지하거나 먹이를 더 빨리 잡을 수 있기 때문입니다. 뇌의 학습 메커니즘은 항상 미래를 예측하여, 그것과 실제 관측 결과의 오차를 기반으로 학습하는 것이 아닐까 하는 예상은 지금까지도 있었습니다. 그것이 실제로 뇌에서 관찰되는 STDP와 연결된다는 점에서 흥미로운 예상입니다.

그 후 여러 종류의 '뇌에서 실현 가능한 BP'가 제창되었습니다. 그러나 유감스럽게도 현시점에서 BP에 필적할 만한 학습 효율이나 범용성을 가진 학습 메커니즘은 나타나지 않았습니다.[6]

뇌의 학습 규칙에는 아직 밝혀지지 않은 부분이 많습니다. 2013년에는 신경 세포만이 아니라 수상돌기dendrite도 발화한다는 사실이 밝혀졌으며, 이것이 오차 역전파처럼 작용할 수 있다는 추측도 나왔습니다. 또한, 뇌에서는 전기 신호 외에도 단백질 상호작용이나 유전자 발현 제어와 같은 다양한 형태로 정보가 교환됩니다. 이것들이 뇌의 메커니즘을 어떻게 지원하는지는 아직 밝혀지지 않았습니다.[7] DNA가 발견된 이래 50년 동안, 유전자 메커니즘의 복잡성을 점점 알아가게 되면서 수수께끼가 더 깊어지는 것과 마찬가지로, 뇌의 메커니즘도 해명이 되어감에 따라 비로소 그 복잡함을 알게 될지도 모릅니다.

---

5 Pascal Vincent, "A Connection Between Score Mathing and Denoising Autoencoders," *https://ieeexplore.ieee.org/document/6795935*

6 T. P. Lillicrap et al., "Backpropagation and the brain," Nature Reviews Neuroscience 2020.

7 *http://timdettmers.com/2015/07/27/brain-vs-deep-learning-singularity*

2.2 뇌의 학습 시스템

일본과 영국의 인공 지능과 신경 과학 연구자들이 모이는 개츠비/과학연구비조성사업 합동 워크숍[1]이 2017년 5월에 런던에서 열려 필자도 연사로 참가했습니다. 이 워크숍은 영국 유니버시티 칼리지 런던University College London의 개츠비 전산 신경 과학 연구소Gatsby Computational Neuroscience Unit 디렉터인 피터 다얀Peter Dayan과 오키나와 과학기술대학원대학교 Okinawa Institute of Science and Technology(OIST)의 도야 켄지Kenji Doya 교수 등의 초청으로 개최되었습니다.

다얀은 베이즈 기법을 신경 과학에 적용하여 신경 전달 물질이 예측 오차와 불확실성을 나타내는 데 사용된다는 것을 밝혔습니다. 그 외에도 강화 학습에서의 Q-러닝Q-learning, TD(λ)의 수렴 증명, 오늘날의 심층 생성 모델로 이어지는 헬름홀츠 머신 등 많은 업적이 있습니다. 구글 딥마인드의 구성원 상당수가 개츠비 연구소 출신이며, 딥마인드가 강화 학습, 베이즈 기법, 에피소드 기억episodic memory 등 신경과학에서 착상된 기법을 적극적으로 연구한다는 점에서 그 영향이 얼마나 큰지를 알 수 있습니다. 한편, 도야 교수는 후술하는 뇌의 학습 시스템을 밝혀내기 위해 실제 동물이나 시뮬레이션 모델을 이용한 뇌의 학습 시스템 해명을 계속하고 있습니다.

현시점에서도 뇌가 어떤 식으로 정보를 처리하고 학습하는지는 완전히 해명되지 않았지만, 몇 가지 유력한 관점이 제창되고 있습니다. 여기에서는 1999년에 도야 교수가 제창한 학습 모델[2]을 기반으로 설명하겠습니다. 이 관점은, 뇌에서는 대뇌 기저핵basal ganglia에 의한 강화 학습, 소뇌cerebellum에 의한 지도 학습, 그리고 대뇌 신피질neocortex에 의한 비지도 학습들이 연동되어 학습된다는 것입니다. 이들을 순서대로 살펴보겠습니다.

강화 학습을 담당하는 대뇌 기저핵은 선조체striatum 와 담창구pallidum로 구성됩니다. 선조체에서는 현재 상태 s에 기초하여 상태 가치 함수 $V(s)$나, 이를 행동 a와 조합한 행동 가치 함수 $Q(s,a)$를 사용하여 상태 가치, 행동 가치가 평가됩니다. 이렇게 추정된 가치들은 도파민 뉴런으로 전달되어 TD 오차 계산에 사용됩니다. TD 오차는 '현시점에서의 가치를 사용한 수익(앞으로에 걸쳐 받게 될 보상의 합)의 예측값'과 '지금 받은 보상과 다음 시각의 가치로부터 계산된 수익의 예측치(TD 목표)' 간의 차이로서, 이 오차를 줄임으로써 앞으로의 수익을 예측할 수 있습니다. 이 예측 오차에 기반하여 도파민 뉴런에서 도파민이 방출되어 선조체에 의한 가치 함수가 업데이트됩니다. 한편, 가치 함수에 의한 평가는 담창구로 전달되어 최적의 행동을 결정하는 데 사용됩니다. 결정된 행동은 시상thalamus을 거쳐 대뇌 신피질로 전파되어 실제 운동 명령으로 매핑됩니다.

대뇌 신피질은 비지도 학습을 담당하여 입력을 구성 인자 및 성분으로 분해하고, 원래 입력과의 매핑을 실현합니다. 입력을 독립 성분으로 분해하

---

1 http://www.brain-ai.jp/events/detail/616
2 K. Doya, "What are the Computations of the cerebellum, the basal ganglia, and the cerebral cortex?," Neural Networks, vol.12, pp.961–974, 1999.

는 작업으로서는 ICA와 PCA가 알려져 있습니다. 예를 들어, 비지도 학습인 볼츠만 머신은 입력 변수가 가우시안이고 은닉 변수가 이진 변수인 경우 최대 가능도 추정으로 입력의 독립 성분을 찾을 수 있고, 입력 변수가 가우시안이고 은닉 변수도 가우시안인 경우에는 최대 가능도 추정을 통해서 입력의 주성분을 찾을 수 있는 것으로 밝혀졌습니다.[3] 대뇌 신피질이 볼츠만 머신을 실현하는지는 밝혀지지 않았지만 볼츠만 머신은 시냅스의 대표적인 업데이트 법칙인 헤비안 규칙과 유사한 업데이트 법칙을 가지고 있습니다. 따라서 대뇌 신피질은 유사한 계산을 수행하고, 입력을 인자로 분해하고, 입력과 인자 간의 관계를 저장할 수 있다고 생각됩니다. 대뇌 신피질에 의해 강화 학습에서의 상태와 지도 학습에서의 입출력을 추상화하여 학습의 일반화가 실현됩니다.

지도 학습을 담당하는 소뇌는 입력-출력 매핑을 학습하고 운동을 제어하며 습관화된 행동 시퀀스의 생성을 맡습니다. 소뇌는 뇌의 뉴런 수의 대부분을 차지할 정도로 뉴런 수가 많아서, 무한하다고 할 수 있을 정도로 매우 많은 수의 지도 학습을 상호 간섭 없이 학습할 수 있습니다. 입력에서 출력을 예측하는 지도 학습은 다양한 상황에서 사용할 수 있습니다. 예를 들어, 강화 학습에서 상태 s로부터의 최적 행동을 결정하는 $a=f(s)$나, 특정 상태 s에서 행동 a가 실행되면 다음 상태 s'가 어떻게 될 것인가의 $s'=f(s, a)$라는 환경 모델도 지도 학습으로 실현됩니다.

이 세 가지 학습은 연동되어 실현됩니다. 예를 들어, 피아노 연주 연습을 생각해봅시다. 처음 연습할 때는 어떤 건반을 하나씩 눌러야 할지 생각해서 행동하기 때문에 시간이 걸리고 부정확합니다. 여기서는 대뇌 기저핵에 의한 강화 학습이 중심적인 역할을 하며, 어떤 행동이 가장 좋을지를 평가

하는 데 시간을 들입니다. 이 단계에서는 매번 행동에 대한 판단을 내릴 필요가 있어서 뇌도 '지치게' 됩니다.

그러나 연습을 반복하면 의식하지 않고도 어떤 상태에서 다음에 어떤 행동을 할 것인지(어느 건반을 누를지) 자동으로 결정할 수 있게 됩니다. 여기에는 의지의 개입이 필요하지 않습니다. 이 상태에서는 소뇌에 의한 지도 학습이 진행되어, 어떤 상태 s 다음에 어떤 행동을 선택할지인 $a=f(s)$, 그리고 어떤 상태가 될지인 $s'=f(s,a)$가 소뇌에 의해 순간적으로 계산됩니다. 소뇌에 의한 지도 학습이 기능하기 시작하면, 빠르고 정확하게 연주할 수 있게 되어 의식하지 않고도 칠 수 있게 됩니다. 그래서 피아노를 치면서 다른 것을 생각할 수 있게 됩니다.

일반적으로 어떤 상태 s일 때 어떤 행동 a를 할 것인가는, 강화 학습이 주체가 되는 모델 프리[model-free], 소뇌에 의한 다음 상태 예측 결과를 이용하여 평가하는 모델 기반[model-based], 소뇌에 의한 기억 기반[memory-based]으로 나눌 수 있습니다.

$$a^* = \operatorname{argmax} a Q(s,a) \qquad \text{모델 프리(대뇌 기저핵)}$$
$$a^* = \operatorname{argmax} a\left[r + V\left(f\left(s^{'}, a \right) \right) \right] \text{모델 기반(대뇌 기저핵)}$$
$$s^{'} = f(s,a) \qquad \text{(소뇌)}$$
$$a^* = g(s) \qquad \text{기억 기반(소뇌)}$$

이렇게 뇌에서는 서로 다른 학습 메커니즘을 가진 여러 모듈이 연동되어 작업을 학습해 갑니다.

또한 다른 학습 결과를 사용하여 또 다른 학습을 하는 부트스트래핑도 수행합니다. 예를 들어, 입력 이미지를 같은 객체끼리 그룹화하는 세그먼테이션 학습에서는 '같이 움직이는 것은 하나의 물체'라는 사전 지식을 사용하여 동영상으로부터의 세그먼테이션을 먼저 학습합니다. 이어서, 이 학습 결과를 사용하여 정지된 물체의 세그먼테이션

의 정답들을 만들어서 정지 이미지의 세그먼테이션 방법을 학습하는 것으로 생각되고 있습니다.

인간의 뇌에는 대부분의 학습의 부트스트래핑 메커니즘이 유전적(선천적)으로 내장된 것으로 생각됩니다. 수정란에서 성체로 성장하는 과정에서 단순한 세포 그룹이 적절한 타이밍에 분화하여 상호 작용을 하면서 복잡한 조직으로 변화해 갑니다. 마찬가지로 뇌에서도 여러 학습 문제가 적절한 시기에 발동되도록 설정되어, 성장함에 따라 지금까지 학습한 결과를 모듈로 사용하여 보다 복잡한 학습 문제를 해결해 갑니다.

현재의 머신러닝이나 딥러닝은 이러한 복잡한 학습 시스템을 실현하지 못하며, 간신히 사람이 복수의 학습 메커니즘을 조합하여 실현하고 있는 정도입니다.[4] 예를 들어, 딥마인드의 바둑 소프트웨어인 알파고[AlphaGo] 학습 과정에서는 다음 수 예측에 대한 지도 학습, 이를 이용한 행동 가치 함수 학습, 이를 이용한 바둑판 상황 가치 함수 학습으로 진행해 갑니다.

신경 과학과 인공 지능이 최근 다시 가깝게 교류하기 시작했습니다.[5] 사람이나 동물의 지능 메커니즘을 참고하여 연구하는 것과 함께, 현재 인공 지능이 복잡한 문제를 해결할 수 있게 됨에 따라 이러한 메커니즘이 실제로 뇌에서 일어나는지를 파악하려는 움직임도 있습니다. 워크숍이 끝날 무렵 참가자 한 명이 다음과 같은 흥미로운 앙케이트를 돌렸습니다. '미래의 인공 지능은 뇌와 유사한 시스템이 될 것인가, 아니면 완전히 다른 시스템이 될 것인가? 그리고 뇌의 메커니즘을 해명하는 것이 인공 지능의 실현에 도움이 될 것인가?' 필자는 '뇌와는 전혀 다른 시스템이 되겠지만, 뇌의 메커니즘에 대한 해명은 인공 지능의 실현에 도움이 될 것'이라고 답했습니다. 이 결과가 맞는지는 10년 후에 되돌아보도록 하겠습니다.

3 R. Karakida et al., "Analysing Feature Extraction by Contrastive Divergence Learning in RBMs," Deep Learning and Representation Learning Workshop, NIPS 2014.

4 옮긴이_ 2024년 시점 기준에서도 큰 틀에서는 마찬가지입니다. LLM 등이 인상적인 성능을 보인다는 것이 근본적인 학습 알고리즘에 혁명이 일어났음을 의미하지는 않습니다.

5 A. Marblestone et al., "Toward an Integration of Deep Learning and Neuroscience," https://doi.org/10.1101/058545

PART

2

학습 기법

CHAPTER 3

학습 기법

학습의 엔진:
수리 최적화 Adagrad, RMSProp, Adam

이번에는 학습의 엔진이라고도 할 수 있는 수치 최적화를 소개하겠습니다. 먼저 학습 문제에서 수치 최적화가 어떻게 사용되는지 살펴보겠습니다. 입력 x에서 출력 y를 예측하는 회귀를 생각해봅시다. 이 예측을 위해 파라미터 θ로 특징 지어지는 함수 $f(x;\theta)$를 학습합니다. 파라미터 θ는 일반적으로 실수 벡터입니다. 예를 들어 선형 회귀의 경우 다음과 같습니다.

$$f(x;\theta) = \langle x,\theta \rangle + \theta_c$$

그리고 신경망의 경우 여러 개의 선형 함수와 비선형 함수인 활성화 함수를 결합하는 형태로 표현됩니다.

$$f(x;\theta) = f_k\left(\cdots f_2\left(f_1\left(x;\theta_1\right);\theta_2\right)\cdots;\theta_k\right)$$
$$\theta = \left(\theta_1,\theta_2,\cdots\theta_k\right)$$

학습 데이터 $\{(x_i,y_i)\}$에 대해 예측 함수의 오차 정도를 표현하는 함수를 손실 함수라고 합니다. 예를 들어, 회귀의 경우 $l(x,y,\theta)=(y-f(x;\theta))^2$와 같은 제곱 오차를 사용합니다. 목적 함수는 손실 함수를 사용하여 다음과 같이 정의됩니다.

$$L(\theta) = \sum_i l\left(x_i, y_i, \theta\right)$$

이것을 최소화하는 파라미터 θ^*를 구할 수 있다면 학습 데이터를 잘 예측할 수 있는 함수 $f(x;\theta^*)$를 얻게 됩니다.

회귀 문제가 아닌 분류 문제의 경우 힌지 손실hinge loss과 로지스틱 손실logistic loss이 사용되며, 확률 모델 학습에서는 음의 로그 가능도negative log-likelihood가 손실 함수로 사용됩니다.[1]

또한, 학습 데이터에 과적합되는 문제를 방지하기 위해 파라미터 θ에 대한 정규화 항 $R(\theta)$(예: $|\theta|^2$나 $|\theta|$)을 사용하여 $L(\theta) + R(\theta)$를 최소화하는 θ를 구하는 최적화 문제로 만드는 것이 일반적입니다.

공을 더 낮은 위치로 옮기는 기본 전략

최적화 문제는 높낮이가 있는 코스에서의 골프 퍼팅putting과 같은 문제로 생각할 수 있습니다. 평면상에서의 공의 위치가 파라미터에 해당하고 공의 높이가 함수의 값에 해당하는 상황에서, 공을 가장 낮은 곳으로 이동시키는 문제가 됩니다.

기본 전략은 중력이 공을 더 낮은 방향으로 가져가도록 하는 것입니다. 이것은 $L(\theta)$의 경사 $G(\theta) = \frac{\partial L(\theta)}{\partial \theta}$ 를 구하여 $\theta = \theta - \alpha G(\theta)$($\alpha > 0$는 학습률learning rate)와 같은 업데이트를 반복하는 것에 해당하며 경사 하강법gradient descent(GD)이라고 합니다.

그러나 학습을 최적화 문제로 푸는 경우, 모든 데이터로부터 $L(\theta)$이 정의되기 때문에 $G(\theta)$를 구하기 위해 매번 학습 데이터 전체를 사용해야 하므로 계산량이 많습니다. 따라서 현재 대부분은 확률적 경사 하강법stochastic gradient descent(SGD)을 사용하는데, 이는 학습 데이터의 일부로부터 경삿값을 추정하여 사용합니다.

최적화 문제가 구멍이 하나만 있어서 어쨌든 계속 내려가면 최적해에 도달할 수 있는 컨벡스convex(아래로 오목) 최적화 문제라면, 최적해를 고속으로 찾을 수 있다는 것이 이론적으로 증명되었습니다. 예를 들어, (잠재 변수 없는) 서포트 벡터 머신이나 로지스틱 회귀를 사용하는 경우가 이에 해당합니다. 자세한 내용은 필자의 저서[2]를 참조해주세요.

신경망 최적화의 어려움

한편, 신경망 학습 시의 최적화 문제는 다음 두 가지 점에서 어렵다고 알려져 있습니다. 첫 번째는 많은 국소해local minima가 있고 국소해가 계층 수에 따라 지수적exponential으로 증가한다는 문제입니다. 골프에 비유하자면 사방에 수많은 홀이 있는 코스에서 도중에 공을 빠뜨리지 않고 낮은 곳으로 가져가는 문제입니다.

두 번째는, 경사가 거의 없는 고원과 같은 영역(플라투plateau)이 존재한다는 것입니다. 고원에서는 기울기가 거의 없기 때문에 공이 굴러 가지 않고 멈춰 버립니다.

그렇다면 '경사가 작은 경우에는 업데이트 폭을 늘리면 되지 않을까'라는 생각이 들 수 있습니다. 그러나 말의 등과 같은 안장점이라는 곳이 있어서, 한 방향으로는 평평한데 다른 방향은 가파른 영역이 있습니다. 업데이트 폭을 늘리기만 한다면 방향이 가파른 경사면을 향하는 경우에 진동하고 발산하게 됩니다. 안장점에서는 업데이트 폭을 더욱 신중하게 조정해야 합니다. 이와 같은 고원이나 안장점들이 파라미터 개수에 지수적으로 비례하여 존재합니다.

또한 많은 수의 파라미터(수백 만에서 수십 억)로 인해 기본적으로 계산 복잡도가 파라미터 수에 대해 선형linear인 알고리즘만 현실적으로 사용할 수 있습니다.

다양한 최적화 기법 제안

이러한 문제점을 해결하기 위해 다양한 최적화 기법들이 제안되었습니다. 여기에서는 가장 널리 사용되는 기법인 Adagrad, RMSProp, Adam을 소개합니다.

SGD로 학습을 하는 경우 학습률 α를 조정하는 것이 과제가 됩니다. 이 α의 크기가 적절하지 않으면 학습이 느려지고 진동과 발산이 생기는 문제가 일어납니다. 따라서, 각 차원에 대한 학습률을 제어할 수 있다면 좋을 것입니다.

Adagrad[3]는 파라미터의 차원별로 스케일이 다르다는 문제에 대응하기 위해, 학습률을 경사 노름의 제곱합으로 나눕니다.

$$s_i = s_{i-1} + g_i * g_i$$
$$\alpha_i = \frac{\alpha}{\sqrt{s_i}}$$

여기서 g_i는 현재 업데이트를 위한 경사의 i번째 차원의 값입니다. 이 식은 T번째 업데이트의 학습률을 지금까지의 이력으로부터 구한 경사의 기댓

---

1 옮긴이_ 로지스틱 손실의 일반형이 음의 로그 가능도라고 할 수 있습니다. 음의 로그 가능도를 이진 분류에 사용하면 로지스틱 손실이 됩니다.

2 海野 외, 『オンライン機械学習』, 講談社

3 J. Duchi, et al., "Adaptive Subgradient Methods for Online Learning and Stochastic Optimization," JMLR, 12(Jul), pp.2121–2159, 2011

값과 $\sqrt{T}$로 나눈 것[4]으로 볼 수 있습니다.

RMSProp은 경사의 제곱을 이동 평균[5]으로 구해서 Adagrad에서와 같이 학습률을 이동 평균으로 나눕니다.

$$m_i = \beta m_{i-1} + (1-\beta)g_i * g_i$$

$$\alpha_i = \frac{\alpha}{\sqrt{m_i}}$$

RMSProp은 Adagrad와는 달리 최적화 문제가 도중에 바뀌는 등의 경우[6]에 대응할 수 있습니다. 안장점과 같이 국소적으로 업데이트 비율이 변하는 경우는 RMSProp과 같은 이동 평균을 사용하는 것이 좋습니다. 이것을 자연 경사 하강법natural gradient descent[7]에서의 곡률의 대각화 근사에 대한 온라인 추정으로 해석하는 것도 가능합니다.

Adam[8]은 경사의 1차 모멘트와 2차 모멘트의 이동 평균을 구해서 학습률을 제어하는 데 사용합니다.

$$m_i = \beta_1 m_{i-1} + \left(1-\beta_1\right)g_i$$

$$v_i = \beta_2 v_{i-1} + \left(1-\beta_2\right)g_i * g_i$$

$$\alpha_i = \frac{m_i}{\sqrt{v_i + \epsilon}} \cdot \alpha$$

현재의 경사를 그대로 사용하는 대신 지금까지의 이동 평균을 사용하는 것은 골프로 치면 공이 내려갈 때 관성을 얻는 것에 해당합니다. 모멘트를 사용하면 수렴 속도가 빨라진다고 알려져 있습니다. Adam 논문에 나오는 추정량의 수정항은 복잡하므로 여기서는 생략하겠습니다.

신경망의 최적화 기법은 그 이후에도 발전을 계속하고 있는데, 기본적인 발상은 바뀌지 않고 1차 모멘트, 2차 모멘트를 온라인으로 구해서 학습률 수정에 사용하는 방식이 일반적입니다.

단지 최적해를 얻는 것이 아니라 일반화 성능이 높은 해를 구하는 것도 중요시됩니다. 이 경우는 평평한 해 영역의 중심에 가까운 해를 구할 필요가 있는데, 최적화 도중의 지수 이동 평균을 사용하여 찾을 수 있습니다.

---

4 옮긴이_ 저자가 직관적 설명을 제공하기 위해 선택한 표현입니다. 수식으로 나타내면 다음과 같습니다.

$$\alpha_i = \frac{\alpha}{\text{경삿값의 평균 제곱근} \times \sqrt{T}}$$

$$= \frac{\alpha}{\sqrt{\dfrac{\sum_{i=1}^{T} g_i^2}{T}} \times \sqrt{T}} = \frac{\alpha}{\sqrt{\sum_{i=1}^{T} g_i^2}} = \frac{\alpha}{\sqrt{s_i}}$$

5 옮긴이_ 지수 이동 평균(exponential moving average, EMA)을 사용합니다.

6 옮긴이_ 손실함수의 경사 지형(gradient landscape)을 따라 동작점이 이동하면서 위치하게 되는 지형들의 성질이 달라지는 것을 의미합니다. 예를 들면 컨벡스적인 지점에 있다가 안장점으로 이동한다거나 하는 경우입니다.

7 옮긴이_ 일본의 아마리 슌이치(甘利俊一) 교수가 1998년에 제안한 경사 하강법의 일종입니다. S. Amari: Natural Gradient Works Efficiently in Learning, Neural Computation, 10, 251/276 (1998)

8 http://arxiv.org/abs/1412.6980

3.2 랜덤 푸리에 피처 함수: 규모가 큰 문제에도 커널 기법 적용 가능

머신러닝 분야에서는 커널 방법kernel method이라는 기법이 널리 사용됩니다. 1990년대 후반부터 유행했던 서포트 벡터 머신support vector machine(SVM)은 이 커널 방법을 사용하여 비선형 문제를 처리하는 능력으로 주목을 받았습니다.

커널 방법은 두 요소 x_1, $x_2 \in X$ 사이의 '가까움'을 정의하는 커널 함수 $K(x_1, x_2)$를 사용합니다. 커널 함수는 두 값이 비슷할수록 큰 값을 가지고, 떨어질수록 작은 값을 가지는 함수입니다.

예를 들어, 벡터 간의 내적 $\langle x_1, x_2 \rangle$는 하나의 커널 함수입니다. 자주 사용되는 RBF 커널은 파라미터 $\sigma > 0$를 가지며 다음과 같이 정의됩니다.

$$K(x_1, x_2) = \exp\left(-\frac{\|x_1 - x_2\|^2}{\sigma^2}\right)$$

x_1과 x_2가 완전히 같은 값이라면 1, 다른 값(특히 $\|x_1 - x_2\| \gg \sigma$)이면 거의 0이 되는 함수입니다.

자연어 처리 등에서 희소 데이터를 다룰 때 다음과 같은 다항식 커널 등이 사용됩니다.

$$K(x_1, x_2) = (\langle x_1, x_2 \rangle + c)^p$$

커널 함수는 어떤 형태라도 괜찮은 것은 아니고, 양의 준정부호 함수positive semidefinite function일 필요가 있습니다. 다음 조건을 만족하는 경우 양의 준정부호 함수라고 합니다.

임의의 n개 요소 $(x_1, x_2, \ldots, x_n)$에 대하여, $K(x_i, x_j) = K(x_j, x_i)$ 이고, 임의의 실수 a_i, a_j에 대해 $\sum_{i,j} a_i a_j K(x_i, x_j) \geq 0$가 성립한다

커널 함수가 양의 준정부호 함수일 때, 다음과 같이 나타낼 수 있는 것이 알려져 있습니다(머서의 정리Mercer's theorem).

$$K(x_i, x_j) = \langle \varphi(x_i), \varphi(x_j) \rangle$$

즉, 요소를 어떤 매핑mapping φ으로 다른 공간(힐베르트 공간Hilbert space)으로 보내고, 거기서 내적을 취하는 것으로 볼 수 있습니다. 이 절의 나머지 부분에서는 대상 요소 x로 실수 벡터 $\mathbb{R}^p$를 생각하겠지만, 커널 함수만 정의할 수 있다면 문자열이나 그래프와 같이 수치가 아닌 요소들도 다룰 수 있습니다.

비선형 문제를 선형 문제로 다루기

커널 방법의 장점은 비선형 문제를 선형 문제의 틀 안에서 다룰 수 있다는 것입니다. 이야기가 좀 길어지겠지만, 이를 설명하기 위해 입력 $x \in \mathbb{R}^p$에서 출력 $y \in \{-1, 1\}$을 추정하는 이진 분류 문제를 생각해보겠습니다. 이 이진 분류의 추정에는 선형 판별기를 사용하겠습니다. 선형 판별기 파라미터의 가중치 벡터를 $w \in \mathbb{R}^p$, 바이어스를 $b \in \mathbb{R}$이라고 하면, 선형 판별기 $f(x; w, b)$는 다음과 같이 정의됩니다.

$$y = f(x; w, b) = \langle w, x \rangle + b$$

선형 판별기는 w를 법선, b를 절편으로 하는 초

평면을 사용해서 공간을 두 개로 나누어, 주어진 점이 그 앞에 있는지 뒤에 있는지에 따라 이진 분류를 하는 것으로 생각할 수 있습니다. 학습 데이터 $\{(x_i, y_i)\}$를 잘 분류하는지를 나타내는 손실 함수 $l(x, y, f(x; w, b))$를 정의합니다. 손실 함수는 학습 데이터를 성공적으로 분류하면 0, 그렇지 못하면 큰 값을 반환하는 함수입니다.

예를 들어, 이진 분류에 자주 사용되는 힌지 손실 함수는 다음과 같이 정의됩니다.

$$l(x, y, f) = \max(0, 1 - yf(x; w, b))$$

이 손실 함수의 합이 작아지도록 하는 파라미터를 찾음으로써 학습을 수행합니다. 또한, 파라미터의 정규화로서, 파라미터 벡터의 L2 노름 $\|w\|^2/2$ 을 더한 다음의 목적 함수를 생각할 수 있습니다.

$$L(w, b) = \frac{\|w\|^2}{2} + \sum_i l\left(x_i, y_i, f(x; w, b)\right)$$

이때, 손실함수가 볼록 함수라면 L2 노름은 볼록 함수이므로, 이들의 합인 L도 볼록 함수가 됩니다. 볼록 함수는 입력에 대한 경삿값이 0일 때 최솟값을 갖습니다. 파라미터 벡터 w에 대한 L의 경삿값이 0이 되는 조건을 들여다보면 다음과 같이 됩니다.

$$\frac{\partial L(w, b)}{\partial w} = w + \sum_i l'\left(x_i, y_i, w, b\right)x_i = 0 \quad \text{(i)}$$

여기서 $l'(x_i, y_i, w, b)$는 l의 w에 대한 경삿값입니다. L을 최소화하는 최적 파라미터를 w^*, b^*라고 하고, $a_i = -l'(x_i, y_i, w^*, b^*)$라고 하면 다음과 같이 됩니다.

$$w^* = \sum_i a_i x_i$$

이로부터, 최적 파라미터 벡터 w^*는 학습 데이터의 가중 선형 합으로 나타낼 수 있음을 알 수 있습니다. 이 표현을 처음의 선형 판별기식에 대입하면 다음과 같이 나타낼 수 있습니다.

$$\begin{aligned} f\left(x; w^*, b^*\right) &= <w^*, x> + b^* \\ &= \sum_i a_i <x_i, x> + b^* \end{aligned} \quad \text{(ii)}$$

여기서 선형 판별기는 주어진 데이터와 학습 데이터 각각의 내적의 가중합으로 정의될 수 있음을 알 수 있습니다.

일반적으로 학습의 목적 함수가 파라미터의 L2 노름을 포함하고, 손실 함수 안에서 파라미터 w와 입력 x가 내적 $\langle w, x \rangle$의 형태로 나타나는 경우, 최적 파라미터 벡터는 이렇게 학습 데이터와의 내적의 가중합으로 표현될 수 있습니다. 로지스틱 회귀나 에이다 부스트^AdaBoost 등 많은 학습기가 여기에 속합니다.

복잡한 분류 경계면을 형성하는 RBF 커널

마지막으로 커널 방법을 설명할 준비가 되었습니다. 이 최적 선형 판별기 표현 (ii)의 내적 부분 $\langle x_i, x \rangle$을 커널 함수 $K(x_i, x)$로 바꾸겠습니다.

$$f(x) = \sum_i a_i K\left(x_i, x\right) + b^* \quad \text{(iii)}$$

이것은 무엇을 할까요? 앞서 설명했듯이 커널 함수는 원래 입력 x를 다른 공간상의 점 $\varphi(x)$로 변환하여 내적을 취하는 것으로 간주할 수 있습니다. 즉, 내적의 계산 부분을 커널 함수로 대체하기만 하면, 마치 $\varphi(x)$의 공간에서의 선형 판별 문제처럼 생각할 수 있습니다. 원래의 공간에서는 선형으로 분류할 수 없던 문제들도 커널 함수가 정의하는 공간에서는 선형으로 분류할 수 있습니다.

예를 들어, RBF 커널의 경우 $\varphi(x)$는 무한 차원에 해당하므로, 무한 차원상에서 선형 판별기를 사용하는 것에 해당됩니다. 원래 공간에서 본다면 가까운 것은 더 가깝게, 먼 것은 더 멀게 하는 왜곡된 공간에 해당합니다.

커널이 대응하는 공간에서의 초평면은 원래 공간에서는 매우 복잡한 분류 경계면에 해당합니다. 또한 커널 함수 계산은 고차원으로 전개해서 내적을 명시적으로 구하는 것보다 훨씬 빠르게 구할 수 있습니다. RBF 커널은 무한 차원 간의 내적이지만, 그 값은 벡터 간의 사칙연산과 exp 계산만으로 구할 수 있습니다. 이것을 커널 트릭이라고 합니다.

느렸던 커널 방법을 확 바꾼 RFF

커널 방법은 강력하며 SVM을 필두로 하는 커널 방법은 한 시기의 머신러닝 세계를 석권했습니다. 한편, 당시 커널 방법에는 연산량이 크다는 치명적인 문제가 있었습니다. 예를 들어, 학습 샘플 수가 N인 경우, 커널 방법을 사용한 기법으로 학습할 때의 계산량은 $O(N^3)$(온라인 학습이나 희소화 등의 아이디어를 더하더라도 $O(N^2)$)가 되고, 그 결과를 이용할 때[1]의 계산량도 식 (iii)으로부터 알 수 있듯이 $O(N)$ 시간이 걸립니다.

머신러닝은 학습 샘플이 많을수록 강력해지며, 현재는 $N=10^6 \sim 10^9$를 사용하는 시대이므로 커널 방법의 계산량이 큰 문제가 되었고, '커널 방법은 정확도는 높지만 느려서 대규모 데이터에는 사용할 수 없다'라는 것이 지금까지의 인식이었습니다.

이러한 상황을 바꾼 것이 2007년에 등장한 무작위 푸리에 피처 함수random Fourier features(RFF)를 사용하는 커널 방법의 고속화 기법입니다.[2] RFF는 커

널 함수가 $K(x_1, x_2) = \varphi(x_1 - x_2)$처럼 차이로 표현되는 경우에 사용할 수 있는 방법으로서, 앞서 설명한 RBF 커널등이 해당됩니다. 이 푸리에 변환은 다음과 같이 나타낼 수 있음이 알려져 있습니다.

$$K(x_1, x_2) = \int_{\mathbb{R}^d} \exp\left(iw^T(x_1 - x_2)\right) dp(w)$$
$$= \int_{\mathbb{R}^d} \cos\left(w^T(x_1 - x_2)\right) dp(w)$$

여기서, $p(\omega)$는 RBF 커널의 경우 각각의 성분이 정규 분포 $N(0, s^2)$를 따르는 것으로 알려져 있습니다. 이 적분값을 $p(\omega)$에 따라 ω를 m개 샘플링해서 몬테카를로 근사를 합니다.

$$\sum_{i=1}^{m} \cos\left(\omega_i(x_1 - x_2)\right)$$
$$= \sum_{i=1}^{m} \cos\left(\omega_i x_1\right)\cos\left(\omega_i x_2\right) + \sin\left(\omega_i x_1\right)\sin\left(\omega_i x_2\right)$$
$$= <\varphi(x_1), \varphi(x_2)>$$

여기서 $\varphi(x_i)$는 다음과 같습니다.

$$\varphi(x_i) = \big(\cos\left(\omega_1 x_i\right), \cos\left(\omega_2 x_i\right), \cdots, \cos\left(\omega_m x_i\right),$$
$$\sin\left(\omega_1 x_i\right), \cdots, \sin\left(\omega_m x_i\right)\big) \in \mathbb{R}^{2m}$$

여기서는, $cos(\alpha - \beta) = cos(\alpha)cos(\beta) + sin(\alpha)sin(\beta)$을 사용했습니다. 즉, 커널 함수는 무작위로 선택된 푸리에 피처들의 내적으로 근사할 수 있습니다.

이 샘플링 수 m이 크지 않더라도 커널값을 정확도 높게 근사할 수 있는 것으로 밝혀졌습니다.[3] 피처 벡터를 양positive의 값으로 표현할 수 있기 때문에, RFF를 사용하는 모델은 기존 선형 모델과 같은 계

---

1 옮긴이_ 추론(inference) 시를 의미합니다.

2 A. Rahimi et al., "Random features for large-scale kernel machines," NIPS 2007.

3 B. K. Sriperumbudur et al., "Optimal Rates for Random Fourier Fourier Features," NIPS 2015.

산 비용으로 데이터 개수 N에 대해 $O(N)$의 계산량으로 학습하고, $O(1)$ 시간에 함수 평가를 할 수 있습니다.

신경망으로 커널 함수를 학습하는 연구

이 변환이 수행하는 작업을 직관적으로 설명해보겠습니다. ω는 주파수에 해당하며, x_1과 x_2가 가까운 값이라면 ω가 큰 값(고주파수)이 되더라도 $\omega x_i (i=1,2)$의 값은 가까운 값을 취하고, 그 결과로 대응하는 피처값의 부호가 동기화되어, 그 곱은 양의 값을 갖게 됩니다. 한편, x_1과 x_2가 다르면, 주파수가 증가함에 따라 ωx_i의 값이 크게 달라집니다. 피처값의 부호는 거의 랜덤이 되어 기댓값이 0이 됩니다. 결과적으로 x_1과 x_2가 가까울수록 값은 1에 가까워지고, 거기서 벗어나면 빠르게 0에 가까워집니다.

또한, 이러한 무작위화된 피처값들의 계산 속도를 높이기 위해 각각의 피처값을 독립적으로 계산하는 대신 구조화된 계산을 이용하여, 원래의 피처 차원의 수가 많더라도 고속으로 산출하는 기법이 등장했습니다.[4] 다른 커널 함수에서도 같은 아이디어가 적용될 수 있는지에 관한 연구와, 커널 함수의 파라미터에 대해 경삿값을 계산함으로써 신경망과 조합하여 커널 함수 자체를 학습하는 연구 등도 시작되고 있습니다.

이러한 개선의 결과로 커널 방법은 이제 데이터 수에 대해 선형의 계산량으로 수행할 수 있으며 대규모 데이터에도 적용할 수 있게 되었습니다.

---

4   Q. Le et al., "Fastfood – Approximating Kernel Expansion in Loglinear Time," ICML 2013.

3.3 정규화: 일반화 능력 얻기

머신러닝을 학습할 때 처음에 드는 생각은, 학습 데이터를 그대로 외우면 되지 않을까 하는 것입니다. 테스트 시에는 단순하게 학습 데이터 중에서 같은 데이터나 비슷한 데이터를 찾아서 그 결과를 그대로 사용하는 방법입니다. 이런 접근을 '그대로 외우기'라고 부릅시다.

'그대로 외우기'를 사용하면 학습 데이터에 대해서는 잘 처리할 수 있지만 미지unseen의 데이터에 대해 잘 작동한다는 보장이 없습니다. 특히 현실 세계에서 학습이 필요한 문제는 입력의 차원이 높은 것이 많기 때문에 가능한 모든 데이터를 학습에 사용할 수 없으므로, 메모화memoization로 모든 케이스에 대응할 수가 없습니다. 머신러닝의 주요 과제는 유한한 학습 데이터로 학습하여 미지의 데이터를 잘 처리할 수 있는 규칙과 지식을 습득하는 것입니다. 이러한 능력을 일반화 능력이라고 합니다.

일반적으로 학습 모델이 표현력이 높을수록 학습 데이터를 더 잘 처리할 수 있습니다. 예를 들어, 입력 벡터에서 연속값을 추정하는 회귀 문제에서는, 1차식보다 2차식이나 3차식을 사용하면 학습 데이터에 더 잘 맞는 곡선을 찾을 수 있습니다. 모델은 점토로, 표현력은 점토의 '부드러움'으로 생각할 수 있습니다. 점토의 스타일에 따라 학습 데이터를 잘 처리할 수 있는지가 결정됩니다. 단단한 점토(표현력이 낮은 모델)는 힘을 가해도 원하는 모양이 되지 않지만, 부드러운 점토(표현력이 높은 모델)는 구불구불하게 원하는 대로 모양을 바꿀 수 있습니다. 그렇다고 해서 모델이 표현력이 높을수록 더 좋다는 의미는 아닙니다. 모델의

표현력이 너무 높으면 학습 데이터는 잘 처리되더라도 미지의 데이터를 잘 분류하지 못할 가능성이 높아집니다. 이를 과학습 또는 과적합이라고 합니다.

학습이 하는 일은 모델 후보 중에서 하나의 모델을 선택하는 것이며, 표현력이 높다는 말은 모델 후보수가 많다는 것을 의미합니다. 예를 들어, 학습 데이터를 가장 잘 분류하는 모델을 100개의 후보 중에서 찾는 경우와 100만 개의 후보 중에서 찾는 경우, 후자에 더 많은 종류의 모델이 있으므로 학습 데이터를 보다 정확하게 분류하는 모델을 찾을 가능성이 높습니다. 반면, 찾아낸 모델은 우연히 학습 데이터를 분류할 수 있을 뿐, 데이터의 특성을 포착하지 못할 가능성도 높습니다. 표현력이 높은 모델 중에 진짜 모델이 들어있을 가능성도 있지만 모래 해변에서 금 알갱이를 찾는 것만큼 어렵습니다.

더 깊은 이해를 위해 다르게 살펴보겠습니다. 학습 알고리즘은 학습 데이터에 따라서 파라미터를 추정하는데, 샘플링의 랜덤성에 때문에 실제 파라미터에서 벗어난 파라미터를 추정하게 됩니다. 표현력이 낮은 모델은 실제 파라미터에서 벗어난 값을 추정할 가능성이 더 큽니다. 게다가 기댓값을 취하더라도[1] 실제 파라미터[2]에서 벗어

---

1 옮긴이_ 앙상블(ensemble) 또는 배깅(bagging)의 경우입니다.

2 옮긴이_ 저자는 이 부분을 빈도주의적(frequentist) 관점에서 설명하고 있습니다.

나 있을 가능성이 높지만, 추정치의 변동은 작습니다(높은 편향, 낮은 분산). 표현력이 높은 모델은 실제 분포에 더 가깝게 추정하지만, 추정 변동성이 큽니다(낮은 편향, 높은 분산). 이러한 편향 bias과 분산 variance 사이의 트레이드오프를 보고 최적 모델의 표현력을 선택할 필요가 있는데, $bias + \sqrt{variance}$ 를 사용하여 모델이 벗어난 정도를 평가하게 됩니다.

정규화는 일반화 성능을 개선하는 기법 전반을 의미하지만, 여기서는 그중에서 모델의 표현력을 줄이는 기법들을 살펴보겠습니다. 표현력을 줄이더라도 학습 데이터를 같은 수준으로 잘 처리할 수 있다면 미지의 데이터도 잘 처리할 가능성이 높아집니다.

최근 성공적인 신경망은 파라미터 수가 매우 많으며 변수 간의 고차 관계도 처리하므로 모델의 표현력이 매우 높습니다. 학습 문제가 아무리 어려워도 모든 학습 데이터를 올바르게 분류할 파라미터를 쉽게 찾을 수 있습니다. 따라서 정규화가 매우 중요합니다. 다음은 신경망에 대한 대표적인 정규화 기법들입니다.

(1) 표현력에 페널티 부과

모델의 표현력을 수치화하여 비용 함수에 추가하는 것이 가장 일반적으로 사용되는 기법입니다. 예를 들어, 모델 파라미터가 벡터 v로 표현되는 경우 노름 $\|v\|_2$(L2 노름), $\|v\|_1$(L1 노름) 및 $\|v\|_\infty$(L∞ 노름)를 비용으로 사용합니다. L2 노름은 큰 값에 매우 큰 페널티를 주고 작은 값에는 매우 작은 페널티를 줌으로써, 파라미터 추정 결과가 작은 값들을 많이 갖게 합니다. L1 노름은 희소한 추정 결과값, 즉 많은 파라미터가 0이 되기 쉬워집니다.

L2 노름과 L1 노름은 각각 정규분포와 라플라스 분포를 파라미터의 사전 확률로 가정하는 경우의 사후 확률 최대화 추정에 대응됩니다. 파라미터가 벡터가 아닌 행렬인 경우 프로베니우스 Frobenius 노름(모든 성분의 제곱합) 또는 행렬 특잇값 singular value의 노름을 비용으로 사용하는 경우가 많습니다.

(2) 조기 종료

조기 종료 early stopping는 고전적이지만 강력한 기법입니다. 학습 데이터 외에 검증 validation 데이터를 준비하여 학습 과정에서 평가 데이터의 성능을 모니터링합니다. 그런 다음 평가 데이터의 성능이 가장 좋을 때의 파라미터가 저장됩니다. 도중에 최적화를 중지하는 것은 L2 노름에 의한 정규화와 동일한 효과가 있는 것으로 알려져 있습니다. 그래서 조기 종료를 사용하여 L2 노름의 다양한 하이퍼파라미터 결과를 효율적으로 알아볼 수 있습니다.[3]

(3) 앙상블/드롭아웃

복수의 모델을 사용하여 다수결을 취하는 앙상블도 정규화를 위한 중요한 기법입니다. 복수의 모델을 사용하는 것이 정규화의 효과를 내는 이유를 간략하게 설명하겠습니다. k개의 회귀 모델이 있고 i번째 모델의 학습 샘플에 대한 오차가 e_i이고 분산은 $E[e_i^2] = v$이며 공분산은 $E[e_i e_j] = c$라고 합시다. 이 경우 k개 모델의 추정 결과의 평균을 추정치로 사용할 때의 오차는 $1/k \sum_i e_i$입니다. 한편, 제곱 오차는 $v/k + (k-1)c/k$입니다. 모델들이 서로 완전한 상관관계가 있는 correlated 경우 ($c=1$) 제곱 오차의 기댓값은 v이며, 이는 모델 한 개를 사용했을 때와 같습니다. 반면, 모든 모델이 전혀 상관관계가 없는 경우($c=0$), 제곱 오차의 기댓값은 v/k가 됩니다. 즉, 모델의 수를 증가시키면 제곱 오차의 기댓값은 선형적으로 줄어듭니다. '세 사람이 모이면 문수보살의 지혜가 나온다'는 말이 있지만, 정확히는 '(사고방식이 다른) 세 사람이 모이면 문수보살의 지혜가 나온다'라는 의미일 것입니다. 잠재 변수 모델과 베이즈 추론도 일종의 앙상블로 볼 수 있습니다. 각 파라미터값의 분포에 따른 가중치를 갖는 무수한 모델로 앙상블을 만드는 것으로 해석할 수 있습니다.

이 앙상블을 효율적으로 실현하는 기법이 드롭아웃입니다. 학습 중에는 각 뉴런의 출력값을 확률 ρ에 따라 랜덤하게 0으로 설정하고, 테스트 시에는 뉴런의 출력값에 ρ를 곱해서 사용합니다. 학습 중에는 매번[4] 다른 신경망을 사용하는 것으로 해석할 수 있으며, 테스트는 그 신경망들의 앙상블이 됩니다.

(4) 파라미터 수 저감

파라미터 수를 줄여 표현력을 낮추는 방법도 효과적입니다. 예를 들어, 유닛[5] 수 N으로부터 M으로의 완전 연결fully connected 층의 파라미터의 수는 NM이지만, 이 두 층 사이에 L개의 유닛을 갖는 층을 끼워 넣는다면, 전체 파라미터의 수는 $NL+LM=(N+M)L$이 되므로, $L \ll N, M$인 경우에는 파라미터 수를 줄일 수 있습니다. 일반적인 머신러닝에서는 이를 낮은 랭크rank 근사라고 하며, 중간에 끼우는 층을 병목 층bottleneck layer이라고 합니다.[6] 또한 모델의 파라미터를 공유하면 파라미터 수를 줄이는 것과 같은 효과가 있습니다. 예를 들어, CNN은 위치와 관계없이 동일한 파라미터를 공유하여 파라미터 수를 크게 줄이고, RNN은 시간과 관계없이 동일한 파라미터를 사용하여 파라미터를 줄입니다. 파라미터를 나타내는 데 사용되는 비트bit 수를 줄이는 것도 정규화 효과가 있습니다.

(5) 입력에 노이즈가 추가되어도 출력이 비슷한 값을 내도록 제약

입력에 약간의 노이즈를 더한 출력값 차이의 L2 노름을 정규화 항으로 사용하는 방법이 최근 주목받고 있습니다. 입력값이 가우스 분포인 경우 이 L2 노름은 함수의 야코비 행렬Jacobian matrix의 프로베니우스 노름의 근사치로 알려져 있습니다. 또한, VAT라는 기법[7]에서는 출력이 확률 분포인 경우, 확률 분포들 간의 쿨백-라이블러 발산 거리[8]를 최소화합니다. 이는 확률 분포로부터 정의되는 피

---

3 여기서 말하는 하이퍼파라미터는 L2 정규화항의 계수를 뜻합니다. 이 계수의 크기는 L2 정규화를 어느 정도의 강도로 적용할지를 의미하며, 이를 최적화한다는 것은 모델 파라미터값들의 크기를 최적화하는 것과 같습니다. 그런데 머신 러닝에서 모델 파라미터를 작은 값으로 초기화한 후, 경사 하강법으로 학습하다가(파라미터의 크기를 늘려가다가) 평가 데이터에 대한 성능이 가장 좋은 지점에서 조기 종료하게 되면, 최적의 모델 파라미터 크기에서 멈추는 결과가 됩니다. 이것이 L2 정규화항의 계수 최적화와 같은 효과가 된다는 의미입니다.

4 옮긴이_ 보통은 미니 배치(mini batch)별로 드롭아웃할 뉴런들이 다르게 정해집니다.

5 옮긴이_ 뉴런(neuron)이라는 용어를 쓸 수도 있겠지만, 저자는 신경망 맥락을 넘어서는 일반적인 표현을 선택한 것으로 보입니다.

6 옮긴이_ 이것이 2024년 기준으로 생성 모델의 미세 조정에 광범위하게 활용되는 LoRA(Low-Rank Adaptation)의 기본 원리입니다.

7 옮긴이_ M. Abbas et al., "Understanding Regularization by Virtual Adversarial Training, Ladder Networks and Others," in International Conference on Learning Representations, 2016.

8 옮긴이_ 쿨백-라이블러 발산은 엄밀하게는 거리의 척도는 아닙니다만, 편의를 위해서 이렇게 표현한 것으로 보입니다.

셔 정보 행렬Fisher information matrix의 최대 고윳값을 감소시키는 정규화로 볼 수 있습니다. 프로베니우스 노름은 고윳값의 제곱합이므로, 가우시안 노이즈를 더하면 모든 고윳값을 감소시키고, VAT는 최대 고윳값만 감소시킨다고 볼 수 있습니다. 이 중 어느 쪽이 더 나은지는 문제의 성격에 달려 있습니다.

이 외에, 경사 하강법에 의한 학습 다이내믹스가 가져오는 정규화, 문제에 대한 사전 지식을 이용한 정규화, 모델에 불변성이나 동변성을 도입하는 정규화도 효과적입니다.

3.4 오차 역전파 기법에 의한 기댓값 최대화

머신러닝에 있어서 확률 변수를 포함하는 최적화 문제는 다양한 문제에서 찾아볼 수 있습니다. 여기서는 그중에서도 중요한 대상함수 $f(x)$의 기댓값이 최대가 되도록 하는 확률 분포 $p(x;\theta)$를 구하는 문제를 생각해보겠습니다.

$$J(\theta) = E_{p(x;\theta)}[f(x)]$$
$$= \int_x p(x;\theta)f(x)dx$$

이 문제의 구체적인 예로서 강화 학습의 정책 경사법policy gradient[1]과 생성 모델의 변분 추론variational inference을 들 수 있습니다.

강화 학습의 정책 경사법

강화 학습은 에이전트agent가 환경environment 안에서 차례차례 행동action을 결정하여 보상reward을 얻는 상황에서 앞으로 받게 될 보상의 합을 최대화하는 문제였습니다. 에이전트의 상태state가 s일 때, 에이전트의 행동 a를 결정하는 확률 분포가 $\pi(a|s;\theta)$로 주어진다고 하고, 이 에이전트의 기대 이득을 $J(\theta)$로 합니다. 또한, 정책policy π에 따라 상태 전이transition[2]가 이루어질 때, 미래에 상태 s가 될 할인 확률은 다음과 같습니다.

$$d^\pi(s) = \sum_{t=0}^{\infty} \gamma^t \Pr\{s_t = s \,|\, s_0, \pi\}$$

여기서 $0 \langle \gamma \leq 1$은 보상의 할인율discount rate입니다. 이때, 기대 이득 $J(\theta)$의 파라미터 θ에 대한 경사는 다음과 같습니다.

$$\nabla_\theta J(\theta) = \sum_s d^\pi(s) \sum_a \nabla_\theta \pi(s,a;\theta)Q(s,a)$$

여기서 $Q(s,a)$는 상태 s에서 행동 a가 취해질 때의 기대 이득입니다. 이를 정책 경사 정리라고 합니다. 이 정리에서 중요한 것은 $\nabla_\theta d^\pi$ 항이 없다는 것입니다. 정책이 변경되면 미래에 각 상태가 될 확률은 변경되지만, 경사에는 영향을 미치지 않습니다. 이렇게 함으로써 행동과 상태가 원래는 독립적이지 않은 강화 학습 문제에서 행동만의 경사를 구해서 최적화할 수 있게 됩니다. 이 경우 목적함수는 $Q(s,a)$이고 확률 분포는 정책 $\pi(a|s;\theta)$입니다.

생성 모델의 변분 추론

다음 예로서, 변분법variational method에 의한 잠재 변수의 학습을 생각해봅시다. 먼저 잠재 변수 z를 간단한 분포로부터 생성하고, 데이터 x는 $p(x|z;\theta)$에 따라 생성하는 확률 모델이 다음과 같다고 합시다.

$$p(x;\theta) = \int_z p(x,z;\theta)dz$$

---

1 옮긴이_ 정책 기울기 방법이나 폴리시 그래디언트로 번역되는 경우도 많습니다.

2 옮긴이_ transition의 번역어로서 전이(轉移)와 천이(遷移)를 같은 의미로 사용합니다. 이 책에서는 '전이'로 통일했습니다.

예를 들어 다음과 같은 분포일 수 있습니다.

$$z \sim N(0, I)$$
$$x \sim N(\mu(z; \theta), \sigma(z; \theta))$$

여기서 $\mu(z)$와 $\sigma(z)$는 신경망과 같은 것으로 구현합니다. 이 파라미터의 최대 가능도 추정은 로그 가능도 최대화 문제를 풀어야 합니다. 그런데 로그 가능도는 해석적으로 구할 수 없으므로, 사후 확률 분포 $p(z|x)$를 근사하는 다른 확률 분포 $q(z|x; \varphi)$를 사용하여 다음과 같이 구해지는 하한 lower bound을 최대화하게 됩니다.

$$\begin{aligned}\log p(x; \theta) &= \log \int_z p(x, z) dz \\ &= \log \int q(z|x) \frac{p(x, z)}{q(z|x)} dz \\ &\geq \int q(z|x) \log \frac{p(x, z)}{q(z|x)} dz \quad (*) \\ &= E_{q(z|x)} \log F(x, z)\end{aligned}$$

여기서 $F(x, z)$ 는 다음과 같으며, $(*)$는 옌센 부등식 Jensen's Inequality3을 적용하여 얻어집니다.

$$F(x, z) = \log p(x, z) - \log q(z|x)$$

이 경우 목적 함수는 $F(x, z)$이고 확률 분포는 $q(z|x)$입니다.

경사 최대화

이제 첫 번째 문제로 돌아가서 확률 분포가 $p(x; \theta)$, 목적 함수가 $f(x)$일 때의 기댓값인 다음 식을 θ에 대해 최대화하는 문제를 생각해봅시다.

$$J(\theta) = E_{p(x; \theta)}[f(x)]$$

이것은 경삿값 $v = \nabla_\theta J(\theta)$를 계산해서 $\theta = \theta + \alpha v$로 업데이트하는 경사법으로 구할 수 있습니다. 여기서 $\alpha > 0$은 학습률입니다. 그러나 다음과 같이 경삿값을 직접 찾는 경우에는, 다음 식이 기댓값의 형태가 아니라서 일반적으로는 해석적으로 풀 수 없습니다.

$$\nabla_\theta J(\theta) = \int_x f(x) \nabla_\theta p(x; \theta) dx$$

또한 샘플링해서 몬테카를로 추정을 하려고 해도 $\nabla_\theta p$가 이미 확률 분포가 아니기 때문에 샘플링할 수 없습니다. 이 문제를 해결하기 위해 두 가지 방법이 제안되었습니다.

가능도비 방법, REINFORCE

첫 번째로, 제어 분야에서는 가능도비 방법 likelihood ratio method4, 강화 학습 분야에서는 REINFORCE라고 불리는 방법이 있습니다.

$$\nabla_\theta \log p(x; \theta) = (1 / p(x; \theta)) \nabla_\theta p(x; \theta)$$

이 식을 이용하여 다음과 같이 나타내면 $p(x; \theta)$를 밖으로 뺄 수 있습니다.

$$\nabla_\theta p(x; \theta) = p(x; \theta) \nabla_\theta \log p(x; \theta)$$

이 형태를 사용하면 다음과 같이 경삿값을 p라는 확률 분포를 갖는 기댓값의 형태로 표현할 수 있게 됩니다.

$$\nabla_\theta J(\theta) = E_{p(x; \theta)} \left[f(x) \nabla_\theta \log p(x; \theta) \right]$$

가능도비 방법에 의한 추정치는 비편향 추정량입니다. 즉, 샘플 수가 증가함에 따라 정확한 경삿값에 가까워지는 값이지만 분산이 매우 크다는 문제가 있습니다. 예를 들어 $x = \{0, 1\}$이고, 다음과 같은 확률을 갖는 경우를 살펴보겠습니다.

$$p(x = 1; \theta) = 999 / 1000$$
$$p(x = 0; \theta) = 1 / 1000$$

샘플링 1,000회당 평균적으로 한 번씩 $f(1) *$ $1000 * \nabla_\theta p(0;\theta)$라는 매우 큰 값이 샘플링됩니다. 이 값이 샘플링되는지 아닌지에 따라서 몬테카를로 추정값이 크게 변하므로, 분산이 커집니다. 이 분산을 줄이려면 다음과 같이 베이스라인 b를 뺀 추정량을 사용합니다.

$$E_{p(x;\theta)}\big[(f(x)-b)\nabla_\theta \log p(x;\theta)\big]$$

베이스라인 b가 x에 의존하지 않는 값인 경우, 이 기댓값은 $\nabla_\theta J(\theta)$의 비편향 추정량입니다. 이는 확률 분포의 파라미터에 대한 경삿값의 적분은 항상 0이기 때문입니다.

$$\int_x \nabla_\theta p(x;\theta)dx = \nabla_\theta \int_x p(x;\theta)dx$$
$$= \nabla_\theta[1]$$
$$= 0$$

따라서 다음이 성립합니다.

$$E_{p(x;\theta)}\big[b\nabla_\theta \log p(x;\theta)\big] = b\int_x \nabla_\theta p(x;\theta)dx$$
$$= b \cdot 0$$
$$= 0$$

경사 추정값의 분산을 최소화하는 베이스라인을 엄밀하게 구하기는 어려운데, 다양한 추정 방법이 제안되었습니다. 예를 들어, $E_p\big[(f(x)-b)^2\big]$가 최소가 되는 b를 온라인 추정으로 구해서, 이 b를 사용하여 경삿값을 추정합니다.[5] 이 기법을 확장하여 베이스라인을 평균장 근사mean field approximation를 통해 구하는 방법[6]과 복수의 샘플을 사용한 몬테카를로 추정의 평균을 베이스라인으로 사용하는 방법[7] 등이 제안되었습니다.

강화 학습의 정책 경사에서는 베이스라인으로 상태 가치 $V(s)$를 사용할 수 있습니다. 상태 가치는 행동에 의존하지 않습니다. 이 경우, 정책 경사법은 $A(s,a) := Q(s,a) - V(s)$ 로 정의되는 어드밴티지 가치를 사용해서 정책을 업데이트합니다. 어드밴티지 가치가 양의 값이라면 그 행동을 취함으로써 평균적인 경우보다 이득을 올릴 수 있으므로, 그 행동을 현재보다 더 많이 취하도록 업데이트합니다. 음의 값이라면 그 행동을 취하지 않도록 업데이트합니다.

또한, x가 벡터 등의 구조인 경우, 그 구조에 따라 추정에 중요한 부분만을 해석적으로 풀거나 샘플링해서 분산을 줄이는 방법도 제안되었습니다.[8]

변수 변환 트릭

다른 하나는 변수 변환 트릭입니다. 사용하기 쉬울 뿐만 아니라 성능도 좋아서 오늘날 널리 사용됩니다. x가 연속값이고 $p(x;\theta)$가 미분 가능할 때 사용할 수 있는 방법입니다. ϵ는 확률 밀도 함수가 $q(\epsilon)$인 확률 변수이고, x는 다음과 같은 결정론적 deterministic 함수 t로 나타낼 수 있다고 합시다.

$$x = t(\theta, \epsilon)$$

예를 들어, 확률밀도 함수가 정규 분포 $N(\mu(\theta), \sigma(\theta))$라면 다음과 같은 결정론적 함수로 표현될 것입니다.

---

3   옮긴이_ 젠센 부등식이라고도 번역합니다.

4   옮긴이_ 일본식 표현을 그대로 옮긴 '우도비(尤度比) 방법'으로 번역되는 경우도 있습니다.

5   A. Minh, et al., "Neural Variational Inference and Learning in Belief Networks," ICML 2014.

6   S. Gu, et al., "MuProp: Unbiased Back Propagation for Stochastic Neural Networks," ICLR 2016.

7   A. Minh, et al., "Variational inference for Monte Carlo objectics," ICML 2016.

8   M. Tisias, et al., "Local Expectation Gradient for Black Box Variational Inference," NIPS 2015.

$$t(\theta,\epsilon) = \mu(\theta) + \sigma(\theta)\epsilon$$

이 경우, 경사는 다음과 같이 얻어집니다.

$$= \nabla_\theta \int p(x;\theta)f(x)dx$$
$$= \nabla_\theta \int q(\epsilon)f(t(\theta,\epsilon))d\epsilon(*)$$
$$= E_{q(\epsilon)}\left[\nabla_\theta f(t(\theta,\epsilon))\right]$$

여기서 (∗)는 $p(x;\theta)dx = q(\epsilon)d\epsilon$를 사용했습니다. 이 경우 가능도비 방법과 달리, 다음과 같이 f의 입력에 대한 경사 정보를 사용하여 경사를 구할 수 있습니다.

$$\frac{\partial f}{\partial x}$$

따라서 변수 변환 트릭을 적용한 이후의 경사 추정은 분산이 크게 줄어듭니다. 또한 변수에 노이즈를 추가하기만 하면 나머지는 오차 역전파 방법으로 추정할 수 있기 때문에 구현이 간단합니다.

변수 변환 트릭은 변분법에 의한 생성 모델(변분 오토인코더)[9], 신경망 파라미터의 베이즈 추정[10] 등에서 널리 사용되며, 강화 학습에서도 환경이나 보상을 미분 가능한 모델로 나타내는 모델 기반 학습 등에서 사용되기 시작했습니다.

앞으로의 과제

이러한 방법을 조합함으로써 확률 변수를 갖는 식의 최대화 문제를 풀 수 있지만, 확률 변수가 고차원 이산 변수이거나 확률 밀도 함수가 미분 가능하지 않은 경우는 여전히 문제가 됩니다. 또한, 강화 학습의 탐색exploration–활용exploitation 딜레마와 마찬가지로, 목적 함수가 여러 개의 피크peak를 갖는 경우 경사 정보만으로는 잘 풀리지 않기 때문에 어떻게 탐색할 것인지가 과제입니다.

9 D. P. Kingma, et al., "Auto-Encoding Variational Bayes," ICLR 2014.

10 C. Blundell, et al., "Weight Uncertainty in Neural Networks," ICML 2015.

3.5 오차 역전파를 사용하지 않는 학습 기법: Feedback Alignment, Synthetic Gradient, Target Prop

현재 딥러닝의 대부분은 오차 역전파 방법을 사용하여 학습됩니다. 이는 미분 가능한 계산 요소를 조합하여 입력으로부터 출력을 구하는 계산 그래프(순방향 계산)를 구성하고, 그 계산 그래프상에서의 오차(목적 함수에 대한 상태별 경삿값)를 순방향 계산과 반대 방향으로 전파하여, 학습에 필요한 목적 함수에 대한 각 파라미터의 경삿값을 정확하고 효율적으로 추정하는 방법입니다.

오차 역전파 방법은 당초 예상보다도 훨씬 많은 문제를 해결할 수 있는 것으로 나타났으며, 학습 엔진으로서 크게 발전하고 있습니다.

오차 역전파의 네 가지 문제

한편, 오차 역전파 방법은 몇 가지 문제가 있다는 것이 알려져 있습니다.

첫 번째, 미분 가능하지 않거나 대부분의 위치에서 미분값이 0이 되는 계산 요소를 포함하는 경우 오차는 부정indeterminate, 또는 발산, 또는 감쇠하므로 오차 역전파를 사용할 수 없습니다.

예를 들어, 활성화 함수로의 입력이 음의 값이면 0, 그렇지 않으면 1을 반환하는 임곗값 함수를 사용하는 경우 미분값은 0이 아닌 위치에서는 0이고, 0에서는 정의되지 않으므로 오차 역전파 방법을 사용할 수 없습니다. 또한, 어텐션 중에서도 어텐션이 적용된 부분의 정보만 0이 아닌 가중치를 갖는 하드 어텐션은 계산 효율이나 일반화 성능 측면에서 유망하지만, 앞서 설명한 임곗값 함

수과 마찬가지로 거의 모든 위치에서의 미분이 소실되기 때문에 오차 역전파를 사용할 수 없습니다.

두 번째 문제는 계산 그래프에 확률 계층이 포함된 경우입니다. 이 경우 오차 역전파를 직접 사용할 수 없으므로 변수 변환 트릭이나 가능도비 방법을 사용하여 경삿값 추정치를 구하는 문제로 만들어서 학습합니다. 그러나 복수의 확률 계층을 포함하는 경우에는 경삿값 추정치의 분산이 커지게 되어, 현실적인 샘플 수로는 학습할 수 없다는 문제가 있습니다.

세 번째 문제는 오차 역전파 시에 순방향 계산 중에 사용된 파라미터 행렬의 전치 행렬을 사용하는 부분입니다. 최근에는 하드웨어를 이용한 효율적인 행렬 계산의 예가 몇 가지 나왔습니다. 예를 들면, 아날로그 회로를 사용하여 효율적인 행렬 연산을 실현할 수 있는 것으로 밝혀졌습니다. 그러나 이 경우 파라미터 행렬의 전치를 실현하기 어려워서 오차를 전파시킬 수가 없습니다.

네 번째 문제는 신경망의 계층 수가 수십에서 수백 개로 증가함에 따라, 각 계층의 계산은 다른 계층의 계산이 끝날 때까지 기다려야 한다는 점입니다. 컴퓨터에서의 파이프라인 처리와 마찬가지로 앞의 오차 역전파 스텝이 끝나기 전에 다음 스텝을 돌리는 경우, 다음 스텝의 계산에서는 업데이트되지 않은 오래된stale 파라미터에 기반한 경삿값이 구해지게 됩니다. 그 결과로 얻어지는 경삿값은 (업데이트된 파라미터에 기반한 경삿값보다) 부정확한 경삿값이 되어, 수렴 속도가 느려지거나

좋은 솔루션이 얻어지지 않는다거나 하는 문제가 있습니다.

이러한 문제를 해결하기 위해 오차 역전파가 아닌 학습 기법들이 제안되고 있습니다. 지금부터 세 가지 기법을 소개하겠습니다.

고정 난수 행렬 사용

피드백 정렬Feedback Alignment[1,2]는 오차를 역전파할 때 파라미터 행렬의 전치 행렬을 사용하는 것이 아니라, 고정 난수 행렬을 사용합니다. 이 경우 처음에 구해지는 업데이트 방향은 경삿값처럼 목푯값을 가장 급격하게 낮추는 방향이 아닙니다. 그러나 신기하게도 이 학습이 진행됨에 따라 실제 경삿값과 업데이트 방향이 일치하기 시작하고 마치 이 랜덤 행렬이 전치 행렬인 것처럼 표현이 바뀌어 갑니다. 즉, 학습하는 방법을 학습하는learning to learn 것입니다. 이렇게 하면 앞서 설명한 오차 역전파 방법의 세 번째 문제가 해결됩니다. 전용 하드웨어 학습 방법이나 뇌의 학습 방법의 후보로서 주목받고 있습니다.

또한 실제 오차를 입력에 가까운 계층에 직접 전달해서 이를 순방향 계산과 같은 방식으로 전파시켜도 학습이 된다는 것이 밝혀졌습니다.[3] 이 경우 도중에 미분 불가능한 계산 요소가 있더라도 그 앞에서 오차를 흘려서 학습할 수 있으므로, 첫 번째 문제를 해결할 수 있습니다.

각 계층의 오차를 추정하는 전용 모델 사용

Synthetic Gradient[4]는 얻게 될 경삿값을 계층별로 추정하는 모델을 학습하는 기법입니다. 계층별로 순방향 계산과 별도로 오차를 추정하는 모델

을 준비해서, 각 계층의 상태와 추가 정보(예를 들면 레이블)로부터 해당 계층에 도달하게 될 오차를 추정합니다. 말하자면 각 추정 모델은 '이 출력이라면 이런 식으로 틀렸을 것 같다'라고 추정하는 것입니다. 각 추정 모델은 실제 경삿값과의 제곱 오차를 최소화하도록 학습됩니다.

각 모델에는 신경망과 같은 강력한 모델이 아닌 선형 모델 등이 적합한 것으로 나타났습니다. 왜 그런지는 아직 밝혀지지 않았습니다. 각 추정 모델이 실제 오차를 근사하는 능력은 없는 것을 볼 때, '각 추정 모델은 그 시점에서의 목표 함수의 근방만을 간단한 모델로 근사하는 것은 아닐까'라고 생각됩니다.

또한 추정 모델을 학습할 때는 실제 경삿값이 아닌 하나 다음[5]의 계층 경사 추정값을 목표로 학습하는 것도 가능합니다. 이 경우 추정값을 기반으로 추정하는 부트스트랩 기법이 되며, 강화 학습의 시간차Temporal Difference(TD) 오차의 전파처럼 출력 계층으로부터 차례로 추정이 정확해져 갑니다.

부트스트랩 기법이기 때문에 학습이 불안정하다는 문제가 있습니다. 그러나 오차 역전파의 첫 번째에서 네 번째까지의 문제를 모두 해결할 뿐만 아니라, 계산 주기가 다른 학습 시스템끼리 연계할 수도 있어서 매우 유망한 기법입니다.

오차가 아닌 목푯값을 전파

Target Prop[6,7]은 오차가 아닌 목표를 전파하는 기법입니다. 인접한 두 계층의 상태가 각각 h_i와 h_{i+1}이라고 합시다. 이 두 계층 사이의 계산을 f라고 하면 다음과 같은 관계가 됩니다.

$$h_{i+1} = f(h_i)$$

위쪽[8] 계층의 현재 상태 h_{i+1}보다도 목적 함수의 값을 낮출 수 있는 목푯값 $\hat{h}_{i+1}$을 안다고 합시다. 이 경우 아래쪽[9] 계층의 목표는 $\hat{h}_{i+1} = f(\hat{h}_i)$가 되는 $\hat{h}_i$가 됩니다. 그렇게 하면 목적 함수의 값을 낮출 수 있기 때문입니다.

이 목푯값은 처음에 출력 계층에서 결정되고, 이어서 한 계층 아래, 두 계층 아래로 순서대로 전파되어 갑니다. 이때 각 계층에서 위쪽 계층이 목푯값이 되도록 하는 값을 구할 필요가 있습니다.

Difference Target Prop[10]에서는 계층별로 오토인코더를 학습하고, (비선형 함수를 포함하는) 순방향 계산 $h_{i+1}=f(h_i)$와 동시에 그 역함수를 근사하는 $h_i=g(h_{i+1})$를 학습합니다. 각 계층에서는 목표치를 출력하도록 파라미터를 업데이트 함과 동시에 g를 사용하여 목푯값을 아래쪽의 계층으로 전파해 갑니다.

Target Prop은 오차 역전파 방법의 문제 중에서 첫 번째에서 세 번째 문제까지를 해결합니다. 한편, 오토인코더가 항상 만들어질 수 있는지, 또 그것이 불완전한 경우에 어떤 학습이 실현되는지는 아직 해명되지 않았습니다.

오차 역전파와 조합도 가능

이번에 소개한 기법들은 오차 역전파 방법과 조합하는 것도 가능합니다. 예를 들어, Synthetic Gradient는 큰 블록별로 수행하고 각 블록 내에서는 오차 역전파를 사용함으로써, 병렬화와 정확한 학습을 모두 실현하는 것도 생각할 수 있습니다.

1 T. Lillicrap et al., "Random synaptic feedback weights support error backpropagation for deep learning," Nature Communication 7, 2016.

2 A. Nokland et al., "Direct Feedback Alignment Provides Learning in Deep Neural Networks," https://arxiv.org/abs/1609.01596

3 A. Nokland et al., "Direct Feedback Alignment Provides Learning in Deep Neural Networks," https://arxiv.org/abs/1609.01596

4 M. Jaderberg et al., "Decoupled Neural Interfaces using Synthetic Gradients," https://arxiv.org/abs/1608.05343

5 옮긴이_ 출력에 가까운 쪽.

6 Y. Bengio, "How Auto-Encoders Could Provide Credit Assignment in Deep Networks via Target Propagation," https://arxiv.org/abs/1407.7906

7 D. Lee et al., "Difference Target Propagation," https://arxiv.org/abs/1412.7525

8 옮긴이_ 출력에 가까운 쪽.

9 옮긴이_ 입력에 가까운 쪽.

10 D. Lee et al., "Difference Target Propagation," https://arxiv.org/abs/1412.7525

연속 학습: 과거의 학습 결과를 잊지 않고 새로운 작업 학습

현재 딥러닝을 중심으로 한 머신러닝은 인간에 버금가는 정확도로 다양한 작업을 해결하는 능력을 학습할 수 있는 것으로 나타났습니다. 하지만 인간에 비해 학습에 방대한 양의 학습 데이터가 필요하다는 것이 큰 문제입니다.

예를 들어, 프로게이머가 새로운 게임을 플레이할 때 처음에는 당황하지만 몇 분이 지나면 실수 없이 제어하고 금방 클리어할 수 있습니다. 이에 반해, 현재의 DQN^{Deep Q-Network}과 같은 심층 강화 학습은 어느 정도의 수준에 도달하는 데만도 수만~수십만 번의 경험이 필요합니다.

새로운 작업에 머신러닝에 대한 머신러닝의 대응

사람의 경이적인 학습 효율은 어떻게 달성되는 것일까요? 한 가지 이론은 '사람은 새로운 과제를 학습할 때 기존 과제의 학습 결과(의 일부)를 성공적으로 재사용할 수 있기 때문이 아닐까'라는 것입니다.

이를 실현하는 가장 정석적인 기법은 멀티태스크 학습^{multi-task learning}입니다. 멀티태스크 학습에서는 복수의 작업에 대한 학습 데이터를 미리 준비하여 동시에 사용하여 학습합니다. 작업 간의 공통되는 부분 문제에 대해 공통 계산을 사용할 수 있도록 신경망은 입력에서 중간까지 공유하고 마지막에 작업별로 분기하는 모델을 사용합니다. 또한 다중 클래스 분류도 일종의 멀티태스크 학습으로 생각

됩니다. 이것도 중간까지는 동일한 네트워크를 공유하고 마지막에 분기하여 소프트맥스로 확률을 계산하기 때문입니다.

궁극적으로는 장기간에 걸쳐 여러 작업을 계속 학습해야 할 필요가 있습니다. 이때, 새로운 작업이 나타나거나 새로운 학습 데이터가 획득되는 시점에 처음부터 모델을 학습시키는 것은 비현실적이며, 현재 학습된 모델을 개선해 나갈 필요가 있습니다. 이를 연속 학습^{continual learning} 또는 평생 학습^{lifelong machine learning}이라고 합니다.

사람은 계속 학습하며, 각 학습은 동시에는 이루어지지 않습니다. 어떤 시간에는 자전거 타는 연습을 하고 그것이 끝나면 역사를 공부하는 식입니다. 자전거 타는 연습과 역사 공부를 동시에 하지는 않습니다(수면 중 꿈은 과거의 경험을 재생한다는 설은 있습니다).[1] 새로운 작업을 배우더라도 과거의 학습 결과는 잊지 않고 문제없이 학습할 수 있습니다.

반면, 현재의 머신러닝 모델로 연속 학습을 수행하면 새로운 작업을 학습하면서 이전 작업의 학습 결과를 잊어버리는 현상이 발생합니다. 이 현상을 기술적 용어로 파괴적 망각^{catastrophic forgetting}이라고 합니다. 또한, 현재의 학습이 과거의 학습 결과에 간섭하여 악영향을 미치는 현상을 파괴적 간섭^{catastrophic interference}이라고 합니다.

작업별 파라미터 중요도 산출

컴퓨터는 과거의 경험을 학습 데이터셋이나 재현 버퍼replay buffer에 축적해서, 여러 작업을 동시에 학습하는 문제로 설정하면 어떻게든 학습할 수 있습니다. 그러나 사람들이 매일 같이 하는 것처럼 수천, 수만 가지 작업을 학습하도록 하면 파괴적 망각의 문제가 발생하게 됩니다. 또한, 앞으로 IoT의 보급으로 여러 디바이스가 경험을 쌓고 학습 데이터를 수집하게 되면, 방대한 양의 학습 데이터를 모두 기억해 두기는 어려울 것으로 생각됩니다.

파괴적 망각을 방지하고 연속 학습을 실현하는 기법들이 제안되었는데, 여기서 최신 연구 성과를 몇 가지 소개하도록 하겠습니다.

구글의 딥마인드가 제안한 방법[2]에서는 각 작업을 학습한 후 해당 작업에서 각 파라미터의 중요도를 구합니다. 그리고 새로운 작업을 학습할 때는 과거 작업에서 중요했던 파라미터는 가능한 한 변하지 않도록 제약을 가하여 새로운 작업을 학습합니다. 이 학습의 파라미터가 고정consolidation되는 정도가 작업에 대한 중요성에 따라 유연elastic하게 바뀐다는 점에서, EWCelastic weight consolidation라는 명칭이 붙여졌습니다.

어떤 파라미터가 중요한지는 그 작업에서의 피셔 정보 행렬의 대각항을 사용하여 판단합니다. 피셔 정보 행렬은 모델의 로그 가능도의 각 파라미터에 대한 경삿값의 2차 모멘트입니다. 이 값이 크다는 말은 그 파라미터값을 변경시키면 모델(예측 분포)이 크게 변하는 중요한 파라미터라는 의미가 되고, 작은 경우는 중요하지 않다는 의미가 됩니다.

실험에서는 아타리Atari 2600 가정용 비디오 게임기의 각 게임을 순서대로 학습하였을 때, 아무런 제약을 가하지 않은 일반적인 학습과 파라미터의 중요도를 구하지 않고 일률적으로 이전 파라미터에 가까워지도록 하는 학습(L2[3]), 그리고 EWC를 비교했습니다. 실험 결과, 일반적인 학습에서는 새로운 작업을 학습하면 기존 작업의 정확도가 떨어지는 파괴적 망각이 일어나는 것으로 확인되었습니다. 또한 L2는 학습 시의 제약이 지나쳐서 새로운 작업의 정확도를 충분히 높일 수 없었습니다. EWC는 기존 작업의 정확성을 유지하면서 새로운 작업을 충분히 정확하게 학습할 수 있는 것으로 나타났습니다.

국소적 정보로부터 중요도를 추정하는 기법

한편, EWC에서는 각 작업을 학습한 후에 피셔 행렬의 대각항을 구하는 단계가 필요합니다. 이것은 현실 세계와 같이 여러 작업의 학습이 부분적으로 차례차례 이루어지는 설정에는 맞지 않습니다.

그래서 미국 스탠퍼드 대학교Stanford University의 연구 그룹은 각 파라미터의 중요도를 온라인으로 추정하는 방법을 제안했습니다.[4] 이 중요도를 구할 때 모델 전체의 정보는 필요하지 않으며 각 파라미터의 국소적인 정보만 있으면 되므로 뇌에서도 실현 가능한 기법이라고 주장했습니다.

---

1   옮긴이_ 꿈 속에서는 다양한 경험이 혼합되어 나타나기 때문에(강화 학습에서의 재현(replay)에 해당), 실질적으로 여러 도메인의 학습을 동시에 수행한다는 설입니다.

2   J. Kirkpatrick et al., "Overcoming catastrophic forgetting in neural networks," https://arxiv.org/abs/1612.00796

3   옮긴이_ L2 정규화항을 사용하여 이전 파라미터로부터 너무 멀어지지 않도록 했다는 의미입니다.

4   F. Zenke et. al., "Improved multitask learning through synaptic intelligence," https://arxiv.org/abs/1703.04200

이 중요도 계산 방법의 도출은 생략하겠지만, 각 파라미터의 중요도는 학습 시 각 단계에서의 목적 함수에 대한 편미분과 업데이트 폭의 곱의 총합으로서 온라인 추정이 가능합니다. 그런 다음 새로운 작업을 학습할 때, 그때까지의 작업에서 중요도가 높은 파라미터들을 업데이트하기 어렵게 만듦으로써 파괴적 망각을 피합니다.

실제 뇌의 시냅스에는 현재 신경망에서 사용되는 스칼라값과 같은 파라미터만이 아닌 여러 가지 정보가 있으며, 시냅스의 가소성plasticity을 동적으로 변화시켜 연속 학습을 실현하는 것으로 생각됩니다. 신경망의 세계에서도 이러한 아이디어를 바탕으로 연속 학습을 실현하기 위한 여러 아이디어가 실현되어 갈 것입니다.

3.7 예측 학습

딥러닝은 지도 학습에서 큰 성공을 거두고 있습니다. 한편, 지도 데이터가 필요 없는 비지도 학습은 아직 발전 중입니다.

캐나다 토론토 대학교University of Toronto의 제프리 힌튼 교수는 "뇌에는 10^{14}개의 시냅스가 있지만 사람은 10^9초밖에 살지 못합니다. 샘플 수보다 파라미터 수가 훨씬 많습니다. (이 시냅스의 파라미터를 결정하려면) 초당 10^5개의 제약이 필요한데, 이는 우리가 비지도 학습을 많이 하고 있다는 생각으로 이어집니다"[1]라고 한 바 있습니다. 또한, 미국 뉴욕 대학교의 얀 르쿤Yann LeCun 교수는 "지능을 케이크에 비유하면 비지도 학습은 케이크의 몸통이고, 지도 학습은 케이크의 장식, 강화 학습은 케이크 위의 체리 정도입니다. 우리는 케이크를 장식하고 체리를 만드는 방법은 알게 되었지만, 케이크의 몸통을 만드는 방법은 모릅니다"[2]라고 한 적이 있습니다.

공짜로 얼마든지 구할 수 있는 학습 데이터

비지도 학습은 여러 가지 방법이 제안되고 있지만, 그중에서도 현재 가지고 있는 정보에서 미래를 예측하는 예측 학습predictive learning이 중요해질 것으로 생각됩니다. 미래 예측 작업은 항상 시간이 지난 후에 실제 결과를 얻을 수 있으므로 예측과 실제의 차이를 사용하여 직접 학습할 수 있습니다. 그런 의미에서 예측 학습은 학습 데이터를 공짜로 얼마든지 얻을 수 있는 지도 학습[3]이라고도 할

수 있습니다. 예측 학습의 중요성은 이전부터도 지적되었는데, 예를 들어, 제프 호킨스Jeff Hawkins의 『생각하는 뇌, 생각하는 기계』(멘토르, 2010)에서는 학습의 본질이 예측에 있다고 이야기합니다.

이 예측 작업에서는 예측하는 능력보다도 예측 작업을 해결하는 과정에서 부산물로서 획득한 피처가 중요합니다. 최근, 피처 획득에 있어서 오토인코더autoencoder의 사용은 성공적이지 못했고, 예측 학습의 결과로 얻어진 피처를 이용하는 편이 더 성공적이라는 지적이 있습니다.[4]

오토인코더에서는 인코더를 사용하여 낮은 차원의 잠재 표현으로 입력을 변환하고 디코더에 의해 원래 입력으로 복원할 수 있도록 학습하여 잠재 표현으로 본질적인 정보를 추출하려고 시도합니다. 그러나 오토인코더의 문제 설정은 잠재 표현에 있어서 어떤 정보를 버리고 어떤 정보를 남기

---

1 *https://www.reddit.com/r/MachineLearning/comments/2lmo0l/ama_geoffrey_hinton/clyjogf/*

2 *https://youtu.be/Ount2Y4qxQo?t=1167, Yann LeCun, NIPS 2016, Keynote*

3 옮긴이_ 2010년대 중후반까지만 해도 이러한 예측 학습을 비지도 학습이라고 불렀습니다. 언어 모델이 대표적인 예입니다. 그러나 언어 모델이 급속히 보급됨에 따라 이것은 클러스터링 등의 비지도 학습과는 전혀 다른 학습이라는 인식이 확산되면서, 2020년대에는 일반적으로 자기 지도 학습(self-supervised learning)이라고 부르게 되었습니다.

4 *https://www.reddit.com/r/MachineLearning/comments/6z51xb/we_are_the_google_brain_team_wed_love_to_answer/dmycc65/*

는 것이 좋을지가 고유unique하게 결정되지 않는 잘 정의되지 않은ill-defined5 문제입니다. 예를 들어, 이미지에서 전면에 나와 있는 사람과 배경의 산 중에서 어느 정보를 남기는 것이 중요한지는 고유하게 결정할 수 없습니다.

예측을 위한 물체의 위치와 상태 인식

한편, 미래 예측 과제를 해결할 수 있으려면 물체의 위치 및 상태와 같은 고도의 환경 인식이 가능해야 합니다. 예를 들어, 물체가 가속하면서 움직이는 것을 보고 있는 상황에서 미래를 예측하기 위해서는 물체의 위치, 속도, 가속도를 구할 필요가 있고, 어느 영역이 하나의 물체로서 통합되는지에 대한 세그먼테이션 문제도 해결해야 합니다. 또한 객체가 무엇인지에 대한 정보를 추정할 필요가 있습니다. 물체가 자동차라면 직선으로 움직일 것이고 비눗방울이라면 터질 것으로 예측할 수 있습니다. 이와 같이 예측 과제를 해결함으로써 유용한 피처 추출, 즉 고도의 인식이 가능해집니다.

예측 작업을 해결함으로써 많은 문제에서 유용한 표현을 얻을 수 있는 것은 ICA에서도 마찬가지입니다. ICA에서는 혼합 함수가 비선형이면 독립 성분을 고유하게 결정할 수 없습니다. 한편, 대상 데이터가 시계열 데이터이고 각 시각의 데이터를 생성하는 독립 성분이 이전 시각의 독립 성분에 의존하는 경우, 주어진 데이터 쌍이 시간상으로 연속인 두 데이터인지 랜덤 데이터인지를 구별하는 함수로 비선형 ICA를 달성할 수 있다고 알려져 있습니다. 예측 작업을 해결할 수 있게 되거나 부분 문제를 해결할 수 있게 됨으로써 정보를 구성하는 인자를 결정6할 수 있게 됩니다.

이러한 예측 학습은 뇌에서 일어나는 것으로 생각

되지만 어떻게 일어나는지는 잘 알려지지 않았습니다. 여기서 흥미로운 가설7을 소개하겠습니다.

대뇌 신피질의 제5~6층에서 예측 처리가 이루어진다는 가설

시각 정보가 처리되는 대뇌 신피질neocortex은 6개 층으로 구성됩니다. 이 6개 층은 각각 다른 구조와 역할을 가지고 있으며, 제4층은 시상 등으로부터 입력을 받고 그 처리는 바깥쪽의 1~3층과 속의 5~6층 두 곳에서 나뉘어 진행됩니다. 이 가설에서는 바깥쪽 1~3층이 실제 시각 처리를 담당하고 5~6층이 예측 처리를 담당하는 것으로 생각되고 있습니다. 그런 다음 5~6층에서 이루어지는 예측 결과는 시상 베개thalamic pillow라는 영역으로 전달되고 거기에서 예측 결과를 보게render 됩니다.

그리고 곧바로 실제 입력이 이 시상 베개로 전달되어 들어와서 예측 결과와 비교됩니다. 이 예측과 실제 결과는 α파에 따라 100ms마다 바뀐다고 합니다. 즉, 초당 10번 예측하는 것입니다.

시상 베개는 대뇌 신피질의 거의 모든 시각 관련 부분과 양방향으로 결합되어 있기 때문에, 발생한 예측 오차를 그 영역들로 전파할 수 있습니다. 각 시냅스에 있어서, 실제 입력 시의 시냅스 전후 뉴런의 동시 발생co-occurrence 빈도와 예측 시의 동시 발생 빈도의 차이는 예측 오차를 감소시키는 방향(경삿값)이라는 것이 알려져 있습니다. 그래서 예측 오차를 줄이는 시냅스 업데이트는 모두 국소적 정보로 수행되며 과거의 기억을 필요로 하지 않습니다. 따라서 이 학습은 뇌에서 실현 가능한 업데이트 규칙이라고 생각됩니다.

또한, 이 예측 학습은 먼저 위치와 움직임을 학습하고(Where pathway), 객체의 속성을 학습하고

(What pathway), 마지막으로 이들의 조합을 학습하는(Where×What pathway) 과정을 진행합니다. 눈은 정지된 목표를 계속 보고 있는 경우에도 미세 단속 운동microsaccade[8](고정 안구 운동fixational eye movement의 일종)이라고 하는 약간의 비자발적involuntary[9] 운동을 항상 합니다. 안구는 스스로 움직이기 때문에 움직임을 알고 있는 경우에 보이는 방식이 어떻게 변할 것인지를 예측하는 문제를 풀게 됩니다.[10] 그래서 어디에 보이고 있는지와 어떻게 변할 것인지(Where pathway)가 학습됩니다. 다음으로, 이 위치와 움직임을 예측할 수 있게 되면 추적을 할 수 있게 되고, 어떤 객체인지(What pathway)를 학습할 수 있게 됩니다. 마지막으로, 이 두 가지를 조합하는 예측(Where×What pathway)이 학습됩니다.

이 가설에 따르면 1세 영아는 출생 후 10시간/일 × 3,600초/시 × 365일 × 10Hz = 1억 3,000만 번의 예측학습을 하는 것으로 생각됩니다. 이는 현재 딥러닝에 사용되는 100만 개의 학습 이미지 데이터인 이미지넷보다 100배 더 큰 것입니다. 또한 분류 작업(이미지넷에서는 1,000개 클래스이므로 10bit)이 아니라 예측 작업(중심 시야에서는 수백만 픽셀)이기 때문에 방대한 정보량의 피드백으로 학습하는 것이 됩니다.

비디오 등의 고차원 데이터 예측 학습

이처럼 예측 학습은 중요하지만, 아직 컴퓨터상에서 비디오와 같은 고차원 데이터에 대한 예측 학습은 성공하지 못했습니다. 예측 학습은 방대한 양의 피드백을 얻을 수 있지만 입력과 출력 모두 고차원적이어서 학습하기 어려운 문제입니다. Where pathway, What pathway 등의 학습과 마찬가지로 어려운 문제를 조금씩 해결해 가는 커

리큘럼 학습이 필요해질 것으로 생각됩니다. 또한 어떤 것에 주목해서 예측해야 하는지와 같은 어텐션 메커니즘도 중요해질 것입니다. 또한, 사용될 학습 데이터의 수가 부족할 가능성이 있습니다. 앞서 계산해 본 바와 같이 현재의 지도 학습보다 수백 배 더 큰 규모여야 비로소 결과가 나올지도 모릅니다.

---

5 옮긴이_ 정착된 좋은 번역어가 없습니다.

6 옮긴이_ 여기서도 동정(同定, identify)을 결정이라고 번역해도 무방하므로 그렇게 옮겼습니다.

7 R. O'Reilly et al., "Deep Predictive Learning:A Comprehensive Model of Three Visual Streams," https://arxiv.org/abs/1709.04654

8 옮긴이_ 의학용어로는 '미세확보기 운동'이라고 합니다.

9 옮긴이_ 불수의(不隨意)로 번역되는 경우도 많습니다.

10 옮긴이_ 눈의 미세한 움직임이 예측 학습(predictive learning)에 영향을 줄 수 있다는 의미입니다. 미세 단속 운동은 눈이 정지된 상태에서도 발생하기 때문에 눈의 움직임을 고려하여 예측 모델을 학습해야 할 필요가 있습니다.

3.8 진화 전략

현재의 많은 학습은 파라미터 θ를 입력으로 하는 목적 함수 $F(\theta)$의 최적화 문제(이하 최소화 문제라고 함)를 해결함으로써 실현됩니다. 최적화할 파라미터 공간이 고차원인 경우, 파라미터를 임의의 방향으로 교란perturbation(약간 움직임)시키더라도 목적 함수의 값이 개선될 가능성은 낮습니다. 목적함수의 모양은 여러 방향으로 절벽처럼 가파른 골짜기 모양이어서, 특정 방향을 따라 움직일 때만 목적함수가 개선되게 되어 있기 때문입니다.

목적 함수를 개선할 방향을 찾기 위해 경삿값 정보를 사용하는 것이 일반적입니다. 목적 함수의 값이 가장 급격하게 변하는 방향인 목적 함수의 파라미터에 대한 경삿값 $v=\nabla F(\theta)/\nabla \theta$는, 현재 파라미터를 어느 방향으로 업데이트해야 목적 함수를 가장 잘 개선할지에 대한 정확한 정보를 제공합니다. 신경망에서의 역전파처럼 많은 문제에서 목적 함수 파라미터들에 대한 경삿값을 효율적으로 구할 수 있으므로, 그 경삿값 정보에 따라 파라미터를 업데이트하는 경사 하강법이 널리 사용됩니다.

한편, 경삿값을 효율적으로 구할 수 없는 문제도 많습니다. 예를 들어, 신경망에서 이산 변수를 사용하거나, 계단식 함수(예: $f(x)=\lceil x \rceil$)처럼 미분 값이 0 또는 부정indeterminate인 비선형 함수를 사용하는 경우 경삿값은 0 또는 부정이 되므로 개선할 방향을 알 수 없습니다. 또한 목적 함수의 일부를 알 수 없는 경우에도 효율적으로 경삿값을 구할 수 없습니다. 예를 들어, 강화 학습에서 환경(현재 상태와 행동으로부터 보상과 다음 상태를 반환하는 함수)은 블랙박스이며, 오차 역전파를 사용하여 경삿값을 계산할 수 없습니다. 이 외에도 학습 시의 하이퍼파라미터(학습률, 모멘텀, 유닛 수, 계층 수 등), 파라미터의 초기값, 네트워크 아키텍처 자체와 같은 최적화 설정 전체를 함수로 간주하는 경우, 이러한 하이퍼파라미터에 대한 경삿값도 구할 수 있다면 좋겠지만, 효율적으로 경삿값을 계산할 수 없어서 오차 역전파를 할 수 없습니다.

이러한 문제를 해결하기 위해 이전부터 존재했던 진화 전략evolution strategy(ES)이나 유전 알고리즘genetic algorithm(GA)을 사용할 수 있습니다. 이러한 알고리즘들은 오차 역전파를 사용하는 기법보다 경삿값 추정 효율은 떨어지지만, 목적 함수의 값만 얻을 수 있다면 최적화할 수 있다는 큰 특징이 있습니다. 여기서는 진화 전략을 소개합니다.

진화 전략에서 현재 파라미터는 확률 분포 $p_\varphi(\theta)$로 표현되는 것으로 간주되며, 이 확률 분포 자체를 업데이트를 통해 학습합니다. 학습에서는 이 확률 분포로부터 복수의 파라미터를 샘플링하여, 그것들의 목적 함숫값을 구하고, 그 정보를 기반으로 경삿값 추정치를 계산합니다.

여기서, 최적화 대상 파라미터 θ가 평균 φ, 분산 $\sigma^2 I$인 정규분포 $p_\varphi(\theta)=N(\varphi, \sigma^2 I)$에 따라 생성된다고 합시다. 여기서 σ는 고정된 파라미터이고, I는 항등 행렬입니다. 이 확률 분포에 따라 파라미터를 샘플링할 때 목적함수 $F(\theta)$의 기댓값은 $\mathbb{E}_{\theta \sim p_\phi} F(\theta)$ 입니다.

이 목적 함수의 파라미터 평균 φ에 대한 경삿값을 구해봅시다. φ는 기댓값을 갖는 확률 분포의 파라미터이므로, 직접 이 확률 분포를 미분해서 경삿값을 계산해 버리면 이 확률 분포에서 샘플링을 하여 몬테카를로 추정을 할 수 없게 됩니다. 따라서 REINFORCE(3.4절 참조)를 사용하여 기울기를 계산하더라도 $p_\phi(\theta)$가 남도록 합니다.

$$\nabla_\phi \mathbb{E}_{\theta \sim p_\phi} F(\theta) = \mathbb{E}_{\theta \sim p_\phi} \left\{ F(\theta) \nabla_\phi \log p_\phi(\theta) \right\} \quad (1)$$

이 식에서 경삿값 계산 부분을 생각해보면 다음과 같이 됩니다.

$$\nabla_\phi \log p_\phi(\theta) = \nabla_\phi \log \frac{1}{Z(\sigma)} \exp\left(-\frac{(\theta - \phi)^2}{2\sigma^2} \right)$$
$$= \nabla_\phi - \frac{(\theta - \phi)^2}{2\sigma^2} = \frac{1}{\sigma^2}(\theta - \phi)$$

이것을 원래의 식 (1)에 대입하면 다음과 같이 됩니다.

$$\mathbb{E}_{\theta \sim p_\phi} \left\{ F(\theta) \frac{1}{\sigma^2}(\theta - \phi) \right\}$$
$$= \frac{1}{\sigma} \mathbb{E}_{\theta \sim p_\phi} \{ F(\theta)(\theta - \phi) / \sigma \}$$
$$= \frac{1}{\sigma} \mathbb{E}_{\epsilon \sim N(0,I)} \{ F(\phi + \epsilon\sigma)\epsilon \}$$

여기서 $\epsilon = \theta - \varphi/\sigma$로 변수 변환을 했습니다. 즉, ES의 최종적인 식은 현재 파라미터 φ에 교란 $\epsilon\sigma$를 더하여 목적 함수의 값을 얻은 결과에 따라 가중치를 부여한 다음, ϵ 방향으로 이동하는 업데이트 규칙으로 볼 수 있습니다.

ES는 그 이후 CMA^covariance matrix adaptation -ES와 같은 다양한 개선된 버전이 제안되고 있습니다. CMA -ES는 연속 행동 공간에서의 강화 학습에서 정책 학습과 동등 성능을 달성할 수 있다고 보고된 바 있습니다.[1]

그러나 ES는 미니 배치 학습에 의한 병렬화와 궁합이 좋지 않은 것으로 보고되었습니다. 일반적으로 미니 배치 학습에서는 복수의 학습 데이터에 대해 동일한 파라미터를 가진 모델을 사용하여 경삿값을 추정함으로써 경삿값 추정의 분산을 줄입니다. 반면, ES를 그대로 미니 배치 학습에 적용하면 각 학습 데이터(그룹)별로 파라미터가 다른 모델을 이용하여 경삿값을 추정할 필요가 있어 병렬 계산이 불가능합니다. 따라서 GPU 등의 병렬 계산을 사용하여 고속화할 수 없습니다.

FlipOut[2]은 이 문제를 해결하여 미니 배치 학습 시에 각 샘플이 교란에 의해 다른 파라미터를 가지는 경우에도 경삿값 계산을 효율적으로 실현하는 기법입니다.

여기서부터는, FlipOut 기법에 따라 파라미터를 행렬 W라고 하고, 목적 함수는 $W^T x$를 포함하는 함수라고 하겠습니다. 신경망을 포함하는 많은 모델이 이러한 함수 형태를 취합니다. 또한, 교란 분포 $W \sim p(w)$로부터의 샘플링은 평균 $\bar{W}$와 평균에 대한 교란 ΔW의 두 가지로 구성되는 $W = \bar{W} + \Delta W$로 나타내어진다고 하겠습니다.

여기서 교란 분포에 대해 두 가지 가정을 합니다. 첫 번째는 각 성분별로 교란은 독립적이라는 것이며, 두 번째는 교란 분포가 원점에 대해 대칭이라는 것입니다. 예를 들어, 교란 분포가 가우시안이거나 DropOut$\left(\bar{W} = \frac{W}{2}, \Delta W = \pm \frac{W}{2} \right)$인 경우에는 이 가정을 만족합니다. 다음으로, E는 각 성분이 {+1, −1}로부터 균일분포에 따라 샘플링된 행렬입니다. 교란 분포를 p_ϕ라고 하고 상기의 가정을

1 T. Salimans et al., "Evolution Strategies as a Scalable Alternative to Reinforcement Learning," *https://arxiv.org/abs/1703.03864*

2 Y. Wen and et al., "Flipout: Efficient Pseudo-Independent Weight Perturbations on Mini-Batches," *https://arxiv.org/abs/1803.04386 ICLR 2018*

만족한다고 합시다. 이때, $\widehat{\Delta W} \sim p_\theta$ 의 $\widehat{\Delta W}$ 분포와, $\Delta W = \widehat{\Delta W} \circ E$ (여기서 $\circ$ 는 요소별$^{\text{element-wise}}$ 곱)의 분포는 일치합니다. 또한, ΔW 를 사용하여 구한 경삿값은 $\widehat{\Delta W}$ 를 사용하여 얻은 경삿값과 일치합니다.

이 사실을 이용하여 $\Delta W_n = \widehat{\Delta W} \circ r_n s_n^T$ 로 나타냅니다. 여기서 r_n, s_n 은 +1, −1로부터 각각 균일분포 샘플링된 벡터이며 $r_n s_n^T$ 는 랭크가 1인 행렬입니다. 앞서 설명한 사실로부터 ΔW_n 의 분포는 W 와 일치합니다. 각 ΔW_n 은 서로 독립은 아니지만 $r_n s_n^T$ 에 의해 각 성분의 부호가 무작위로 셔플됨으로써, 서로 상관관계가 적어집니다. 샘플링을 하는 경우에는, 샘플이 독립이 아니더라도 샘플간의 상관관계가 적은 경우에 추정의 분산을 줄일 수 있다는 것이 알려져 있습니다.

이때 n번째 샘플에 대한 파라미터와의 내적은 다음과 같습니다.

$$
\begin{aligned}
W^T x_n &= \left(\overline{W} + \widehat{\Delta W} \cdot r_n s_n^T \right)^T x_n \\
&= \overline{W}^T x_n + \widehat{\Delta W}^T \left(x_n \cdot s_n \right) \cdot r_n
\end{aligned}
$$

이 계산은 샘플별로 독립적으로 수행할 수 있습니다. 각 행이 r_n 인 행렬 R 과 s_n 인 행렬 S 를 사용하면, 이 계산 $X\overline{W} + (X \cdot S)\widehat{\Delta W} \cdot \mathrm{R}$ 과 행렬곱만으로 나타낼 수 있습니다. 행렬곱은 병렬화가 가능하며, 특히 GPU 등 최근의 하드웨어로 고속 처리할 수 있습니다. 또한, 이 식은 R 과 S 는 $\overline{W}$, $\widehat{\Delta W}$ 에 대해 독립이므로, 앞의 계산에 기초하여 오차 역전파를 할 수 있습니다.

이 FlipOut을 진화 전략에 적용한 결과, 병렬 학습이 가능하여 GPU에 의한 고속 병렬 계산을 실현함으로써 CPU에 의한 학습보다 수 배에서 수십 배 빠른 속도를 달성했습니다. FlipOut 자체는 진화 전략 이외에도 적용할 수 있어서, 베이즈 신경망의 변분법에 의한 최적화나 드롭커넥트^{DropConnect} 정규화 등에서도 고속화나 분산 저감에 의한 성능 향상을 달성하고 있습니다.

컴퓨터는 본질적으로 병렬 계산을 잘하므로, 순차적 업데이트가 필요한 현재의 학습 기법과는 다른 학습 기법이 앞으로 탄생할 것으로 생각됩니다.

3.9 메타 학습: 학습 방법을 학습하는 MAML과 뉴럴 프로세스

오늘날 머신러닝의 대부분은 아무것도 학습하지 않은 상태에서 학습 데이터를 제공받아 학습합니다. 이 경우 모든 것을 처음부터 배워야 하기 때문에 많은 학습 데이터가 필요합니다. 반면에 사람과 동물은 그렇게 많은 학습 데이터가 필요하지 않습니다. 과거의 경험과 학습의 결과를 재사용하여 필요한 차이만큼만 학습하기 때문입니다.

데이터 효율 높은 학습 실현

예를 들어, 자전거 타는 법을 배울 때 서고, 걷고, 계단을 오르는 데 필요한 스킬을 재사용하므로 수십 번 정도 연습하면 누구나 자전거를 탈 수 있습니다. 이것은 수천에서 수십만 번의 시행착오가 필요한 오늘날의 강화 학습과 차이가 큽니다.

메타 러닝은 복수의 작업의 학습 결과와 학습 과정을 활용하여 새로운 작업의 학습 효율을 높이는 기법입니다. '학습하는 방법을 학습한다(Learning to Learn)'라는 학습 기법이라고도 할 수 있을 것입니다.

예를 들어, 이미지넷과 같은 큰 데이터셋으로 학습된 이미지 인식 모델을 특정 작업을 위해 학습 데이터를 사용하여 미세 조정^finetuning^하는 기술이 널리 사용되는데, 이것도 메타 학습이라고 할 수 있습니다. 미리 이미지넷으로 학습된 모델은 기본적인 물체 인식이 가능하므로 나머지 차이만큼만 학습하면 되기 때문입니다. 이 절에서는 메타 학습 중에서도 대표적인 두 가지 기법을 소개하겠습니다.

MAML: 좋은 초깃값의 학습

첫 번째 기법은 MAML(마믈) ^Model-Agnostic Meta-Learning^1이라고 불리는 기법입니다. 메타 학습 문제 설정으로서, 학습 시에는 복수의 작업을 학습하고 테스트 시에는 새로운 작업을 소량의 데이터로 학습하는 것을 생각해봅시다. 각 작업 T_i에 대해 학습 데이터 $\{(x_i^{(1)}, y_i^{(1)}), (x_i^{(2)}, y_i^{(2)}), \ldots,\}$가 주어집니다. 이때, 데이터는 반드시 iid일 필요는 없으며, 강화 학습과 같은 이전 결과에 의존하여 다음 입력이 결정되어도 괜찮습니다.

많은 머신러닝과 마찬가지로 MAML은 각 작업을 학습할 때 초기 파라미터 θ_0로 시작해서 확률적 경사 하강법으로 파라미터를 업데이트해 가면서 작업의 목적 함수(손실 함수) L_{Ti}를 최소화합니다. 학습 데이터가 여러 개 있는 경우 이 SGD를 복수 회 반복합니다.

$$\theta_i' := \theta_0 - \alpha \nabla_\theta \mathcal{L}_{T_i}(f_\theta)$$

그리고 MAML은 메타 학습으로서, 업데이트된 목적 함숫값의 합이 작아지도록 초기 파라미터를 결정할 수 있을 것입니다.

$$\min_{\theta_0} = \sum_i \mathcal{L}_{T_i}\left(f_{\theta_i'}\right) = \sum_i \mathcal{L}_{T_i}\left(f_{\theta_0 - \alpha \nabla_\theta \mathcal{L}_{T_i}(f_\theta)}\right)$$

1 C. Finn, et al., "Model-Agnostic Meta-Learning for FastAdaptation of Deep Networks," ICML 2017, *https://arxiv.org/abs/1703.03400*

즉, 각 작업에 대해 현재 초깃값에서 SGD로 업데이트했을 때 좋은 결과를 낼 적절한 초깃값을 찾겠다는 것입니다. 여기에서는 한 번의 SGD 업데이트 후의 파라미터로 설명하지만, 일정 횟수 업데이트 후의 파라미터로 할 수도 있습니다.

잡기, 걷기, 피하기와 같은 스킬을 사전 메타 학습

MAML은 학습 방식을 변경하지 않고 초기 파라미터만 업데이트한 다음, 각 작업에 대해 일반적인 학습을 진행해 갑니다. 테스트 시에도 같은 방식으로 초기 파라미터로부터 일정 횟수의 업데이트를 하여 학습합니다. 언뜻 단순해 보이는 이 MAML이 메타 학습으로서 잘 작동하는 것으로 나타났습니다.

예를 들어, 각각의 작업은 로봇이 수행해야 할 여러 가지 작업이고, 파라미터는 로봇을 제어하는 폴리시(정책)policy의 파라미터라고 하겠습니다. 그러면 MAML은 각 작업이 잘 수행될 수 있도록 잡기, 걷기, 피하기 등 필요한 기본 스킬을 이미 습득한 것에 해당하는 초기 파라미터를 얻을 것입니다. 그리고 각 작업에 대해 조금씩 미세 조정하면 각 작업에 특화된 폴리시를 학습할 수 있습니다.

MAML 최적화에는 경삿값의 경삿값을 찾는 작업이 있다는 점에 주목해 주세요. 업데이트된 파라미터는 초기 파라미터와 경삿값 간의 차이로부터 만들어지는데, 이 값의 초기 파라미터에 대한 미분값을 구해야 합니다. 현재 많은 딥러닝 프레임워크는 계산량이 몇 배로 증가하는 정도로 경삿값의 경삿값을 계산할 수 있습니다. 또한, 이후에 제안된 Reptile은, 경삿값의 경삿값을 구하는 대신 초깃값이 일정 횟수 업데이트된 후의 파라미터 방향으로 업데이트[2]하더라도 비슷한 성능을 얻을 수

있음을 보였습니다.[3]

MAML은 계층적 베이즈hierarchical Bayesian 모델의 틀로 파악할 수 있다는 것이 밝혀졌습니다.[4] 작업별 파라미터를 φ_j라 하고, 각 파라미터는 다른 작업별 파라미터로부터 영향을 받는다고 하겠습니다. 이를 모델링하기 위해 작업별 파라미터는 공통 파라미터 θ에 의존한다고 합시다. 모든 작업의 관측 데이터를 $\mathbf{X}$, 각 작업의 샘플 T_j를 $\mathbf{x}_j^{(1)}, ..., \mathbf{x}_j^{(N)}$라고 할 때, 관측 데이터의 가능도는 다음과 같습니다. 여기서 작업별 파라미터는 주변화marginalize를 통해 소거됩니다.

$$p(\mathbf{X}\,|\,\theta) = \prod_j \left(\int p\left(\mathbf{x}_{j_1}, ..., \mathbf{x}_{j_N}\,|\,\phi_j\right) p\left(\phi_j\,|\,\theta\right) \mathrm{d}\phi_j \right)$$

이 가능도를 최대화하는 θ를 구하는 것은 데이터로부터 사전 분포를 구하는 것이므로 경험적 베이즈empirical Bayes라고 합니다. 여기에서 주변화는 계산하기 어렵기 때문에 대신 파라미터 $\hat{\phi}_j$를 하나 샘플링하여, 그것을 이용해서 가능도를 평가하고 최적화합니다. 이 샘플링에 $\hat{\phi}_j = \theta + \alpha \nabla_\theta \log p\left(\mathbf{x}_j^{(1)}, ..., \mathbf{x}_j^{(N)}\,|\,\theta\right)$를 이용하는 경우 MAML과 같아집니다. 즉, MAML은 계층적 베이즈로 작업별 파라미터를 점추정하여 근사하는 경우의 경험적 베이즈로 이해할 수 있습니다.

Neural Process: 함수의 메타 학습

또 하나의 메타 학습은 Neural Process[5]라고 불리는 확률 과정의 메타 학습입니다. 확률 과정은 입력이 s일 때 출력 y의 분포 $p(y\,|\,x=s)$를 학습합니다. 문제 설정으로는, 학습 시에는 유사하지만 똑같지는 않은 많은 수의 함수를 모델링하는 작업이 주어지고, 테스트 시에는 적은 수의 포인트들로부터 새로운 함수를 예측하는 작업을 생각할 수

있습니다.

예를 들어, 입력 전압과 진동수의 관계를 여러 장치[6]별로 함수로서 학습해 두었다가, 새로운 장치에 대한 소수의 관측값이 주어지면 해당 장치에 대한 함수를 학습하는 문제가 있을 수 있습니다.

확률 과정의 모델로서 가우시안 프로세스Gaussian process(GP)이 유명하지만, Neural Process는 신경망을 사용하여 학습합니다. 복잡한 모델을 학습할 수 있을 뿐 아니라, 관측 포인트 개수에 대해 선형 계산량을 사용해서 모델을 만들 수 있습니다.

이에 사용할 모델로서, 먼저 확률적 거동을 나타낼 시드seed 벡터 z를 정규 분포 등에서 샘플링한 다음, z와 입력 x로부터 신경망 g를 사용하여 정규 분포의 평균을 출력합니다.

$$p\left(z, y_{1:n} \mid x_{1:n}\right) = p(z)\prod_{i=1}^{n} \mathcal{N}\left(y \mid g(z,x), \sigma^2\right)$$

학습 시에는 z를 주변화한 조건부 로그 가능도 $\log p(y_{1:n} \mid x_{1:n})$를 최대화해야 하지만, 주변화는 계산이 어렵기 때문에 대신 인코더 $q(z \mid x_{1:n}, y_{1:n})$를 준비하여 로그 가능도의 하한(ELBO)을 최대화하여 학습합니다.

$$\log p\left(y_{1:n} \mid x_{1:n}\right) \geq E_{q\left(z \mid x_{1:n}, y_{1:n}\right)}$$
$$\left[\sum_{i=1}^{n}\log p\left(y_i \mid z, x_i\right) + \log \frac{p(z)}{q\left(z \mid x_{1:n}, y_{1:n}\right)}\right]$$

Neural Process의 목표는 여러 함수를 모델링하는 것이므로, 학습 시에는 여러 함수를 학습합니다. 여기서 인코더 입력의 길이가 고정되지 않는다는 것이 문제가 됩니다. 게다가, 이 입력들은 입력 순서가 바뀌더라도 결과는 바뀌지 않는 것이 좋습니다. Neural Process에서는 단지 각각 독립적으로 인코더를 통과한 후에 그들의 평균 벡터

를 계산합니다. 이는 GQNgenerative query network 등에서 제안된 것과 같습니다. 그러나 GQN은 인코딩 결과의 평균이 아니라 합을 추론 결과로 사용합니다. 가변 길이의 샘플로부터 추론하는 기법은 최근 급속하게 발전하고 있으며, 예를 들어 어텐션을 사용하는 기법[7] 등도 등장하고 있습니다. 결과로서 z는 작업의 종류를 나타내는 벡터가 되고, 이를 변경하면 함수의 거동이 바뀌는 모델이 됩니다. 테스트 시에는 관측 데이터로부터 z, 즉 작업 종류를 추론하고 이를 사용하여 함수를 모델링합니다.

이 외에도 파라미터 업데이트 방법 자체를 학습하거나, 기존 학습 결과를 조합하여 새로운 능력을 얻는 등의 다양한 메타 학습 기법이 제안되고 있습니다. 앞으로 머신러닝의 실용화에 매우 중요한 요소가 될 것입니다.

---

2 옮긴이_ 경삿값의 경삿값 계산이 필요한 MAML을 2차 (second-order) MAML 이라고 하는데, Reptile은 2차 계산까지 할 필요 없이 1차 계산만으로 비슷한 성능을 얻었다는 의미입니다.

3 A. Nichol, et al,, "On First-Order Meta-Learning Algorithms," *https://arxiv.org/abs/1803.02999*

4 E. Grant, et. al., "Recasting Gradient-Based Meta-Learning as Hierarchical Bayes," *https://arxiv.org/abs/1801.08930*

5 M. Garnelo, et al., "Neural Processes," ICML 2018 workshop on Theoretical Foundations and Applications of Deep Generative Models, *https://arxiv.org/abs/1807.01622*

6 옮긴이_ 원문에서는 기체(機体)이지만, 한국어에서의 기체는 좁은 의미를 가지기 때문에 의역했습니다.

7 J. Lee, et al., "Set Transformer," *https://arxiv.org/abs/1810.00825*

3.10 음함수 미분: 경삿값 계산에서 계산 그래프를 워프

많은 머신러닝은 학습 문제를 최적화 문제로 공식화하여 경사 하강법을 사용하여 최적화합니다. 신경망(NN)은 오차 역전파(역방향 자동 미분)를 사용하여 복잡한 함수에서도 경삿값을 효율적으로 계산할 수 있습니다.

경삿값 계산을 위한 또 하나의 중요한 알고리즘은 음함수 미분입니다. 딥러닝 분야에서 음함수 미분의 이용은 제한적이었지만, 최근에는 그 적용 범위가 급격히 확대되고 있습니다. 이 절에서는 이에 관해 소개합니다.

음함수 미분

먼저 음함수 미분의 기본 개념을 설명합니다. 다음과 같은 이변수 함수로 만들어진 방정식을 생각해봅시다.

$$F(x, y)=0$$

이때, 어떤 조건을 만족하는 경우, $y=\varphi(x)$가 존재하고, 다음 식을 만족시키는 것으로 알려져 있습니다(음함수 정리).

$$F(x, \phi(x)) = 0$$

즉, $F(x,y)=0$라는 방정식에서 $y=\varphi(x)$라는 함수가 도출됩니다. 이 $y=\varphi(x)$를 음함수라고 합니다.

방정식은 단순하지만 음함수는 매우 복잡해지는 경우가 있으며, 오히려 이러한 경우에 음함수가 자주 사용됩니다. 이 방정식의 양변을 x로 미분하면 다음과 같이 됩니다.

$$0 = \frac{\mathrm{d}}{\mathrm{d}x} F(x, \phi(x)) = F_x + F_y \frac{\mathrm{d}\phi(x)}{\mathrm{d}x}$$

여기서 F의 x와 y에 대한 편미분은 각각 다음과 같습니다.

$$F_x = \frac{\partial}{\partial x} F(x, \phi(x))$$
$$F_y = \frac{\partial}{\partial y} F(x, \phi(x))$$

F_y가 정칙holomorphic이라고 가정(음함수 정리의 조건 중 하나임)하고 앞선 식을 변형하면 다음을 얻을 수 있습니다.

$$\frac{\mathrm{d}\phi(x)}{\mathrm{d}x} = -F_y^{-1} F_x$$

이것이 음함수의 입력에 대한 미분입니다. 이렇게 음함수의 형태가 아무리 복잡하더라도, 그 미분은 방정식의 편미분들의 조합에 의해 표현될 수 있습니다.

심층 평형 모델

이제 실제로 음함수 미분을 이용하는 모델로서 심층 평형 모델Deep Equilibrium Model1을 살펴보겠습니다. 이 모델에서는 입력 x와 적당히 초기화된 은닉 상태 $z^{[0]}$에 대해 반복해서 동일한 함수를 적용해 갑니다.

$$\mathbf{z}^{[i+1]} = f_\theta\left(\mathbf{z}^{[i]}, \mathbf{x}\right)$$

일반적인 NN과는 달리 입력이 항상 인수로 주어지고(입력에서 스킵 연결이 있음) 각 계층의 파라미터가 공유되는 모델입니다. RNN에서 입력이 시각에 의존하지 않고 고정인 경우로 생각해도 좋습니다. Universal Transformer[2] 및 Trellis Network[3] 등이 알려져 있습니다.

이 함수를 무한히 적용하면 f_θ가 특정 조건을 만족하면 은닉 상태가 어떤 값(부동점fixed point)으로 수렴합니다.

$$\lim_{i \to \infty} \mathbf{z}^{[i]} = \lim_{i \to \infty} f_\theta\left(\mathbf{z}^{[i]}; \mathbf{x}\right) \equiv f_\theta\left(\mathbf{z}^*; \mathbf{x}\right) = \mathbf{z}^*$$

이는 f_θ가 정의하는 다이내믹스 상에서 은닉 상태가 평형equilibrium 상태에 도달했다는 것입니다. 이 입력 x에서 부동점 $\mathbf{z}^*$을 반환하는 일련의 조작을 하나의 함수로 간주합니다.

앞서 나온 f_θ를 반복해서 적용하여 부동점을 구하는 조작을 부동점 반복법fixed-point iteration이라고 하며, 조건이 만족되면 선형으로 수렴합니다. 이 외에도 부동점을 더 빠르게 구하는 방법이 있습니다. 구체적으로는 다음과 같은 함수를 정의합니다.

$$g_\theta(\mathbf{z}; \mathbf{x}) = f_\theta(\mathbf{z}; \mathbf{x}) - \mathbf{z}$$

그리고 이 함수가 0이 되는 $\mathbf{z}$를 구하는 문제로 생각해서 (준)뉴턴 방법을 적용합니다.

$$\mathbf{z}^{[i+1]} = \mathbf{z}^{[i]} - \alpha B g_\theta\left(\mathbf{z}^{[i]}; \mathbf{x}\right)$$

여기서 B는 g_θ의 $\mathbf{z}^{[i]}$에 대한 야코비 행렬의 역행렬입니다. 이 $g_\theta(\mathbf{z}; \mathbf{x}) = \mathbf{0}$인 해를 구하는 프로세스 전체를 $\mathbf{z}^* = \text{RootFind}\left(g_\theta; \mathbf{x}\right)$라는 블랙박스 함수라고 하겠습니다. 이 함수는 상술한 바와 같이 준뉴턴 방법을 사용할 수도 있고, 수렴할 때까지 부동점 반복법으로 반복하는 것일 수도 있습니다.

이렇게 얻어진 해 $\mathbf{z}^*$에 손실 함수를 적용한 결과를 목적함수로 합니다.

$$l\left(\mathbf{z}^*\right) = l\left(\text{RootFind}\left(g_\theta; \mathbf{x}\right)\right)$$

학습에서는 이 목적 함수의 θ와 x에 대한 경삿값이 필요합니다. 여기서는 그것들을 한꺼번에 $\frac{\partial l}{\partial(\cdot)}$로 나타내고 $(\cdot)$ 안에 θ와 x가 들어있다고 하겠습니다. 여기서 음함수 미분을 사용하면 경삿값 계산 시에 RootFind를 사용하지 않고도 경삿값을 구할 수 있습니다.

우선, $\mathbf{z}^* = f_\theta(\mathbf{z}^*; x)$라는 조건을 이용합니다. 이 양변을 $(\cdot)$에 대해 미분하면 다음과 같이 됩니다.

$$\frac{d\mathbf{z}^*}{d(\cdot)} = \frac{df_\theta\left(\mathbf{z}^*; \mathbf{x}\right)}{d(\cdot)} = \frac{\partial f_\theta\left(\mathbf{z}^*; \mathbf{x}\right)}{\partial(\cdot)} + \frac{\partial f_\theta\left(\mathbf{z}^*; \mathbf{x}\right)}{\partial \mathbf{z}^*} \frac{d\mathbf{z}^*}{d(\cdot)}$$

이것을 정리하면 다음이 얻어집니다.

$$\left(I - \frac{\partial f_\theta\left(\mathbf{z}^*; \mathbf{x}\right)}{\partial \mathbf{z}^*}\right) \frac{d\mathbf{z}^*}{d(\cdot)} = \frac{\partial f_\theta\left(\mathbf{z}^*; \mathbf{x}\right)}{\partial(\cdot)}$$

또한, $g_\theta\left(\mathbf{z}^*; \mathbf{x}\right) = f_\theta\left(\mathbf{z}^*; \mathbf{x}\right) - \mathbf{z}^*$를 $\mathbf{z}^*$에 관해 미분하면 다음과 같이 됩니다.

$$J_{g_\theta}\big|_{\mathbf{z}^*} = -\left(I - \frac{\partial f_\theta\left(\mathbf{z}^*; \mathbf{x}\right)}{\partial \mathbf{z}^*}\right)$$

여기서 $J_{g_\theta}\big|_{\mathbf{z}^*}$는 g_θ의 $\mathbf{z}^*$에 의한 야코비 행렬입니다. 이것들을 조합하면 손실함수의 경삿값은 다음과 같이 구해집니다.

---

1   S. Bai et al., "Deep Equilibrium Models," NeurIPS 2019, *https://arxiv.org/abs/1909.01377*

2   M. Dehghani et al., "Universal Transformers," ICLR 2019, *https://arxiv.org/abs/1807.03819*

3   S. Bai et al., "Trellis Networks for Sequence Modeling," ICLR 2019, *https://arxiv.org/abs/1810.06682*

$$\frac{\partial l}{\partial(\cdot)} = \frac{\partial l}{\partial \mathbf{z}^*}\frac{d\mathbf{z}^*}{d(\cdot)} = -\frac{\partial l}{\partial \mathbf{z}^*}\left(J_{g_\theta}^{-1}\Big|_{\mathbf{z}^*}\right)\frac{\partial f_\theta(\mathbf{z}^*;\mathbf{x})}{\partial(\cdot)}$$

이것은 앞서 언급한 음함수 미분 정리에서 $J_{g_\theta}^{-1}\big|_{\mathbf{z}^*}$ 가 F_y^{-1}, $\frac{\partial f_\theta(\mathbf{z}^*;\mathbf{x})}{\partial(\cdot)}$ 가 F_x에 해당한다고 생각해도 좋습니다.

이 $\frac{\partial l}{\partial \mathbf{z}^*}J_{g_\theta}^{-1}\big|_{\mathbf{z}^*}$ 는 구하기 어려워 보이지만, 대신 다음과 같은 선형 방정식의 해로서 구할 수 있습니다.

$$\left(J_{g_\theta}^T\big|_{\mathbf{z}^*}\right)\mathbf{x}^T + \left(\frac{\partial l}{\partial \mathbf{z}^*}\right)^T = \mathbf{0}$$

첫 번째 항의 벡터-야코비 행렬의 곱(vjp)은 자동 미분을 사용하면 야코비 행렬을 직접 구하지 않고도 풀 수 있습니다(이것은 6.5절의 '연속 다이내믹스 표현 가능 신경망'에서도 설명했습니다). 또한, 선형 방정식도 준뉴턴 방법 등을 이용하여 고속으로 풀 수 있습니다. Deep Equilibrium Model은 이 음함수 미분을 사용하여 기존 모델에 비해 1/10 정도의 메모리 사용량으로 학습할 수 있습니다(표 3-1).

표 3-1 각 모델로 언어 모델을 학습시킨 경우의 네트워크 사이즈와 메모리 용량(출처: 참고 문헌[4])

분류	DNN 모델 명칭	DNN 파라미터 수	embedding 이외의 모델 사이즈	모델 성능 (test perplexity, 값이 작을수록 좋음)	메모리 용량
기타	Generic TCN	150M	34M	45.2	-
	Gated Uoear ConvNet	230M	-	37.2	
	AWD-QRNN	159M	51M	33.0	7.1GB
	Relational Memory Core	195M	60M	31.6	-
	Transformer-XL (X-large, adaptive embed., on TPU)	257M	224M	**18.7**	12.0GB
TrellisNet과의 비교	70계층 TrellisNet (+ auxiliary loss 등)	180M	45M	29.2	24.7GB
	70계층 TrellisNet with gradient checkpointing	180M	45M	29.2	5.2GB
	DEQ-TrellisNet (이 글에서 소개한 기법)	180M	45M	**29.0**	**3.3GB**
Transformer-XL (medium)과의 비교	Transformer-XL(medium, 16계층)	165M	44M	24.3	8.5GB
	DEQ-Transformer (medium, 이 글에서 소개한 기법)	172M	43M	24.7	**2.7GB**
	Transformer-XL(medium,18계층, adaptive embed.)	110M	72M	**23.7**	9.0GB
	DEQ-Transformer(medium, adaptive embed., 이 글에서 소개한 기법)	110M	70M	24.0	3.9GB
Transformer-XL (small)과의 비교	Transformer-XL(small, 4계층)	139M	4.9M	35.8	4.8GB
	Transformer-XL (small, weight-tied 16계층)	138M	4.5M	34.9	6.8GB
	DEQ-Transformer (small, 이 글에서 소개한 기법)	138M	4.5M	**32.4**	**1.1GB**

메타 학습

음함수 미분은 메타학습에서도 이용됩니다.[5] 메타 학습에서는 유사한 과제가 많은 경우, 일부 과제를 학습하여 새로운 과제를 더 적은 학습 데이터로 효율이 높게 학습하도록 하는 것이 목적입니다. 여기에는 각 작업의 학습(안쪽 루프)과 작업 집합에 대한 메타 학습을 위한 파라미터 최적화(바깥 루프)의 두 가지가 있습니다.

지금까지는 안쪽 루프의 최적화 과정에서 오차 역전파 방법을 돌릴 필요가 있었기 때문에, 각 작업에 대한 업데이트 횟수가 수회 이하로 제한되었습니다. 이 점에 있어서 각 태스크의 최적화 과정은 음함수로 표현될 수 있기 때문에, 안쪽 루프에서의 업데이트 횟수와 상관없이 음함수 미분을 이용함으로써 바깥 루프에서 필요한 파라미터의 경삿값을 효율적으로 구하는 것이 가능합니다.

암묵적 딥러닝

이 절에서 소개한 바와 같이 방정식을 만족하는 변수 간의 관계를 사용하여 표현하고자 하는 함수를 나타내는 신경망을 미국 UC 버클리 대학교 University of California Berkeley의 로랑 엘 가위 Laurent El Ghaoni 등은 암묵적 딥러닝 Implicit Deep Learning[6]이라고 불렀습니다. 이러한 모델은 달성하려는 제약 조건이나 목표를 모델에 직접 통합할 수 있다는 장점이 있습니다. 또한, 입력에서 평형점을 반환하는 함수는 입력의 변화에 대해 매끄럽고 smooth 안정적이며, 전이 함수를 고안함으로써 노름을 바꾸지 않고 경삿값이 발산하거나 소실되지 않는 RNN을 만들 수 있는 것으로 밝혀졌습니다.[7]

한편, SGD 최적화와 마찬가지로 평형 상태에 도달하는 경로나 초깃값이 중요할 가능성도 있습니다. 예를 들어, 온라인 학습 등에서는 이전 파라미터에 가깝게 하는 제약 조건을 추가함으로써 새로운 데이터에 대응하면서도 이전 데이터를 기억하도록 할 수 있습니다. 마찬가지로, 평형 상태로 수렴하기 전에 의도적으로 종료함으로써 이전 기억을 남길 수 있습니다. 궁극적으로는 입력이나 제약 조건이 차례로 변해 가는 환경에서 평형 상태로 수렴하기 전에 다음 평형 상태로 향하는 다이내믹스를 가지는 모델을 고려할 필요가 있을 것입니다.

4 S. Bai et al., "Trellis Networks for Sequence Modeling," ICLR 2019, *https://arxiv.org/abs/1810.06682*

5 A. Rajeswaran et al., "Meta-Learning with Implicit Gradients," NeurIPS 2019, *https://arxiv.org/abs/1909.04630*

6 L. E. Ghaoui et al., "Implicit Deep Learning," *https://arxiv.org/abs/1908.06315*

7 A. Kag et al., "RNNs Evolving on an Equilibrium Manifold: A Panacea for Vanishing and Exploding Gradients?," *https://arxiv.org/abs/1908.08574*

비지도 표현 학습: 다른 뷰 간 상호 정보량 최대화

딥러닝은 데이터의 적절한 표현 방법(또는 피처 함수)을 학습을 통해 획득하여 많은 작업에 대해 사람이 설계한 표현 방법을 사용하는 것보다 더 높은 성능을 달성할 수 있음을 보여주었습니다. 이러한 표현 학습의 대부분은 어떤 형태의 지도 학습의 부산물로 얻어집니다. 예를 들어, 이미지넷의 이미지 분류 작업에서 얻은 모델은 이미지 인식의 학습 완료 모델[1]로서 자주 사용됩니다.

그러나 지도 학습을 사용하여 표현 학습을 수행하는 경우, 기본적으로 해당 작업과 관련된 표현만 얻어집니다. 예를 들어, 이미지 분류 작업으로 학습할 때는 분류에 필요하지 않은 색상 정보나 물체의 수 등의 정보는 표현에 포함되지 않을 가능성이 높습니다. 그래서 그 표현을 물체 검출이나 이미지 캡셔닝과 같은 다른 작업에는 사용하기 어렵습니다. 이러한 이유로, 작업에 의존하지 않고 범용으로 사용할 수 있는 표현을 획득하는 방법이 필요했습니다. 이에 대한 가장 유력한 후보는 비지도 학습에 의한 표현 학습입니다.

비지도 학습이라면 보다 범용적인 표현을 얻을 수 있는 작업을 설정할 수 있고, 정답 레이블이 필요 없기 때문에 데이터를 얼마든지 사용할 수 있습니다. 그러나 지금까지 비지도 표현 학습은 지도 표현 학습과 큰 차이가 벌어져 있었습니다. 그러던 것이 자연어 처리에서는 BERT(11.4절에서 설명함)의 등장으로 상황이 크게 바뀌었습니다. BERT에서 얻은 표현을 사용하여 많은 작업을 해결할 수 있게 되었으며 매우 큰 비지도 데이터를 사용

하여 더 나은 표현을 얻을 수 있게 되었습니다.[2]

그리고 지금까지 지도 표현 학습이 표준이었던 이미지 인식에서도 비지도 표현 학습이 크게 진화했습니다. 특히, 2018년부터 상호 정보량을 최대화하는 대조 부호화Contrastive Coding를 이용하는 비지도 표현 학습 접근방식이 성과를 내기 시작하였으며, 2019년에는 지도 표현 학습에 필적하거나 이를 뛰어넘는 성과를 내게 되었습니다. 이 비지도 표현 학습의 최신 기법인 MoCo[3]는 많은 작업에서 처음으로 지도 표현 학습을 능가했습니다.

생성 모델의 문제점

먼저, 그때까지 주류였던 생성 모델을 기반으로 한 표현 학습의 문제점에 대해 설명하겠습니다. 생성 모델 학습에서는 인코딩 z로부터 데이터 x가 어떻게 생성되는지를 $p(x|z)$로 학습하여, 이 인코딩 z를 데이터의 표현으로 이용합니다. 이 생성 모델에서는 코드가 데이터 전체를 설명할 필요가 있습니다. 그러나 데이터에는 작업에 유용하지 않은 정보도 있으며, 이러한 설명에 높은 표현력을 할당할 필요가 있게 됩니다. 예를 들어 도로 사진을 입력으로 받았다고 합시다. 이때, 양옆에 서 있는 나무의 잎 하나하나의 상태까지도 생성 시에 정확하게 표현할 필요가 있다는 것입니다. 도로 이미지를 사용하는 작업에서는 자동차와 사람을 검출하고 도로를 세그먼테이션하며 지도를 만드는 일이, 오른쪽을 향해 있는 나뭇잎의 수를 세는 일보

다 필요할 가능성이 더 높을 것입니다. 그러므로 표현으로서는 잎 하나하나의 상태는 버리는 편이 좋을 가능성이 높습니다. 이처럼 데이터의 적절한 표현이라는 관점에서는 데이터를 정확하게 표현해야 하는 한편, 필요하지 않은 정보를 어떻게 제거할지가 중요합니다.

따라서, 데이터를 완벽하게 생성하도록 표현을 학습하는 것이 아니라, 데이터를 인코딩하고, 그 인코딩에 데이터에 필요한 정보가 충분히 있는지에 따라 표현을 얻는 기법이 제안되었습니다. 일종의 왜곡이 있는 데이터 압축이라고도 할 수 있습니다. 특히 인포맥스InfoMax는 인코딩 z와 입력 x 간의 상호 정보량을 최대화함으로써 인코딩, 즉 표현을 획득합니다. 입력 x와 인코딩 z 간의 상호 정보량은 다음과 같이 정의됩니다.

$$I(x;z) = \sum_{x,z} p(x,z) \log \frac{p(x \mid z)}{p(x)}$$

캐나다 마이크로소프트 리서치 몬트리올Microsoft Research Montréal의 R 데본 옐름R Devon Hjelm 등은 InfoMax를 딥러닝을 이용한 비선형 함수를 사용할 수 있도록 확장하고, 상호 정보량 추정과 그 최대화를 동시에 수행하는 딥인포맥스DeepInfoMax[4]를 제안했습니다. 그리고 얻어진 표현이 효과적이라는 것을 보였습니다.

상호 정보량을 최대화한다는 이러한 아이디어는 입력과 인코딩 사이뿐 아니라, 공통의 정보를 갖는 것으로 생각되는 서로 다른 데이터 사이 또는 동일한 데이터의 서로 다른 뷰view 사이에도 적용될 수 있습니다. 뷰는 다른 시점이나 다른 모달리티modality(카메라와 깊이depth 센서 등)를 뜻합니다.

이와 같이 서로 다른 데이터와 뷰 간의 상호 정보량을 최대화하면, 하나의 데이터에서만 볼 수 있는 교란 요소에 기인하는 정보(이미지에 따라 다른 조명 조건, 시점 위치 등)는 버리고, 공통으로 보이는 정보(물체나 환경의 상태)를 포착한 표현을 얻을 수 있습니다. 일반적으로 공통으로 보이는 정보가 유용한 경우가 많기 때문에 보다 강건하고 범용적인 표현을 얻을 것으로 기대할 수 있습니다. 예를 들어 구글 딥마인드의 A. 반 덴 오르드A. van den Oord 등[5]은 서로 다른 정보 간의 상호 정보량을 최대화하는 표현 학습으로서 대조 예측 부호화Contrastive Predictive Coding을 제안했습니다. 그는 픽셀RNNPixelRNN과 웨이브넷WaveNet의 제안자로서도 유명합니다. 예측 문제로서 과거 이력 정보와 미래 정보 사이의 상호 정보량을 최대화하여 표현을 얻는 것을 제안했습니다.

두 개의 뷰 사이에서만이 아니라 복수의 뷰 간의 상호 정보량을 최대화함으로써, 보다 공통으로 나타나는 표현을 얻을 수 있는 것으로 나타났습니다.[6] 이 경우 뷰의 수가 많을수록 각 데이터와 인코딩 간의 상호 정보량은 오히려 줄어드는데, 그럼에도 그 표현을 사용하는 작업의 성능이 향상되는 것이 확인되었습니다. 이는 더 중요한 정보만을 추출할 수 있게 되기 때문으로 생각됩니다.

---

1 옮긴이_ 사전 학습(pre-train)된 모델을 의미합니다.

2 옮긴이_ 자기 지도 학습이라는 개념으로 부르기도 합니다.

3 K. He and et al., "Momentum Contrast for Unsupervised Visual Representation Learning," https://arxiv.org/abs/1911.05722

4 R. D. Hjelm, et al., "Learning Deep Representations by Mutual Information Estimation and Maximization," ICLR 2019, https://arxiv.org/abs/1808.06670

5 A.van den Oord et al., "Representation Learning with Contrastive Predictive Coding," https://arxiv.org/abs/1906.05849

6 Y. Tian et al., "Contrastive Multiview Coding," https://openreview.net/pdf?id=BkgStySKPB, https://arxiv.org/abs/1906.05849

대조 손실에 의한 상호정보 최대화

이제 구체적으로 어떻게 학습되는지 살펴보겠습니다. 주어진 데이터셋으로부터 공통 정보가 있을 것으로 생각되는 데이터 쌍(u, v)을 준비합니다. 무엇을 공통 정보로 볼 것인지는 학습을 설계하면서 정하게 됩니다. 예를 들어, 시계열 데이터에서는 특정 시점의 데이터와 그 직후의 데이터가 공통 정보를 갖는다고 생각할 수 있습니다. 이미지에서는 이미지 일부의 패치와 이미지 전체는 공통 정보를 갖는 것으로 생각됩니다. 예를 들어, 코끼리 전체가 나온 이미지는 그 일부 패치(큰 귀가 나온 패치 등)와 코끼리 전체의 이미지는 코끼리라는 공통의 정보를 가집니다. 또한 입력에 대해 의미를 바꾸지 않는 변환(예를 들어 좌우 반전이나 밝기 변환) 등을 적용하기 전후의 데이터에는 공통 정보가 있다고 생각할 수 있습니다.

다음으로, 공통 정보를 갖는 데이터 쌍(u, v)을 신경망 인코더 E_q, E_k를 사용하여 변환해서 쿼리 $q=E_q(u)$와 키 $k_+=E_k(v)$를 얻습니다. 또한 같은 데이터셋으로부터 랜덤하게 데이터를 샘플링하여 같은 인코더 E_k를 적용하여 $\{k_1,...,k_K\}$를 얻습니다. k_+를 양성 키라고 하고 $k_1,...,k_K$를 음성 키라고 부르겠습니다. 또한 간결하게 표현하기 위해 k_+를 k_0라고 하고, 앞서 구한 키들과 합쳐서 $\{k_0, k_1,...,k_K\}$라는 키 집합을 생각합니다.

이러한 쿼리와 키 집합을 사용하여 쿼리와 양성 키 간의 상호 정보량을 최대화합니다. 최대화에는 대조 손실contrastive loss을 사용합니다. 대조 손실은 q가 k_+에는 가깝고, 그 밖의 키 $k_1,...,k_K$와는 멀리 있는 경우에 작아지는 손실 함수입니다.

$$\mathcal{L}_q = -\log \frac{\exp(q \cdot k_+ \mid \tau)}{\sum_{i=0}^{K} \exp(q \cdot k_i \mid \tau)}$$

여기서 τ는 하이퍼파라미터이며 분포의 온도를 나타냅니다. 이 손실은 k_+를 정답으로 하는 $(K+1)$ 클래스의 소프트맥스를 사용하는 분류 문제와 동일합니다. 이러한 손실 함수의 최소화는 q와 k 간 상호 정보량 하한을 최대화한다는 것이 알려져 있습니다. 이렇게 얻어진 인코더의 결과는 입력의 표현으로 사용할 수 있습니다.

MoCo

이 대조 손실을 이용한 표현 학습은 이미지와 같은 고차원 공간에서 쿼리와 키로 구성된 이산 사전dictionary을 만드는 것으로 볼 수 있습니다.[7] 이 사전에서는 관련된 것들은 가깝게, 관련이 없는 것들은 멀리 떨어지도록 학습됩니다. 이 경우 중요한 것은, 쿼리가 모든 음성 키와 충분히 떨어져 있는 것입니다. 실제로, 학습 시에 사용되는 음성 키의 수를 늘릴수록 표현 학습의 성능이 향상되는 것으로 나타났습니다. 일반적으로 미니 배치 안의 다른 샘플을 음성 키로 사용하는 경우가 많은데, 이 경우 음성 키의 수는 배치 크기가 한계가 됩니다.

그래서 과거에 한 번 계산된 키를 저장했다가 음성 키로 사용하는 방법도 제안되고 있습니다. 이 접근 방식을 메모리 뱅크라고 합니다. 이 기법의 문제점은 인코더가 업데이트될 때마다 모든 키가 변경되므로 과거에 계산된 키가 실제 키[8]와 크게 달라 성능이 크게 저하된다는 것입니다.

페이스북의 카이밍 허Kaiming He 등이 제안한 MoCo는 두 가지 아이디어로 이 문제를 해결했습니다. 그는 ResNet 및 Mask R-CNN의 제안자로도 알려져 있습니다. MoCo는 음성 키를 미니 배치로부터가 아닌 큐queue에 저장해 둔 것을 사용하도록 했습니다. 큐는 매번 업데이트[9]할 때마다 현재의 미니 배치에서 사용한 양성 키를 음성 키로 추가하고, 제일 오래된 것은 버립니다. 이렇게 하면 그 시점의 인코더와 유사한[10] 인코더로 얻은 키를 사용할 수 있게 됩니다. 큐의 도입으로 인해 배치 크기보다 훨씬 많은 수의 음성 키를 사용할 수 있게 되었습니다(실험에서는 65,536개의 음성 키를 사용). 두 번째로, 키 인코더를 쿼리 인코더의 모멘텀momentum으로 업데이트하도록[11] 함으로써 학습 중의 키의 일관성을 유지하도록 합니다. 구체적으로는 키 인코더 파라미터가 θ_k이고 쿼리 인코더 파라미터가 θ_q일 때, θ_k는 다음과 같이 업데이트됩니다.

$$\theta_k \leftarrow m\theta_k + (1-m)\theta_q$$

얻어진 표현의 평가는, 이 표현을 사전 학습 모델로 사용하여 여러 작업을 지도 학습하는 경우의 성능으로 수행합니다. MoCo로 학습한 모델을 이미지넷의 지도 학습으로 사전 학습하여 얻은 모델과 9개 작업에 대해 비교한 결과, 7개 작업에서 MoCo의 성능이 우세함으로써 처음으로 비지도 학습에 의한 표현 학습이 지도 학습에 의한 표현 학습을 넘어섰습니다.

앞으로의 비지도 표현 학습

비지도 표현 학습은 이미지 인식 분야에서 최소한 기존의 지도 표현 학습에 필적하는 성능을 올릴 수 있게 되었습니다. 하지만 문제가 몇 가지 남아 있습니다.

첫 번째는 데이터 증가로 인한 성능 향상이 아직 보이지 않는다는 점[12]입니다. 원래 비지도 학습의 가장 큰 장점은 지도 학습보다 훨씬 큰 데이터를 사용할 수 있다는 것입니다. 현재의 모델이 그 정

도로 많은 데이터를 처리할 만큼의 표현력이 없을 가능성이 충분히 있지만, 그 경우에는 큰 데이터셋으로 큰 모델을 학습하는 것이 쉽지 않다는 어려움이 있습니다.

두 번째는 학습의 목적 함수에 대한 더 깊은 이해입니다. 현재의 학습은 상호 정보량 최대화를 근사하여 최적화하는 것으로 이해되고 있습니다만, 더 타이트하게 상호 정보량을 근사할 수 있는 추정기estimator를 사용하더라도 성능이 향상되지 않으므로, 그보다는 인코더와 추정기의 구조가 중요하다는 것이 분명해졌습니다. 비지도 표현 학습에서도 미지의 귀납적 편향이 존재하는 것으로 보입니다.[13] 비지도 표현 학습의 기술이 확립되면, 범용

---

7 K. He and et al., "Momentum Contrast for Unsupervised Visual Representation Learning," *https://arxiv.org/abs/1911.05722*

8 옮긴이_ 새롭게 업데이트된 키 인코더 E_k로 계산된 키를 의미합니다.

9 옮긴이_ 미니 배치 단위로 업데이트하는 것을 의미합니다.

10 옮긴이_ 미니 배치 단위로 업데이트하게 되므로, 인코더의 변화가 그리 크지 않다는 것을 전제로 합니다.

11 옮긴이_ 쿼리 인코더의 모멘텀으로 업데이트한다기보다는, 다음과 같습니다. 오차 역전파로는 쿼리 인코더만을 업데이트하고, 모멘텀 계수 m을 사용하여 쿼리 인코더로부터 약간의 업데이트를 키 인코더에 반영합니다. 여기서 m값은 매우 크게(예를 들어, 0.999) 함으로써 키 인코더의 모멘텀(관성)을 많이 유지합니다. 이렇게 하면 키 인코더의 변화가 완만해지므로 큐를 이용한 키의 재활용 효과가 높아집니다.

12 이 이후로, 데이터를 대규모로 확장하여 강력한 이미지 표현을 얻는 연구가 진행되었습니다. 예를 들어, Meta의 DINO, DINOv2는 대규모 데이터를 사용한 사전 학습을 통해 범용적이며 강력한 이미지 표현을 얻을 수 있습니다.

13 M. Tschannen and et al., "On Mutual Information Maximization for Representation Learning," *https://arxiv.org/abs/1907.13625*

표현을 얻는 것 외에도, (레이블 등의 부가정보는 없더라도) 데이터만은 구할 수 있는 문제나 작업에 특화된 표현을 그 자리에서 학습하는 경우[14]도 늘어날 것입니다.

---

14 사용 시 온라인 학습을 진행하는 것이라고 이해할 수 있습니다. 예를 들어, 로봇을 특정 장소에서 처음 사용한다고 할 때, 그 장소의 정보는 그 로봇만이 알고 있는 상황에서 해당 표현을 학습하는 경우입니다.

지식 증류:
거대 모델의 지식 추출

지식 증류knowledge distillation(이하, 증류)는 학습된 모델의 예측 결과를 학습 목표로 사용하여 다른 모델을 학습시키는 기법입니다. 알코올의 증류처럼 모델에서 중요한 지식만을 추출하기 때문에 이런 이름이 붙여졌습니다.

증류는 모델 압축 기법으로서 (이전에도 일반적인 머신러닝에서 제안되었지만) 신경망(NN) 분야에서는 2015년 제프리 힌튼 등[1]이 처음으로 제안했습니다. 증류를 사용하면 큰 데이터로 큰 모델을 학습한 결과를 작은 모델로 옮길 수 있습니다.

머신러닝의 거듭제곱 법칙(1.9절 참조)에서 알 수 있듯이, 학습 데이터를 얼마든지 구할 수 있는 상황에서는 모델이 클수록 일반화 성능이 높아지고 학습 효율도 높아지는 것으로 알려져 있습니다. 모델이 클수록 적은 수의 데이터를 사용하는 전이 학습에서도 성능이 높아지고 기존의 준지도 semi-supervised 학습의 성능을 크게 능가하는 것으로 나타났습니다.[2] 따라서 방대한 데이터셋으로 거대한 모델을 사전 학습한 다음 다양한 작업을 위해 적은 수의 데이터로 학습하는 움직임이 자연어 처리를 중심으로 확산되고 있습니다.

한편으로 대형 모델은 추론 시 연산 비용이 크다는 문제가 있어, 가용 하드웨어 자원에 제약이 있을 때는 사용할 수 없습니다. 따라서 사전 학습 시에는 큰 모델을 사용하여 학습하고, 개별 작업에 사용할 때는 큰 모델을 작업 전용 소형 모델로 증류하여 사용하는 것을 생각할 수 있으므로, 증류가 주목받고 있습니다.

이 절에서는 증류의 의미, 일반화 성능이 높은 대형 모델을 작은 모델로 증류할 수 있는 이유, 성공적인 증류를 위한 조건, 정규화로서의 증류를 소개합니다.

증류의 의미

먼저 증류가 무엇인지 설명하겠습니다.[3] k 클래스로 이루어진 다중 클래스 분류 NN이 지도 데이터를 사용하여 학습된다고 합시다. 이렇게 학습된 NN의 학습 결과를 다른 NN으로 옮기는 것을 생각해봅시다. 이 학습된 NN을 교사teacher NN이라고 하고, 학습 결과를 전달받을 대상을 학생student NN이라고 하겠습니다.

교사 NN과 학생 NN은 반드시 동일한 네트워크 아키텍처를 가질 필요는 없으며, 대부분 학생 NN이 교사 NN보다 작도록 설정됩니다. 이것은 모델 압축으로 볼 수 있습니다.

---

1 G. Hinton et al., "Distilling the Knowledge in a Neural Network," NeurIPS Deep Learning and Representation Learning Workshop, 2015. *https://arxiv.org/abs/1503.02531*

2 T. B. Brown et al., "Language Models are Few-Shot Learners," NeurIPS 2020. *https://arxiv.org/abs/2005.14165*

3 G. Hinton et al., "Distilling the Knowledge in a Neural Network," NeurIPS Deep Learning and Representation Learning Workshop, 2015. *https://arxiv.org/abs/1503.02531*

일반적인 지도 학습에서는 지도 데이터의 정답을 목표로 학습이 수행됩니다. 구체적으로는 지도 데이터에서 정답에 해당하는 클래스의 확률이 1, 나머지는 0인 분포와의 교차 엔트로피를 최소화하도록 학습합니다. 반면에 증류에서는, 교사 NN의 예측 분포를 목표로 하여 그것과의 교차 엔트로피를 최소화하도록 학습합니다. 어떤 데이터에 대한 교사 NN의 예측 결과가 $p_1, p_2, ..., p_k$이고, 학생 NN의 예측 결과가 $q_1, q_2, ..., q_k$인 경우, 두 분포 간의 교차 엔트로피는 다음과 같이 정의됩니다.

$$H(P,Q) = \sum_{i=1}^{k} \left[-p_i \log q_i \right]$$

이 쿨백–라이블러 발산을 최소화하도록[4] 학생 NN을 학습합니다.

일반적인 학습과의 차이는 교사 NN의 예측 결과는 정답 레이블 이외에도 확률을 부여한다는 점으로, 증류는 교사 NN이 틀리는 부분도 포함해서 학습한다고 볼 수 있습니다. 이 정답 레이블 이외의 예측을 힌튼은 암묵지dark knowledge라고 불렀으며, 학습에 중요하다고 합니다.

증류를 사용하여 한 모델의 학습 결과를 다른 모델로 옮길 수 있습니다. 이 증류를 사용하는 몇 가지 경우가 있습니다. 첫 번째는 모델 압축으로서, 교사 NN이 큰 모델이거나 앙상블 등이어서 그대로 추론에 사용하기에는 비용이 클 때, 계산 효율이 높은 작은 NN으로 옮기는 경우입니다. 두 번째는 정규화를 위해 증류하는 경우로, 원래 모델에 비해 일반화 성능을 향상시킬 수 있다는 것인데, 특히 같은 모델 사이에 옮기는 자기 증류가 있습니다. 이들을 소개하도록 하겠습니다.

일반화 성능을 유지하면서 작은 모델로 증류할 수 있는 이유

일반화 성능이 높은 큰 모델을 작은 모델로 증류할 수 있는 이유는 무엇일까요? 이를 이해하려면 대형 모델이 일반화되는 이유를 이해할 필요가 있습니다.

모델 크기가 클 때 일반화 성능이 높아지는 데는 크게 두 가지 이유가 있습니다. 첫 번째는 모델 크기가 클수록 일반화 성능이 좋은 플랫한 솔루션을 찾기가 더 쉽다는 것이고, 두 번째는 모델이 더 많은 뷰(데이터를 보는 방법, CNN의 필터)를 가지게 됨으로써 새로운 데이터에 대응을 잘할 가능성이 더 높아진다는 것입니다.[5]

이 두 가지를 바탕으로 일반화 성능을 유지하면서 작은 모델로 증류할 수 있는 이유를 살펴보겠습니다. 첫 번째 최적화 문제에 대해서는, 학습이 완료되어 일반화 성능이 높은 파라미터가 결정되면 최적화에는 필요했던 과도한 파라미터를 제거하여 모델을 크게 줄일 수 있습니다.

둘째로, 실제 사용될 작업이 정해지면 해당 작업에 필요하지 않은 뷰는 버릴 수 있으므로 모델을 작게 만들 수 있습니다.

한편, 작업에 특화되면서 일반화 성능도 높은 작은 NN을 처음부터 학습시키는 것은 어렵습니다.

증류 성공 조건

증류에 대한 많은 연구가 수행되었지만 2021년 6월 구글 브레인Google Brain 팀은 성공적인 증류를 위한 중요한 조건을 발견했다고 보고한 논문[6]을 발표했습니다.

첫 번째는 교사 NN과 학생 NN이 동일한 데이터

증강을 적용한 입력을 사용하는 것입니다. 기존에는 목표가 되는 교사 NN의 예측 분포에는 계산 자원을 절약하기 위해 특정 데이터 증강(잘라내기crop 등)을 적용하여 계산한 것을 매번 고정으로 사용하고, 학생 NN에는 매번 다른 데이터 증강 기법을 사용했습니다. 이 경우 학생 NN 입장에서는 교사 NN 본래의 예측과는 다른 목표를 학습하는 것이 됩니다. 학생과 동일한 입력을 교사 NN이 사용함으로써, 일관성 있는 목표를 설정할 수 있습니다. 또한 복수의 학습 데이터의 선형 보간을 입력에 사용하는 믹스업mixup을 적극적으로 사용하는 것이 중요했습니다.

두 번째로, 증류를 할 때는 기존의 지도 학습보다 훨씬 긴 시간을 학습시켜야 한다는 것입니다. 이는 데이터 증강을 강하게 적용해서,[7] 작은 NN으로 증류하기 위한 최적화가 어렵기 때문으로 생각됩니다.

이 두 가지 조건이 충족되면 큰 데이터셋을 큰 모델(BiT-M-R152x2)로 학습한 결과를 작은 모델 ResNet-50로 증류하여 이미지넷에서 82.8%의 정확도를 달성할 수 있었습니다(원래의 대형 모델 정확도는 83.0%). ResNet-50을 직접 큰 데이터셋으로 학습시키는 경우에는 77.2%이므로, 5~6% 가까이 향상된다는 것을 보였습니다.

정규화로서의 증류

증류는 그 자체로 정규화 역할을 하는 것으로 밝혀졌습니다. 증류와 매우 유사한 정규화로서 레이블 스무딩label smoothing이 있습니다. 이것은 정답의 확률을 약간 낮추고 다른 클래스의 확률을 균일분포하게 약간 증가시키는 기법입니다.

레이블 스무딩은 각 클래스에 속하는 샘플을 클래스 중심에 더 가깝게 강건하게 가져오는 효과가 있는 것으로 알려져 있습니다. 이는 다른 클래스로부터도 일정한 힘으로 당겨짐으로써 균형점이 클래스의 중심에만 있게 되는 효과가 일어나기 때문으로 생각됩니다.[8]

한편, 증류의 경우에는 자기 증류에 사용할 수 있는 기저 함수의 수가 제한되어 있어, 함수의 표현력이 제한된다고 알려져 있습니다.[9] 이 제약은 비선형적이며, 자기 증류를 반복함으로써 정규화 효과가 강해지는데, 일정 횟수를 넘어가면 과소적합underfitting이 발생하여 거꾸로 일반화 성능이 저하됩니다. 이렇게 표현력을 억제하는 기법으로는 학습 도중에 멈추는 조기 종료가 있지만, 조기 종료는 이렇게 기저 함수를 희소하게 하는 역할은 없고 오히려 사용되는 기저 함수의 수 자체는 많아진다고 알려져 있습니다. 따라서 증류는 조기 종료와는 다른 메커니즘의 정규화를 실현하게 됩니다.

4 옮긴이_ 엄밀하게 말하자면 이 식은 교차 엔트로피이지 쿨백-라이블러 발산은 아닙니다. 다만, 쿨백-라이블러 발산을 최소화하는 경우, $-H(P)$ 항이 상수가 되므로 수학적으로는 $H(P,Q)$ 를 최소화하는 것과 동치가 됩니다.

5 Z. Allen-Zhu et al., "Towards Understanding Ensemble, Knowledge Distillation and Self-Distillation in Deep Learning," https://arxiv.org/abs/2012.09816

6 L. Beyer et al., "Knowledge distillation: A good teacher is patient and consistent," https://arxiv.org/abs/2106.05237

7 옮긴이_ 이 절에서는 구체적으로 인용하지 않았지만, 원논문은 데이터 증강을 적극적(aggressive)으로 해야 한다고 설명합니다.

8 R. Müller et al., "When Does Label Smoothing Help?," NeurIPS 2019. https://arxiv.org/abs/1906.02629

9 H. Mobahi et al, "Self-Distillation Amplifies Regularization in Hilbert Space," https://arxiv.org/abs/2002.05715

증류의 이론적 해명과 실용적 발전

이 절에서는 증류 메커니즘을 설명하려고 노력했지만, 어떻게 큰 NN의 일반화 능력을 유지하면서 작은 NN으로 증류할 수 있는지에 대해서는 해명되지 않은 부분이 많습니다.

한편, 실용화에 있어서는 앞으로 거대한 사전 학습 데이터셋을 준비하여 대규모 학습 완료 모델을 만들고, 그것을 용도에 따라 증류해서 사용하는 시대가 올 것으로 예상됩니다. 또한 대부분은 NN 간의 증류를 생각하지만, NN 안의 각 모듈 간에도 증류를 통해 지식을 주고받는 것도 생각할 수 있습니다. 예를 들어, GLOM은 증류를 사용하면 파라미터를 공유하지 않고도 위치 불변 예측을 실현할 수 있다[10]고 제안합니다.

앞으로 증류의 이론적 해명과 실제 문제에서의 이용이 진전되어 갈 것으로 생각됩니다.

---

10 옮긴이_ 생물의 뇌에는 CNN이나 트랜스포머 등의 파라미터 공유 구조가 없다는 지적에 대한 답변일 수 있습니다. 8.2절에서 자세히 설명합니다.

3.13 마스크 오토인코더: 이미지 인식에서 사전 학습 혁명의 가능성

딥러닝의 큰 특징 중에는 데이터를 문제를 풀기 용이한 표현으로 변환하는 방법을 학습을 통해 획득하는, 이른바 표현 학습이 가능하다는 것이 있습니다. 데이터를 적절하게 표현했다면 나중에 분류나 회귀 등의 문제를 쉽게 해결할 수 있지만, 잘 표현되지 않았다면 아무리 노력해도 문제가 잘 풀리지 않습니다.

또한 사전 학습을 통해 미리 좋은 표현 방법을 획득해 두면 후속 과제의 정확도를 향상시킬 수 있을 뿐만 아니라 학습에 필요한 데이터를 획기적으로 줄일 수 있습니다. 예를 들어, 이미지를 입력으로 사용하는 강화 학습에서도 이미지의 표현 학습을 중심으로 한 아이디어를 조합함으로써 필요한 경험 횟수를 거의 1/500 가까이 줄일 수 있다고 보고되었습니다.[1]

딥러닝이 등장한 2006년경에는 오토인코더 등을 사용한 비지도 학습으로 표현 학습이 행해졌지만, 2012년경부터 지도 학습이 성공하기 시작한 이후, 지도 학습에 의한 표현 학습이 활발해졌습니다. 그러나 지도 표현 학습에는 몇 가지 문제가 있습니다.

첫 번째는 교사 데이터를 만드는 데 비용이 많이 들기 때문에 사용 가능한 데이터가 제한된다는 것이고, 두 번째는 지도 학습에 필요한 작업에 특화된 표현을 획득하게 되므로 다른 작업에 사용할 수 없는 표현을 얻게 된다는 것입니다. 예를 들어, 이미지 분류의 지도 학습으로 얻어진 표현에는 이미지 내에서 객체의 위치 정보 등은 손실됩니다.

이러한 문제점 때문에 비지도 데이터를 이용한 표현 학습을 수행해야 했습니다. 첫 번째 큰 성공은 자연어 처리 분야였습니다. 2018년 BERT, 2020년 GPT-3 등 대량의 텍스트 데이터를 활용한 사전 학습된 표현 학습은 자연어 처리에 대한 많은 접근 방식을 대체했습니다.

자연어 처리에서 일어난 사전 학습 혁명을 이미지 인식 분야에서 재현하기 위해, 자기 지도 학습에 의한 이미지 표현 학습이 여럿 제안되었습니다. 그러나 표현의 정확도와 다양성이라는 점에서 아직 성공하지 못했습니다.

이러한 이미지 표현 학습에 대해서, 페이스북(현 메타) 인공지능 연구소의 카이밍 허 등은 BERT와 같은 마스크 오토인코더masked autoencoder(MAE)를 사용하여 실현하는 기법을 제안했습니다.[2] 이미지 인식에서 가장 많이 사용되는 모델인 ResNet과 Mask R-CNN 등을 제안한 연구자로서, 현재 딥러닝을 이용한 이미지 인식의 일인자라고 해도 좋은 분입니다.

MAE는 지금까지 제안된 기법보다 간단하고, 효율적으로 학습을 실현할 수 있으며, 기존 기법보다 향상된 표현 성능을 얻을 수 있습니다. 이 절에서는 이 MAE를 소개하고자 합니다.

---

1 W. Ye et al., "Mastering Atari Games with Limited Data," NeurIPS 2021, *https://arxiv.org/abs/2111.00210*

2 K. He et al., "Masked Autoencoders Are Scalable Vision Learners," *https://arxiv.org/abs/2111.06377*

비전 트랜스포머

MAE는 2021년 급속히 보급된 트랜스포머를 활용한 이미지 인식 시스템인 비전 트랜스포머vision transformer(ViT)를 기반으로 합니다. ViT는 합성곱 계층을 사용하지 않고 트랜스포머를 사용하여 이미지를 변환합니다.[3] ViT를 사용하는 수백 개의 이미지 인식기가 이미 제안되었으며,[4] 현재 각 이미지 인식 작업의 정확도 면에서 상위권을 차지하고 있습니다.

우선 ViT를 설명하겠습니다. ViT는 먼저 이미지를 겹치지 않는 패치로 분할합니다. 패치는 16×16 등의 크기를 사용하며, 해상도가 224×224인 이미지는 $14 \times 14 = 196$개($224/16 = 14$)의 패치로 분할됩니다. 그런 다음 각 패치에 위치 임베딩을 추가하고 선형 투영projection[5]을 적용하여 피처 벡터로 변환합니다. 이 특징 벡터를 토큰이라고 합니다. 그런 다음 토큰 시퀀스를 트랜스포머로 반복해서 변환해 갑니다. 마치 이미지를 196개의 토큰으로 구성된 텍스트로 변환하여, 자연어 처리에 사용되는 것과 똑같은 모델을 사용하여 텍스트를 변환하는 것과 같습니다.

마지막으로, 응용 목적에 따라 이러한 토큰 시퀀스로부터 표현을 추출합니다. 이미지 전체로부터 하나의 표현이 필요한 경우 CNN과 마찬가지로 평균 풀링averaged pooling을 사용하거나 특수 토큰을 하나 준비하여[6] 해당 토큰의 표현을 사용합니다.

MAE에 의한 표현 학습

이제 MAE에 대해 설명하겠습니다. MAE 전체로서는 오토인코더로서 입력의 일부를 마스킹하여 인코더를 사용하여 인코딩한 다음, 해당 코드를 입력으로 해서 디코더를 사용하여 마스킹된 입력을 예측합니다. 학습 후에는 디코더가 필요하지 않으므로 버리고 인코더를 사용하여 표현을 얻습니다.

MAE는 ViT와 마찬가지로 이미지를 패치로 분할한 다음, 패치를 랜덤하게 마스킹(예를 들면 패치의 75%를 마스킹)해서 없앱니다. 다음으로, 남은 패치들을 토큰 시퀀스로 변환해서 ViT에서와 같이 트랜스포머를 사용하여 인코딩합니다. 이 값과 위치 인코딩을 입력으로 해서 디코더를 사용하여 마스킹된 패치의 각 픽셀값을 예측하여 평균 제곱 오차가 최소화되도록 학습합니다.

픽셀값을 예측하여 표현 학습을 수행할 때, 이후의 많은 작업에서는 불필요하게 될 세부 사항을 버리는 것이 더 낫다는 발상도 있고, 벡터 양자화와 같은 이산화된 값을 예측하는 접근 방식도 제안되었습니다. 하지만 이번에는 패치마다 픽셀값의 평균과 분산을 구해서, 이를 이용하여 픽셀값을 정규화하여 예측하더라도 같은 품질의 표현을 얻을 수 있다고 보고되었습니다.

이 기법으로 이미지의 좋은 표현을 학습할 수 있는 이유는 무엇일까요? 나머지 패치들로부터 마스킹된 패치들의 픽셀들을 예측하려면 나머지 패치들에서 전체 이미지의 정보와 의미를 추정할 수 있는 표현을 획득할 수 있어야 합니다. 예를 들어, 자동차를 보여주는 이미지의 일부가 마스킹되었을 때 복구 가능해지려면 각 패치가 자동차의 앞부분이나 타이어 부분을 나타낸다고 인코더가 추론할 수 있어야 합니다. MAE에서는 마스크 패치의 비율이 75%에 달해 사람이 보더라도 이미지의 의미를 추정하기 어려운 작업입니다.

MAE로 획득한 표현을 이미지 인식, 객체 검출, 시맨틱 세그먼테이션 등의 여러 작업에 적용하여 평가한 결과, 기존의 자기 지도 표현 학습에서 가장 높은 성능을 차지했던 DINO, MoCo에 비해 더 높은 성능을 달성했으며, 지도 학습에서 획득한 표현보다도 우수함을 알 수 있었습니다.

지도 학습에서는 큰 모델을 사용해도 성능이 향상되지 않고 오히려 악화되는 경우가 많지만, 이와 같은 자기 지도 표현 학습의 성능은 모델이 클수록 향상되는 것으로 보고됩니다. 이 내용은 1.9절의 '머신러닝의 새로운 거듭제곱 법칙: 모델이 클수록 일반화 능력과 샘플 효율 향상'에서도 논했습니다. (마스킹을 사용하는) 자기회귀 모델은 데이터 자체를 복구하기 위한 지도 신호의 양과 종류가 매우 많아서, 모델이 클수록 더 많은 정보를 얻을 수 있기 때문으로 생각됩니다. 또한, 곧 설명하겠지만 MAE는 기존 방법보다 더 효율적으로 학습할 수 있기 때문에 기존에는 실험할 수 없었던 대형 모델들을 다룰 수 있고, 실제로 이에 따라 성능이 향상되었음을 확인할 수 있었습니다.

MAE는 BERT와 매우 유사한 접근 방식이라 지금까지 이미지 표현 학습에서 여러 번 시도되었을 것으로 생각됩니다만, 이번 연구가 처음으로 크게 성공한 원인은 크게 세 가지를 들 수 있습니다.

첫 번째는 비전 트랜스포머의 사용입니다. CNN과 달리 트랜스포머는 마스킹된 희소 정보를 잘 처리할 수 있으며, 마스킹되었다는 사실 자체도 임베딩 코드로 잘 처리[7]할 수 있습니다. 둘째, MAE의 경우 마스킹 비율이 BERT가 사용하는 15%가 아닌 75%로 증가했습니다. 정보가 이산화되어 응축된 단어에 비해 이미지는 공간적 중복성 redundancy[8]이 더 큽니다. 그래서 많은 부분을 마스킹하지 않으면, 이미지의 의미 등을 추정하지 않고도 마스킹된 픽셀들을 주변 패치로부터의 보간 interpolation[9]에 의해 추정할 수 있게 되어 버립니다. 쉽게 예측할 수 없고, 남은 패치들로부터 이미지 전체의 의미를 간신히 추정할 수 있는 비율이 75%였다라고 할 수 있습니다. 세 번째로, BERT는 디코더에 간단한 MLP를 사용하였으나, 이미지의 픽셀을 예측하는 경우에는 복잡한 문제를 해결할 필요가 있기에 경량 버전이기는 하지만 트랜스포머를 이용하는 모델을 사용했다는 점이 있습니다.

MAE의 우수한 계산 효율

비지도 데이터를 사용하는 자기 지도 표현 학습은 계산량이 크다는 문제가 있습니다. 비지도 데이터는 매우 크며 모델이 클수록 후속 작업의 성능이 향상됩니다. 대량의 데이터로 큰 모델을 학습하려면 많은 계산량이 필요하게 됩니다.

MAE는 학습의 계산 효율성 측면에서도 우수합니다. 첫 번째는 인코더에서 75%를 마스킹한 다음 나머지 25%의 패치만을 처리한다는 점입니다. 기존의 CNN 등에서는 입력의 일부를 랜덤하게 마스킹하더라도 희소 계산을 효율적으로 할 수 없기 때문에 속도 향상에 기여하지 못합니다. 반면 MAE는 패치를 무작위로 섞은 후 앞의 25%만 남

3　A. Dosovitskiy et al., "An Image is Worth 16x16 Words: Transformers for Image Recognition at Scale," ICLR 2021, *https://arxiv.org/abs/2010.11929*

4　S. Khan et al., "Transformers in Vision: A Survey," *https://arxiv.org/abs/2101.01169*

5　옮긴이_ 선형 변환이라고 해도 되겠지만, 원논문이 투영(projection)이라는 개념을 사용하였습니다.

6　옮긴이_ BERT의 [CLS] 토큰과 같은 것입니다.

7　옮긴이_ 예를 들어 [MASK]라는 토큰을 사용하는 것을 의미합니다.

8　옮긴이_ 일본에서 많이 사용되는 한자 표현인 용장(冗長)을 옮긴 것입니다. 중복성이 있음을 의미하는 용어로서, 일본의 많은 기술 분야에서 사용됩니다.

9　옮긴이_ 원문은 내삽(内挿)이라고 표현했습니다.

겨서 ViT를 적용합니다. 이 때문에, 단순히 입력이 짧아지는 경우로 간주할 수 있으며 밀집dense 계산으로 실현할 수 있다는 이점이 있습니다. 이렇게 입력의 일부만을 계산하더라도 밀집 계산으로 할 수 있음을 밝힌 점이 이 논문이 크게 공헌한 부분이며, 다른 문제에서도 널리 사용될 것으로 생각됩니다.

두 번째는 인코더와 디코더에 다른 모델을 사용하는 것입니다. 인코더에 큰 모델을 사용하여 작은 입력[9]을 처리하고, 디코더에 사용되는 작은 모델은 마스킹된 입력을 포함한 전체 데이터를 처리하게 함으로써 전체 계산량을 줄입니다.

이렇게 간단하지만 계산 효율이 우수한 방법을 생각해내는 것이 카이밍 허가 뛰어난 영역입니다.

대규모 데이터와 모델로 검증

이 MAE는 ImageNet-1K라는 비교적 작은 데이터셋에 적용되었지만 앞으로 대규모 데이터셋에 적용하면 성능이 얼마나 향상될지에 주목하고 싶습니다. 데이터의 규모뿐 아니라, 이 기법을 기반으로 입력 해상도를 높이거나 모델을 더 크게 하면 더욱 개선할 수 있을 것으로 생각됩니다. 이러한 것들이 실현된다면 이미지 인식에서도 자연어 처리와 유사한 사전 학습 혁명이 일어날 것입니다.

---

10 옮긴이_ 앞서 설명한 25%만 남긴 것을 의미합니다.

CHAPTER

4

강화 학습

강화 학습: 피드백으로부터 최적 행동 획득

강화 학습은 사람과 동물이 현실 세계를 살아갈 때 사용하는 학습을 참고로 하여 만들어진 기술입니다. 다음과 같은 문제를 해결하는 데 사용됩니다. '학습의 주체인 에이전트는 매 시각 환경으로부터 상태 s를 받아 행동 a를 취한다. 환경은 에이전트가 선택한 행동에 의존하여 보수 r과 다음 시각의 상태 s'를 정한다. 이것을 일정 기간동안 반복한다'. 강화 학습의 목표는 앞으로의 보상의 합계를 최대화하는 행동을 선택하는 방법을 획득하는 것입니다.

예를 들어, 무선 조종 자동차가 학습을 통해 자율적으로 달리는 경우를 생각해봅시다. 무선 조종 자동차는 카메라 및 레이더와 같은 센서에서 환경의 상태를 얻어 핸들을 돌릴지, 가속 페달을 밟을지를 결정합니다. 그리고 목적지에 빨리 도착하면 양의 보상을 받고, 부딪히거나 멈추면 음^{negative}의 보상을 받게 됩니다. 이 경우 강화 학습을 통해 무선 조종 자동차는 앞으로에 걸친 보상을 최대화하는, 즉 부딪히거나 멈추지 않고 목적지에 더 빨리 도달하는 행동을 습득할 수 있습니다.

지도 신호는 주어지지 않음

강화 학습은 머신러닝의 한 유형이며 다음과 같은 두 가지 특징이 있습니다. 하나는 지도 학습과 달리 어떤 상태에서 어떤 행동이 정답인지에 대한 지도 신호를 얻을 수 없다는 것입니다. 따라서 어떤 행동을 취해야 하는지 학습하려면 실제로 그 행동을 취해보고 환경으로부터 피드백을 받는 방법밖에 없습니다.

또 하나의 특징은 에이전트가 순차적으로 행동을 선택해서 보상을 받는다는 것입니다. 이러한 행동과 보상 사이에는 시간차가 있을 수 있습니다. 예를 들어, 어떤 시각에 브레이크를 밟는 것은 그 시점에는 음의 보상을 받을지도 모르지만, 그 후에 벽에 부딪히지 않고 코너를 더 빨리 돌 수 있다면 앞으로 더 큰 보상을 받게 될 것입니다.

후자의 특징은 '신용 할당$^{credit\ assignment}$'이라는 문제와 관련이 있습니다. 보상이 최대화되도록 행동을 수정하려면 그 보상이 언제 어떤 행동과 연관되었는지 알아야 합니다. 최근의 심층 신경망(DNN)은 신용 할당 문제를 오차 역전파 메커니즘을 사용하여 해결했습니다. 강화 학습에서는 신용 할당을 오차 역전파 대신 가치 함수를 사용하는 Q-러닝 등에 의해 해결하고 있습니다.

강화 학습은 지도 학습보다 시스템 설계자에게 더 쉽고, 학습 시스템에는 어려운 문제 설정입니다. 시스템 설계자는 올바른 작동이 무엇인지 생각하거나 정답 데이터를 만들 필요가 없습니다. 바람직하거나 그렇지 않은 상태가 무엇인지 생각해서 그에 대한 보상을 설계하기만 하면 됩니다.

행동 가치 함수를 신경망으로 모델링

강화 학습 에이전트는 폴리시(정책) 함수 π로 불리는 상태 s로부터 행동 a로의 함수 $\pi: s \rightarrow a$를 학습을 통해 구합니다. 이 정책은 결정론적인 경우와 확률적인 경우가 있습니다. 앞으로의 기대 보상은 행동 가치 함수 $Q^\pi(s,a)$로 나타냅니다. 이것은 상태 s에서 행동 a를 취하고, 그 후로는 정책 π에 의해 행동을 취하는 경우에 받는 기대 보상입니다. 환경은 상태 전이와 보상이 현재 시각의 상태와 행동에만 의존하는 마르코프 결정 과정Markov decision process이라고 하겠습니다. 이때, 최적 행동 가치 함수 $Q^*(s,a) = \max_\pi Q^\pi(s,a)$에 대해 다음의 벨만Bellman 방정식이 성립합니다.

$$Q^*(s,a) = r + \gamma \max_{a'} Q^*\left(s',a'\right)$$

여기서 r은 상태 s에서 행동 a를 취했을 때 받는 보상값이고, $0<\gamma<1$은 할인율, s'는 상태 s에서 행동 a를 취했을 때의 다음 상태입니다. 이 식의 우변을 Q목표Qtarget라고 합니다.

이 행동 가치 함수를 어떤 형태의 함수로 모델링해서 학습을 통해 구하는 것을 생각해봅시다. 예를 들어, 신경망으로 모델링해서 $Q(s,a; \theta)$라고 하겠습니다. 여기서 θ는 신경망의 파라미터입니다. 이때, Q-러닝이라고 불리는 방법은 Q를 목푯값에 맞추도록 학습함으로써 행동 가치 함수를 학습해 냅니다.

$$L(\theta) = \mathbb{E}\left[\left(r + \gamma \max_{a'} Q\left(s',a';\theta^-\right) - Q(s,a;\theta)\right)^2\right]$$

두 가지 아이디어에 의한 비선형 모델 사용

신경망과 같은 비선형 모델을 행동 가치 함수를 모델링하기 위해 사용하면, 값이 수렴되지 않고 진동하거나 발산하는 케이스가 많은 것으로 알려져 있습니다.

구글 딥마인드가 제안한 '딥 Q-러닝 신경망Deep Q-Learning Network(DQN)[2]은 두 가지 아이디어를 더해 학습에 성공했습니다. 하나는 재현 버퍼입니다. 에이전트가 취한 행동을 일정 기간 재현 버퍼에 저장하고, 학습 시에는 재현 버퍼에서 랜덤하게 샘플링한 것들에 대해 최적화합니다. Q-러닝에서 재현 버퍼를 사용하지 않고 연속되는 시각을 대상으로 학습하는 경우 샘플 간의 상관관계가 있어서 학습이 비효율적일 뿐만 아니라 데이터 분포가 크게 편향되어 학습이 발산할 가능성이 높아집니다.

두 번째 아이디어는 학습 시에 목푯값을 계산하는 데 사용되는 파라미터는 일정 기간마다 업데이트하고, 업데이트 주기 동안에는 고정된 상태로 유지하는 것입니다(앞의 식에서 θ^-). 일반적인 Q-러닝에서처럼 학습 시에 목푯값도 움직이는 경우에는 학습이 안정되지 않습니다. 예를 들어 첫 번째 업데이트에서 목푯값이 핸들을 왼쪽으로 돌리도록 파라미터가 업데이트되고, 다음 업데이트에서는 핸들이 오른쪽으로 돌리도록 업데이트된다거나 하는 목푯값 진동이 일어나게 됩니다.

이 두 가지 아이디어를 통해 강력한 신경망을 사용하여 행동 가치 함수를 모델링할 수 있게 되었습니다. 이제 복잡한 상태(예를 들어, 이미지처럼 수만 개의 차원을 가지는 경우)에도 학습할 수 있습니다.

DQN의 연구는 아타리 2600이라는 가정용 비디오 게임 콘솔에 강화 학습을 적용했습니다. 비디오 게임을 강화 학습 대상으로 하는 이유는 (학습에 사용하지 않더라도[2]) 상황을 모두 파악할 수 있

---

1 V. Mnihk, et. al., "Human-level control through deep reinforcement learning," Nature 2015.

2 옮긴이_ 상황 정보 전체를 학습에 사용하지는 않는 경우도 있다는 뜻입니다.

고 문제의 복잡성과 다양성이 적당하며 대량의 시뮬레이션을 할 수 있기 때문입니다.

게임 화면 자체를 입력(게임의 내부 상태가 아닌, 표시되는 픽셀값을 입력으로 함)으로 하고, 게임 조작은 행동, 스코어는 보상으로 합니다. 49 종류의 게임에서 단일 학습 시스템이 기존 기법을 능가했습니다. 특히 반사 신경이 필요한 작업에서는 게임에 상당히 능숙한 사람의 점수를 능가합니다.

반면에 한계도 보였습니다. 〈몬테주마의 복수 Montezuma's revenge〉라는 게임은 0점으로서 전혀 플레이되지 않습니다. 실제로 플레이를 해보면 알 수 있는데, 이 게임에서는 플레이어가 RPG에서와 같이 복수의 화면을 이동해서 열쇠를 구하여, 다른 장소에서 그 열쇠를 사용해서 문을 여는 것과 같은 문제를 해결해야 합니다. 단순한 조건 반사와 같은 문제가 아니라, 문제를 나누고 그 진척을 기억할 필요(즉, 열쇠를 구하려면 다른 화면으로 이동해야 한다는 것 등)가 있습니다. 그에 더해서 시행착오로는 쉽게 얻기 어려운 사전 지식(예: 열쇠는 구해야 하는 것이고, 문에 사용하는 것임)이 필요합니다.

이러한 과제를 해결하려면 새로운 종류의 보상이 필요합니다. 예를 들어, 새로운 지식을 얻는 것 자체에 보상을 준다거나, 자신의 지식을 다른 에이전트에 가르쳐 주거나 가르침을 받거나 하는 경우에 보상을 준다거나 하는 것입니다. 이러한 호기심이나 다른 에이전트에 가르치는 것에 따른 보상 설계에 대해서는 인간이나 동물의 본능이 참고가 될지도 모르겠습니다.

4.2 월드 모델: 상상 속에서의 학습 가능성

강화 학습은 환경 속의 에이전트가 환경과 상호작용을 하면서 앞으로의 보상을 최대화하기 위해 최적의 행동을 잇달아 선택하는 문제입니다. 아직 해결되지 않은 인공 지능의 많은 문제는 강화 학습의 틀 안에서 해결될 것으로 생각됩니다. 강화 학습은 딥러닝과 결합하여 최근 크게 발전했으며, 바둑계의 최고 실력자가 알파고에 패배했다는 기억이 여전히 생생합니다.

그러나 (심층) 강화 학습에는 두 가지 큰 문제가 있습니다. 첫 번째는 학습에 매우 많은 학습 사례가 필요하다는 것이고, 두 번째는 환경이나 작업이 바뀔 때 잘 대응할 수 없다는 것, 다시 말해 일반화되지 않는다는 것입니다.

많은 학습 데이터가 필요하다는 첫 번째 문제는 현재의 강화 학습이 모델 프리[model free], 즉 환경에 대한 모델을 가정하지 않고 시행착오 경험을 사용하여 최적화한다는 점에 기인합니다.

모델 프리인 경우 강화 학습은 상태와 행동 및 보상 간의 관계를 찾아야 할 뿐만 아니라, 관측으로부터 상태를 어떻게 결정할지, 행동이 환경에 어떤 영향을 가져오는지에 대해서도 추정해야만 합니다.

한편, 세상의 많은 문제들은 환경을 모델링하기가 어렵습니다. 예를 들어, 실제 환경에서 로봇의 제어 문제에서는 로봇 자체를 모델링하는 것 외에도 로봇과 주변 환경과의 접촉 부분(마찰 현상), 응력[stress], 변형[deformation], 열변위[thermal displacement] 등은 모델링하기가 어렵습니다.

두 번째의 일반화되지 않는 문제는 입력(관측) 데이터를 그대로 사용한다는 점에 기인합니다. 현재의 강화 학습은 환경이 변화하거나(예를 들어, 낮이 밤이 되는 경우) 행동의 의미가 바뀌는 경우(예를 들어, 동일한 액셀러레이터를 선택하더라도 가속도가 다름)에 일반화하기 어렵습니다. 환경과 행동이 바뀌어도 동일한 모델을 사용할 수 있도록 일반화하기 위해서는, 관측과 행동 데이터를 그대로 사용하지 않고 작업과 관련이 없는 그 문제 특유의 정보는 버리고[1] 추상화된 정보에 대한 최적화를 학습하지 않으면 안 됩니다.

이러한 문제를 해결하기 위해서는 환경의 추상적인 모델을 만들어서 그 모델상에서 강화 학습을 수행해야 합니다. 최근 세 그룹이 이를 실현하기 위한 기법을 발표했습니다.

구글 브레인의 데이비드 하[David Ha]와 스위스 IDSIA의 유르겐 슈미트후버[Jürgen Schmidhuber] 등이 제안한 월드 모델[World Model[2]]은 관측 x를 변분 오토인코더를 사용하여 저차원 잠재 벡터 z로 변환합니다. 이 변환은 비지도 학습인 가능도 변분 최적화에 의해 실현됩니다. 다음으로, 잠재 공간상에서의 포워드 모델 $z_{t+1}=f(z_t, a_t)$을 RNN을 사용하여 학습합니다. 이 forward model은 원래 입력 x_{t+1}을 예측하는

---

1 옮긴이_ 예를 들어서 낮인지 밤인지에 대한 정보가 필요하지 않은 경우라면, 그 정보는 노이즈에 해당하므로 없애는 것이 좋습니다.

2 D. Ha et al., "World Model," https://worldmodels. github.io/, https://arxiv.org/abs/1803.10122

것이 아니라, 잠재 벡터 z_{t+1}을 예측하므로 관측 중의 불필요한 세부 사항을 예측하지 않아도 되게 됩니다. 마지막으로, 잠재 공간 z_t와 RNN의 내부 상태 h_t를 연결한 벡터를 입력으로 해서, 선형 모델을 사용하여 정책(상태에서 행동을 선택하는 함수)을 만들게 됩니다. RNN은 미래를 예측하도록 학습되기 때문에 그 내부 상태는 미래의 정보를 포함하게 되어, 간단한 선형 모델로 정책을 학습할 수 있습니다. 이 정책은 진화 전략(ES)으로 학습합니다.

이러한 환경 모델을 학습시키는 것은 과거에 시도되었지만 성공하지 못했습니다. 이 월드 모델이 성공한 큰 이유는 혼합 가우시안으로 모델링한 확률적 전이를 RNN에 사용했기 때문입니다. 예를 들어, 슈팅 게임에서 적이 일정 확률로 총알을 쏘는 경우를 고려해 봅시다. 이 경우에 어떤 시각의 상태로부터 다음 시각에 적이 총알을 쏠지, 아닐지를 예측할 수 없습니다. 이렇게 확률적으로 일어나는 현상을 하나의 미래밖에 없는 결정론적 모델로 학습시키면, 일어날 수 있는 미래들의 중간을 예측하는 것이 최적해가 되어 버립니다. 복수의 미래가 있을 수 있도록 환경을 모델링함으로써 그에 대응되는 정책을 학습할 수 있습니다.

환경의 확률적 모델링은 학습된 정책이 특정 환경에 특화[3]되지 않도록 하는 데도 도움이 됩니다. 학습된 환경이 실제 환경과 일치하지 않는 경우, 앞에서 학습된 정책은 실제 환경에서는 발생하지 않는 환경 모델의 '버그'에 대해 최적화되어 버린 셈이 됩니다. 환경 모델이 확률적이고 정책 입장에서 환경을 예측하기 어렵게 되어 있다면, 정책이 환경의 노이즈를 악용[4]exploit하는 것을 방지할 수 있습니다.

두 번째는 영국의 딥마인드가 제안한 외부 메모리를 이용한 강화 학습 'MERLIN'[5]입니다. 이 연구는 미분 가능 신경 컴퓨터Differentiable Neural Computer(DNC)의 후속 연구입니다. MERLIN의 에이전트는 현재 상태를 외부 메모리에 기록하고 처리를 위해 외부 메모리에서 필요한 정보를 읽어 들일(생각해 낼) 수 있습니다. 이때 '정보를 어떤 형태로 외부 메모리에 쓸 것인가'가 문제가 됩니다. 외부 기억의 학습에서는 기억할 때와 떠올릴 때의 시간차가 있기 때문에, 행동을 개선하기 위해 정보를 어떻게 기억해야 하는지, 무엇을 기억해야 하는지 알아내기 어렵습니다. MERLIN은 관측을 인코딩해서 미래의 관측과 보상을 예측하는 문제를 먼저 해결함으로써 관측을 어떻게 저차원 정보로 만들지를 학습합니다. 이 학습에서는 입력뿐만 아니라 보상도 예측함으로써 보상과 관련된 피처도 포착합니다. MERLIN은 예측 학습으로 얻은 인코더를 사용하여 관측을 인코딩해서 저장함과 동시에, 그 후에 생성된 상태의 할인된 합계 $(1-\gamma)\sum_{t'>t}\gamma^{t'}z_{t'}$도 저장합니다. 이 할인된 합계에 의해서, 어떤 장면을 생각해 낸 경우에 그 이후에 무엇이 일어났는지도 함께 생각해 낼 수 있습니다.

이 메모리가 어떻게 이용되는지 설명하기 위해 미로를 푸는 경우를 예로 들어 보겠습니다. 미로를 푸는 동안 에이전트는 현재 관측과 비슷한 과거의 기억을 생각해 냅니다. 또한 출구까지 가는 중간 포인트를 떠올려서 그곳을 목표로 움직일 수 있습니다. 실제로 에이전트가 미로를 풀면서 중간에 어디를 떠올리는지를 시각화해보면, (출구 주변의 기억이나 출구까지의 중간 지점을 떠올리는 등) 에이전트의 의도를 볼 수 있어 흥미롭습니다. 목표 주변의 기억과 목표에 도달하는 지점들을 기억하여 에이전트의 의도를 보는 것도 재미있습니다. 예측 학습은 최적의 기억 방법을 학습하기에 효과적인 작업입니다.

세 번째는 UC 버클리의 UPN^{universal planning networks6}입니다. 앞의 두 가지 기법과는 달리, 모방 학습을 통해 최적의 표현 방법과 환경의 forward model 학습을 실현합니다.

UPN은 관측 o_t를 잠재 상태 x_t로 변환하는 인코더 $x_t=E(o_t)$와 잠재 상태 x_t 및 행동 a_t를 받아서 다음 잠재 상태 x_{t+1}을 반환하는 환경의 forward model $x_{t+1}=F(x_t, a_t)$, 이 두 가지를 학습합니다.

UPN은 최적의 행동 시퀀스를 결정하는 플래너와, 그 플래너를 사용하여 표현과 다이내믹스를 학습시키는 외부 학습 시스템으로 구성됩니다. 플래너는 초기 입력 o_1과 목표 입력 o_g를 받아서 행동 시퀀스 $a_1, a_2,....,a_N$을 반환하는 함수입니다.

플래너는 인코더를 사용하여 초기 입력과 목표 입력을 초기 상태 x_1과 목표 상태 x_g로 변환합니다. 다음으로, 행동 시퀀스 $a_1, a_2,....,a_N$을 적당한 값으로 초기화해서, 이 경우의 최종 상태를 계산합니다.

$$x_{i+1} = f(x_i, a_i)$$
$$\vdots$$
$$x_{N+1} = f(x_n, a_n)$$

그런 다음 최종 상태와 목표 상태의 차이를 계산하여 이를 목적 함수 $L(x_g, x_{N+1}) = \|x_g - x_{N+1}\|$로 합니다. 이 목적 함수 L을 작게 만들기 위해 경사 하강법을 사용하여 각 행동 a_i에 대해 경삿값 $\frac{\partial L}{\partial a_i}$를 계산하여 각 행동을 $a_i := a_i - \eta \frac{\partial L}{\partial a_i}$와 같이 업데이트합니다. 이 업데이트를 여러 번 반복하여 최종 행동 시퀀스 $a'_1, a'_2,....,a'_N$을 얻습니다.

다음으로, 플래너가 출력한 행동 시퀀스를 전문가에 의한 최적 행동 시퀀스 $a^*_1, a^*_2,....,a^*_N$과 비교

하여, 그 차이가 최소화되도록 인코더와 forward model의 파라미터를 경사 하강법으로 최적화합니다.

$$U = \left\| \{a'_1, a'_2, ..., a'_N\} - \{a^*_1, a^*_2, ..., a^*_N\} \right\|$$

플래너의 계산은 미분 가능한 계산 그래프로 구성되기 때문에 플래너 내부의 E와 F도 오차 역전파를 통해 최적화할 수 있습니다.

이 학습에서는 플래너가 경사 하강법에 의해 최적 계획을 세우기 쉽게 한다는 관점에서 최적 표현과 모델을 고르게 되므로, 원래의 입력 정보를 반드시 모두 보존하지는 않습니다.

강화 학습을 실용화하기 위해서는 학습에 필요한 데이터의 양을 획기적으로 줄이고도 일반화되도록 할 필요가 있습니다. 앞으로도 이러한 목표를 실현하기 위한 표현 학습은 계속될 것으로 생각됩니다.

3   옮긴이_ 과적합으로 생각할 수 있습니다.

4   옮긴이_ 노이즈나 정보가 없는(spurious) 입력에 과적합되는 것을 악용이라고 합니다.

5   G. Wayneand et al., "Unsupervised Predictive Memory in a Goal-Directed Agent," https://arxiv.org/abs/1803.10760

6   A. Srinivas et al.,"Universal Planning Networks," https://arxiv.org/abs/1804.00645

4.3 안전이 보장되는 강화 학습: 랴푸노프 함수로 제약을 만족시키는 폴리시 도출

강화 학습은 시뮬레이션이나 게임 등에서 사람의 능력을 뛰어넘는 성능을 달성한다는 점에서 유망하지만, 현실의 문제에 적용하는 경우에는 안전성을 어떻게 확보할 것인가가 문제가 됩니다.

강화 학습은 환경과의 상호작용 중의 시행착오를 통해 자기 행동이 어떤 결과를 가져왔는지 이해하여 자기 행동을 개선해 갑니다. 그러나 시행착오만을 통해 위험한 상황도 이해시키겠다는 것은 마치 아이들에게 부엌칼을 쥐어주고 안전하게 사용하는 방법을 스스로 배우게 하는 것과 같아 위험합니다.

따라서 미리 위험한 상태나 행동을 정의해 두고, 이를 피하는 범위 내에서 행동을 취하는 방법을 생각할 수 있습니다. 그러나 어떤 시점에서의 행동이나 상태가 최종적으로 위험한 상황으로 이어질지는 일반적으로 알 수 없거나 계산하기 어려워서, 추정할 수밖에 없습니다.

이 절에서는 강화 학습의 안전성을 보장하기 위한 기법으로서 2018년 구글 딥마인드가 발표한 논문을 소개합니다.

딥마인드는 2016년부터 구글 데이터 센터의 냉각 시스템을 최적화해 왔습니다. 처음에는 시스템이 권장하는 결과를 바탕으로 사람이 운용했지만, 2018년 현재는 시스템이 완전히 자동화되어 평균 30%의 최적화를 달성했다고 보고되었습니다.

이 절에서 소개하는 논문의 연구 성과가 직접 사용되었는지는 확실하지 않지만, 다른 안전한 탐색[2]

의 이용 예로서 데이터센터 냉각 시스템을 언급합니다. 데이터 센터 제어는 실패하면 열 폭주로 인해 컴퓨터 시스템과 시설에 막대한 피해를 줄 수 있기 때문에 안전성 보장이 중요한 문제입니다.

먼저 강화 학습의 문제 설정을 간단히 설명하겠습니다. 강화 학습에서는 에이전트가 환경과 상호작용을 하면서 에이전트가 앞으로 받게 될 보상의 합이 최대가 되도록 하는 행동을 선택해 가는 것이 목표입니다. 상태로부터 행동을 선택하는 규칙을 폴리시(정책)라고 하며, 정책은 신경망 등을 사용하여 함수 근사를 하는 경우가 많습니다. 추가로, 보상 최대화 대신 최적 제어처럼 비용 최소화 문제를 생각하는 경우도 있는데, 이 경우는 비용의 부호를 반전시킨 함수를 최대화 하면 같은 문제로 만들 수 있습니다.

이를 식으로 표현하면, 에이전트는 시각 t에 환경으로부터 상태 s_t를 수신하여, 그것을 기반으로 행동 a_t를 정책 $a_t=\pi(s_t)$에 따라 선택합니다. 환경은 이 행동에 따르는 보상 $r_t=r(s_t,a_t)$을 반환합니다. 상태가 확률적으로 전이되는 경우는 현재 상태와 행동에 의해 $P(s_{t+1}|s_t,a_t)$에 따라 다음 상태가 결정됩니다. 강화 학습의 목표는 초기 상태 s_0에서 받을 보상의 합인 $R_\pi(s_0)=E[\Sigma r_t|s_0,\pi]$이 최대가 되도록 하는 정책 π를 구하는 것입니다.

랴푸노프 함숫값이 작아지도록 정책 업데이트

이러한 일반적인 강화 학습 문제의 안전성을 보장하기 위해, 각 상태에 의존하는 제약 비용constraint cost $d_t = d(s_t)$를 생각하고, 정책의 누적 제약 비용의 기댓값이 일정치 d_0 이하가 되도록 합니다.

$$D_\pi(s_0) := \mathbb{E}\left[\sum d(s_t) \mid s_0, \pi\right] \le d_0$$

이 누적 제약 비용은 다양한 문제를 다룰 수 있게 해 줍니다. 예를 들어, 종료 상태에 도달할 때까지 위험한 상태를 한 번이라도 통과할 확률을 억제하고 싶은 경우나, 위험한 상태에 도달하는 횟수를 억제하고자 하는 경우 등을 모델링 할 수 있습니다.

이 최적화에 대해 논문[3]에서는 이 제약을 기반으로 랴푸노프 함수를 정의하고 이를 사용하여 전역 제약 문제를 국소 제약 문제로 변환합니다. 정책을 업데이트하는 것은 랴푸노프 함수의 값이 감소하는 경우로만 한정함으로써 전체 제약의 달성을 보장합니다. 이 랴푸노프 함수에 대해 설명하겠습니다.

원점을 포함하는 영역 Ω 상에 정의된 함수 $V(s)$가 $V(0)=0$이고, $s \neq 0$이 되는 임의의 $s \in \Omega$에 대해 $V(s)>0$(또는 $V(s) \ge 0$)을 만족할 때, $V(s)$는 Ω에서 양의 정부호positive definite(또는 양의 준정부호positive semi-definite)라고 합니다. 또한, $-V(s)$가 양의 정부호(또는 양의 준정부호)일 때, $V(s)$는 음의 정부호negative definite(또는 음의 준정부호negative semi-definite)라고 합니다. 함수 $V(s)$가 원점을 포함하는 영역 Ω에서 양의 정부호이고 상태 $s(t)$가 시각에 따라 변해갈 때, $V(s(t))$의 시간 미분이 음의 준정부호이면 그 함수를 랴푸노프 함수라고 합니다.

랴푸노프 함수는 원점이 가장 낮은 그릇 모양이며, 시간이 지남에 따라 랴푸노프 함수의 값은 계속 감소하여 원점에서 안정됩니다. 이러한 랴푸노프 함수 $V(s)$가 존재하는 것이 그 시스템의 원점이 안정될 충분조건입니다. 또한, 이 경우에 원점이 평형점이었지만, 원점 이외의 점이 평형점이더라도 평형점이 원점이 되도록 변수 변환을 함으로써 원점이 평형점인 경우로 귀착시킬 수 있습니다.

이번에 고려할 강화 학습 문제 설정에서는 시각은 이산 시간이고 상태 s일 때 행동 a를 선택하여 다음 상태 s'로 결정론적으로 전이되는 경우, $V(s)>0$이면서 $V(s') \le V(s)$라는 것이 V가 랴푸노프 함수일 조건입니다.

여기서는 확률적 전이의 경우를 고려하기 위해 강화 학습 문제에서의 일반 벨만 연산자를 정의하겠습니다.

$$T_{\pi,h}[V](s) = \sum_a \pi(a \mid s)\left[h(s,a) + P(s' \mid s,a)V(s')\right]$$

여기서 π는 정책, h는 즉시 보상이나 제약 비용, V는 가치 함수나 랴푸노프 함수입니다. 상태가 확률적으로 전이되는 경우, $T_{\pi_B,d}[L](s) \le L(s)$가 L이 랴푸노프 함수일 충분 조건입니다.

먼저, 제약을 만족하는 적당한 베이스라인 정책 π_B가 존재한다고 가정하겠습니다. 이때, 이 정책에 기반하여 다음의 조건을 만족하는 랴푸노프 함수의 집합 $L_{\pi_0}(x_0, d_0)$을 생각할 수 있습니다.

---

1 Y.Chow, et al., "A Lyapunov-based Approach to Safe Reinforcement Learning," *https://arxiv.org/abs/1805.07708,NIPS 2018*.

2 G. Dalal, et al., "Safe Exploration in Continuous Action Spaces," *https://arxiv.org/abs/1801.08757*

3 Y.Chow, et al., "A Lyapunov-based Approach to Safe Reinforcement Learning," *https://arxiv.org/abs/1805.07708*, NIPS 2018.

모든 비종단 상태 s에 대해, $T_{\pi_B,d}[L](s) \leq L(s)$

초기 상태 s_0에 대해, $L(s_0) \leq d_0$

종료 상태 s_e에 대해, $L(s_e) = 0$

그리고 $L(s)=D_{\pi_B}(s)$는 위의 조건을 만족하므로 $L_{\pi_0}(x_0,d_0)$는 반드시 원소를 가집니다[non-empty].

이 랴푸노프 함수 $L\in L_{\pi_0}(x_0, d_0)$에 대해 $T_{\pi,d}[L](s) \leq L(s)$를 만족하는 정책 π를 L 도출 정책[L-induced policy]이라고 하고, 그 집합을 F_L로 나타냅니다. 이 집합에 포함된 정책은 모든 제약 조건을 만족합니다. 그러나 $F_L(s)$에 최적 정책이 포함된다는 보장은 일반적으로 없습니다. 이에 대해 다음과 같이 랴푸노프 함수로서 제약 비용에 더해 보조 제약 비용 ε를 추가한 것을 생각할 수 있습니다.

$$L_\epsilon = \mathbb{E}\left[\sum_{t=0}^{T^*-1} d(x_t) + \epsilon(s_t) \mid \pi_B, s\right]$$

만약 최적 정책을 안다면, 이를 기반으로 보조 제약 비용을 설정하여 최적 정책을 도출 가능한 랴푸노프 함수를 정의할 수 있습니다.[4] 그러나 현실에서는 미리 최적 정책을 알 수 없습니다. 따라서 현재의 제약을 만족하는 정책에, 랴푸노프 조건을 달성하면서도 보조 제약 비용의 합계가 최대가 되는 것을 선택함으로써 최적 정책이 포함되기를 기대할 수 있습니다. 최대 보조 제약 비용은 다음의 선형 계획법을 풀어서 구할 수 있습니다.

$$\tilde{\epsilon} \in \arg\max_{\epsilon:S'\to\mathbb{R}_{\geq0}} \left\{ \sum_{s\in S} \epsilon(s) : d_0 - \mathcal{D}_{\pi_B}(x_0) \right.$$
$$\left. \geq 1(s_0)^\top \left(I - \{P(s'\mid s,\pi_B)\}_{s,s'\in S'}\right)^{-1}\epsilon \right\}$$

여기서 $1(x_0)$은 $x=x_0$인 곳에서만 1이 되고 다른 곳에서 0인 벡터이고, ε는 $\varepsilon(s)$를 나열한 벡터입니다.

이 제약식 우변의 의미는 노이만 급수 $(I-A)^{-1} = \sum_{i=0}^{\infty} A^i$ 로부터 다음 식과 같습니다.

$$\left(I - \{P(s'\mid s,\pi_B)\}_{s,s'\in S'}\right)^{-1} = \sum_{i=0}^{\infty} P(s'\mid s,\pi_B)^i$$

그러므로 $1(s_0)^T \left(I - \{P(s'\mid s,\pi_B)\}_{s,s'\in S'}\right)^{-1}$ 은 s_0에서 시작하여 각 상태에 도달할 확률의 합을 나타냅니다. 따라서 우변은 각 상태에 도달할 확률의 총합 각각에 보조 제약 비용을 곱한 것의 총합이 됩니다. 이 총합이 보조 제약 비용에 설정 가능한 나머지보다 작아야 합니다.

이 선형 계획법의 해로서, 만약 $\varepsilon(s)$가 s에 의존하지 않는 정수인 경우는 $\epsilon = d_0 - \mathcal{D}_{\pi_B}(s_0)/\mathbb{E}[T^* \mid \pi_B, s_0]$가 얻어집니다. 여기서 T^*는 에피소드가 끝나는 시각입니다. 이렇게 구해진 보조 제약 비용은 현재의 정책이 제약으로서 아직 여유가 있는 만큼을 각 상태에 균등하게 버퍼로서 준 것으로 간주될 수 있습니다.

이 기법을 기반으로 먼저 제약을 달성한 정책부터 시작하여 L_ε을 업데이트해 가면서, F_{L_ε}에 포함된 정책 중에서 최적 정책을 선택하도록 학습해 갑니다. 이 두 단계를 반복[5]해 갑니다.

실험에서는 몇 가지 시뮬레이션상에서 제안 기법이 학습 시작부터 종료까지 제약을 거의 달성하면서 기대 누적 보상을 크게 하는 학습이 실현된 것을 보였습니다. 제약 비용이 상태의 변화에 대해 조금씩밖에 변하지 않는 것이 보장된다면, 탐색 중에도 효율적으로 안전성을 보장할 수 있습니다.[6]

강화 학습의 실용화가 진전됨에 따라 안전성 보장이 점점 더 중요해지고 있습니다. 이 절에서 다룬 내용 외에도 메타 학습, 모델 기반 강화 학습과 모

델 프리 강화 학습의 융합, 시뮬레이션과 현실 세
계 간의 격차 해소가 중요해질 것입니다.

---

4 Y.Chow, et al., "A Lyapunov-based Approach to
   Safe Reinforcement Learning," *https://arxiv.org/
   abs/1805.07708*, NIPS 2018.

5 옮긴이_ 마치 EM 알고리즘처럼 두 단계를 반복해 간다는 의
   미입니다.

6 G. Dalal, et al., "Safe Exploration in Continuous Action
   Spaces," *https://arxiv.org/abs/1801.08757*

4.4 미래 예측에 기반한 플래닝, 학습화 시뮬레이터와 몬테카를로 트리 탐색

강력한 에이전트를 만들기 위해서는 미래 예측[1]에 기반한 플래닝[2]이 중요합니다. 예를 들어 체스, 장기, 바둑 등에서는 최정상 플레이어를 훨씬 능가하는 강점을 실현하는 AI 시스템이 미래 예측에 의해 실현되고 있습니다.

미래 예측을 할 때 환경에 미지의 부분이 있다면 예측할 필요가 있습니다. 환경 시뮬레이터라고도 할 수 있겠지요. 그러나 일반적으로 예측은 매우 어렵습니다. 예를 들어, 대전 게임에서 미래 예측을 하더라도 상대의 거동은 알 수 없습니다. 다행히 이 상대의 거동 예측에 한해서는, 학습 도중에 자기 자신을 상대로 설정함으로써 적어도 최선의 수를 선택하는 상대를 만들 수 있습니다.

또한 체스나 장기와 같은 대전 보드게임에서는 환경의 완벽한 시뮬레이션(선택한 행동에 대해 환경이 어떻게 변하는지 알 수 있음)을 사용할 수 있습니다. 그래서 대전 보드게임에 한해서는 정확한 예측이 가능하므로, 미래 예측에 기반한 플래닝을 할 수 있습니다. 따라서 다른 분야보다 앞서 매우 강력한 시스템이 만들어졌다고 할 수 있습니다.

그러나 세상의 많은 문제에는 시뮬레이터가 존재하지 않으며 어려운 예측 문제를 해결해야 하므로, 정확한 미래 예측이 불가능합니다. 이 경우 미래 예측에 기반한 플래닝은 포기하고 다른 접근 방식을 취해야 합니다.

이렇게 정확한 미래 예측이 가능한 문제인지에 따라 플래닝은 크게 두 가지 문제로 나뉩니다. 미래

예측 가능한 경우는 상태를 열거할 수 있으면 동적 계획법dynamic programming으로 해결할 수 있고, 문제에 특별한 구조가 있으면 최적화로 해결할 수 있습니다. 이러한 요구 사항을 충족하지 않는 경우에도 강력한 몬테카를로 트리 탐색Monte Carlo tree search(MCTS)을 사용할 수 있습니다. MCTS에 대해 간략하게 설명하겠습니다.

MCTS는 앞으로 취할 행동과 상태의 가능성을 트리 형태로 표현합니다. 현재 상태가 루트에 해당하고 상태 s에서 행동 a를 선택한 결과 상태 s'로 전이되는 경우, 노드 s에 a라는 레이블이 달린 가지에 매달린 형태로 노드 s'가 자식이 됩니다. 이 트리 표현상에서 유망해 보이는 상태(노드)를 순서대로 지나면서, 최적 행동(시퀀스)을 좁혀 나갑니다. 구체적으로는 후술할 기준에 따라 매번 루트로부터 자식을 순차적으로 선택하여 자식이 없는 리프 노드에 도달합니다. 거기서 최종 결과가 나올 때까지 플레이아웃playout[3]으로 불리는 고속 시뮬레이션을 수행하여 수익[4](게임의 경우 승패)을 계산하여, 그것을 그 노드의 평갓값(강화 학습에서의 밸류와 같음)으로 합니다. 마지막 상태까지 가지 않고도 보상을 받을 수 있는 경우에는 플레이아웃이 아닌 도중까지의 누적 보상을 사용하는 경우도 있습니다. 자식을 선택할 때 사용되는 기준은 노드 평갓값과 불확실 보너스의 합의 크기입니다. 노드의 평갓값은 그 자손의 평갓값 평균입니다. 이렇게 각 노드의 평갓값은 샘플링을 사용한 몬테카를로 추정을 통해 정하게 되므로 이런 이름이 붙여졌습니다. 또한 아직 충분히 탐색되지

않은 노드를 선택하는 경우 불확실성 보너스가 추가되며, 노드 방문 횟수가 증가함에 따라 보너스가 감소하도록 설계되었습니다. 이 전개와 시뮬레이션을 시간이 허락할 때까지 수행하며, 최종적으로는 첫 단계의 선택지 중에서 방문 횟수가 가장 많은 것을 선택합니다. 이 MCTS는 강력하며 많은 문제에서 성공을 거두었습니다.

반면에 미래 예측을 할 수 없는 문제에서는 이런 식으로 실제로 시도하여 평가할 수 없습니다. 따라서 과거의 경험으로부터 현재의 상태나 행동이 얼마나 가치(기대 누적 보상)가 있는지를 추정합니다. 이것은 상태 가치 함수나 상태 행동 가치 함수로 표현됩니다. 무수히 많은 상태가 있는 경우 이러한 가치는 신경망(NN) 등을 사용하여 나타내고 그 함수의 파라미터를 TD 목표[temporal difference target](현재 시각의 가치가 즉시 보상과 다음 시각의 가치의 합과 일치하도록 함) 등을 사용하여 업데이트해 갑니다. 이 업데이트에 의해 함수 근사 오차가 없는 경우 이러한 가치 함수는 실제 기대 누적 보상으로 수렴하는 것으로 알려져 있습니다.

이런 식으로 미래 예측할 수 있는 문제와 할 수 없는 문제는 뚜렷이 분리되어 독립적으로 발전했습니다. 그러나 최근의 모델 기반 강화 학습은 그 경계를 모호하게 합니다.

모델 기반 강화 학습에서는 신경망 등으로 환경 시뮬레이터를 모델링하여 실제 경험으로부터 모델을 학습합니다. 이 시뮬레이터는 월드 모델이라고도 합니다. 월드 모델은 일반적으로 현재 상태와 행동으로부터 미래의 관측을 복원하도록 학습합니다. 그러나 앞에서 언급했듯이 예측은 매우 어려운 문제입니다. 그래서 월드 모델은 상당히 단순화된 상황을 제외하고는 성공하지 못했습니다.

따라서 예측을 완전히 해결하기보다는 플래닝과 관련된 요소만을 정확하게 예측하도록 하는 기법이 지난 몇 년 동안 등장했습니다. 예를 들어, 배경이나 모양이 플래닝과 관련이 없는 경우 시뮬레이터는 이를 무시하고 예측을 수행하도록 합니다. 예를 들어 레이싱 게임에서는 대부분의 배경이 플래닝에 영향이 없지만, 곧 커브길이 나온다는 표지판은 플래닝에 영향이 있으므로 그러한 요소만을 예측하도록 합니다.

이를 대표하는 것이 뮤제로[MuZero][5]입니다. 뮤제로는 데이터에서 시뮬레이터를 학습하고 그 시뮬레이터를 사용하여 MCTS로 플래닝합니다. 이 시뮬레이터는 앞으로의 관측을 복원하는 것을 목표로 하지 않습니다. 대신 현재 상태와 앞으로 취할 행동 시퀀스를 입력으로 하여 임의의 단계 후의 보상, 가치, 정책(상태로부터 행동을 반환하는 함수)이 실제 환경을 사용한 경우와 일치하도록 하는 것을 목표로 합니다. 정책이 일치한다는 말은 실제 환경에서 플래닝한 결과와 시뮬레이터상에서 플래닝한 결과(선택할 행동)가 일치하도록 시뮬레이터를 학습한다는 의미입니다. 시뮬레이터는 플래닝에 영향이 없는 부분은 예측할 필요가 없으므로 예측 문제가 간단해집니다.

또한 뮤제로는 알파제로[AlphaZero]와 마찬가지로 정

---

1 옮긴이_ 저자가 사용한 원문은 先読み(앞을 읽음)으로서, '수 읽기'와 '미래 예측'의 중간 정도의 의미입니다. 수읽기로 번역하면 잃어버리는 의미가 생기기 때문에 미래 예측으로 번역했습니다.

2 옮긴이_ 강화 학습의 개념 중 하나이기도 하고, 정착된 번역어가 없습니다.

3 옮긴이_ 롤아웃(rollout)이라고도 합니다.

4 옮긴이_ (감쇠) 누적 보상 = 수익(return)을 의미합니다.

5 J. Schrittwieser, et al., "Mastering Atari, Go, Chess and Shogi by Planning with a Learned Model," https://arxiv.org/abs/1911.08265

책 학습에서 MCTS를 실시하여 얻은 최적 행동을 목표로 하여 정책을 업데이트합니다. 미래 예측을 한 결과는 하지 않은 정책보다 항상 우수하기 때문에 좋은 학습 목표가 됩니다. 이 MCTS에 의해 얻어진 목표는 Q-러닝에 사용되는 TD 목표보다 더 나은 학습 신호이며, 더 빨리 학습할 수 있을 뿐만 아니라 최종 결과에도 큰 차이를 만드는 것으로 밝혀졌습니다.

뮤제로를 사용하면 시뮬레이터가 없는 문제에서도 MCTS로 플래닝을 할 수 있습니다. 그 결과, 그 때까지 가치(DQN이나 최신의 레인보우^Rainbow 등) 기반 기법을 사용하던 아타리 게임 등의 문제에도 MCTS를 사용할 수 있게 되었습니다. 이 둘을 비교한 실험 결과에서 MCTS를 사용한 기법이 성능 면에서 기존의 가치 함수를 사용하는 기법을 크게 능가했습니다. 지금까지 많은 개선을 해온 가치 기반 기법을 MCTS 기법이 한 번에 능가했다는 것은 큰 의미가 있습니다. MCTS는 원래 이산적인 상태와 행동을 대상으로 하지만, 연속적인 상태와 행동으로 확장하는 것도 제안되어 있습니다.[6]

학습화^learned7 시뮬레이터와 MCTS의 조합은 유망하지만 많은 문제가 있습니다. MCTS의 가장 큰 문제점은 병렬화가 어렵다는 것입니다. 시뮬레이션 자체는 독립적으로 병렬로 실행할 수 있지만, 어느 노드를 전개할지를 정하려면 다른 결과를 기다려야 하며, 이를 무시하고 독립적으로 병렬로 실행하면 모두가 같은 노드를 탐색하게 되어 버리는 문제가 발생합니다. 이 문제에 대해, 시뮬레이션 결과를 기다리지 않고 먼저 불확실성 보너스만을 줄이는 간단한 아이디어가 효과적인 것으로 밝혀졌습니다.[8] 또한 병렬로 시뮬레이션한다고 해도 독립적이어서 현재의 칩(GPU, TPU 등)의 성능을 활용하기 위한 벡터화도 어렵습니다.[9]

또한 부분적으로만 예측하는 월드 모델을 학습하는 경우, 잘못된 인과 추론을 하게 되어 모델링되지 않은 관측의 영향을 받아서 잘못된 플래닝을 하게 되는 것으로 밝혀졌습니다.[10] 이러한 문제를 해결할 수 있다면 강력한 미래 예측을 사용하여 범위가 더 넓은 문제를 범용적으로 풀어낼 수 있을 것입니다.

6 T. Hubert et al., "Learning and Planning in Complex Action Spaces," ICML 2021.

7 옮긴이_ 모델로서 학습이 가능한 대상이라는 의미입니다. Learned index, learned database와 같은 형태로 사용합니다. 정착된 한국어 번역어가 없습니다.

8 A. Liu et al., "Watch the Unobserved: A Simple Approach to Parallelizing Monte Carlo Tree Search," ICLR 2020, *https://arxiv.org/abs/1810.11755*

9 옮긴이_ 현재의 GPU나 TPU 설계의 근간인 SIMD로 구현하기 어렵다는 의미입니다. 바둑이나 장기는 모든 상황이 동일하기 때문에 SIMD로 구현할 수 있지만, 물리 시뮬레이션은 각 상황에 따라 등장하는 물체의 수가 다르므로 동일한 코드로 병렬 처리할 수 없게 됩니다.

10 D. J. Rezende et al., "Causally Correct Partial Models for Reinforcement Learning," *https://arxiv.org/abs/2002.02836*

오프라인 강화 학습: 데이터 주도형 학습

강화 학습은 학습 기반의 제어를 실현한 것으로, 최정상 바둑 기사를 꺾은 알파고가 대표적인 예이며 로보틱스, 자율주행, 금융, 의료·헬스케어(처치 판단) 등 폭넓은 분야에서 성과를 거두고 있습니다.

한편, 강화 학습은 학습 중에 환경과의 상호작용(시행착오)이 필요하기 때문에 실현을 위한 장벽이 높았습니다. 이 절에서는 과거에 얻은 경험 데이터만을 이용하여 환경과의 새로운 상호작용 없이 강화 학습을 실현하는 오프라인 강화 학습을 소개합니다.

온라인 강화 학습의 문제점

먼저 강화 학습을 간략하게 설명하겠습니다. 강화 학습은 제어할 에이전트와 그 밖의 정보를 담당하는 환경으로 구성됩니다. 각 시각에서, 에이전트는 현재 상태 s_t에 기반하여 행동 a_t를 결정합니다. 환경은 현재 상태와 선택된 행동으로부터 다음 상태 s_{t+1}와 보상 r_{t+1}을 결정합니다. 이 과정을 정해진 횟수나 조건이 충족될 때까지 반복합니다.

에이전트의 상태로부터 행동을 결정하는 모델을 $\pi(a|s)$라고 하고, 보상의 합계 $\sum_t r_t$를 수익^{gain}이라고 합니다. 강화 학습의 목표는 수익을 최대화하는 정책을 구하는 것입니다. 예를 들어, 로봇 자동차가 벽에 부딪히지 않고 달리도록 학습시키는 경우, 도로를 따라 빠르게 달리면 양의 보상을, 부딪히면 음의 보상을 주도록 설정하면 부딪히지 않고

도로를 따라 빠르게 달리는 제어 시스템을 강화 학습으로 얻을 수 있습니다.

일반적으로 강화 학습에서는 현재 학습 중의 정책으로 환경 내에서 에이전트를 움직여서 경험 데이터 $\{(s_t, a_t, s_{t+1}, r_{t+1})\}_{i=1}^N$를 모으고, 이 경험 데이터를 기반으로 최적 정책을 추정합니다. 이러한 강화 학습을 온라인 강화 학습이라고 합니다. 현재는 강화 학습이라고 하면, 이 온라인 강화 학습을 의미하는 경우가 많습니다.

그러나 세상에는 환경에서 시행착오를 감수하기 어렵거나 불가능한 문제가 많습니다. 예를 들어, 미션 크리티컬$^{mission\ critical}$[1]한 자율 주행이나 의료/헬스케어 분야 등에서는 학습 중에 에이전트를 사용해서 제어하는 것은 위험하므로 허용되지 않습니다. 로봇 등을 사용하는 경우에도 시행착오 과정에서 로봇 자체나 대상 물체 등이 망가질 우려가 있습니다.

한편, 이러한 문제에서 사람이나 다른 시스템에 의해 경험 데이터를 얻을 수 있는 경우가 있습니다. 예를 들어, 자율 주행이나 의료/헬스케어에서는 과거에 사람이 실행한 경험 데이터가 존재하며, 로봇 등에서도 안전이 보장되는 다른 방법(사람에 의한 원격 제어 등)에 의해 얻어진 경험 데이터를 모을 수 있습니다. 목적 지향 대화 시스템$^{goal-}$

---

1 옮긴이_ 자율 주행 분야에서 특정한 의미를 갖는 개념으로, 안전성과 신뢰성에 관한 것입니다.

oriented dialogue system2을 강화 학습으로 실현하려는 경우에도 강화 학습 에이전트에 의한 시행착오를 수행하는 것은 매우 어렵지만, 과거의 사람들 간의 대화 이력을 수집하는 것은 용이합니다.

이렇게 과거에 얻은 경험 데이터만을 사용하여 새로운 환경과 상호작용을 하지 않고 최적 정책을 추정하는 강화 학습을 오프라인 강화 학습(또는 배치batch 강화 학습)이라고 합니다.[3]

오프라인 강화 학습의 어려운 점

오프라인 강화 학습은 매력적이지만 실현하기 어렵습니다. 우선, 애초에 경험 데이터로 커버할 수 없는 상태나 상태-행동 쌍에 대해서는 그 당시의 상태 전이나 보상을 추정하는 것은 불가능합니다. 이 문제는 경험 데이터 수집 시의 탐색 문제로서 중요한 문제이지만, 이 절에서는 다루지 않습니다.

여기서부터는 경험 데이터로 커버되는 범위 내에서 최적화하는 것을 생각합니다. 이 문제 자체도 어렵습니다. 이는 경험 데이터의 상태/상태-행동 분포와 현재 학습되고 있는 정책의 상태/상태-행동 분포 사이에 차이가 있기 때문입니다. 이 문제를 분포 이동distribution shift이라고 합니다. 지도 학습에서도 학습 데이터와 평가 데이터의 분포가 다르면 차이가 미미하더라도 성능이 급격히 저하되는 것으로 알려져 있습니다. 강화 학습에서도 이러한 분포의 차이는 실제와 다른 수익을 추정함으로써 잘못된 최적 행동으로 이어집니다.

강화 학습에는 현재 학습 중인 정책과 다른 정책을 사용하여 수집된 경험으로 학습하는 오프 폴리시off-policy 학습도 있습니다. 오프 폴리시 학습에서는 학습 중인 정책을 사용하여 새로운 경험 데이터가 수집됩니다. 그 결과, 예를 들어 수익 평가

가 일시적으로 잘못해서 높게 추정되더라도 실제 탐색을 통해 대응되는 경험 데이터를 수집하면 실제로 얻어진 보상을 기준으로 잘못된 수익 평가를 수정할 수 있습니다.

반면, 오프라인 강화 학습은 새로운 경험 데이터를 수집할 수 없기 때문에 잘못된 평가가 수정되지 못하고, 게다가 강화 학습에서 사용되는 벨만 백업Bellman Backup 등으로 업데이트를 반복할 때마다 오차가 누적됩니다. 이를 방지하기 위해서는 뒤에서 설명할 불확실성을 평가하는 것 등이 중요합니다.

중요도 샘플링을 이용한 오프라인 강화 학습

이제 오프라인 강화 학습의 접근 방식을 소개하겠습니다. 우선 생각할 수 있는 것은 중요도 샘플링importance sampling4을 사용하는 것입니다.

일반적으로 목표 분포와 다른 분포에서 샘플링된 데이터를 사용하여 학습하는 경우, 중요도 샘플링을 사용하여 목표 분포의 기댓값을 추정할 수 있습니다.

예를 들어, 경험 데이터의 확률 분포가 $q(x)$이고 목표 분포가 $p(x)$이며 목적 함수 $p(x)$에서의 기댓값을 구하려면 다음과 같이 할 수 있습니다.

$$\mathbb{E}_{x \sim p(x)}[L(x)] = \mathbb{E}_{x \sim q(x)}\left[\frac{p(x)}{q(x)}L(x)\right]$$

경험 데이터로부터의 샘플 $x \sim q(x)$에 $w(x) := p(x)/q(x)$라는 가중치를 부여함으로써, 목표 분포의 기댓값을 추정할 수 있는 것입니다. 이 $w(x)$를 중요도importance라고 합니다. 오프라인 강화 학습의 경우에도 x를 행동 상태 시퀀스($x=[s_1, a_1, s_2, a_2...]$),

현재의 정책에 의한 분포를 목표 분포로 하여 중요도 샘플링에 의해 현재의 정책에 따른 기대 수익을 추정할 수 있습니다.

중요도 샘플링의 문제점은 데이터 분포와 목표 분포가 많이 다르면 추정의 분산이 매우 커진다는 것입니다. 예를 들어, 경험 데이터에서 거의 경험하지 못한 상태나 상태-행동 쌍($q(x)\simeq0$)의 중요도는 매우 커집니다. 강화 학습에서 이 x는 행동상태 시퀀스에 대응되므로 $p(x)$, $q(x)$는 상태 확률, 정책 확률의 곱입니다. 중요도는 이 상태 확률, 정책 확률의 비의 곱이 되어 분산도 매우 커지게 됩니다.

이러한 문제를 방지하기 위해 다양한 기법이 제안되었습니다. 예를 들어, 경험 데이터로부터 복수의 데이터 x_i를 샘플링하여 그것들의 중요도의 합($\sum_i w(x_i)$)으로 각 중요도를 정규화하는 가중 중요도 샘플링weighted importance sampling은 편향을 만들기는 하지만 분산을 훨씬 작게 만들기 때문에 널리 사용되고 있습니다.

또한 경험 데이터의 분포와 목표 분포가 서로 비슷한 영역에서만 최적화할 수 있다면 분산을 줄일 수 있습니다. 이는 데이터 수집 시에 사용된 정책으로부터 크게 벗어나지 않는 범위에서만 정책을 최적화함으로써 실현할 수 있습니다. 예를 들어, 학습 대상 정책과 데이터 수집 시의 정책 사이의 쿨백-라이블러 발산을 페널티로 하여 목적함수에 추가하는 기법 등이 제안되었습니다.

한편, 정책이 비슷한 범위 안에서 탐색하는 것은 너무 보수적일 수 있습니다. 예를 들어, 데이터 수집 시에 랜덤하게 행동을 선택하는 정책을 사용한다고 가정해보겠습니다. 이 경우 학습 대상 정책도 마찬가지로 여러 행동을 확률적으로 선택하는 정책밖에 선택할 수 없게 됩니다.

이렇게 정책이 비슷한 범위 안에서 찾도록 제약을 하기보다는, 학습 대상 정책이 도달하는 상태/상태-행동이 경험 데이터에 포함되도록 제약하는 편이 좋을 것으로 생각됩니다. 이 접근 방식은 이어서 설명할 불확실성을 고려한 강화 학습입니다.

불확실성을 고려한 강화 학습

적은 수의 관측치로 인한 추정 결과의 불확실성을 인식론적 불확실성epistemic uncertainty이라고 합니다. 인식론적 불확실성은 관측 횟수를 늘림으로써 줄일 수 있습니다. 이후 불확실성이라고 하면, 이 인식론적 불확실성을 의미합니다.

이 불확실성은 부트스트랩 앙상블[5]을 사용하여 추정할 수 있습니다. 예를 들어, 복수의 신경망을 준비하여 각각에 서로 다른 초깃값과 학습 데이터를 사용하여 학습합니다. 이 신경망들에 의한 추정 결과들이 서로 많이 다르면 불확실성이 높고, 일치한다면 불확실성이 낮다고 할 수 있습니다.

불확실성이 높은 상태/상태-행동은 이에 대응하는 수익(가치 함수) 추정 오차도 큽니다. 강화 학습은 수익을 최대화하는 행동을 목표로 학습하는 경우가 많아서(Q-러닝 등), 불확실성이 있는 경우 항상 낙관적 추정을 하는 행동을 선택함으로써 잘못된 추정 결과를 사용하게 됩니다. 이 오류는 업데이트할 때마다 다른 상태로 전파되며, 이는

2 옮긴이_ 대화 시스템 분야에서 하나의 개념으로 정립된 시스템입니다.

3 S. Levine et al., "Offline Reinforcement Learning: Tutorial, Review, and Perspectives on Open Problems," https://arxiv.org/abs/2005.01643

4 옮긴이_ 중점(重点) 샘플링으로 번역되기도 합니다.

5 옮긴이_ 배깅과 같은 것입니다. Bootstrap Ensemble과 Bootstrap Aggregation(bagging)은 같은 것을 의미합니다.

전체 추정에 큰 악영향을 미칩니다.

마찬가지로 모델 기반 강화 학습에서 환경의 다이내믹스를 추정하는 경우, 이 예측 오차를 가치 함수가 악용하여 부당하게 높은 수익을 추정하게 됩니다. 모델의 예측 오차를 가치 함수 추정 모델이 악용하는 현상은 model exploitation이라고 알려져 있습니다.

이를 방지하기 위해 가치 함수를 추정할 때 불확실성도 동시에 추정하고 불확실성만큼을 할인하여 평가함으로써 악용을 방지할 수 있습니다. 오프라인 강화 학습이 아닌 문제 설정에서도 이러한 불확실성을 이용한 강화 학습이 효과적인 것으로 나타났습니다.[6]

향후 전망

오프라인 강화 학습은 강력한 학습 패러다임이 될 수 있습니다. 시행착오가 불가능한 문제에 강화 학습을 적용할 수 있을 뿐만 아니라, 최적화하고자 하는 시스템의 데이터를 한번 획득하면 그 후의 시스템 최적화를 적은 비용으로 실현할 수 있습니다. 이렇게 수집된 경험 데이터만을 이용하여 강화 학습을 할 수 있다면 데이터 기반data-driven 강화 학습을 실현할 수 있습니다.

지도 학습에서는 한번 생성된 학습 데이터를 여러 번 재사용함으로써 기법을 개선할 수 있었습니다. 강화 학습에서도 마찬가지로 경험 데이터만 한 번 비용을 들여서 수집한다면, 여러 번 재사용하여 기법을 개선할 수 있습니다.

또한, 연구 개발도 가속화될 것으로 기대됩니다. 이미지나 자연어 처리에서 지도 학습이 급속하게 발전한 이유 중 하나로, 이미 준비된 지도 데이터 셋들이 있어서 새로운 아이디어를 바로 시도해 볼

수 있었다는 점을 들 수 있습니다.

반면 강화 학습은 시뮬레이션이나 실제 환경을 준비해야만 했기에, 누구나 쉽게 시작할 수 있는 일이 아니었습니다. 그러나 오프라인 강화 학습에서는 세계의 누군가가 데이터를 수집하여 공개해 주기만 한다면, 다른 연구자들은 시뮬레이터나 실제 환경 시스템을 셋업하지 않고도 새로운 아이디어를 바로 시도해 볼 수 있습니다.[7]

앞으로 오프라인 강화 학습의 발전에 따라 강화 학습이 적용될 수 있는 문제의 범위가 넓어질 것으로 기대합니다.

6 J. Fu et al., "D4RL: Datasets for Deep Data-Driven Reinforcement Learning," *https://sites.google.com/view/d4rl/home*

7 K. Lee et al., "SUNRISE: A Simple Unified Framework for Ensemble Learning in Deep Reinforcement Learning," *https://arxiv.org/abs/2007.04938*

CHAPTER

5

고속화, 저전력화, 인프라

심층 신경망 학습의 고속화 가능성

딥러닝은 모델의 학습에 오랜 시간이 걸리는 것으로 유명합니다. 물론 데이터와 모델에 따라 다르지만 학습에 며칠 또는 몇 달 단위의 시간이 걸리는 것은 드문 일이 아닙니다. 이 모델 학습 속도를 높이는 것은 연구 개발의 경쟁력과 직결됩니다.

새로운 아이디어를 시도하고 결과를 얻는 데 일주일 이상 걸리는 경우와 1시간밖에 걸리지 않는 경우는 시행착오의 횟수와 방식이 크게 다를 것입니다. 또한 속도가 빨라질수록 더 큰 학습 데이터셋과 더 큰 모델을 사용할 수 있습니다.

GPU의 고속화와 모델 거대화

딥러닝 모델의 학습에 어느 정도의 시간이 걸리는지에 대한 감각을 키울 수 있도록 몇 가지 예를 살펴보겠습니다. 딥러닝 튜토리얼에서 맨 처음 다루게 되는 MNIST 데이터셋의 이미지 분류 학습으로 시작합시다. MNIST의 학습 데이터는 28×28 크기의 손 글씨 흑백 이미지 50,000장으로 이루어집니다. 이것을 3층의 다층 퍼셉트론을 사용하여 학습하는 경우를 생각하겠습니다. 중간 계층에 100개의 뉴런을 사용하면 전체 네트워크는 100,000개에 조금 모자라는 수의 파라미터로 구성됩니다. 이때, 하나의 이미지를 추론(순방향 foward)하기 위해서는 250,000번의 부동소수점 연산이 필요하며, 학습하기 위해서는 그 양의 약 3배인 약 750,000번의 부동소수점 연산이 필요합니다. 학습 전체로서는 학습 데이터 전체를 20번 스캔하게 되며, 이 경우 CPU 1개(인텔 제온[Intel Xeon]

E5-2667)로는 약 3분, GPU 1개(엔비디아 테슬라[NVIDIA Tesla] P100 PCIe)로는 약 1분이 소요됩니다.[1,2] 이 정도 시간이라면 큰 어려움 없이 시행착오를 해볼 수 있을 것입니다.

다음으로 현실적인 학습 문제의 예로 이미지넷 데이터셋의 학습을 들어 보겠습니다. 일반적으로 이미지넷 데이터셋으로 알려진 ILSVRC는 120만 개의 학습 이미지로 구성되며 1,000개 클래스의 분류 문제입니다.

2012년 딥러닝을 활용해 ILSVRC에서 우승하며 금자탑을 세운 알렉스넷은 당시 두 개의 GPU(엔비디아 GTX 580, 성능 1.6TFLOPS, FLOPS는 초당 수행할 수 있는 부동소수점 연산 횟수)를 사용했으며, 5~6일의 학습 시간이 필요했습니다. 그 이후로 GPU 성능은 매년 약 두 배씩 향상되었지만(2017년 11월 기준으로 가장 빠른 NVIDIA Tesla V100은 15.7 TFLOPS[3]), 모델도 거대해지고 있습니다. ResNet, DenseNet 등 요즘 사용되는 모델은 수십~수백 계층과 수백에서 수천에 이르는 채널(각 계층의 뉴런 수는 너비× 높이 × 채널 수) 수를 가지는 매우 큰 네트워크입니다. 예를 들어, 50개의 계층이 있는 중간 정도 크기의 ResNet-50은 크기가 224×224인 이미지를 추론하는 데 38억 회의 부동 소수점 연산이 필요하며, 학습에는 약 3배인 100억 개의 부동 소수점 연산이 필요합니다. GPU 한 개로 이미지넷 데이터셋을 학습하기 위해 학습 데이터를 100회 정도 스캔하면, 약 2주가 필요합니다.

고속화의 주류가 된 데이터 병렬화

이 학습 속도를 높이는 데 있어서, 현재는 데이터 병렬화에 의한 가속이 주류가 되어 있습니다. 딥러닝의 학습기법인 확률적 경사 하강법(SGD)은 다음과 같이 수행됩니다. (1) 학습 데이터셋에서 미니 배치라고 부르는 일정 개수의 데이터를 샘플링하여, (2) 그 미니 배치로부터 목적 함수의 파라미터에 대한 경삿값을 추정하고, (3) 이 경삿값의 추정치를 사용하여 파라미터를 업데이트합니다. 이 경삿값 추정은 각 데이터에 대해 독립적으로 계산할 수 있으므로 병렬 계산이 가능합니다. 데이터 병렬화에 의한 가속에서는 복수의 작업자worker를 준비하여, 미니 배치를 더 분할하여 얻은 데이터(마이크로 배치라고 함)를 각 작업자에 할당하고, 작업자별로 경삿값을 독립적으로 추정하여 집계함으로써 고속화합니다.

이 데이터 병렬화에 의한 속도 향상에는 두 가지 큰 문제가 있습니다. 하나는 파라미터 부패Staleness(신선하지 않은 파라미터를 사용하게 됨) 문제입니다. 병렬 처리에서 작업자 간의 동기화가 필요한 경우, 느린 작업자에 의해 전체 프로세스가 느려지는 문제가 있기 때문에 비동기 처리가 바람직합니다. 그래서 이전에는 DNN 학습에서도 비동기 처리가 이루어졌으며, 최신이 아닌 파라미터를 기반으로 경삿값을 찾아 업데이트하는 기법을 사용했습니다. 그러나 경삿값을 얻기 위해 오래된 파라미터를 사용하는 것의 악영향이 큰데, 특히 일반화 능력에 큰 영향이 있다는 것이 실험적으로 밝혀졌습니다. 따라서 모든 작업자에게는 항상 최신 파라미터가 있어야 하며 이를 기반으로 경삿값을 계산할 수 있어야 합니다. DNN에는 많은 수의 파라미터가 있으며 모든 작업자가 최신 파라미터를 유지하려면 처리량throughput이 많고 레이턴시가 짧은 네트워크가 필요합니다.

또 하나의 문제는 데이터 병렬화로 속도를 높일 때 미니 배치 크기를 늘려야 한다는 점입니다. 이는 각 작업자의 마이크로 배치가 일정 크기 이상이 되지 않으면 각 작업자가 효율적으로 계산할 수 없기 때문입니다. 현재 GPU와 HPC를 사용하는 많은 계산 프로세스에서는 데이터당 계산 횟수, 즉 계산 밀도가 높아야 합니다. 이는 데이터 대역폭의 향상이 계산 성능의 향상을 따라갈 수 없기 때문입니다. 따라서 작은 배치로 계산하면 실효 성능이 크게 저하됩니다. 따라서 각 마이크로 배치가 커지도록 미니 배치 크기를 늘려야 합니다. 그러나 미니 배치 크기가 증가하면 일반화 성능이 떨어지는 현상이 나타난다고 알려져 있습니다. 즉, 학습 오차는 최소화할 수 있지만, 실제 추론 시 테스트 데이터의 오차가 커지게 되는 문제가 있습니다.

어닐링과 같은 효과가 있는 SGD

이 현상의 원인은, 현시점에서는 미니 배치 크기를 늘리면 경삿값의 노이즈가 감소하여 일반화에 악영향을 미치기 때문으로 알려져 있습니다.[4]

---

1   Chainer의 examples에 있는 `train_mnist.py`를 그대로 사용하여 실측했습니다. *https://github.com/chainer/chainer/blob/master/examples/mnist/train_mnist.py*

2   옮긴이_ Chainer 라이브러리는 저자가 몸담은 프리퍼드 네트웍스(Preferred Networks)가 자체 개발한 오픈 소스 딥러닝 프레임워크입니다. 2015년 6월에 오픈 소스로 공개되었고, 이것은 2015년 11월의 텐서플로(TensorFlow)보다 빨랐습니다. 기존의 Theano, Caffe, 텐서플로 등이 채택했던 Define-and-Run 방식이 아닌, Define-by-Run 방식을 채택함으로써, 후에 가장 인기 있는 프레임워크가 된 파이토치의 원형을 제공했다는 평가를 받고 있습니다. 2019년 12월에 v7을 마지막으로 파이토치 생태계에 흡수되었습니다.

3   옮긴이_ 2024년 기준으로 NVIDIA H200 은 단정밀도 FP32 가 67 TFLOOPS 입니다.

SGD는 단순히 샘플로부터 경삿값을 구해서 속도를 높일 뿐만 아니라, 경삿값에 적당한 노이즈를 추가하여 어닐링annealing과 같이 최적화가 국소 솔루션에 빠지지 않도록 하는 데 도움이 되기 때문입니다. 또한, 적절한 노이즈는 베이즈 최적화나 최소 설명 길이minimum description length(MDL) 등으로 연결되어 일반화 성능 향상에 기여하는 것으로 밝혀졌습니다.

이를 기반으로 미니 배치 크기가 바뀌더라도 같은 스케일의 노이즈가 더해지도록, 미니 배치 크기가 커짐에 따라 SGD의 학습률을 증가시킵니다.[5] 이렇게 하면 노이즈의 크기가 원래 학습과 같아지므로 일반화 성능을 유지하면서 속도를 높일 수 있습니다.

이미지넷 학습의 성공적인 고속화

이러한 여러 가지 아이디어를 축적함으로써 데이터 병렬화에 의해 학습 속도를 높일 수 있게 되었습니다. 그리고 2017년 초부터 급격히 발전하기 시작했습니다.

2017년 1월, 프리퍼드 네트웍스(PFN)는 딥러닝 서밋Deep Learning Summit 샌프란시스코San Francisco 2017에서 100개의 GPU를 사용하여 이미지넷 학습 문제를 4시간 이내에 동일한 정확도(이하 정확도는 테스트 데이터의 정확도를 나타냄)로 학습할 수 있다고 발표했습니다. 이때, 학습률을 높이면 일반화 성능이 저하되지 않는다는 지식을 PFN은 실험에 의해 독자적으로 획득했습니다. 위에서 언급했듯 이 아이디어가 옳았다는 것이 나중에 이론적으로 증명되었습니다.

2017년 6월, 페이스북은 256개의 GPU를 사용하여 1시간 만에 동일한 정확도로 학습할 수 있음을 보였습니다.[6] 또한 학습을 시작하면서 학습률을 서서히 높여감으로써 학습을 안정화시키는 웜업 전략warmup strategy를 제안했습니다. 또한 미니 배치 크기를 n배로, 학습률도 n배로 높이는 경우의 학습 곡선(각 에포크epoch에서의 목적 함숫값 및 정확도 궤적)이 원래 학습 곡선과 거의 일치한다는 것을 발견했습니다.

그 후 2017년 9월 미국 UC 버클리 등의 연구 그룹이, 인텔 제온 Phi 7250 가속기가 있는 CPU를 1,600개 사용하여 30분 안에 학습할 수 있다고 보고했습니다.[7] 그들은 각 계층의 학습률을 정규화하는 LARS라는 방법을 사용하여 학습을 안정화할 것을 제안합니다.

2017년 12월에 PFN은 1,024개의 GPU를 사용하여 15분 만에 동일한 정확도로 학습할 수 있다고 발표했습니다(그림 5-1).[8] 이때의 미니 배치 사이즈는 32,768로서, 일반적으로 사용되는 사이즈의 거의 100배입니다. 매우 큰 학습률을 사용하기 위해, 보다 자세한 학습률 및 모멘텀 조정 외에도 초기 단계에서는 RMSprop을, 후반에는 모멘텀

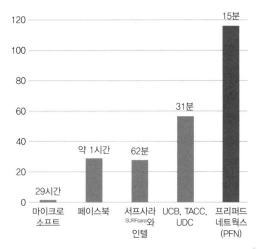

그림 5-1 ResNet50 이미지넷 학습의 고속화 결과

8개 GPU로 학습하는 경우를 베이스라인으로 하는 고속화 비교

SGD를 사용하여 일반화 성능을 유지하는 아이디어를 적용했습니다. 또한 PFN의 성과는 C++로 작성된 Caffe 대신 Chainer(ChainerMN)[9]를 사용하여 파이썬Python으로 개발하는 효율성을 유지하면서 학습을 스케일할 수 있음을 보였습니다.

앞으로도 계속될 대규모화와 고속화

고속화가 가져올 앞으로의 가능성에 대해 이야기해 보겠습니다. 우선, 더 큰 데이터셋에서 학습할 수 있습니다. 이미지넷보다 큰 데이터셋이 이미 많이 등장했습니다. 대표적인 예로 1,000만 개의 이미지와 약 5,000개의 클래스로 구성된 오픈 이미지스Open Images(*https://github.com/open images/dataset*), 240,000개의 동영상과 1,000만 개의 주석으로 구성된 유튜브YouTube BB(*https://research.google.com/youtube-bb/*), 레이블이 지정된 1억 개의 이미지로 구성된 야후Yahoo 플리커Flickr Creative Commons(*http://yfcc100m.appspot.com/*) 등이 있습니다. 구글은 학습 데이터를 3억 장으로 늘려 학습한 결과 데이터 수가 증가함에 따라 정확도가 계속 증가한다고 보고했습니다.[10] 그 밖에도 비지도 학습, 준지도 학습semi-supervised learning 등 레이블링 비용이 낮은 학습 기법들이 제안되고 있으며, 이를 이용하여 더 많은 양의 비지도 데이터를 활용할 수 있습니다. 또한 CG를 사용한 학습과 같이 사실상 무한한 데이터셋을 사용할 수 있는 기법도 등장했습니다. 또한 강화 학습이나 GAN은 알고리즘의 특성상 수렴을 위해 많은 반복iteration이 필요하기 때문에 학습 고속화에 대한 기대가 높습니다.

또한, 지금보다 더 큰 모델을 사용하여 학습하는 것도 중요합니다. 머신러닝에 대한 일반적인 이해와 달리 신경망은 모델이 커질수록 과적합되지 않을 것으로 예상되는데, 실험적으로는 증명되었으므로 계산 비용만 해결할 수 있다면 더 큰 모델을 사용하는 것이 바람직합니다.[11] 그리고 학습 시 큰 모델을 사용했더라도 학습 후에 성능 저하 없이 훨씬 작은 크기로 압축할 수 있는 것으로 나타났으므로 추론 시에는 대량의 리소스를 사용하지 않아도 됩니다. 그렇다면 '처음부터 작은 모델을 사용하여 훈련하면 되지 않나'라고 생각할 수 있지만, 작은 모델로는 학습이 어렵고 과적합되기 쉬워지는 문제가 있습니다. 큰 모델은 표현력을 높일 뿐만 아니라 학습을 더 용이하게 합니다.

4 S. L. Smith et al., "A Bayesian Perspective on Generalization and Stochastic Gradient Descent," *https://arxiv.org/abs/1710.06451*

5 S. L. Smith et al., "A Bayesian Perspective on Generalization and Stochastic Gradient Descent," *https://arxiv.org/abs/1710.06451*

6 P. Goyal et al., "Accurate, Lage Minibatch SGD: Training ImageNet in 1 Hour," *https://arxiv.org/abs/1706.02677*

7 Y. You et al., "ImageNet Training in Minutes," *https://arxiv.org/abs/1709.05011*

8 T. Akiba et al., "Extremely Large Minibatch SGD: Training ResNet-50 on ImageNet in 15 Miniutes," *https://arxiv.org/abs/1711.04325*

9 ChainerMN은 복수의 노드에 걸쳐 Chainer의 학습을 분산 처리하기 위한 Chainer의 추가 패키지입니다.

10 C. Shun et al., "Revisiting Unreasonable Effectiveness of Data in Deep Learning Era," *https://arxiv.org/abs/1707.02968*

11 M. S. Advani et al., "High-dimensional dynamics of generalization error in neural networks," *https://arxiv.org/abs/1710.03667*

뇌에서도 먼저 신경회로망을 많이 만든 후에 중요하지 않은 부분은 없애간다고 알려졌으며, 이 아이디어를 기반으로 한 학습 기법도 제안되었습니다.[12] 앞으로도 고속화와 대규모화의 추세는 계속될 것으로 생각됩니다.

---

12 S. Han et al., "DSD: Dense–Sparse–Dense Training for Deep Neural Networks," *https://arxiv.org/abs/1607.04381*

모바일향 신경망: 추론 시 전력 효율 향상 3가지 방안

신경망은 많은 작업, 특히 이미지 인식 및 음성 인식에서 기존 방법을 훨씬 능가하는 고성능을 달성했습니다. 그런데 신경망은 기존의 방법보다 학습 및 추론(사용) 시에 더 많은 계산이 필요하다는 것이 알려져 있습니다. 학습 시에 필요한 계산은 처리량이 중시되는데, 충분한 컴퓨팅 성능을 갖춘 데이터 센터나 클라우드 등에서 학습 데이터를 집약시켜서 시간을 들여 수행하면 됩니다.

한편, 추론 시 필요한 연산은 레이턴시가 중시되며, 데이터가 생성되는 가까이에서 바로 처리되는 것이 좋은 경우가 많습니다. 데이터 센터나 클라우드에서 추론하면 네트워크 통신 시간의 오버헤드 외에도 네트워크 통신이 끊어질 가능성도 있어서 크리티컬한 용도에는 사용할 수 없게 됩니다.

예를 들어, 자율주행차나 로봇, 드론의 이미지 인식, 앞으로 증가하게 될 음성을 통한 대화형 질의응답question answering 등은 수백에서 수십 밀리초의 저지연low latency 처리를 디바이스 가까이에서 실현하면 좋을 것입니다. 한편, 이러한 에지 디바이스는 사용할 수 있는 전력에 제약이 있습니다. 이러한 맥락에서, 추론 시 디바이스에서 신경망을 실현할 수 있으면서도 계산이 가볍고 소비 전력이 낮아야 합니다.

이미지 1장에 수백억 번의 부동소수점 곱셈-누적 연산 필요

현재 신경망에 어느 정도의 계산 비용이 필요한지에 대한 구체적인 예를 들어 보겠습니다. 신경망의 주요 계산은 32비트나 16비트 부동 소수점 연산, 특히 합성곱 및 전결합 계층의 파라미터와 활성화 출력값 사이의 행렬곱 계산 비용이 지배적입니다.

일반적인 객체 인식, 객체 검출 및 세그먼테이션은 [표 5-1]과 같은 파라미터 수와 연산 횟수가 필요합니다(이들 수치는 참고 문헌[1]에서 인용). 어디까지나 참고를 위한 수치들이지만, 이렇게 파라미터의 수는 약 1억, 이미지당 수백억 회의 부동소수점 곱셈-누적multiply-and-accumulate 연산이 필요합니다. 이미지 크기가 증가하거나 초당 처리 프레임 수가 증가하면 필요한 연산 횟수도 비례하여 증가합니다. 예를 들어, HD(1280×720) 해상도로 초당 30프레임으로 객체 검출을 하는 데는 단순 계산으로도 초당 14조 회의 부동 소수점 곱셈-누적 연산이 필요합니다.

표 5-1 DNN에 필요한 계산 비용

	일반 객체 인식	객체 검출	세그먼테이션
입력 이미지 크기(픽셀)	299 × 299	320 × 320	512 × 512
DNN 파라미터 수(억)	1.46	0.36	0.6
필요한 곱셈-누적 연산 횟수(억)	423	350	800
네트워크 구성	SENet[2]	SSD300	DeepLabv3+ ResNet-101

---

1 M. Sandler et al., "Inverted Residuals and Linear Bottlenecks: Mobile Networks for Classification, Detection and Segmentation," *https://arxiv.org/abs/1801.04381*

이렇게 필요한 계산 능력은 현재 모바일 디바이스의 성능과는 상당한 차이가 있지만, 이를 메우기 위한 몇 가지 흐름이 있습니다. 여기서는 세 가지 흐름을 소개하겠습니다. 첫 번째는 저소비전력 하드웨어의 개발, 두 번째는 네트워크 아키텍처의 개선, 세 번째는 양자화/이진화 신경망의 사용입니다.

저소비전력 하드웨어 등장

첫 번째로, 하드웨어의 개선이 있습니다(이 글을 작성한 2018년 3월 시점). 예를 들어 엔비디아는 젯슨 자비에[Jetxon Xavier] NX를 개발하고 있습니다.[3] 15W 또는 20W로 21조 회, 10W로 14조 회의 연산을 제공합니다.

구글이 제공하는 구글 에지[Google Edge] TPU[4]를 사용하는 경우는 1W당 2조 회의 int8 연산을 지원합니다. 이러한 디바이스는 수십 달러 정도의 가격으로 제공됩니다.

기계로 자동 설계되는 아키텍처

두 번째로 네트워크 아키텍처의 개선이 있습니다. 이미지 인식에서는 이미지넷에 의한 일반적인 객체 인식 등의 정확도 향상이 정체기에 이르렀지만, 계산 횟수가 정해진 조건에서의 정확도는 계속 향상되고 있습니다. 그중에서도 강화 학습이나 유전 알고리즘을 이용하여 네트워크 구조를 설계함으로써, 저소비전력이면서도 성능이 높은 네트워크 아키텍처가 발견되고 있습니다.[5]

예를 들어, 유전 알고리즘에 의해 발견된 AmoebaNet-C[6]은 500만 개의 파라미터와 5억 회의 부동 소수점 연산으로 이미지넷 Top-5 정

확도가 92.1%입니다(아무런 계산 자원 제한이 없는 조건에서의 최고 정확도는 SENet의 96.2%). 앞으로는 계산 횟수나 파라미터 수뿐 아니라 하드웨어 제한 조건(실효 효율이나 소비 전력 최적화)을 고려한 네트워크 아키텍처의 자동 최적화가 진전될 것으로 생각합니다.

계산 비용에 제한이 없는 경우에도, 기계가 설계한 네트워크가 사람이 설계한 네트워크를 머지않아 추월할 것으로 생각합니다.

양자화나 2진화로 소비 전력 저감

세 번째는 신경망의 양자화와 이진화입니다. 신경망의 파라미터와 활성화 출력값을 양자화에 의해 적은 비트를 사용하는 정수나 1비트의 정보로 대체할 수 있다면 계산 비용과 소비 전력을 크게 줄일 수 있습니다. 파라미터가 이진화(+1, −1)되면 곱셈을 덧셈과 뺄셈으로 대체할 수 있습니다. 또한 활성화 출력값도 이진화할 수 있다면 곱셈을 비트 XNOR 연산으로 대체해서 계산 비용을 크게 줄일 수 있습니다. 예를 들어, 32비트 부동 소수점 곱셈은 자일링스[Xilinx] FPGA로는 약 600개의 LUT와 플립플롭(FF)이 필요하지만(몇 개의 DSP 슬라이스를 병용하면 100개 전후의 LUT/FF로 실현 가능),[7] 1비트 연산은 1개의 LUT/FF로 실현할 수 있습니다.

계산 비용뿐만이 아닙니다. 현재 소비 전력의 대부분은 메모리에서 데이터를 전송할 때 발생합니다. 데이터를 양자화하여 작게 만듦으로써 소비 전력을 줄일 수 있습니다. 양자화는 미분 불가능한 연산이므로 양자화하여 신경망을 학습시키기는 어려울 것처럼 보입니다. 그러나 최근에는 오차를 전파할 때는 양자화의 영향을 무시하는 Straight-Through 추정을 사용하여 많은 경우에

학습이 가능하다는 것이 밝혀졌습니다. 이에 정확도를 저하시키지 않도록 양자화하는 연구가 진행되고 있습니다.

예를 들어, 세계 최대 드론 회사인 중국 DJI사의 연구 그룹이 발표한 논문[8]에서는 원래의 부동 소수점 행렬곱을 복수의 이진화된 행렬곱 연산의 조합으로 표현함으로써, 정확도 손실을 억제하면서 파라미터와 활성화 출력값을 이진화하는 데 성공했습니다. 벡터 양자화에 의한 고속화도 앞으로 중요해질 것입니다.[9]

모바일 및 임베디드 장치에서 신경망 추론을 문제없이 사용할 수 있게 된다면, 그다음에는 모델 학습이 시도될 것입니다. 그러나 모델 학습은 자릿수가 다른 많은 계산 자원이 필요하며, 양자화가 도입되더라도 학습 시(특히 경삿값 계산)에는 부동 소수점 연산이 필요하게 됩니. 앞으로의 연구 주제라고 할 수 있습니다.

2 J. Hu et al., "Squeeze-and-Excitation Networks," *https://arxiv.org/abs/1709.01507*

3 *https://www.nvidia.com/ko-kr/autonomous-machines/ embedded-systems/jetson-xavier-nx/*

4 *https://cloud.google.com/edge-tpu*

5 B. Zoph and et al., "Learning Transferable Archtectures Scalable Image Recognition," *https:// arxiv.org/abs/1707.07012*

6 E. Real and et al., "Regularized Evolution for Image Classifier Architecture Search," *https://arxiv.org/ abs/1802.01548*

7 *https://www.xilinx.com/support/documentation/ip_ documentation/ru/floating-point.html*

8 X. Lin et al., "Towards Accurate Binary Convolutional Neural Network," NIPS 2017, *https://arxiv.org/ abs/1711.11294*

9 R. Guo et al., "Quantization based Fast Inner Product Search," *https://arxiv.org/abs/1509.01469*

AI 연구의 뼈아픈 교훈

강화 학습의 창시자 중 한 명이자 오랫동안 이 분야를 선도해 온 캐나다 앨버타 대학교University of Alberta 교수인 리처드 서튼Richard Sutton이 「뼈아픈 교훈The Bitter Lesson」이라는 제목의 기사를 투고했습니다.[1] 다음은 내용을 간략하게 요약한 것입니다.

뼈아픈 교훈

지난 70년간의 AI 연구에서 얻은 가장 큰 교훈은 계산 능력을 활용하는 범용적 기법이 궁극적으로는 가장 효과적이었다는 것입니다. 이 배경에는 무어의 법칙Moore's law으로 알려진 컴퓨팅 성능의 지수적인 증가가 있습니다. 일반적으로 AI 연구에서는 에이전트[2]의 계산 능력이 고정되었다고 생각합니다. 이 경우 AI의 성능을 향상시키는 방법은 사람의 도메인 지식을 시스템에 내장하는 것밖에 없습니다. 그러나 일반적인 연구 프로젝트의 기간보다 긴 기간으로 보면, 계산 능력의 향상을 활용하는 범용적 기법이 궁극적으로는 큰 차이로 더 효과적이라는 것을 알 수 있습니다.

예를 들어, 체스에서 IBM의 딥 블루는 1997년 세계 챔피언 게리 카스파로프Garry Kasparo를 꺾었습니다. 이를 달성하기 위해 특수 하드웨어가 개발되었고 완전 탐색brute-force 기반 기법이 사용되었습니다. 많은 인공지능 연구자는 인간의 지식을 내장하는 기법이 성공하기를 바랐지만, 그렇지 않았습니다. 바둑은 그로부터 20년이 더 걸렸지만, 구글 딥마인드의 알파고는 세계 최정상 바둑 기사인 이세돌을 꺾었습니다. 여기서는 신경망에 특화된 하드웨어인 TPU를 학습에 활용하고, 자기 대전self-play 학습과 몬테카를로 트리 탐색을 이용하여 이겼습니다. 음성 인식과 이미지 인식에서도 전문 지식을 갖춘 연구자들이 설계한 피처와 판별기를 이용한 많은 기법이 개발되었지만, 현재는 대량의 학습 데이터와 연산 자원을 이용한 딥러닝을 이용하는 기법으로 대체되고 있습니다.

이 경험들을 종합하면, AI 연구자들은 처음에는 도메인 지식을 시스템상에 구축합니다. 단기적으로는 효과적이지만 결국에는 정체되기 시작하고 진척이 멈춥니다. 그리고 장기적으로는 완전히 다른 접근 방식, 즉 향상된 계산 성능을 활용하는 탐색 및 학습에 중점을 둔 기법이 중대한 돌파구를 마련하고 도메인 지식을 내장하는 방법을 크게 능가합니다. 이러한 성공은 사람을 중심으로 하는 접근 방식이 아니기 때문에 AI 연구자들에게는 받아들여지지 않고 쓰라림을 동반하는 성공으로 인식됩니다.

또한 지능과 마음이라는 것은 매우 복잡하여, 단순한 기법으로는 마음의 내용(장소, 물체, 복수의 에이전트 등)을 실현할 수 없습니다. 이것들은 매우 복잡한 세계의 일부분이기 때문입니다. 단순한 방법을 추구하기보다는 이러한 복잡한 현상과 메커니즘을 찾고 파악할 수 있는 메타 기법(기법을 찾는 기법)을 찾아야 합니다. 이러한 복잡한 현상을 근사할 기법을 찾는 것은 우리가 아니라 우리가 개발한 기법입니다.

AI 연구자가 AI로 대체될 가능성

이 기사는 AI 연구자들 사이에서 논란을 불러일으켰습니다. 이 생각을 지지하는 사람도 많지만, 반론을 제기하는 사람들도 있습니다. 예를 들어, 아이로봇iRobot과 리싱크 로보틱스Rethink Robotics의 창립자로도 알려진 로봇 연구자 로드니 브룩스Rodney Brooks는 다음과 같은 점을 들어 비판했습니다.[3] (1) 현재 딥러닝에서 가장 성공적이었던 이미지 분류에서는 결국 사람이 설계한 CNN이 중요한 역할을 한다. (2) 사람의 학습과 달리 이러한 학습에는 대량의 학습 데이터가 필요하다. (3) 사람의 뇌는 20W로 작동하는 데 반해 현재의 칩은 수백 W가 필요하다. (4) 무어의 법칙은 이미 끝나가고 있다.

필자의 관점으로는, (1)과 (2)의 문제는 계산 성능이 향상되고 메타 기법이 개발됨으로써 언젠가는 해결될 것으로 생각합니다.

(1)에 대해서는, 네트워크 구조나 학습 기법 자체를 탐색하는 기법이 이미 많이 등장했습니다. 현재는 여전히 사람이 설계한 아키텍처가 우세하지만, 컴퓨터 성능이 앞으로 더욱 향상되고 탐색 기법이 개선된다면 더 많은 네트워크와 최적화 기법이 자동으로 설계될 것입니다. 많은 문제를 풀 때 중요한 대칭성의 도입 역시, 현재는 사람이 설계하고 있지만 앞으로는 데이터나 다른 지식으로부터 자동 설계될 것입니다.

(2)에서 학습 데이터가 많이 필요한 문제는 메타 학습 등을 통해 복수의 작업 간에 지식을 공유함으로써 하나의 작업에 필요한 학습 데이터를 줄일 수 있을 것입니다. 현실 세계의 작업들에서는 많은 공통점이 보입니다(물리 현상, 심리 모델 등). 이들을 사전에 모델링해 둘 수 있다면 각 작업에서 새롭게 알아야 할 부분이 줄어들 것입니다.

한편, (3)과 (4)의 문제가 앞으로 해결될 수 있을지는 불투명합니다. 확실히 무어의 법칙은 이미 끝나가고 있고, 칩 미세화의 속도는 느려지고 있으며, 데이터 전송 속도의 향상은 실리콘 관통전극through silicon via(TSV)과 같은 3D 패키징 기술을 사용하더라도 계산 성능의 향상을 따라갈 수 없게 되고 있습니다. 범용적 설계를 포기하고 계산 모델에 제한을 두어 특화함으로써 칩의 지수적인 성능 향상을 여전히 한동안은 유지할 수 있겠지만, 얼마나 오래 지속될지는 미지수입니다. 2019년 초를 기준으로 1W당 1TFLOPS는 달성하고 있습니다(예를 들어 필자가 근무하는 프리퍼드 네트웍스의 MN-Core 가속기는 반정밀도로 W당 1TFLOPS를 달성할 수 있음). 한편, 인간 뇌의 실시간 시뮬레이션은 수십 PFLOPS가 필요한 것으로 추정되며, 인간의 뇌는 20W로 작동하기 때문에 W당 1PFLOPS의 계산을 실현하는 것으로 봅니다. 완전히 다른 하드웨어와 계산 메커니즘이 필요하겠지만, 에너지당 계산 효율을 1,000배 가까이 향상시키는 일은 여전히 물리적으로 불가능하지는 않을 것입니다.

이 논의에서 보이는 흥미로운 관점은 AI가 사람들로부터 일자리를 빼앗는 현상이 거의 20년 동안 AI 연구 자체에서 일어나고 있다는 것입니다. 이 분야에서는 인간이 고안한 기법이나 모델이 기계가 만들어 낸 것으로 대체되고 있습니다.

그러나 사람의 역할이 완전히 사라진 것은 아닙니다. 사람은 더 메타적인 기법을 다루게 되었습니다. 예를 들어, 모델을 생성하는 머신러닝이나 더

---

1 *http://www.incompleteideas.net/IncIdeas/Bitter Lesson.html*

2 옮긴이_ 서튼 교수는 강화 학습 연구자이므로 에이전트라는 개념을 사용했습니다.

3 *https://rodneybrooks.com/a-better-lesson/*

나아가 머신러닝 기법 자체를 생성하는 메타 학습과 같은 보다 추상적인 문제를 다루게 되었습니다. 또한, 학습 및 검증에 사용되는 데이터를 어떻게 수집하고 가공할 것인지, 문제를 어떻게 설계할 것인지가 더욱 다양해지고 있습니다.

한 가지 말씀드릴 수 있는 것은 AI 연구에서는 AI를 잘 활용하고 있다는 것입니다. 그 결과, AI 연구 자체가 가속화되고 많은 문제가 해결되었으며 더 많은 새로운 문제가 등장하고 있습니다. 거기에서 인간 중심은 아니지만, AI에 의해 인간의 가능성을 넓히고 있는 맹아를 볼 수 있습니다.

5.4 MN-3/MN-Core: 세계 최고의 저소비전력 슈퍼컴퓨터

2020년 6월, 국제 슈퍼컴퓨팅 콘퍼런스International Supercomputing Conference(ISC) 2020에서 발표된 슈퍼컴퓨터 세계 랭킹에서 필자가 속한 프리퍼드 네트웍스(PFN)의 슈퍼컴퓨터 MN-3가 전력당 연산 성능(절전 성능)을 놓고 경쟁하는 Green500에서 1위를 차지했습니다(그림 5-2).

또한 동시에 발표된 다른 계산 성능을 겨루는 TOP500을 포함한 4개 부문에서 일본 이화학연구소(RIKEN)의 슈퍼컴퓨터 후가쿠Fugaku가 1위를 차지했으며, 전 부문을 일본의 슈퍼컴퓨터가 독점했습니다.

MN-3는 내부적으로 딥러닝을 위해 MN-Core 액셀러레이터를 사용하며, PFN이 2018년 12월 세미콘 재팬SEMICON Japan 2018에서 발표한 이후 구현 및 검증을 거쳤습니다.

이 절에서는 딥러닝용 가속기 개발을 하는 이유와 MN-3의 특징에 대해 설명하고자 합니다.

계산 성능 향상에 의한 AI의 진화

앞 절에서 소개한 바와 같이 계산 성능의 향상과 AI의 진화는 밀접한 관련이 있습니다. AI의 진화

그림 5-2 PFN 슈퍼컴퓨터 MN-3의 외관. 2020년 5월부터 가동 중임(출처: PFN).

에 가장 중요한 기여를 한 것이 계산 성능의 향상이라고 해도 과언이 아닙니다.

반도체 칩의 집적도가 1년 반에 두 배씩 늘어난다는 무어의 법칙에 의해 계산 성능이 매년 지수적으로 향상되어 계산당 비용이 감소하는 현상은 CPU와 같은 범용 칩에서는 종언을 고했지만, GPU와 같은 특수 용도의 칩에서는 어느 정도 유지되고 있습니다. 예를 들어, GPU의 반정밀도half-precision 부동 소수점 계산당 비용은 지난 4년 동안 1/10로 떨어졌습니다.[1]

한편, 오픈AI가 블로그 게시물 「AI and compute」에서 언급했듯이 최첨단 AI 연구에 필요한 컴퓨팅 리소스는 현재 3.4개월마다 두 배로 증가하고 있습니다. 예를 들어 2020년 6월에 발표된 GShard[3]는 6,000억 개의 파라미터로 구성된 모델이며 2,048개의 TPU v3(2pod, 200PFLOPS에 해당)로 4일 걸려서 기계 번역(MoE mixture of experts을 사용한 트랜스포머) 모델을 학습했습니다. 학습 효율이 극적으로 높아졌기 때문에 이 정도 기간에 가능했으며, 이전의 GPipe는 더 작은 모델로 학습하는 데 6주가 걸렸습니다. 계산 비용이 많이 드는 모델 중 하나인 GPT-3[4]는 3640PFLOPS×day(1,000개의 NVIDIA의 V100으로 수백 일에 해당)로 학습되었다고 보고되었습니다.

이러한 추세에는 학습 기법이 지도 학습 방법으로부터 자기 지도 학습 및 시뮬레이션을 사용한 학습으로 바뀌어 감에 따라, 학습 데이터는 얼마든지 구할 수 있게 된 것이 기폭제가 되고 있습니다. 또한, 학습 데이터가 크다면 큰 모델을 사용할 때 일반화 성능이 더 높다는 것이 실용적으로나 이론적으로나 모두 밝혀지고 있습니다.

이러한 학습 규모와 모델 크기의 증가는 연구에는 좋을 수 있지만, 상업적으로는 어떨까요? 한번 큰 비용을 들여서 학습시킬 수 있다면, 그 모델을 얼마든지 복사해서 사용할 수 있기 때문에 학습비용은 사용하는 만큼 상각시킬 수 있습니다. 또한 많은 모델은 학습 후에 압축이나 증류를 통해 작게 만들 수 있는 경우가 많습니다. 그렇다면 '처음부터 작은 모델로 학습하면 되지 않나'라고 생각할 수 있지만, 그러기는 어렵습니다. 큰 모델을 사용하는 편이 일반화 능력이 높은 해를 찾아내는 최적화가 용이하기 때문입니다. 클라우드 서비스를 이용하는 경우 저렴한 가격으로 대형 모델을 사용하는 것도 가능합니다. 예를 들어 GPT-3도 API를 통해 사용할 수 있습니다. MoE와 같이 모델의 일부만을 사용하는 조건부 계산conditional computation 등의 개념을 사용하면 모델 자체가 크더라도 추론 비용을 크게 줄일 수 있습니다.

그럼에도 학습 비용은 매우 큽니다. 계산기 자체뿐만 아니라 계산에 필요한 전기료도 커지기 때문입니다. 예를 들어, GPT-3 학습 비용은 약 1천2백만 달러로 추산됩니다.[5] 많은 연구가 이 정도 규모로는 진행되지 않더라도 연구 개발과 제품 개발에서 이 학습이 여러 번 반복한다는 점을 감안하면 비용은 커집니다.

그래서 딥러닝 전용 가속기의 개발을 간절히 기다려 왔습니다. 기존의 CPU(범용 목적 계산)와 비교하면 딥러닝의 워크로드는 단순하다고 할 수 있습니다. CPU에서 중요했던 분기 예측, 딥 캐시 메모리, 변환 색인 버퍼translation lookaside buffer(TLB) 제어는 필요하지 않으며, 반대로 행렬, 벡터 연산, 합성곱 커널 계산, 선형 대수에 필요한 연산이 중요합니다(한편, GPU는 점차 딥 캐시와 가상 메모리를 지원하고 있음).[6] 또한 딥러닝은 계산 정확도가 낮은 것에 상대적으로 관대하여 반정밀도(FP16)나 그 이하의 정확도로도 아이디어를 적용하면 계산할 수 있습니다. 이러한 특징을 염두에 두고 설계하면 계산 효율이 높은 칩을 개발할 수 있습니다. 여기에는 구글의 TPU, 그래프코어Graphcore, 세레브라스Cerebras, 인텔 하바나Intel Habana 등이 있습니다. 그 밖에도 알리바바Alibaba, 화웨이Huawei, 에스페란토 테크놀로지스Esperanto Technologies, 그로크Groq 등 전 세계 약 100개 기업이 칩을 개발하는 것으로 보입니다.[7] PFN도 그중 하나이며, MN-Core를 개발해 왔습니다.

MN-Core의 개발

여기서부터는 PFN이 개발하고 있는 딥러닝 전용 가속기 MN-Core에 대해 설명하겠습니다. MN-Core는 원래 2006년에, 현재는 PFN에 소속된 히라키 케이Kei Hiraki(당시 도쿄 대학교 교수)와 고베 대학교 교수인 마키노 준이치로Junichiro Makino(당시 도쿄 대학교 조교수)가 시작한 'GRAPE-DR 프로젝트'를 원류로 합니다.[8] PFN의 대표 이사 CEO인 니시카와 토오루Toru Nishikawa가 히라키 교수 연구실의 학생으로 프로젝트에 참여했으며, 현재 MN-Core 개발팀 리더인 나무라 켄Ken Namura이 당시 개발을 담당했습니다. GRAPE-DR은 2010년 Green500의 전신인 Little Green500에서 1위를 차지했으며 그로부터 정확히 10년 후에 다시 1위 자리를 되찾았습니다.

MN-Core는 배정밀도 부동 소수점 연산(이하 '소수점 연산'이라고 함)은 32.8TFLOPS, 단정밀도는 131TFLOPS, 반정밀도는 524TFLOPS의 성능을 내도록 설계되었습니다. 전력당 성능을 중시하여 설계되었으며 반정밀도로 1TFLOPS/W를 달성할 수 있도록 설계되었습니다. 4개의 다이Die가 하나로 패키징되었습니다.

이 칩은 거대한 SIMD single instruction multiple data 프로세서로서, 단일 명령 스트림을 받아서 이를 복수의 데이터에 대해 병렬로 실행합니다. 또한 브로드캐스팅broadcasting/어그리게이션aggregation을 효율적으로 실현하는 계층적 온칩 네트워크를 갖추었습니다.

요즘의 칩은 계산 능력의 향상을 메모리 대역폭 향상/지연 시간 단축이 따라가지 못하는 'Compute Gap'이 문제가 되고 있습니다. 계산 능력의 향상이 현저한 MN-Core에서는 이러한 문제가 두드러집니다. 신경망의 각 계층의 연산은 활성화 결과와 네트워크 파라미터를 메모리로부터 읽어 들여서, 행렬곱 및 합성곱 연산을 수행하고 요소별 연산을 해서, 결과를 메모리에 씁니다. MN-Core는 메모리 대역폭에 대한 부담을 줄이는 아이디어를 하드웨어와 소프트웨어 양쪽에서 고안했습니다.

MN-Core상에서 파이토치PyTorch로 작성된 신경망 모델을 그대로 돌릴 수 있도록 하는 소프트웨어 스택도 동시에 개발하고 있습니다. 그 후, 신경

1 2019 recent trends in GPU price per FLOPS, *https://aiimpacts.org/2019-recent-trends-in-gpu-price-per-flops/*

2 AI and Compute, *https://openai.com/blog/ai-and-compute/*

3 D. Lepikhin et al., "GShard: Scaling Giant Models with Conditional Computation and Automatic Sharding," *https://arxiv.org/abs/2006.16668*

4 T. B. Brown, "Language Models are Few-Shot Learners," *https://arxiv.org/abs/2005.14165*

5 *https://venturebeat.com/2020/06/01/ai-machine-learning-openai-gpt-3-size-isnt-everything/*

6 J. Dean et al., "The Deep Learning Revolution and Its Implications for Computer Architecture and Chip Design," *https://arxiv.org/abs/1911.05289*

7 *https://github.com/basicmi/AI-Chip*

8 *http://grape-dr.adm.s.u-tokyo.ac.jp/*

망을 사용한 이미지 인식이나 재료 탐색, 네트워크 아키텍처 탐색 등의 작업에서 파이토치로 코드를 작성하여, GPU 등에 비해 3~6배 고속화를 달성했다고 보고했습니다.[9] 이를 통해 딥러닝 모델 코드를 한 번 작성하면 여러 칩(GPU, MN-Core, CPU 등)에서 사용할 수 있도록 하는 것이 목표입니다.

MN-3와 Green500

MN-Core를 사용한 슈퍼컴퓨터 MN-3는 일본 해양연구개발기구(JAMSTEC)의 요코하마 연구소 시뮬레이터 빌딩에 설치되어 2020년 5월부터 가동되었습니다. 현재 48개의 계산 노드로 구성되어 있으며, 각 노드에는 4개씩의 MN-Core 보드가 탑재되어 MN-Core DirectConnect와 RoCEv2로 접속되어 있습니다.

이 MN-3를 사용하여 TOP500 및 Green500에 참여했습니다. TOP500, Green500은 LINPACK이라는 연립 1차 방정식을 푸는 벤치마크인데, TOP500은 전체 성능으로 경쟁하는 반면, Green500은 TOP500에 들어간 시스템 중(따라서 너무 작은 시스템은 대상이 되지 못함)에서 계산당 전력 소비가 가장 낮은 시스템을 평가합니다. 현재 칩을 돌리는 비용의 대부분은 사용 전력량과 열에 의해 결정됩니다. 또한 고속화의 병목도 열이며, 계산당 전력 소비를 줄이는 것은 경제적으로도 기술적으로도 중요한 문제가 되었습니다.

MN-Core는 원래 딥러닝 가속기용으로 만들어졌으며 TOP500에서 사용되는 워크로드에 최적화하여 만들어진 것은 아닙니다. 그럼에도 MN-3는 21.11 GFLOPS/W를 달성했으며 최대 성능

은 1.62e+6 GFLOPS이고 평균 소비 전력량은 76.8kW입니다. Green500의 TOP500 시스템 중 1위를 차지했습니다.

Green500을 앞두고 신종 코로나바이러스 감염 확산으로 부품 조달 및 컴퓨터 클러스터 설치와 운영이 계획대로 진행되지 못했고, 칩과 소프트웨어 개발에서도 많은 트러블이 발생했습니다. 그럼에도 프로젝트 구성원이 한마음이 되어 일정 면에서 상당히 어려울 것으로 보였던 상황이었음에도 결과를 낼 수 있었습니다. 이번의 결과는 MN-Core와 MN-3가 지향하는 방향을 강력하게 뒷받침한다고 생각합니다.

PFN은 MN-Core에서 딥러닝을 수행할 환경을 마련함으로써 딥러닝의 연구 개발을 가속함과 동시에, 여러 가지 애플리케이션을 주시하며 개발을 진행해 나갈 것입니다.

---

9 *https://tech.preferred.jp/ja/blog/mncore-compiler-1/*

PART

3

모델과 아키텍처

CHAPTER

6

생성 모델

6.1 적대적 생성 신경망: 신경망을 경합시켜 생성 모델 단련

적대적 생성 신경망generative adversarial network(GAN)은 2014년에 등장[1]하여, 2015년 말에 효과적인 학습 방법[2]이 확립되면서 빠르게 주목을 받았습니다. GAN은 지금까지 특히 어려웠던 자연스러운 이미지를 생성하는 데 성공했으며 사람의 얼굴, 방의 모습, 애니메이션 이미지, 한자 및 CD 재킷과 같은 다양한 종류의 데이터를 성공적으로 생성할 수 있습니다. 경우에 따라서는 사람이 그린 그림인지 기계가 생성한 그림인지 알 수 없을 정도인 그림을 만들 수 있습니다. 지금까지 인간 특권의 영역으로 생각되었던 창작 활동을 기계가 실현할 수 있을 가능성이 대두되었습니다.

생성 모델generative model은 대상 데이터가 어떻게 생성되는지를 모델링합니다. 예를 들어, 주사윗값에서는 1에서 6까지의 값이 모두 1/6이라는 동일한 확률로 생성된다고 간주할 수 있습니다. 생성 프로세스가 여러 작업의 조합으로 구성된다고 생각할 수도 있습니다. 예를 들어, 길이가 5인 문자열 $T=t_1t_2t_3t_4t_5$에서 각 문자의 생성이 바로 앞의 한 개의 문자에만 의존하는 경우, 다음과 같이 한 문자씩 순차적으로 생성하여 얻을 수 있습니다.

$$P(T) = P(t_1)P(t_2 \mid t_1)P(t_3 \mid t_2)P(t_4 \mid t_3)P(t_5 \mid t_4)$$

기계 번역 등에 사용되는 생성 모델

생성 모델은 여러 곳에서 쓰입니다. 주어진 데이터의 가능도를 구성적으로 계산할 수 있다면(여기서 소개하는 GAN은 가능도를 직접 계산할 수 없

으므로, 다른 기법과 조합해야 함), 데이터의 가능도를 평가할 수 있습니다. 이는 음성 인식이나 기계 번역으로부터 생성된 텍스트가 올바른지를 확인하는 언어 모델[3]에 사용됩니다. 또한, 생성 모델은 레이블이 없는 데이터에도 적용될 수 있기 때문에, 이를 조건부 확률 모델과 조합하여 준지도 학습을 실현할 수 있습니다. 그리고 무엇보다도 새로운 데이터를 생성할 수 있습니다.

지금까지는 이미지나 음성 등 데이터가 고차원이면서 각 차원이 독립적이지 않고 복잡한 상관관계를 가지는 경우에 생성 모델을 추정하기 어려웠습니다. 예를 들어, $S(x;\theta)>0$를 파라미터 θ를 갖는 정규화되지 않은 확률 밀도 함수라고 하면, 데이터의 확률 밀도 $p(x;\theta)$는 다음과 같이 될 것입니다.

$$p(x;\theta) = \frac{S(x;\theta)}{N(\theta)}$$
$$N(\theta) = \int S(x;\theta)dx \qquad (1)$$

여기서 적분이 필요한 정규화 항(분포함수distribution function라고도 함) $N(\theta)$의 추정이 문제가 됩니다. 모든 데이터에 대한 적분을 효율적으로 계산할 수 없다면 $N(\theta)$과 $p(x;\theta)$의 θ에 대한 경사를 추정하기가 매우 어렵습니다.

생성 모델과 판별 모델을 경쟁시켜 학습

GAN은 두 개의 신경망을 경쟁시켜서 생성 모델을 간접적으로 학습합니다. 첫 번째 생성 모델을

나타내는 N_{gen}은 데이터셋을 꼭 닮은 데이터를 생성합니다. 먼저, z를 간단한 분포(예를 들어, 정규 분포 $N(0,I)$)로부터 생성하고, 이어서 결정론적 함수 $x=N_{gen}(z;\theta)$으로 데이터 x를 생성합니다. z의 생성만 확률적stochastic 함수이고, 함수 $N_{gen}(z;\theta)$는 결정론적 함수라는 점에 주의하세요. 두 번째 판별 모델을 나타내는 네트워크 $N_{dis}(x)$는 주어진 데이터가 N_{gen}에서 왔는지 실제 데이터에서 왔는지를 판별하여, N_{gen}에서 왔다고 판별했다면 0을, 실제 데이터에서 왔다고 판별했다면 1을 리턴합니다.

이 두 네트워크는 다음과 같은 목적 함수상에서 경쟁합니다.

$$\mathbb{E}_{x_{data}}\Big[\log N_{dis}(x)\Big]+\mathbb{E}_{z}\Big[\log\big(1-N_{dis}\big(N_{gen}(z)\big)\big)\Big]\ (2)$$

여기서 x_{data}는 실제 데이터로부터의 분포이고 z는 앞에서 언급한 간단한 분포입니다. 생성 모델 N_{gen}은 N_{dis}를 속이기 위해 식 (2)를 최소화하도록 학습하고, N_{dis}는 N_{gen}이 생성한 데이터인지를 구별할 수 있도록 식 (2)가 최대화[4]되게 학습합니다. 예를 들면, N_{gen}은 위조지폐를 만드는 사람, N_{dis}는 지폐가 가짜인지 진짜인지 구별하는 경찰관으로 볼 수 있습니다. N_{gen}은 경찰관이 구별할 수 없도록 더 교묘한 위조지폐를 만들도록 단련되어 가고, N_{dis}는 보다 섬세한 차이까지도 찾아내어 지적하고 위조지폐인지를 정확하게 판정할 수 있도록 단련되어 갑니다.

이 두 모델이 잘 경쟁해서 함께 성장한다면 최종적으로 $N_{gen}(z)$는 실제 데이터와 구별할 수 없는 데이터를 생성할 수 있게 될 것입니다. 즉, N_{gen}을 생성 모델로 간주할 수 있게 됩니다. 실제로 앞서 언급한 논문은 학습을 잘 진행하면 N_{gen}이 참생성 모델에 가까워지도록 학습될 수 있다는 것을 증명했

습니다.

GAN 이미지 생성이 잘 작동하는 이유

왜 GAN이 이렇게까지 성공했는지에 관해 몇 가지 이유를 생각해볼 수 있습니다.

먼저, 상술한 바와 같이 고차원 데이터의 경우, 샘플링에 의한 정규화 항의 경삿값 추정이 매우 부정확하다는 문제가 있습니다. GAN은 정규화 항에 관해 계산할 필요 없이 N_{dis}를 속이는 법을 학습합니다. 다르게 설명하자면, N_{dis}는 모든 데이터를 볼 필요가 없고 어떤 부분에 집중하면 되는지를 N_{gen}에 알려줍니다.

두 번째로, 특히 생성 및 판별 모델에 신경망을 사용하는 경우, 이것이 이미지 모델링에 대한 좋은 사전prior 지식이 될 가능성이 있습니다. 예를 들어, CNN을 판별 모델로 사용할 때 CNN에 있는 이미지 내의 대상에 대한 평행 이동 불변성이라는 특징을 활용하여 판별하게 됩니다. 생성에서는 이미지 내의 오브젝트가 평행 이동되더라도 마찬가지로 생성하기 용이하도록 모델링하는 셈이 됩니다.

1 I. Goodfellow et al., "Generative Adversarial Nets," *http://arxiv.org/abs/1406.2661*

2 A. Radford et al., "Unsupervised Representation Learning with Deep Convolutional Generative Adversarial Networks," *http://arxiv.org/abs/1511.06434*

3 옮긴이_ 여기서는 음성 인식과 기계 번역의 최근 주류인 엔드 투엔드(end-to-end) 모델이 아닌, 그 이전의 노이지 채널 모델 기법에 사용된 언어 모델을 이야기합니다.

4 A. Radford et al., "Unsupervised Representation Learning with Deep Convolutional Generative Adversarial Networks," *http://arxiv.org/abs/1511.06434*

사람이 이미지 생성의 품질을 볼 때 픽셀 몇 개 정도의 평행 이동은 거의 눈에 띄지 않습니다. 그러나 각 차원을 가우시안으로 모델링해서 로그 가능도로 평가하게 되면, 평행 이동은 매우 큰 차이를 의미하게 됩니다.

세 번째로, 일반적으로 생성 모델을 신경망으로 모델링하고 학습할 때, 경삿값을 계산할 수 있도록 생성 직전에 가우시안등을 사용하여 어떤 데이터에 대해서도 경삿값이 계산되도록 할 필요가 있습니다. 그런데 이렇게 하면 생성되는 이미지가 흐려지기 쉽습니다. 반면에 GAN은 생성 시 처음에 가우시안을 사용한 다음에는 결정론적인 신경망을 사용하기 때문에 매우 선명한 이미지를 생성할 수 있습니다.

GAN은 고차원 확률 모델을 학습하는 기법으로서 매우 효과적이며, 생성 모델 외에도 이를 활용하려는 시도가 진행 중입니다. 예를 들어, 데이터의 확률 분포 대신 사후 확률 분포 $P(z|x)$를 모델링하는 데 GAN을 사용하거나, 변분 오토인코더(VAE)와 조합하거나, GAN에서 얻어진 N_{dis}만을 이용한다거나 하는 등입니다.

그러나 GAN은 학습이 불안정하게 되기 쉽습니다. 현재로서는 GAN을 학습시킬 때 사람이 학습 상황을 주의 깊게 모니터링해서 학습을 잘 진행시키지 않으면, 도중에 생성 모델이나 판별 모델 중 한쪽이 이겨버리고 다른 쪽은 무너짐으로써 학습이 진행되지 않게 되어 버립니다. 앞으로 연구가 필요합니다.

6.2 VW: 재귀 확률적 신경망에 의한 생성과 인식 수행

신경망은 많은 문제를 해결할 수 있지만, 보다 어려운 문제를 해결하기 위해서는 복잡한 확률 분포를 기반으로 샘플링과 추론이 되고 가능도 평가를 할 수 있는 유연성 높은 신경망이 필요할 것으로 봅니다. 또한, 이러한 신경망은 비지도 데이터를 사용하여 학습시킬 수 있는 것이 바람직합니다.

현재 확률 분포를 처리할 수 있는 신경망은 크게 두 종류가 있습니다.

첫 번째는 유향 그래프 모델directed graphical model을 기반으로 하는 확률 모델(변분 오토인코더(VAE), 적대적 생성 신경망(GAN) 등)로서, 데이터 분포에 따라 고속으로 샘플링이 가능하다는 특징이 있습니다.

두 번째는 무향 그래프 모델undirected graphical model에서 도출된 에너지 함수에 기반한 확률 모델(볼츠만 머신, 홉필드 네트워크Hopfield network 등)입니다.

이 경우 관측 변수와 잠재 변수 간의 의존관계를 직접 설계할 수 있다는 것이 특징입니다. 그러나 샘플링을 위해서는 에너지 함수로부터 도출되는 마르코프 연쇄 몬테카를로 기법Markov chain Monte Carlo method(MCMC)을 사용하여 샘플링해야 하기 때문에 시간이 걸립니다. 또한 이 에너지 함수에 해당하는 신경망의 파라미터는 대칭($W_{i,j}=W_{j,i}$)이라는 강력한 제약 조건을 부과합니다. 뇌의 영역 간에 이중 연결은 보입니다만, 파라미터의 대칭성이 있다고는 생각되지 않습니다. 따라서 뇌가 그러한 에너지 함수에 기반한 확률 분포를 다룬다고는 생각되지 않습니다.

확률적 전이를 계산하는 VW

이에 대해 확률 분포를 다루는 VWVariational Walkback라는 새로운 모델이 최근 제안되었습니다.[1] VW는 RNN과 같은 재귀적 연결을 사용하여 상태state를 업데이트해 가며, 각 전이transition 계산에는 결정론적 계산이 아닌 확률적 계산을 사용합니다. 이 전이 함수(파라미터)에는 대칭성 제약이 없고 계산에 노이즈가 포함됨으로써 뇌의 계산 모델에 가까울 것으로 생각됩니다.

VW는 현재 스텝 데이터 h_t에 조건화된 확률 분포 p에 따라 다음 스텝의 데이터 h_{t+1}을 샘플링합니다.

$$h_{t+1} \sim p\left(h_{t+1} \mid h_t\right)$$

VW는 이러한 방식으로 임의의 스텝이 지난 후의 데이터의 확률 분포를 나타낼 수 있습니다.

이 VW를 사용하여 특정 확률 분포를 학습할 때, 오차 역전파 방법을 사용하기가 어렵습니다.

RNN과 같이 재귀적 계산이 들어있는 경우에도 그 계산 과정을 시간 방향으로 전개함으로써 오차 역전파 방법을 사용할 수 있습니다. 이를 BPTTback propagation through time라고 합니다. 또한 계산 그래프에 확률적 분포로부터 샘플링하는 부분이 포함되어 있더라도, 변수 변환reparameterization 트

---

1 A. Goyal et al., "Variational Walkback: Learning a Transition Operator as a Stochastic Recurrent Net," NIPS 2017. *https://arxiv.org/abs/1711.02282*

릭[2]이나 REINFORCE 등을 사용하여 경사의 기댓값을 추정할 수 있습니다. 그러나 VW처럼 샘플링이 반복되는 경우에는 경사 추정값의 분산이 너무 커지기 때문에, 최종 스텝의 분포를 최적화하기 위해 각 스텝의 전이 함수를 어떻게 수정하면 될지 알 수 없게 됩니다.

VW에서의 데이터 생성

VW 모델에서는 데이터 생성 프로세스가 다음과 같다고 봅니다. 먼저, s_K를 각 차원이 독립인 가우시안 또는 균일분포와 같은 간단한 분포 $p(s_K)$로부터 샘플링 합니다.

$$s_K \sim p(s_K)$$

다음 단계의 데이터는 확률적 전이 함수인 p에서 샘플링합니다(시간이 역순인 이유는 나중에 설명함).

$$s_{t-1} \sim p_{T_t}(s_{t-1} \mid s_t)$$

여기서 T_t는 스텝 t에서의 온도temperature[3]입니다. 각 스텝에서 전이 함수 p의 온도를 바꿔 가면서 샘플링합니다. 온도가 높으면 균일분포에 가까워지고, 온도가 낮으면 결정론적 함수에 가까워집니다. 이 온도는 처음에는 공간 전체로 전이할 수 있도록 높게 설정합니다. 그 후, 서서히 낮추어 가면서 최종적으로 $t=0$에서 s_0가 데이터 분포에 의해 생성되도록 합니다.

이 생성 과정은 다음과 같은 동시 확률 분포를 제공합니다.

$$p(s_0^k) = p(s_K) \prod_{t=1}^{K} p_{T_t}(s_{t-1} \mid s_t)$$

한편, 매 스텝에 학습 데이터를 파괴해 가는 과정을 생각해볼 수 있습니다.

$$s_t \sim q_{T_t}(s_t \mid s_{t-1})$$

이 과정에서는 서서히 온도를 올립니다. 그래서 마지막에는 균일분포나 가우시안과 같은 간단한 분포가 되도록 합니다. 이 파괴 과정은 다음과 같은 동시 확률 분포를 제공합니다.

$$q(s_0^k) = q(s_0) \prod_{t=1}^{K} q_{T_t}(s_t \mid s_{t-1})$$

여기서 스텝 수 K는 확률 분포로부터 매번 선택되는 확률 변수입니다.

VW에서는 인코더와 디코더에 동일한 네트워크를 사용합니다. 즉, $p=q$입니다. 동시 확률 분포 $p(s_0^k)$와 $q(s_0^k)$는 초기 확률 $p(s_K)$와 $q(s_0)$만 다른 것으로 볼 수 있습니다. 온도를 낮추어 가면 노이즈 분포가 데이터 분포로 바뀌고, 온도를 높여 가면 데이터 분포가 노이즈 분포로 바뀌도록 전이 함수 p를 학습해 갑니다.

학습에서는 데이터 분포 $q(s_0)$에서 시작해서 붕괴collapse 프로세스를 사용하여 다음 스텝의 데이터를 샘플링합니다. 그런 다음 원래 데이터로 돌아갈 수 있도록 학습합니다.

$$s_t \sim p_T(s \mid s_{t-1})$$
$$\theta \leftarrow \theta + \alpha \frac{\partial \log p_T(s_{t-1} \mid s_t)}{\partial \theta}$$

이러한 방식으로 매 스텝에서 하나 앞 스텝의 상태로 돌아가도록 학습하므로, BPTT를 할 필요가 없습니다.

허위 모드를 찾아 수정

이 아이디어는 디노이징 오토인코더와 유사합니다. 디노이징 오토인코더는 데이터에 균일분포한 노이즈를 추가한 후 그것을 원래의 값으로 복원할 수 있도록 학습합니다. 이때, 학습이 진행됨에 따라 원래의 값으로 돌리는 함수는 데이터의 로그 가능도의 경사를 구하는 것에 대응된다고 알려져 있습니다. 반면에 VW는 균일분포한 노이즈 대신 복원 함수와 같은 것을 사용해서 전이시킵니다.

노이즈에도 동일한 함수를 적용함으로써 모델이 높은 확률을 잘못 할당하는 모드(허위 모드^{spurious mode})를 찾아 없앨[4] 것으로 기대됩니다. 전이 함수에 따라 전이해 가다가 높은 확률이 잘못 할당된 허위 모드에 도달하면, 거기서 원래의 데이터 분포 영역으로 돌아가도록 학습되기 때문입니다.

이 VW 학습 법칙은 휴리스틱처럼 보이지만 변분법에 의한 최대 가능도 추정으로 공식화될 수 있습니다. 관측 변수를 v, 잠재 변수를 h라고 하는 경우, 잠재 변수에 대해 주변화^{marginalization}한 로그 가능도는 다음과 같습니다.

$$\ln p(v) = \ln \sum_h p(v|h)p(h)$$
$$= \sum_h p(h|v) \ln \frac{p(v,h)}{q(h|v)}$$
$$+ \mathrm{D}_{KL}[q(h|v) \| p(h|v)]$$

이때 q는 p와 다를 수도 있는 다른 확률 분포입니다.

여기서 $v=s_0$, $h=s_1^k$ 로 하면 다음과 같이 됩니다.

$$\ln p(v) = \sum_{s_1^k} q\left(s_1^k|s_0\right) \ln \frac{p\left(s_0|s_1^k\right)p\left(s_1^k\right)}{q\left(s_1^k|s_0\right)}$$
$$+ \mathrm{D}_{KL}\left[\left(q\left(s_1^k|s_0\right) \quad p\left(s_1^k|s_0\right)\right)\right]$$

첫 번째 항은 변분 하한^{variational lower bound} L이라고 하는데, $D_{KL}[q(s_1^k|s_0) \| p(s_1^k|s_0)] \geq 0$이므로 $\ln p(v) \geq L$가 성립하면서 로그 가능도의 하한값이 됩니다. 학습 시에는 우선 변분 하한이 커지도록 p의 파라미터에 대해 최대화합니다. 이는 앞에서와 같이 q에 따라 샘플링하고 그것이 원래대로 복원되도록 $\log p$를 최대화함으로써 달성됩니다. 다음으로, $q=p$[5]로 하여 두 번째 항인 쿨백-라이블러 발산을 작게 만듭니다. 이 두 번째 단계는 첫 번째 항에도 영향을 미치기 때문에, 반드시 로그 가능도의 q 파라미터에 대한 경삿값에 대응되지 않을 수도 있습니다.[6] 이 두 단계를 반복[7]하여 로그 가능도를 최대화합니다.

통계 물리의 준정적 과정과의 관련

또한, 이 쿨백-라이블러 발산은 통계 물리학의 준정적^{quasi-static} 과정과 관련이 있는데, 생성 또는 붕괴 중에 온도를 천천히 변화시키는 경우에 작게 만들 수 있습니다. 이 쿨백-라이블러 발산은 통계 물리학의 준정적 과정에서의 자유 에너지의 차이와 같아집니다. 준정적 프로세스에서 상태를 더

---

2 옮긴이_ 간단한 분포로부터 샘플링된 노이즈를 이용하여 복잡한 샘플링을 근사하는 기법입니다. VAE의 변수 변환 기법이나 굼벨-소프트맥스(Gumbel-Softmax) 기법 등이 있습니다.

3 옮긴이_ 소프트맥스 함수의 온도와 같은 것입니다.

4 옮긴이_ 일본어 원문은 수정(修正)으로 되어 있으나, 원논문에서는 destroy라고 표현했습니다.

5 옮긴이_ 바로 앞 단계에서 업데이트한 p의 파라미터를 q의 파라미터로 사용한다는 의미입니다.

6 옮긴이_ p의 파라미터를 q의 파라미터로 사용하는 과정에서 파라미터가 섞이게(mix) 되면서 편향이 발생할 수 있다는 의미입니다. '반드시 ~않을 수도(not necessarily)'라는 표현은 편향이 0이 아닐 수 있음을 저자가 말로 표현한 것입니다.

7 옮긴이_ 두 단계를 반복하며 최적화하는 EM 알고리즘과 유사하다고 원논문에서 설명합니다.

빠르게 변화시키려면 이 차이보다 더 많은 일을 수행해야 하며, 이러한 추가적인 일은 열로서 환경에 방출됩니다.

마찬가지로, 이 모델을 사용하여 빠르게 상태를 변화시키려는 경우($q(s_0)$에서 $p(s_k)$로 빨리 도달하거나, $p(s_k)$에서 $q(s_0)$에 빨리 도달)에는 쿨백-라이블러 발산이 증가합니다. 통계 물리학에서 준정적 과정에 대한 연구가 많이 되었으므로, 그러한 연구의 성과들을 변분법의 학습에 적용할 가능성이 있습니다.

꿈의 메커니즘과 관련 있을 가능성

흥미롭게도 이 VW가 꿈의 메커니즘과 관련이 있을 수 있다는 지적이 있습니다. 뇌에서 시냅스 전의 뉴런이 시냅스 다음의 뉴런보다 조금 먼저 발화하는 경우에 시냅스가 강화되는 학습 규칙을 STDP$^{\text{spike-timing dependent plasticity}}$라고 합니다. 동일한 조건에서 시냅스가 약해지는 학습 규칙을 역STDP라고 합니다. 낮에 깨어있는 동안에는 경험한 상황을 기억할 수 있도록 이 STDP에 의해 시냅스 연결 강도가 강화됩니다. 한편, 이러한 강화의 결과로 경험하지 않은 거짓 기억이 만들어질 가능성이 있습니다(앞서 언급한 허위 모드).

꿈은 이러한 거짓 기억인 허위 모드를 전이를 통해 찾아내어, 거기에 도달하지 않도록 역STDP에 의해 학습을 한다고 간주할 수 있습니다. 이것은 VW의 학습과 일치합니다. 꿈은 깨어있는 동안의 경험을 반영하지만, 일반적으로는 앞뒤가 안 맞으며[8] 이상한 경험이 되는 현상과도 일치합니다.

이러한 확률적 전이 함수를 이용한 학습은 앞으로 중요해질 것입니다. 이 VW와 매우 비슷한 확산 모델이 2021년 즈음부터 생성 모델로서 중요해졌

으며, 미래 예측, 자연어 처리, 강화 학습 등에 이러한 기술이 필요하게 될 것입니다.[9]

---

8 옮긴이_ 원문은 파탄(破綻)으로 되어 있습니다. 일본어에서는 무언가가 성립하지 않는다는 뉘앙스를 가집니다.

9 옮긴이_ 이 절의 원고는 2018년에 쓰였지만, 2022년 이후의 확산 모델 붐을 예상했다고 볼 수 있습니다.

6.3 Glow: 가역적 생성 모델, GAN보다 안정적으로 학습 가능한 가능도 기반 기법

주어진 데이터셋의 분포에 따라 데이터를 생성하는 방법을 학습하는 생성 모델은 이미지나 음악과 같은 데이터를 생성하는 것뿐만 아니라, 관측으로부터 현실 세계의 모델을 구축하여 그 위에서 에이전트가 학습하거나 계획을 세울 수 있도록 하거나, 데이터의 의미를 포착하는 피처를 비지도 방식으로 학습할 수 있게 됨으로써, 최근 대단히 주목받고 있습니다.

이미지나 음성 등의 고차원 데이터를 생성하기 위한 모델은 크게 가능도 기반 기법과 적대적 생성 모델(GAN)을 이용한 기법으로 나눌 수 있습니다. 가능도 기반 기법은 추가로 웨이브넷^{WaveNet} 등의 자기회귀 모델, 가능도의 변분 하한을 최적화하는 변분 오토인코더(VAE), 플로 기반$^{flow-based1}$ 생성 모델로 나눕니다.

플로 기반 생성 모델은 간단한 사전 분포 $p(z)$(가우시안이나 균일분포)에서 잠재 변수를 생성하고 가역 변환을 반복적으로 적용하여 목표 분포 $p(x)$로부터 샘플을 얻습니다. 플로 기반 생성 모델에는 다음과 같은 특징이 있습니다.

1. 데이터의 정확한 가능도를 평가할 수 있습니다. 반면에 VAE는 근사치인 변분 하한만을 얻을 수 있습니다.
2. 데이터 생성 과정 전체가 가역적 변환이기 때문에 데이터에서 잠재 변수로의 정확한 변환이 가능합니다. 이를 추론 또는 인코딩이라고도 합니다. GAN에는 추론 메커니즘이 없으며 자기회귀 모델에는 잠재 공간이 존재하지 않습니다.
3. 생성과 추론 모두 병렬 연산이 가능하며, 현재의 GPU 등 병렬 프로세서로 고속으로 생성할 수 있습니다. 반면에 자기회귀 모델은 데이터의 각 차원의 값을 순차적으로 생성하기 때문에 병렬 처리를 할 수 없어서 생성 속도가 느립니다.
4. 잠재 변수는 다른 작업에도 유효합니다. 반면에 자기회귀 모델에는 잠재 공간이 없으며, GAN은 학습 방식으로 인해 모든 데이터 포인트에 유효한 잠재 변수가 할당된다는 보장이 없습니다.
5. 역변환이 가능하기 때문에 오차 역전파 도중에 활성화^{activation}값을 역방향으로 순서대로 생성할 수 있어, 미리 활성화값을 저장해 둘 필요가 없습니다. 결과적으로 학습 중에 필요한 메모리 양은 계층 수와 관계없이 일정합니다. 다른 생성 모델은 역변환이 안 됩니다.

이러한 특징을 가지기 때문에 플로 기반 생성 모델이 유망하다고 여겨졌으나, 사용할 수 있는 변환에 제한이 있어 다른 생성 모델보다 생성된 데이터의 품질이 낮다는 문제가 있었습니다. 2018년, 오픈AI의 더크 킹마$^{Durk Kingma}$(VAE 및 Adam의 저자) 등이 2016년에 발표된 플로 기반 생성 모델인 RealNVP[2]를 개량한 Glow[3]를 발표했습니다. Glow는 플로 기반 생성 모델이지만 최신 GAN에 필적하는 품질의 이미지를 생성할 수 있

---

1 옮긴이_ 정착된 한국어 번역어가 없습니다.

음을 보여줌으로써 단숨에 생성 모델의 유력한 선택지가 되었습니다.

다음으로 RealNVP와 Glow 기법에 대해 설명하겠습니다. 앞서 언급했듯 플로 기반 생성 모델에서는 가우시안과 같은 간단한 분포로부터 잠재 변수를 생성하고, $z \sim p(z)$, 이어서 가역 변환 g를 사용하여 $x = g_\theta(z)$와 같이 데이터를 생성합니다. 여기서 θ는 학습할 파라미터입니다. 생성 시의 변환 g는 가역적이므로 역변환 f가 존재하고, $z = f_\theta(x) = g_\theta^{-1}(x)$가 성립합니다. 이 f를 이용하여 주어진 데이터에 대응하는 잠재 변수를 정확하게 추론할 수 있습니다. 이하 θ는 생략합니다. 가역 변환은 일반적으로 복수의 가역 변환의 연속으로 이루어지며, $h_1 = f_1(x)$, $h_2 = f_2(h_1)$, ..., $z = f_K(h_{k-1})$ 와 같이 표현됩니다. 이러한 일련의 가역 변환을 (정규화) 플로라고 합니다.

다음으로, 가역 변환으로 인해 밀도 함수가 어떻게 변하는지 설명하겠습니다. 예를 들어, 1차원 변수 z의 확률 밀도가 $0 \le z \le 2$에서는 $p(z) = 1/2$이고, 그 외의 구간에서는 $p(z) = 0$이며, 변환이 $x = g(z) = 3z$일 때, 값이 3배 늘어나므로 확률 밀도는 $1/3$을 곱해서 $p(x) = p(z)*1/3$로 만들 필요가 있습니다. 이것을 다차원 변수로 확장하는 경우에는 변수 변환 공식에 의해 확률밀도 함수가 $p(z)$인 변수 z를 가역 함수에 의해 $x = f(z)$로 변환하면, $\log p(x) = \log p(z) + \log |\det(dz/dx)|$라는 식이 성립합니다. 여기서 dz/dx는 야코비 행렬이고 $\det$는 행렬식입니다. 야코비 행렬의 행렬식은 원래 공간에서의 부피가 변환 후에 몇 배가 되었는지(부호 있음)를 나타냅니다. 여기서 야코비 행렬은 dx/dz가 아니라 dz/dx이며 $|\det(dz/dx)| = |\det(dx/dz)|^{-1}$라는 것에 주의하세요.

이 야코비 행렬의 행렬식은 고차원의 경우 매우 복잡한 식이 될 수 있지만, 야코비 행렬이 삼각 행렬(대각 성분의 상반부나 하반부가 모두 0인 행렬)인 경우 행렬식은 대각 성분들의 곱이 되므로 쉽게 계산할 수 있습니다. 이 변수 변환 공식을 사용하여 데이터 x의 로그 가능도를 다음과 같이 구할 수 있습니다.

$$\log p(x) = \log p(z) + \sum_{i=1}^{K} \log \left| \det \left(dh_i / dh_{i-1} \right) \right|$$

플로 기반 생성 모델에서 사용하는 변환은 역변환을 쉽게 얻을 수 있도록 가역 변환이면서, 변환의 야코비 행렬의 행렬식을 빠르게 계산할 수 있는 것이 바람직합니다. RealNVP는 이러한 요구 사항을 충족하기 위한 변환으로서 아핀 커플링 계층 affine coupling layer를 제안했습니다.

이 변환에서는 먼저 입력 x를 채널 분할 등을 해서 두 개의 변수 x_a와 x_b로 나눈 다음, x_b로부터 신경망 등의 임의의 변환 NN을 사용하여 스케일 s와 바이어스 t를 $(s, t) = NN(x)$로 계산하고, 이어서 $y_a = x_a \odot \exp(s) + t$를 계산하고, $y_b = x_b$로 합니다. 마지막으로 y_a와 y_b를 결합하여 y를 얻습니다. 이 x에서 y로의 변환의 야코비 행렬 dy/dx는 다음과 같은 상삼각 행렬이 되며, 행렬식은 $\Sigma_i \exp(s_i)$로 간단히 구해집니다.

$$\frac{dy}{dx} = \begin{pmatrix} \text{diag}(\exp(s)) & \dfrac{dy_a}{dx_b} \\ 0 & I \end{pmatrix}$$

또한, 이 아핀 커플링 계층은 쉽게 역변환을 구할 수 있습니다. $x_b = y_b$이므로 x_b를 사용하여 t, s를 순변환과 같은 방식으로 구하여 $x_a = (y_a - t) \odot \exp(-s)$를 계산하면 됩니다. 이 아핀 커플링 계층은 변수의 일부만을 변환하지만, 차원 간 치환등의 작업을 추가하고 다른 아핀 커플링 계층과 결합하면 모든 차원을 변환할 수 있습니다.

Glow는 RealNVP를 다음의 두 가지 지점에서 개량한 것입니다. 첫 번째는 Actnorm이라는 정규화입니다. 고해상도 이미지 생성을 학습할 때 메모리 용량 문제로 인해 배치 사이즈는 1 정도밖에 사용할 수 없습니다. 따라서 미니 배치 통계량을 필요로 하는 배치 정규화는 그대로 사용할 수 없습니다. 대신 Actnorm은 먼저 미니 배치 데이터 통계량을 사용하여 각 채널의 출력이 평균 0, 분산 1이 되도록 스케일과 바이어스를 구한 다음, 이들을 보통의 학습 대상^{learnable} 파라미터처럼 사용하여 업데이트해 갑니다.

두 번째는 가역 1×1 합성곱 연산입니다. RealNVP는 채널 방향으로 정보를 섞기 위해 고정 치환을 사용했습니다. Glow는 치환을 일반화한 1×1 합성곱 연산을 사용하여 변환의 표현력을 높였습니다. 1×1 합성곱 연산의 행렬식과 역변환은 직접 계산합니다. 계산 복잡도는 채널 수가 c일 때 $O(c^3)$이 됩니다. 반면에, 높이 h와 너비 w인 피처 맵의 합성곱 연산의 계산 복잡도는 $O(hwc^2)$이지만, 행렬식 및 역변환의 계산 복잡도는 실용적으로 사용할 수 있는 수준입니다.

Glow를 사용하여 256×256의 얼굴 이미지와 같은 고해상도 이미지 생성을 직접 학습할 수 있었습니다. 이때, 확률 밀도의 온도 T는 $p_T(x) \propto p(x)^{T^2}$이지만, 온도를 1보다도 낮게 하여 샘플링했습니다. 이를 통해 확률이 높은 위치에서만 생성되도록 했습니다. 한편, 온도가 너무 낮으면 생성되는 이미지의 다양성^{variation}이 줄어들기 때문에 $T=0.7$ 정도로 하여 화질과 다양성 모두를 얻을 수 있음을 보였습니다.

가능도 기반 기법은 GAN 기반 학습보다 안정적으로 학습할 수 있고, 가능도로 성능을 직접 평가할 수 있기 때문에 공학적으로 우수한 기법입니다. 앞으로는 플로 기반 생성 모델도 선택지의 하나가 될 것입니다.

2 L. Dinh et al., "Density Estimation using Real NVP," ICLR 2017, *https://arxiv.org/abs/1605.08803*

3 D. K. Kingma et al., "Glow: Generative Flow with Invertible 1×1 Convolutions," *https://arxiv.org/abs/1807.03039*

4 옮긴이_ 바로 앞에서 사용한 $(s, t) = NN(x)$를 의미합니다.

6.4 셀프 어텐션 메커니즘: 이미지 생성, 기계 번역 등 많은 문제에서 최고 정확도 달성

신경망은 미리 설계된 네트워크 구조에 따라 입력에서 출력 쪽으로 데이터가 계산되면서 전달되어 갑니다. 많은 문제의 경우 사전 지식을 이용하여 구조를 설계함으로써 성능을 높일 수 있습니다.

예를 들어, 합성곱 신경망(CNN)은 이미지 안에서 서로 가깝게 있는 정보들이 상관이 있다는 사전 지식을 사용하여 서로 가까이 있는 뉴런들만을 연결함으로써, 파라미터 수를 줄이고 특정 모델을 학습하기 용이하게 하여 일반화 성능을 향상시킵니다.

귀납적 편향이라고도 하는 이러한 사전 지식은 성공적인 학습에 중요한 요소입니다. 다만, 데이터가 흐르는 방식은 학습에 의해 결정되고 데이터에 따라 변화하는 것이 바람직합니다.

셀프 어텐션[self-attention] 메커니즘[1,2]은 데이터가 흐르는 방식 자체를 학습하고 결정하는 방법입니다. 원래는 RNN을 위해 제안되었지만 CNN과 같은 다른 신경망에서도 사용됩니다. 셀프 어텐션 메커니즘은 강력하며 기계 번역,[3] 질의응답,[4] 이미지 생성[5,6] 등의 많은 문제에서 최고 정확도를 달성하고 있습니다. 자신의 중간 계산 결과에 주의[attention]를 기울여 참조하기 위해 읽어 온다는 점에서 붙여진 이름입니다.

셀프 어텐션 메커니즘은 입력 시퀀스 $x=\{x_1, x_2, ..., x_n\}$을 (반드시 동일한 길이일 필요는 없는) 출력 시퀀스 $y=\{y_1, y_2, ..., y_n\}$으로 변환하는 함수입니다. 시퀀스의 각 요소는 벡터입니다.

먼저, 스케일된 내적[scaled dot product] 어텐션 메커니즘이라고 하는 셀프 어텐션 메커니즘을 설명하겠습니다. 각 요소 x_i에 대해, 그 요소를 사용하여 쿼리[query] q_i, 키[key] k_i, 밸류[value] v_i라는 세 종류의 벡터를 계산합니다. 쿼리와 키의 차원 수는 d_k로 동일하고 밸류의 차원 수는 d_v입니다. 이 쿼리, 키, 밸류를 시퀀스별로 정렬하여 만든 행렬을 Q, K, V라고 하겠습니다. 이때, 스케일된 내적 어텐션 메커니즘은 다음과 같이 계산됩니다.

$$\text{Attention}(Q, K, V) = \text{softmax}\left(\frac{QK^T}{\sqrt{d_k}}\right)V$$

우변은 소프트맥스[softmax] 함수를 시퀀스 방향으로 적용한 결과입니다.

이 공식의 의미를 설명하겠습니다. 먼저 각 요소의 쿼리 q_i와 유사한 키 k_j를 찾습니다. 유사도로는 내적 $\langle q_i, k_j \rangle$을 사용합니다. 이 유사한 정도에 따라 밸류를 읽어오는 데 소프트맥스를 적용하여 유사한 정도의 합이 1이 되도록 합니다. 그러나 내적값을 그대로 사용하면 일부 값만이 매우 커져서 내적이 가장 큰 요소 이외에는 경삿값이 발생하지 않는 문제가 생깁니다. 이는 평균 0, 분산 1, 차원 수 d_k인 랜덤 벡터 간의 내적은 평균 0, 분산 d_k을 가지게 된다는 사실로부터 알 수 있습니다. 그래서 $1/\sqrt{d_k}$를 곱한 후에 소프트맥스를 적용합니다. 그렇게 얻은 유사도에 비례해서 밸류 v_j를 읽어 들여 합친 것을 출력으로 합니다.

이 어텐션 메커니즘은 쿼리와 키가 유사한지에 따라 어느 요소를 읽어 들일지를 제어한다는 점에 주목하세요. 학습의 결과로서 해당 요소에서 값을 읽는 것이 더 좋다면 해당 쿼리와 키가 유사해지도록 업데이트되고, 읽지 않는 것이 더 좋다면 쿼리와 키가 멀어지도록 업데이트됩니다. 이러한 방식으로 어느 요소를 읽어 들일지에 대한 데이터 라우팅을 학습에 의해 자동으로 결정하게 됩니다.

이 메커니즘은 하나의 읽기 헤드[head](키)를 사용하여 각 요소로부터 값을 읽어 오는 것으로 볼 수 있습니다. 복수의 읽기 헤드를 사용하여 읽어 오는 것도 가능합니다.

$$\text{MultiHeadAttention}(Q, K, V)$$
$$= \text{Concat}\left(head_1, head_2, \ldots, head_k\right)W^O$$

$$head_i = \text{Attention}\left(QW_i^Q, KW_i^K, VW_i^V\right)$$

여기서 W_i^Q, W_i^K, W_i^V, W^O는 학습 대상 파라미터 행렬입니다. 여기서는 h개의 헤드를 사용하여 읽어 들인 결과를 최종적으로 통합해서 출력을 만듭니다. 파라미터 행렬의 사이즈를 $d_k \times d_k/h$로 해서, 각 헤드의 어텐션은 d_k보다 작은 차원 수로 계산되도록 함으로써 전체 계산량은 원래의 어텐션과 같게 할 수 있습니다. 실험에서는 $h=8$ 등이 사용됩니다.

CNN처럼 국소적인 위치들로부터 읽어 들이는 경우와 달리, 셀프 어텐션 메커니즘은 모든 위치로부터 대칭적[7]으로 정보를 읽어 오며 위치 정보를 사용하지 않습니다. 그래서 위치 정보를 나타내는 채널[8]을 입력에 추가합니다. 예를 들어, $\text{PE}_{pos,2i}=\sin\left(pos/10000^{2i/d_{model}}\right)$ 와 같은 채널을 사용합니다.

일반적으로, 셀프 어텐션 메커니즘에 위치별 비선형 변환을 조합한 것을 하나의 계산 블록으로 합니다. 예를 들어 트랜스포머에서는 셀프 어텐션 메커니즘 다음에 전결합 계층 두 개를 사용하는데, 두 계층 사이에서 ReLU를 한 번 적용합니다. 이것은 커널이 1×1인 합성곱 계층 두 개

를 사용하는 것과 같습니다. 또한 스킵 연결[skip connection], 정규화[normalization], 드롭아웃과 같은 정칙화[regularization9]가 적용됩니다.

셀프 어텐션 메커니즘의 중요한 특징은 CNN이나 RNN과 달리 위치적으로 멀리 있는 정보를 한 번의 계산 스텝으로 읽어 올 수 있다는 것입니다. 또한 모든 위치에서의 계산을 병렬화할 수 있어, 특히 최적화하기 쉬운 행렬 연산으로 실현할 수 있습니다.[10]

1   Z. Lin et al., "A Structured Self-attentive Sentence Embedding," ICLR 2017, *https://arxiv.org/abs/1703.03130*

2   A. Vaswani et al., "Attention is All You Need," *https://arxiv.org/abs/1706.03762*

3   K. Ahmed et al., "Weighted Transformer Network for Machine Translation," *https://arxiv.org/abs/1711.02132*

4   M. Dehghani et al, "Universal Transformers," *https://arxiv.org/abs/1807.03819*

5   N. Parmar et al., "Image Transformer," ICML 2018, *https://arxiv.org/abs/1802.05751*

6   H. Zhang et al., "Self-Attention Generative Adversarial Networks," *https://arxiv.org/abs/1805.08318*

7   옮긴이_ 모든 위치의 정보들이 서로 읽어 오는 구조라는 의미입니다. 읽어오는 정보량이 산술적으로 대칭이라는 의미는 아닙니다.

8   옮긴이_ 트랜스포머는 위치 인코딩(positional encoding)을 일반적으로 입력 벡터에 차원별로 더해서 구현하지만, concat을 할 수도 있습니다. 6.10절에서 설명하는 Perceiver가 그 예입니다. 이렇게 하면 위치 인코딩에 유연성을 더 부여할 수도 있습니다. 저자는 이미지 데이터 쪽의 개념인 채널(channel)을 사용하여 설명하는데, 좀 더 일반적인 개념으로 이해할 수 있습니다.

9   옮긴이_ 한국에서는 normalization과 regularization 모두가 정규화(正規化)로 번역되곤 합니다만, 여기서는 바로 앞의 normalization과 구별하기 위해 정칙화(正則化)라는 용어로 옮겼습니다.

10   옮긴이_ 병렬화할 수 있다는 말은 행렬 연산으로 만들 수 있다는 뜻인데, 행렬 연산(주로 곱셈)에 대한 최적화는 많은 연구가 이루어져 왔기 때문에 매우 효율적으로 수행할 수 있습니다.

이러한 셀프 어텐션 메커니즘에 대해 다양한 개선 방법이 제안되었습니다. Universal Transformer[11]는 동일한 셀프 어텐션 메커니즘을 반복적으로 적용합니다. 동일한 변환을 반복적으로 적용하는 것은 RNN과 같지만, Universal Transformer는 시퀀스 전체를 반복해서 업데이트한다는 점이 다릅니다. Universal Transformer는 기계 번역과 질의응답에서 기존 기법을 능가하는 성능을 보인다고 보고되었습니다.

Weighted Transformer[12]는 멀티헤드 어텐션 MultiHeadAttention의 개선을 제안합니다. 트랜스포머는 MultiHeadAttention 다음에 위치별로 비선형 변환을 적용하는 반면, Weighted Transformer는 헤드별로 다른 비선형 변환을 적용한 다음 각 헤드로부터의 정보를 통합합니다. 또한 통합할 때 Concat이 아니라 가중합을 취하며, 가중치는 파라미터로서 학습하여 결정합니다. 이것은 복수의 전문가expert를 준비해서, 어느 전문가를 사용할 것인지 자체를 학습하겠다는 MoE mixture of experts와도 연관되는 기법입니다. Weighted Transformer는 기계 번역에서 최고 정확도를 달성하고 있습니다.

셀프 어텐션 메커니즘의 문제점은 계산량이 많다는 것입니다. 특히, 이미지와 같이 어텐션 대상이 많을수록 계산량이 커집니다. 예를 들어, 어텐션이 모든 픽셀에 대해 대칭적으로 계산되는 경우, 계산량은 픽셀 수의 제곱이 됩니다. 따라서, 어텐션 대상을 중요한 요소들로만 좁혀서 계산량을 줄이는 것이 바람직합니다. 모든 후보에게 0보다 큰 non-zero 어텐션 값을 할당하는 것을 소프트 어텐션이라고 하고, 일부 요소에만 0보다 큰 어텐션을 주는 것을 하드 어텐션이라고 합니다. 하드 어텐션은 계산량을 줄일 수 있지만, 이 경우 어텐션을 받지 못하는 요소는 사용이 되지 않으며 경삿값도

발생하지 않는다는 문제가 있습니다. 따라서 강화 학습과 마찬가지로 새로운 요소를 시도해야 한다는 활용과 탐색의 딜레마가 발생합니다. 이 문제에 대한 대책으로서, 큰 벡터 노름을 가진 것들만 남겨서 하드 어텐션을 달성하는 기법[13]은 간단하면서도 높은 정확도를 달성할 수 있어, 셀프 어텐션 메커니즘을 효율적으로 실현할 수 있기 때문에 유망합니다.

셀프 어텐션의 메커니즘은 또한 기억의 메커니즘과 큰 관련이 있습니다. 장기 기억을 다루는 메모리 네트워크Memory Network와 미분 가능 신경 컴퓨터 Differentiable Neural Computer 등은, 과거의 경험에 대해 셀프 어텐션 메커니즘과 동일한 메커니즘을 사용하여 어떤 경험이 관련성이 있는지 찾아내어 읽어 올 수 있게 되어 있습니다. 어텐션 대상이 과거의 경험인지, 아니면 현재 계산의 중간 결과인지의 차이가 있을 뿐이므로, 장기 기억과 셀프 어텐션 메커니즘은 공통되는 구조를 사용할 수 있는 것입니다.[14] 따라서 앞으로는 자신의 계산 결과뿐만 아니라 장기 기억으로부터도 동시에 읽어 오는 방식이 시도되어 갈 것입니다.

11 M. Dehghani et al, "Universal Transformers," *https://arxiv.org/abs/1807.03819*

12 K. Ahmed et al., "Weighted Transformer Network for Machine Translation," *https://arxiv.org/abs/1711.02132*

13 M. Malinowski et al., "Learning Visual Question Answering by Bootstrapping Hard Attention," *https://arxiv.org/abs/1808.00300*

14 옮긴이_ 이것이 셀프 어텐션 연산 구조의 일반성을 시사한다고 볼 수도 있습니다.

연속 다이내믹스 표현 가능 신경망

신경망은 유한한 횟수의 변환의 조합으로 구성되는데, 예를 들어 계층이 10개 있는 신경망은 입력을 10번 변환시킨 결과를 냅니다.

이에 대해, 입력에 연속시간 변환을 적용하여, 예를 들면 3.6번의 변환과 같은 변환을 처리할 수 있는 Neural ODE[1]가 제안되었습니다. Neural ODE는 NeurIPS 2018에서 최고 논문상을 받았습니다. 이 논문에 대해 설명하겠습니다.

신경망 계층의 일부는 변환한 값을 입력에 더하는 형태로 되어 있습니다.

$$h_{t+1} = h_t + f\left(h_t; \theta_t\right)$$

이 f는 하나 이상의 계층으로 구성되는 신경망으로 표현됩니다. 현재 이미지 인식의 주류인 ResNet과 리키 유닛Leaky Unit[2]을 사용하는 RNN, 생성 모델인 정규화 플로 등이 이러한 형태를 취합니다. 이 식은 연속 함수를 시간 t에 대해 오일러 방법Euler's method으로 이산화했을 때의 업데이트 표현식으로 볼 수 있습니다. 이 스텝 폭을 극한까지 줄이면 다음과 같은 상미분방정식ordinary differential equation(ODE)을 얻을 수 있습니다.

$$\frac{dh(t)}{dt} = f(h(t), t; \theta)$$

이 경우 함수 f는 입력이 $h(t)$이고 시간 t일 때의 미분을 제공하는 것으로 볼 수 있습니다. 입력을 시간 0에서의 값 $h(0)$이라고 하고, 시간 T에서의 값 $h(T)$가 위의 상미분방정식에 따른 출력인 함수를

생각해봅시다. 이러한 상미분방정식을 사용한 함수를 계층으로 이용하는 신경망을 Neural ODE[3]이라고 합니다.

많은 장점이 있는 Neural ODE

Neural ODE는 일반 신경망에 비해 많은 장점이 있습니다.

1 메모리 효율이 높습니다. ResNet은 계층별로 다른 다이내믹 시스템dynamic system을 나타내는 것으로 간주할 수 있지만, 인접 계층이 유사한 다이내믹스를 나타내는 경우 계층들을 하나로 합쳐서 파라미터 수를 줄일 수 있습니다. Neural ODE는 자연스럽게 유사한 계층을 융합하는 형태로 표현될 수 있습니다. RNN처럼 파라미터를 공유하는 시변time-varying 변환을 적용한다고 생각해도 좋습니다.

2 속도와 정확성 간의 트레이드오프를 취합니다. Neural ODE는 일반적인 룽게-쿠타Runge-Kutta 방법 등을 사용하여 ODE 솔루션을 찾지만, 이때 평가 포인트의 개수를 바꿀 수 있습니다. 정확도가 필요할 때는 평가 포인트의 수를 늘리고, 그렇지 않은 경우 줄이면 됩니다.

1   R. T. Q. Chen, et al., "Neural Ordinary Differential Equations," NeurIPS 2018.

2   옮긴이_ Leaky ReLU나 GELU 등을 의미합니다.

3   R. T. Q. Chen, et al., "Neural Ordinary Differential Equations," NeurIPS 2018.

3 가역 함수이므로 역함수를 계산할 수 있습니다. ODE로 T부터 0으로 거슬러 올라가면 출력으로부터 입력을 계산해 낼 수 있습니다. 뒤에서 설명하겠지만, 파라미터에 대한 경삿값을 구하기 위해 시간을 거슬러 올라갈 때 계산의 중간 결과(활성화 출력)를 그 자리에서 계산하여 복원할 수 있으므로, 저장해 둘 필요가 없습니다.

4 임의의 변환을 사용하는 경우에도 확률 밀도를 효율적으로 구할 수 있습니다. 정규화 플로를 사용하여 확률 밀도를 계산하려면, 은닉 계층의 유닛 수가 n일 때 $O(n^3)$ 시간이 필요하며 야코비 행렬식을 효율적으로 얻을 수 있는 계산 클래스로 해야 $O(n)$ 시간에 구해집니다. Neural ODE는 임의의 변환을 사용하더라도 $O(n)$ 시간에 구할 수 있습니다.

5 ODE로 표현되는 문제들은 직접 다룰 수 있으며, 이 경우 외삽extrapolation 등의 문제를 풀 수 있습니다.

오차 역전파법을 연속 다이내믹스로 확장

Neural ODE 실현의 핵심은 오차 역전파 방법을 연속 다이내믹스[4]로 확장하는 것으로서, 여기서 설명하겠습니다. ODE의 해 $z(t_1)$을 입력으로 하는 손실 함수 L은 다음과 같이 표현됩니다.

$$L\big(\mathbf{z}(t_1)\big) = L\bigg(\mathbf{z}(t_0) + \int_{t_0}^{t_1} f(\mathbf{z}(t), t, \theta)dt\bigg)$$

이 손실 함수의 입력 및 파라미터에 대한 경삿값($dL/d\mathbf{z}$, $dL/d\theta$)을 구하는 것이 목표입니다. 먼저, 시간마다의 손실 은닉 상태 $\mathbf{z}(t)$에 대한 경사 $\mathbf{a}(t)$ $= \partial L/\partial \mathbf{z}(t)$를 구합니다. 이 값 $\mathbf{a}$를 수반 변수adjoint state라고 합니다. 이 수반 변수에는 다음과 같은 다이내믹스가 있음을 보일 수 있습니다.

$$\frac{d\mathbf{a}(t)}{dt} = -\mathbf{a}(t)^T \frac{\partial f(\mathbf{z}(t), t, \theta)}{\partial \mathbf{z}}$$

이는 오차 역전파 방법을 연속 다이내믹스로 일반화한 것으로 볼 수 있습니다(오차 역전파 방법에서 $\mathbf{a}$는 오차 $\mathbf{e}$에 해당하고, 오차에 각 계층의 야코비 행렬 $f(\mathbf{z}(t), t, \theta)/\partial \mathbf{z}$을 곱해서 역방향으로 전파함). 이 ODE를 $t=T$로부터 $t=0$를 향해 역방향으로 풉니다. 이때, 도중의 $\mathbf{z}(t)$의 값도 필요하지만, ODE에 의해 동시에 구할 수 있으므로 저장해 둘 필요가 없습니다.

이 수반 변수가 구해지면 파라미터에 대한 손실의 경삿값은 다음과 같이 구해집니다.

$$\frac{dL}{d\theta} = -\int_{t_1}^{t_0} \mathbf{a}(t)^T \frac{\partial f(\mathbf{z}(t), t, \theta)}{\partial \theta}$$

벡터와 야코비 행렬의 곱 $\mathbf{a}^T \partial f/\partial \mathbf{z}$는 출력 경삿값에 $\mathbf{a}$를 설정하여 자동 미분하면, 야코비 행렬을 명시적으로 계산하지 않고도 순방향 계산 f의 2배 정도 계산량으로 효율적으로 구할 수 있습니다(vjp: matrix-free vector-Jacobian product라는 기법입니다).

이러한 수반 변수와 손실 함수의 입력, 파라미터에 대한 경삿값은 동시에 ODE를 풀어서 계산해 낼 수 있습니다. 이러한 방식으로 Neural ODE는 경삿값을 전파할 때 중간 결과를 저장할 필요가 없습니다.

연속 정규화 플로

Neural ODE는 생성 모델로도 매우 효과적입니다. 6장 3절에서 설명한 바와 같이, 입력 $\mathbf{z}_0$을 가역 함수 f로 변환하여 $\mathbf{z}_1 = f(\mathbf{z}_0)$를 얻을 때, 그 로그 가능도 $\log p(\mathbf{z}_1)$는 원래 가능도 $\log p(\mathbf{z}_0)$를 사

용하여 다음과 같이 표현됩니다.

$$\log p(\mathbf{z}_1) = \log p(\mathbf{z}_0) - \log \left| \det \frac{\partial f}{\partial \mathbf{z}_0} \right|$$

이 야코비 행렬식은 $\mathbf{z}_0$ 공간에서의 부피가 $\mathbf{z}_1$의 공간에서 얼마나 팽창했는지를 나타내며 밀도는 팽창한 만큼 감소합니다(log를 취하기 때문에 나눗셈이 아니라 뺄셈이 됩니다). 생성 모델을 학습할 때는 이렇게 계산된 로그 가능도를 최대화하는 파라미터를 구하면 됩니다.

노드 수가 n일 때 이 행렬식의 계산 복잡도는 $O(n^3)$만큼이나 크기 때문에, RealNVP나 Glow 등에서는 행렬식을 효율적으로 얻는 변환을 사용하는 기법을 제안했었습니다. 한편, 연속 다이내믹스를 사용하는 경우에는 $O(n)$으로 구해집니다. 이에 대해 설명하겠습니다.

변수 $\mathbf{z}(t)$는 확률 밀도가 $p(\mathbf{z}(t))$인 확률 변수라고 합시다. 이때, 확률밀도의 시간당 변화량은 다음과 같이 표현됩니다.

$$\frac{\log p(\mathbf{z}(t))}{\partial t} = -\mathrm{tr}\left(\frac{df}{d\mathbf{z}(t)} \right)$$

앞선 정규화 플로의 경우에는 행렬식^{determinant} det 이었던 반면, 연속 다이내믹스를 사용하는 경우는 대각합^{trace} tr인 점에 주의하세요. 이 계산에서 야코비 행렬의 원소들을 모두 계산하게 되므로 $O(n^2)$ 시간이 필요합니다.

FFJORD^{Free-form Jacobian of Reversible Dynamics}[5]는 임의의 변환을 사용하더라도 확률 밀도를 효율적으로 계산할 수 있는 기법을 제안했습니다. 먼저, 임의 행렬의 대각합은 노이즈 벡터 $\varepsilon \sim p(\varepsilon)$를 사용하여 다음과 같이 구할 수 있습니다.

$$\mathrm{tr}(A) = \mathrm{E}_{p(\epsilon)}\left[\epsilon^T A \epsilon \right]$$

그리고 벡터와 야코비 행렬의 곱은 vjp를 사용하면, 합쳐서 $O(n)$ 시간에 계산할 수 있습니다. $p(\varepsilon)$에는 정규 분포나 라데마허^{Rademacher} 분포 등을 사용할 수 있습니다.

이 FFJORD는 임의의 변환을 사용할 수 있으며 가능도를 정확하게 구할 수 있으므로, 고속으로 샘플링할 수 있습니다. 반면에 VAE는 변분 하한만을 얻을 수 있으므로 가능도를 엄밀하게 계산할 수 없습니다. GAN은 가능도를 계산할 수 없으며 입력 x에서 잠재 변수 z로의 변환은 별도의 인코더를 학습해야 하는데, 이는 용이하지 않습니다. 정규화 플로는 가능도를 구할 수 있고 인코딩도 가역 변환이라서 용이하게 할 수 있지만, 행렬식을 고속으로 구할 수 있는 변환들밖에 사용할 수 없다는 조건이 있어서 표현력이 제한적입니다.

이 FFJORD를 사용한 생성 모델은 GAN보다 학습하기 쉽고, 가능도는 VAE등의 다른 기법들을 넘는 성능을 얻을 수 있다[6]고 보고되었습니다.

앞으로는 라이브러리에서도 지원 예상

Neural ODE와 FFJORD의 문제점으로, 복잡한 다이내믹스를 학습하는 경우 ODE를 풀 때 많은 평가 포인트가 필요하게 된다는 점이 있습니다.

---

4 옮긴이_ 동역학, 동특성, 동적계로 번역되는 경우도 많습니다. 그러나, 일단 원저자가 다이내믹스라는 표현을 사용했다는 점, 그리고 동역학 등의 용어는 특히 한국어에서 기계 공학적인 뉘앙스가 강하여 개념의 범위를 은연중에 축소시킴으로써 타분야와의 연장선상에서 얻을 수 있는 인사이트의 가능성을 낮출 수도 있다는 점을 고려하여 이렇게 번역하였습니다.

5 W. Grathwohl, et al., "FFJORD: Free-Form Continuous Dynamics for Scalable Reversible Generative Models," ICLR 2019.

6 옮긴이_ 구체적으로는 정확한 로그 가능도를 계산할 수 있다는 의미입니다.

이에 대해서는 차원을 확장한 공간상에서 ODE를 풀면 다이내믹스를 단순화하여 평가 포인트의 수를 줄일 수 있다고 보고되었습니다.[7]

지금은 여전히 기존의 ODE 솔버를 사용하지만, 앞으로는 특화되어 효율성이 더 높은 기법이 등장할 것입니다. 앞으로 딥러닝 프레임워크와 라이브러리 등이 이러한 연속 다이내믹스를 지원하게 되어 다른 계층만큼 사용하기 쉬워질 것입니다.

---

7   E. Dupont, et al., "Augmented Neural ODEs"

6.6 정규화 계층: 신경망 학습의 안정화, 고속화, 일반화

신경망 학습에서 중요한 역할을 맡고 있는 것이 정규화 계층입니다. 정규화 계층은 신경망의 표현력 유지, 학습 안정화 및 일반화 성능 향상에 기여하며 오늘날 딥러닝이 성공한 주요 원인 중 하나로 볼 수 있습니다.

정규화 계층은 입력 분포를 기반으로 입력을 정규화한 결과를 내어주는 계층입니다.

많은 정규화 계층은 입력 분포의 추정 통계치를 사용하여, 출력의 각 차원 분포가 평균 0, 분산 1이 되도록 정규화한 후, 각 차원에 선형 변환을 적용한 결과를 내어줍니다. 정규화 계층은 전결합 계층이나 합성곱 계층 바로 뒤(활성화 함수 직전), 스킵 연결 블록 안에서 처음 또는 끝 등에 사용됩니다. 이 절에서는 정규화가 왜 중요한지를 설명한 후, 현재 사용되는 정규화 계층과 새로운 정규화 계층에 대해서 소개합니다.

정규화 계층의 중요성

정규화 계층은 여러 역할을 합니다. 대표적인 역할을 세 가지 소개하겠습니다.

첫 번째는 신경망의 비선형성의 표현력을 지키는 역할입니다. 현재의 신경망은 활성화 함수로서 ReLU $f(x)=\max(x,0)$과 같은 구간 선형piecewise linear 함수를 사용합니다. ReLU의 미분은 입력이 양수일 때 1이고 음수일 때 0입니다. 신경망에서는 오차 역전파 시에 활성화 함수의 미분값이 오차에 반복적으로 곱해집니다. ReLU를 사용하면 경삿

값이 발산explode하거나 소멸vanish하기 어렵다는 대단히 큰 이점이 있습니다.

반면에 ReLU는 $x=0$에 걸쳐 있는 위치에서만 비선형성이 생겨납니다. 그래서 활성화 함수에 대한 입력이 항상 양수 또는 음수가 되도록 치우쳐 있는 경우에는 활성화 함수는 선형 함수가 되어 버립니다. 입력 분포가 $x=0$에 걸쳐서 양수와 음수 모두에 분포함으로써 비선형성을 만들어 낼 수 있습니다.

두 번째는 경사 하강법에 의한 학습 속도를 높이는 역할입니다. 예를 들어, 신경망보다 간단한 선형 회귀 모델 $y=\mathbf{w}^T\mathbf{x}$를 사용하여 오차 $l = \frac{1}{2}\left\| y - y^* \right\|^2$를 최소화하는 문제(여기서 y^*는 정답을 의미)를 생각해봅시다. 이때, y에 대한 경삿값을 $e_y = \frac{\partial l}{\partial y} = \left(y - y^* \right)$이라고 하면, 파라미터에 대한 경삿값은 $\frac{\partial l}{\partial \mathbf{w}} = e_y \mathbf{x}$로 표현됩니다. 입력의 값이 모두 양수이면 파라미터 대한 경사의 부호가 모두 동일하게 되어[1] 최적화는 모든 차원의 부호가 동일한 방향으로만 움직입니다. 예를 들어, 파라미터가 m차원인 경우 2^m 사분면 중에서 두 사분면 방향으로만 움직입니다.

이 이슈는 신경망에도 그대로 적용[2]되기 때문에,

---

1 Y. LeCun et al., "Efficient backprop," Neural networks:Tricks of the trade, 1998. http://yann.lecun.com/exdb/publis/pdf/lecun-98b.pdf

2 옮긴이_ 다만 신경망의 모든 파라미터가 동일한 방향으로 움직이는 것은 아니고, 노드 단위로 이러한 문제가 일어날 수 있습니다. 각각의 노드 입장에서는 바로 위에서 예로든 선형 회귀 모델인 $y=\mathbf{w}^T\mathbf{x}$에 해당하는 계산이 일어나기 때문입니다.

각 계층의 입력값들이 양수나 음수 어느 한 쪽으로 치우치게 되면 경사 하강법의 수렴 속도가 느려집니다. 또한 입력의 각 차원의 스케일이 크게 다른 경우에도, 스케일이 큰 차원의 업데이트 폭이 커짐으로써 작은 차원은 무시되어 사용되지 않게 되어 버립니다. 결과적으로 스케일이 작은 차원은 무시됩니다. 입력을 정규화하면, 이러한 현상들을 완화할 수 있으므로 경사 하강법에 의한 수렴 속도를 높일 수 있습니다.

세 번째 역할은 일반화 성능을 높이는 것입니다. 원래는 신경망의 각 계층의 분포가 변해가는 공변량 이동covariate shift을 억제하여 학습을 안정화하기 위해 정규화 계층이 도입되었습니다.[3] 그러나 현재로서는 이러한 공변량 이동을 억제하는 안정화 효과는 제한적이며[4] 목적 함수를 평활화함으로써 안정화시키게 되는 것으로 알려져 있습니다.

정규화 계층을 사용하면 활성화 값들과 경삿값들이 안정화되어 경사 하강법의 학습률을 높이더라도 발산 없이 학습할 수 있게 됩니다. 큰 학습률을 사용하면 일반화 성능이 낮은 급한 경사의 솔루션[5]에 빠지지 않고 일반화 성능이 높은 플랫한 솔루션에 도달하기 용이합니다.[6,7,8] 평탄한 솔루션은 높은 일반화 성능을 갖는 것으로 밝혀졌습니다.

대표적인 정규화 계층

정규화 계층을 소개하기 전에 신경망 각 계층의 입력인 피처 맵의 형태를 나타내는 텐서에 대해 간략하게 설명하겠습니다. 이미지 데이터를 처리할 때는 일반적으로 (N, C, H, W) 형식을 갖는 텐서 $\mathbf{x}$를 피처 맵으로 사용합니다. N은 데이터 수, C는 채널 수, H는 피처 맵의 높이, W는 피처 맵의 너비입니다. 이 데이터는 $N*C*H*W$개의 요소

로 구성되며, $\mathbf{x}[n,c,h,w]$는 n번째 데이터의 위치 (h,w)에 있는 c번째 채널의 값을 나타냅니다.

데이터를 정규화하려면 먼저 입력 분포를 구해야 합니다. 이상적으로는 학습 데이터 전체에서 분포를 추정하여 그 통곗값을 기반으로 정규화해야 하겠지만, 학습이 진행되면서 아래쪽 계층들[9]의 파라미터가 바뀌어 감에 따라 피처 맵의 분포도 바뀌는데, 매번 전체 학습 데이터를 스캔하는 것은 계산량 측면에서 현실적이지 않습니다.

그래서 모든 정규화 계층은 매번 현재 배치에서만 분포를 추정합니다. 정규화 계층에는 텐서의 어떤 부분에서 통계량을 추정하는지에 따른 여러 변형이 있습니다.

배치 정규화

최초로 도입되었던 배치 정규화(BN)[10]는 가장 널리 사용되는 정규화 계층입니다. (N, H, W)의 축에 걸쳐서, 채널 c별로 평균 m_c과 분산 v_c를 구합니다. 예를 들어, 평균은 $m_c = \sum_{i,h,w} \mathbf{x}[i,c,h,w] / (NHW)$로 구할 수 있습니다. 여기서 아래 첨자 c는 이 값이 채널별로 다르다는 것을 나타냅니다. 이러한 통계량을 사용하여 채널 c의 요소 $\mathbf{x}$는 다음과 같이 정규화됩니다.

$$z = \frac{x - m_c}{\sqrt{v_c}}$$

이에 더해, 학습 대상 파라미터인 γ 및 β를 사용하여 추가로 변환됩니다. 이렇게 하면 필요에 따라 원래의 입력값을 그대로 정규화 계층의 출력으로 사용할 수도 있고, 스케일 γ과 편향 β을 자동적으로 제어할 수도 있게 됩니다. 전체 식은 다음과 같습니다.

$$\mathrm{BN}\left(h, m_c, v_c; \gamma_c, \beta_c\right) = \gamma_c \frac{x - m_c}{\sqrt{v_c}} + \beta_c$$

덧붙여, 통계량 m_c과 v_c에 대해서도 오차 역전파를 한다[11]는 것에 주의하세요.

계층 정규화

계층 정규화layer normalization(LN)[12]는 (C, H, W)의 축에 걸쳐서 N개의 통계량을 구하여 샘플[13] 단위별로 정규화합니다. 계층 정규화는 샘플별로 통계량이 크게 다른 경우에 효과적이며 RNN이나 트랜스포머에서 사용됩니다.[14] 현재 트랜스포머가 주목받는 상황이기도 하여, 계층 정규화가 널리 사용되고 있습니다.

인스턴스 정규화

인스턴스 정규화instance normalization(IN)[15]는 (H, W) 축에 걸쳐서 NC개의 통계량을 계산하여 인스턴스-채널 단위로 정규화합니다. 그러나 통계량을 추정하기 위한 샘플의 수$(H*W)$가 적기 때문에 안정화가 어렵다는 문제점이 있습니다. 이 문제를 해결하기 위해 그룹 정규화group normalization(GN)[16]에서는 채널 C를 몇 개의 그룹 G로 분할하여 (G, H, W) 축에 걸쳐서 통계량을 계산하여 $N*(C/G)$개의 통계량을 얻음으로써, 각 인스턴스-그룹 단위로 정규화합니다. 인스턴스 정규화에 비해 통계량 추정에 사용하는 샘플 수를 늘림으로써 학습이 안정화되는 이점이 있습니다.

차원 간의 상관관계를 없앰으로써 학습을 더욱 빠르게 하는 백색화

지금까지 소개한 정규화 기법은 모두 각 차원에 대한 통계량을 구해 정규화를 하기 때문에 차원 간의 상관관계는 고려하지 않았습니다.[17] 한편, 차원 간의 상관관계가 없어지도록 변환하면 경사 하

---

3   S. Ioffe et al., "Batch Normalization: Accelerating Deep Network Training by Reducing INternal Covariate Shift," ICML 2015. *https://arxiv.org/abs/1502.03167*

4   S. Santurkar et al., "How Does Batch Normalization Help Optimization," NeurIPS 2018. *https://papers.nips.cc/paper/7515-how-does-batch-normalization-help-optimization.pdf*

5   옮긴이_ 목적 함수 공간에서 급한 경사를 가지는, 즉 주변이 평탄하지 못한 국소적 최솟점을 의미합니다.

6   S. Santurkar et al., "How Does Batch Normalization Help Optimization," NeurIPS 2018. *https://papers.nips.cc/paper/7515-how-does-batch-normalization-help-optimization.pdf*

7   J. Bjork et al., "Understanding Batch Normalization," NeurIPS 2018.

8   P. Luo et al., "Towards Understanding Regularization in Batch Normalization," ICLR 2019. *https://arxiv.org/abs/1809.00846*

9   옮긴이_ 입력에 가까운 계층들을 뜻합니다.

10 P. Luo et al., "Towards Understanding Regularization in Batch Normalization," ICLR 2019. *https://arxiv.org/abs/1809.00846*

11 옮긴이_ 오차 역전파에는 참여하지만 학습 대상 파라미터는 아니므로 업데이트되지는 않습니다.

12 L. Ba et al., "Layer Normalization," arXiv:1607.06450, 2016. *https://arxiv.org/abs/1607.06450*

13 옮긴이_ 데이터 포인트를 의미합니다.

14 옮긴이_ RNN이나 트랜스포머의 맥락에서는 '샘플(data point)별'이라기 보다는 '토큰(token)별'로 정규화된다고 설명하는 것이 정확합니다.

15 D. Ulyanov et al., "Instance Normalization: The missing ingredient for fast stylization," 2016. *https://arxiv.org/abs/1607.08022*

16 Y. Wu et al., "Group Normalization," ECCV 2018. *https://arxiv.org/abs/1803.08494*

강법에 의한 수렴을 더욱 빠르게 할 수 있습니다. 이러한 기법을 백색화라고 합니다. 목적 함수의 등고선이 타원이고 비스듬한 것을 동심원으로 만드는 연산입니다. 입력 전처리(ZCA^{zero-phase component analysis} 등)에서 적용되곤 했습니다. 이 백색화를 수행하는 계층도 제안되었습니다.

백색화를 수행하기 위해서는 입력의 공분산 행렬의 고윳값 분해를 수행해야 합니다. 이 연산은 입력 차원의 수의 제곱에 해당하는 계산량을 필요로 하므로 계산 부담이 커서 매번 수행하는 것은 현실적이지 않습니다. 하지만 예를 들어, 모든 차원에 대해서가 아니라 차원을 그룹으로 나누고 각 그룹 내에서만 백색화함으로써 계산량을 줄이면서 백색화 효과를 얻을 수 있습니다.[18] 또한 합성곱 기법을 사용하는 경우에 입력은 패치 안의 샘플들이 됩니다. 이 패치 안의 샘플들에 대해 백색화 함으로써 학습이 더 빨리 수렴되도록 할 수 있습니다.[19]

정규화 계층 전망

정규화 계층은 학습을 안정화하고 일반화하는 데 큰 역할을 하므로, 우수한 정규화 계층을 설계할 수 있다면 분야 전체에 큰 영향을 줄 것입니다. 앞으로도 새로운 정규화 계층이 등장할 것으로 생각됩니다.

---

17 옮긴이_ 엄밀하게는 모든 경우에 차원별로(dimension-wise) 통계량을 구한 것은 아닙니다. 차원들을 합쳐서 구한 경우도 많습니다. 그러나 어떤 경우에도 통계량 간의 상관관계를 고려하지 않았다는 것은 맞습니다.

18 L. Huang et al., "Decorrelated Batch Normalization," CVPR 2018. *https://arxiv.org/abs/1804.08450*

19 C. Ye et al., "Network Deconvolution," ICLR 2020. *https://arxiv.org/abs/1905.11926*

에너지 기반 모델: 노이즈 복원을 통한 생성 모델 학습

딥러닝을 이용하여 데이터를 생성하는 심층 생성 모델로는 변분 오토인코더(VAE), 생성적 적대 신경망(GAN), 자기회귀 모델, 정규화 플로^{normalizing} flow 등이 알려져 있습니다. 이러한 모델들은 기존의 모델로는 어려웠던 고차원(수만~수백만 차원)의 자연 이미지와 음성 데이터를 생성하는 데 성공했으며, 샘플들은 실제와 구별할 수 없을 정도의 높은 충실도로 생성될 수 있습니다.

한편, 에너지 기반 모델^{energy-based model}(EBM)은 최근 또 다른 생성 모델로 주목받고 있습니다. 딥러닝 연구의 핵심 인물이자 2018년 튜링상 수상자인 얀 르쿤 교수도 ICLR 2020 초청 강연[1]에서 EBM이 앞으로 중요해질 모델이라고 말한 바 있습니다.

EBM은 다른 생성 모델에는 없는 우수한 특성을 가지고 있습니다. 확률 모델을 다룰 때 없어서는 안될 분포함수^{partition function}[2](모든 데이터를 열거하여 적분을 취하는 작업)가 샘플링 시에 필요하지 않으며, 복수의 후보 솔루션을 열거할 수 있고, 복수의 모델을 조합할 수도 있습니다. 그러나 EBM은 학습시키기 어려웠고 생성 모델의 실제 성능이 다른 생성 모델들에 비해 부족했습니다. 그러나 최근의 개선으로 인해 다른 생성 모델들의 최신 결과에 필적하는 품질의 이미지 및 음성 생성을 실현할 수 있게 되었습니다.

이 절에서는 EBM을 비롯하여, 최근 고차원 데이터 학습에 성공한 최근의 학습 기법으로서 DSM^{denoising score matching}과 높은 관련성이 있는 확산 모델^{diffusion model}에 관해 소개하고자 합니다.

에너지 기반 모델(EBM)

EBM은 입력을 받아서 스칼라값인 에너지를 리턴하는 에너지 함수 $F(x)$를 사용하여 데이터를 모델링합니다. 이 $F(x)$의 목표는 데이터셋에 있는 데이터에 대해서는 작은 값을 취하고, 그렇지 않은 데이터에 대해서는 큰 값을 취하는 방법을 학습하는 것입니다. EBM은 에너지 함수로부터 도출된 깁스^{Gibbs} 분포를 사용하여 확률 모델로 변환할 수 있습니다.

$$p(x) = \frac{\exp(-\beta F(x))}{\int_x \exp\left(-\beta F\left(x'\right)\right)}$$

여기서 β는 역온도 파라미터($1/\beta$가 온도에 해당)라고 하며, $\beta \to 0$이면 균일분포^{uniform}, $\beta \to \infty$이면 에너지가 가장 낮은 곳에서만 큰 확률을 갖는 분포가 됩니다. 이 확률 모델을 명시적으로 사용하지는 않으며, 학습이나 샘플링은 분포함수(분모의 정규화 항)를 사용하지 않고 처리할 수 있는 아이디어로 되어 있습니다. 따라서 EBM의 에너지 함수를 일종의 정규화되지 않은 밀도 함수로 간주할 수도 있습니다.

---

1 Yann Lecun and Yoshua Bengio, "Reflections from the Turing Award Winners," ICLR 2020 Invited Talk, *https://iclr.cc/virtual_2020/speaker_7.html*

2 옮긴이_ 분할 함수나 분배 함수로 번역되는 경우도 있습니다.

이 모델로부터 데이터를 샘플링하기 위해서는 가능도비 $p(x)/p(x')$를 사용하는 마르코프 연쇄 몬테카를로 방법(MCMC)을 사용하는 것이 일반적이었습니다. 가능도비는 정규화 항이 소거되기[cancel3] 때문에 정규화 항을 다룰 필요가 없다는 점에 주목해주세요. 그러나 MCMC 샘플링은 고차원 및 멀티 모달 데이터에 대해서는 품질이 낮은 것으로 알려져 있습니다. 따라서 이 절에서 다루는 기법에서는 입력에 대한 로그 가능도의 경삿값인 스코어 함수[score function]를 사용하여 샘플링합니다. 이에 대해서는 뒤에서 설명하겠습니다.

다음으로, 이 에너지 함수를 파라미터 θ를 사용한 신경망등을 이용하여 $F_\theta(x)$로 모델링하고, 학습 데이터 $D = \{x_i\}_{i=1}^N$을 사용하여 학습하는 것을 살펴봅시다. 앞에서 설명한 깁스 분포의 로그 가능도를 최대화하여 파라미터를 추정할 때, 음의 로그 가능도 L의 파라미터 θ에 대한 경삿값을 구할 수 있으면 됩니다. 이 경삿값은 다음과 같이 구해집니다(β는 생략).

$$\frac{\partial \mathcal{L}}{\partial \theta} = \mathbb{E}_{x \sim D}\left[\frac{\partial F_\theta(x)}{\partial \theta}\right] - \mathbb{E}_{x' \sim p_\theta(x)}\left[\frac{\partial F_\theta(x')}{\partial \theta}\right]$$

즉, 경삿값은 데이터 분포에 대한 경삿값의 기댓값과 모델 분포에 대한 경삿값의 기댓값 간의 차이로 표현됩니다.

대칭성이 있는 깔끔한 형태가 되었지만, 두 번째 항의 모델 분포에서 샘플링하기 어렵기 때문에 이 경삿값을 계산하여 고차원 데이터를 학습하는 것이 어려워서, 다른 학습 기법이 제안되었습니다. 이 절에서는 Denoising score matching이라는 기법을 설명하겠습니다.

Denoising score matching

로그 가능도 $\log p(x)$의 입력에 대한 경삿값을 얻는 $\nabla_x \log p(x)$를 스코어 함수라고 합니다. 스코어 함수는 정규화 항을 포함하지 않습니다(정규화 항은 입력 의존 항이 없으므로, 입력에 대한 경삿값이 0이 됨). 데이터 분포의 스코어 함수를 모델 분포의 스코어 함수와 일치시킬 수 있으면 분포를 학습할 수 있습니다. 또한, 스코어 함수를 구할 수 있다면, 랑주뱅 샘플링[langevin sampling]이라는 방법을 사용하여 고차원에서도 효율적으로 샘플링할 수 있습니다. 이것은 에너지 함수의 경삿값과 약간의 가우스 노이즈를 이용하여 샘플링해 나가는 기법입니다.

관측 데이터 x에 가우시안 노이즈를 더한 데이터 $q_\sigma(\tilde{x}|x) = \mathcal{N}(\tilde{x}|x, \sigma^2 I)$를 원본 데이터로 디노이징하는 방향을, 노이즈에 대해 기댓값을 취한 값이 스코어 함수와 일치하는 것으로 알려져 있습니다. 이를 이용하여 스코어 함수를 학습하는 기법을 DSM[denoising score matching]이라고 합니다. 구체적으로는 다음의 목적 함수를 최소화하는 함수 $s_\theta(\tilde{x}, \sigma)$를 구함으로써 스코어 함수를 학습합니다.

$$\frac{1}{2}\mathbb{E}_{q_\sigma(\tilde{x}|x)p(x)p(\sigma)}\left[\left\|\sigma s_\theta(\tilde{x}, \sigma) + \frac{\tilde{x} - x}{\sigma}\right\|_2^2\right]$$

σ는 노이즈의 크기를 나타내며 학습 중에 스케줄링을 통해 조정됩니다. 여러 개선을 통해 이 기법을 사용하여 학습된 생성 모델은 GAN 등에 필적하는 성능을 갖는 것으로 보고되었습니다.[4,5]

확산 모델

확산 모델은 데이터에 노이즈를 서서히 더해 가

면서 모든 정보가 없어지고 완전한 노이즈가 되는 마르코프 과정을 역방향으로 거슬러 올라감으로써 생성 모델을 학습합니다. 각 확산 스텝이 적은 양의 가우시안 노이즈인 경우, 그 역방향의 생성에 대응되는 전이도 조건부 가우시안으로부터의 샘플링으로 모델링할 수 있는 것으로 알려져 있습니다. 따라서 생성 모델은 노이즈로부터 데이터 분포를 생성할 수 있는 조건부 가우시안을 사용하여 학습할 수 있습니다.

확산 모델의 학습은 로그 가능도의 변분 하한 variational lower bound을 최대화함으로써 실현할 수 있는데, 그 목적 함수는 앞서 언급한 DSM과 동일한 식이 된다고 알려졌으며, 고품질 이미지를 생성할 수 있는 것으로 나타났습니다.[6] 확산 모델은 표현력이 높고 자기회귀 모델 등과 달리 샘플링 작업을 병렬로 수행할 수 있으며, 추론 시에 계산 비용과 생성 품질 간의 트레이드오프를 취하는 것이 가능하다는 특징이 있습니다. 스펙트로그램으로부터의 파형 생성에서도 자기회귀 모델을 사용하는 기법보다 빠르게 계산할 수 있어 실시간 생성이 가능합니다.

EBM 전망

EBM의 큰 특징은 복수의 후보 솔루션을 나열할 수 있는 점(특히 연속값의 경우), 복수의 EBM을 조합하여(예를 들어 $\alpha F(x)+\beta F'(x)$) 다른 EBM을 만들어 낼 수 있는 점, 복수의 변수 간에 양방향 추론이 가능한 점(현재 후보 출력 결과에 따라 입력을 보정하는 등) 등이 있습니다. 또한 생성 모델만이 아니라, 스코어 함수는 입력에서 누락된 값을 복원하거나 이상값을 발견하는 것과 같은 다른 유용한 용도가 있습니다.

그리고 최근에는 복수의 생성 모델을 조합해서 모델링하는 경우도 많아졌습니다. EBM도 그 장점을 살리는 형태로 다른 생성 모델과 조합하여 활용하는 경우가 앞으로 많아질 것으로 생각됩니다.

3　옮긴이_ 비율의 형태를 사용하므로 분모에 공통으로 있는 정규화 항을 소거할 수 있게 된다는 의미입니다.

4　Y. Song et al., "Generative Modeling by Estimating Gradients of the Data Distribution," Neurips 2019, *https://arxiv.org/abs/1907.05600*

5　A. Jolicoeur-Martineau et al., "Adversarial Score Matching and Improved Sampling for Image Generation," *https://arxiv.org/abs/2009.05475*

6　J. Ho et al., "Denoising Diffusion Probabilistic Models," arXiv:200611239 WaveGrad: Estimating Gradients for Waveform Generation," *https://arxiv.org/abs/2009.00713*

트랜스포머: 모든 작업의 표준 네트워크 아키텍처가 될 가능성

딥러닝은 각 작업에 대해 서로 다른 신경망 아키텍처를 사용해 왔습니다.

이미지 인식은 CNN, 자연어 처리를 위한 순환 신경망recurrent neural network(RNN), 테이블 데이터나 좌표와 같이 입력에 구조가 없는 작업을 위한 다층 퍼셉트론multi layer perceptron(MLP), 화합물과 같은 그래프 구조를 위한 그래프 신경망graph neural network(GNN) 등입니다.

이러한 네트워크 구조는 문제의 특성(국소성, 제약 조건, 입력 변화에 대한 동변성, 불변성)을 포착함으로써, 문제에 대한 사전 지식을 모델에 포함시키는 유효한 귀납적 편향으로 작용합니다. 귀납적 편향은 작은 학습 데이터로 일반화하는 데 중요한 역할을 합니다.

그러나 최근에는 트랜스포머라고 하는 네트워크 아키텍처가 다양한 작업에 널리 적용될 수 있어 각 분야에서 최고 또는 그에 가까운 정확도를 달성할 수 있다는 것이 분명해지고 있습니다. 트랜스포머는 6.4절과 11.4절에서도 소개합니다.

트랜스포머는 기계 번역 분야에서 제안되어 기존의 RNN 기반 기법을 능가하는 성능을 보였습니다. 다른 자연어 처리 작업에도 적용되며, 최근에는 BERT, GPT-3 등 대량의 언어 데이터를 이용한 사전 학습에 트랜스포머나 유사한 종류의 모델이 효과적이라는 것이 밝혀졌습니다. Graph NN도 트랜스포머가 사용하는 어텐션 메커니즘과 상성이 좋아서 널리 사용됩니다. 그리고 마지막으로 남은 대형 이미지 인식 분야에서도 트랜스포머가 과거에 사용되었던 CNN ResNet이나 EfficientNet 등에 필적하는 성능을 달성했다고 알려져 있습니다.

트랜스포머란 무엇인지, 어떤 개선이 이루어졌는지, 앞으로 트랜스포머가 모든 작업을 석권할지에 대해 살펴보겠습니다.

트랜스포머의 이해

먼저 트랜스포머가 어떤 네트워크 아키텍처인지 살펴봅시다. 입력은 m개의 요소 $\mathbf{x}_1$, $\mathbf{x}_2$, $\mathbf{x}_3$..., $\mathbf{x}_m$(볼드체는 열 벡터를 의미)의 집합으로 구성됩니다. 자연어 처리에서는 각 단어에서 구한 피처 벡터이며, 그래프 문제에서는 각 노드, 이미지에서는 이미지 패치별로 구한 피처 벡터나 검출된 물체 등이 해당됩니다.

트랜스포머는 어텐션 메커니즘을 사용하여 자신의 계산 결과로부터 필요한 정보를 읽어 들이는 셀프 어텐션 메커니즘을 이용합니다. 구체적으로는, 학습 대상 행렬 W^Q, W^K, W^V를 준비하여, 각 요소에 대해 쿼리 $\mathbf{q}_i = \mathbf{x}_i^T W^Q$, 키 $\mathbf{k}_i = \mathbf{x}_i^T W^K$, 밸류 $\mathbf{v}_i = \mathbf{x}_i^T W^V$를 계산합니다. 이 행렬들은 모든 위치에 공통으로 사용됩니다. 다음으로, i번째 요소가 어느 위치에서 값을 읽어 올지를 결정하기 위해, 쿼리와 키 사이의 내적 $\mathbf{q}_i^T \mathbf{k}_j$를 계산합니다. 내적이 클수록 해당 위치로부터 정보를 읽어 오는 정도가 커집니다. 그런 다음 내적값들에 대한 정규화로서 읽어올 대상(내적 계산식에서의 첨자 j)

에 걸쳐서 소프트맥스 함수를 적용하여, 마치 확률값과 같이 음수값이 아니면서 합해서 1이 되도록 정규화합니다. 또한, 내적의 크기는 랜덤 가우시안으로 초기화된 벡터의 경우 차원수의 제곱근에 비례하기 때문에, 내적을 키의 차원 수 d_k의 제곱근으로 나누는 기법이 실제로 사용하는 데 있어서 중요합니다. 요약하면, 위치 i에서 위치 j의 정보를 읽어 오는 가중치는 다음과 같이 계산됩니다.

$$a_{i,j} = \text{softmax}\left(\mathbf{q}_i^T \mathbf{v}_j / \sqrt{d_k}\right)$$

소프트맥스는 첨자 j를 따라 적용됩니다. 그리고 가중치 $a_{i,j}$에 따라 각 값을 더하여 합산한 $\mathbf{z}_i = \sum_j a_{i,j} \mathbf{v}_j$가 위치 i에서의 계산 결과가 됩니다.

기존 네트워크에서는 정보의 흐름이 미리 설계된 대로만 흐르지만, (셀프) 어텐션 메커니즘을 사용하면 입력 데이터에 따라 흐름을 바꿀 수 있습니다. 또한 필요한 경우 거리가 먼 정보를 한 번의 스텝으로 읽을 수 있습니다. 만약 어떤 위치의 정보가 그 후의 처리에 중요하다면, 그 요소와의 내적이 커지도록 쿼리와 키를 업데이트하게 됩니다.

지금까지 설명한 처리는 모두 행렬곱과 요소별 연산의 조합이므로, 다음과 같이 계산할 수 있습니다.

$$Z = \text{softmax}\left(Q^T K / \sqrt{d_k}\right) V$$

여기서 Q, K, V는 각각 쿼리, 키, 밸류 벡터들을 열벡터의 시퀀스로 정렬하여 만든 행렬입니다. GPU나 딥러닝을 위한 가속기^{accelerator}가 잘할 수 있는 행렬곱을 사용하여 구현되므로 계산 효율도 높습니다. 이러한 계산을 복수 회 병렬로 수행하고 그 결과를 통합하는 멀티 헤드를 사용하는 것이 일반적입니다.

이러한 계산에서는 각 요소가 어느 위치에 있는지에 대한 정보가 고려되지 않습니다. 위치를 고려하기 위해 위치 정보를 피처 벡터로 인코딩해서 사용합니다.

트랜스포머는 이 셀프 어텐션 메커니즘을 사용한 인코더와 디코더로 구성됩니다. 인코더는 복수의 계층으로 구성되며 셀프 어텐션 메커니즘을 사용하여 입력을 신호^{signal} 벡터로 변환합니다. 디코더는 셀프 어텐션 메커니즘에 더해서 기존의 어텐션 메커니즘을 사용하여 인코더가 만들어 낸 정보를 읽어 들여서 처리해 갑니다.

트랜스포머의 각 분야로의 전개

앞에서 언급했듯이, 트랜스포머는 자연어 처리에 처음 널리 사용되었습니다. 그러다가 2020년에 들어와서는 트랜스포머를 사용하는 모델이 이미지 분류 및 객체 검출등에서도 CNN(ResNet, EfficientNet)에 필적하는 성능을 달성하기 시작했습니다.

예를 들면, 객체 검출에 있어서 DETR[1]이라는 기법은 객체 검출의 SOTA 중 하나인 Faster R-CNN에 필적하는 성능을 달성했고, 또한 물체와 배경 전체를 세그먼테이션하는 panoptic segmentation도 동일한 방식으로 처리될 수 있음을 보였습니다. 그 후, 개량이 진행되어 속도 면에서도 CNN에 필적하는 수준을 달성했습니다.

이미지 분류에도 비전 트랜스포머[2]라는 기법이 등장했습니다. 이미지를 16×16 크기의 패치로 나누고, 각 패치를 MLP로 피처 벡터로 변환한 후

1　N. Carion et al., "End-to-End Object Detection with Transformers," ECCV 2020.

에 트랜스포머의 인코더만을 사용하여, 그 결과를 MLP로 읽어 들여서 분류를 수행합니다. 마치 16×16 패치를 단어로 치환하여 그 단어 시퀀스로부터 이미지가 무엇인지를 분류하는 것과 같습니다. 학습 데이터의 수가 적을 때는 CNN 기반 기법이 더 낫지만, 학습 데이터의 수가 증가하여 귀납적 편향의 영향이 줄어들면[3] 정확도 측면에서 거의 비슷한 성능을 달성한다는 보고가 있습니다. 또한, 계산 효율이 높기 때문에 사전 학습 비용을 CNN 기반 기법의 1/4로 줄일 수 있는 것으로 보고되었습니다.

또한, 원래부터 가변 크기의 집합을 잘 다룰 수 있게 만들어졌기 때문에, 그래프 정보나 점구름 정보, 복수의 물체를 처리하는 데도 적합하여, 트랜스포머나 셀프 어텐션 메커니즘을 이용한 기법들이 최고 정확도를 많이 달성하게 되었습니다.

트랜스포머의 효율 개선

트랜스포머의 큰 문제는 계산량입니다. 입력이 N개의 요소로 구성된 경우 각 요소와 다른 모든 요소의 내적과 가중치를 계산해야 하기 때문에 계산 복잡도는 $O(N^2)$가 되어 버립니다. CNN이나 RNN은 국소적인 연결로 제한함으로써 계산량을 $O(N)$로 억제할 수 있습니다.

이 계산량을 줄이기 위한 많은 연구가 최근 몇 년 동안 보고되었습니다. 대표적으로 Big Bird[4]는 어텐션 대상을 희소한 랜덤 위치, 국소적인 주변 정보, 모든 위치를 어텐션 대상으로 하는 라우팅과 같은 역할을 갖는 일정한 개수의 특수한 요소들을 조합함으로써 계산량을 $O(N)$으로 억제하면서도, 트랜스포머와 동등한 표현력을 가질 수 있고, 실험 결과에서도 거의 비슷한 성능을 보였습니다.

수천 또는 수만 개의 긴 시퀀스의 장거리 관계를 처리할 수 있어서, 유전자 서열 DNA의 유전자 발현을 조절하는 프로모터 영역을 거의 완벽하게 예측할 수 있습니다.

트랜스포머를 단순화하는 제안도 있었습니다. 예를 들어, LambdaNetwork[5]는 입력 전체로 계산한 피처 벡터를 모든 요소에 적용하고, 위치 의존 처리는 국소적인 범위로 한정함으로써 전체의 계산 효율을 개선하고 표현력 등을 높입니다. AF-T[Attention Free Transformer]는 헤드의 수를 차원수와 같게 하여, 각 헤드가 하나의 차원에만 대응하도록 해서 계산을 요소별 연산이 되게 하여 키와 밸류 간의 계산을 먼저 함으로써 계산량을 선형으로 억제할 수 있습니다. 이러한 방식으로 하더라도 동등한 성능을 얻을 수 있다고 보고되었습니다.[6]

모든 아키텍처가 트랜스포머가 될 가능성

지금까지 살펴본 바와 같이 트랜스포머는 자연어 처리에서 기존의 기법을 능가하고, 다른 분야에서도 널리 사용되며, 이미지 인식 등에서는 학습 데이터가 많이 있는 경우에 기존 기법에 필적하는 성능을 얻을 수 있는 것으로 알려져 있습니다. 그렇다면 트랜스포머는 앞으로 모든 분야에서 사용될까요?

귀납적 편향의 관점에서는 각 작업에 대해 보다 특화된 아키텍처를 사용하는 것이 트랜스포머와 같은 범용 모델을 사용하는 것보다 일반화 성능이 높고, 최적화도 더 용이할 것입니다. 그러나 하나의 아키텍처를 많은 분야에 적용하게 되면 몇 가지 이점이 있습니다.

첫 번째는 개별적으로 개발되는 아키텍처보다 트랜스포머가 더 많은 연구개발 투자를 받아 빠르게 개선이 되어, 각 전용 모델의 성능을 능가할 가능성입니다. 컴퓨터에서도 범용 기계가 전용 기계의 성능을 능가하는 경우가 많은데, 동일한 일이 일어날 가능성이 있습니다.

두 번째는 트랜스포머에 특화된 하드웨어가 등장할 가능성입니다. 개별 작업마다 전용 가속기를 만드는 경우에는 시장이 제한되지만, 트랜스포머라면 많은 작업에 활용할 수 있기 때문에 시장이 크고, 개발 투자를 회수할 가능성이 있습니다. 2022년 3월 NVIDIA가 개발한 GPU H100에는 트랜스포머향 가속기인 Transformer Engine이 탑재되어 계산 속도를 높였습니다.

현 단계에서는 개별 아키텍처가 우세할지 또는 트랜스포머가 더욱 발전하여 모든 분야를 석권할지 판정할 수 없는 상황입니다. 앞으로의 전개에 주목할 필요가 있습니다.

2 "An Image is Worth 16x16 Words: Transformers for Image Recognition at Scale," ICLR 2021 under review, *https://openreview.net/forum?id=YicbFdNTTy*

3 옮긴이_ 달리 설명하면, 데이터가 많아지면 귀납 편향(사전 지식)의 도움을 빌리지 않고도 학습이 가능하다는 의미입니다.

4 M. Zaheer et al., "Big Bird: Transformers for Longer Sequences," *https://arxiv.org/abs/2007.14062*, NeurIPS 2020 accepted.

5 "LambdaNetworks: Modeling long-range Interations without Attention," *https://arxiv.org/abs/2102.08602*, ICLR 2021

6 "An Attention Free Transformer," *https://arxiv.org/abs/2105.14103*

6.9 이산화 생성 모델

현실 세계 대부분은 연속값으로 표현됩니다. 시공간은 연속적이고, 물체나 그 성질, 크기, 형상, 무게 등을 나타내는 것도 연속적이며, 이미지, 음성과 같은 관측 신호도 연속적인 양으로 표현됩니다.

그래서 머신러닝이나 딥러닝으로 현실 세계의 문제를 다룰 때, 연속적인 입력을 받아 연속적인 값 벡터를 내부 상태로 하여 처리하는 것이 자연스럽습니다. 최종 출력 결과만을 분류 결과 등과 같이 이산적인 정보로 다루게 되는 경우도 있지만, 기본적으로 내부에서는 전부 연속적인 양으로 처리됩니다. 연속적인 값을 이용하는 이러한 표현은 오차 역전파 방법을 이용한 그레디언트 기법에 의한 최적화와도 매우 궁합이 좋아서, 학습을 대규모화 하기에도 좋습니다.

이에 대해, 정보를 연속값으로 다루지 않고 이산값으로 다루는 표현이 제안되었습니다. 예를 들어, 이미지의 잠재 표현에 이산값을 사용하는 VQ-VAE[1]가 있습니다. 원래의 VAE는 잠재 변수를 사용하는 생성 모델로, 연속값을 가지는 잠재 벡터로부터 디코더를 이용하여 이미지를 생성합니다. 한편, VQ-VAE는 이산값을 갖는 잠재 변수를 생성한 후, 각 이산값에 대응하는 임베딩 벡터를 입력으로 사용하는 디코더로 이미지를 생성합니다. 임베딩 벡터의 개수는 이산값 종류의 수 만큼 밖에 없으므로, 이미지를 이산 정보로 표현한다고 할 수 있습니다.

이러한 이산 표현은 원래의 연속적인 값을 근사하기 때문에 정보를 많이 잃을 것처럼 생각되지만,

조합을 이용함으로써 원래 정보를 놀라울 정도로 정확하게 보존할 수 있습니다. 이산값으로 표현하더라도 원래의 정보를 복원할 수 있는 이유는, 매니폴드 가설이 설명하듯 이미지 데이터 전체는 이미지보다 적은 차원수를 가지는 매니폴드로부터 생성되는 것으로 생각되므로, 각 이산값에 대응하는 임베딩 벡터들이 이들 매니폴드 상의 영역을 대표점으로써 충분히 커버하며 근사하기 때문으로 생각됩니다.

한편, 이산값 시퀀스의 대표는 언어 데이터로서, 각 단어가 이산값이고 텍스트는 이산값 시퀀스입니다. 이러한 언어 데이터는 GPT-3가 대표하는 트랜스포머를 이용한 자기회귀 모델로 생성 모델을 학습함으로써 데이터 생성, 보간, 조건부 생성뿐만 아니라 여러 작업에 효과적인 피처가 얻어지는 것으로 나타났습니다.

앞서 연속적인 값의 데이터가 거의 정보 손실 없이 이산값 시퀀스로 변환될 수 있음을 보였습니다. 언어 데이터와 동일한 형태로 볼 수 있다는 점에서, 이제부터는 이러한 이산값들을 토큰이라고 하고 이산값의 시퀀스는 토큰 시퀀스라고 부르겠습니다. 그리고 이러한 토큰 시퀀스의 생성 모델은 언어 데이터 생성과 완전히 동일하게 트랜스포머를 사용하는 자기회귀 모델을 사용하여 학습할 수 있습니다. 생성된 토큰 시퀀스는 디코더로 거의 손실 없이 원래대로 복원할 수 있습니다. 이 연속량을 토큰 시퀀스로 사용하여 생성 모델을 학습하여 원래의 연속량으로 되돌리는 접근 방식을 이미지[2], 오디오/음악[3], 비디오[4] 생성 등에 적용하여

원본 데이터의 생성 모델을 실현할 수 있음을 보였습니다. 또한 고차원 데이터의 경우, 연속값을 직접 다루는 생성 모델에 비해 토큰화하는 경우에 생성 품질이나 다양성, 조건부 생성 등에서 큰 성공을 거두었습니다. 왜 성공했는지에 대해 다음 절에서 설명하겠습니다.

많은 이점이 있는 이산 표현

이산 표현을 사용하는 생성 모델에는 많은 이점이 있습니다. 다섯 가지 대표적인 이점들은 다음과 같습니다.

첫 번째로, 생성 모델을 학습하기 용이하다는 것입니다. 연속 표현을 사용하여 생성 모델을 학습하는 것은 일반적으로 어렵습니다. 그 이유는 관측되지 않은 데이터를 열거list-up하기 어렵기 때문입니다.[5] 최대 가능도 추정이나 에너지 모델에서는 관측된 데이터의 가능도를 높이고(에너지를 낮춤) 관측되지 않은 데이터의 가능도를 낮춰야 합니다(에너지를 높임). 고차원 데이터에서는 관측되지 않은 데이터를 열거하는 것은 불가능하며, 차원의 저주로 설명할 수 있듯이 극히 일부 영역이 가능도가 높다고 하더라도 이를 찾아내는 것은 어렵습니다.

반면에, 이산 표현 + 자기회귀 모델을 사용하는 경우는 이산값의 종류가 많아봐야 수백에서 수천 정도이므로 모두 고려할 수 있어서, 관측되지 않은 모든 사례를 열거하여 그 가능도를 명시적으로 줄일 수 있습니다. 또한, 불확실성도 이산 표현에서 더 자연스럽게 처리될 수 있어서 가능성이 있는 이산값에 확률을 할당하는 것이 가능하지만, 고차원 연속 표현에서는 이러한 확률을 정확하게 할당하기 어렵습니다.

두 번째로, 생성 모델의 정규화로서 효과적입니다. 생성 모델을 학습시킬 때는 가능도가 높은 데이터가 잘못해서 발생하지 않도록 가능도가 높은 (에너지가 낮은) 영역의 용량을 제한하는 것이 효과적인데, 희소 표현이나 이산값을 사용하여 제한할 수 있습니다.

세 번째로, 서로 다른 모달리티를 가진 여러 데이터를 통합할 수 있습니다. 예를 들어 달리DALL-E는 캡션이 있는 이미지 데이터를 사용하여 텍스트를 조건으로 하는 이미지 생성 모델을 만듭니다. 텍스트와 이미지를 통일된 생성 모델로 다루는 것은 쉽지 않지만, 이미지를 토큰 시퀀스로 변환하고, 텍스트와 이미지 토큰 시퀀스를 연결한 하나의 토큰 시퀀스에 대해 생성 모델을 학습시킵니다. 이렇게 하면 캡션에 대응하는 이미지 생성을 실현할 수 있습니다.

네 번째로, 효율적인 정보의 저장을 실현할 수 있습니다. 토큰은 희소 벡터로 간주할 수 있으므로 연속값 벡터를 저장하는 것에 비해 매우 컴팩트하게 저장할 수 있습니다. 예를 들어, 달리는 256×256 풀 컬러 이미지를 $32 * 32$ 크기에 각각 $8,192(2^{13})$ 종류를 가질 수 있는 토큰으로 이산

1 A. Oord et al., "Neural Discrete Representation Learning," *https://arxiv.org/abs/1711.00937*

2 A. Ramesh et al., "Zero-Shot Text-to-Image Generation(DALL-E)," *https://arxiv.org/abs/2102.12092*

3 P. Dhariwal et al., "Jukebox: A Generative Model for Music," *https://arxiv.org/abs/2005.00341*

4 W. Yan et al., "VideoGPT: Video Generation using VQ-VAE and Transformers," *https://arxiv.org/abs/2104.10157*

5 Y. LeCun, "The Energy-Based View of Self-Supervised Leanring," GTC 2021, *https://drive.google.com/file/d/1tHIYoh_2ZRGOvwPGtSEact520ABEgV1R/*

화[6]하므로, 압축되지 않은 192 KB(=256 * 256 * 3 바이트) 이미지를 1.7 KB(=32 * 32 * 13/8 바이트)로 저장할 수 있습니다.

다섯 번째로, 자기회귀 모델등에서 스스로의 예측값을 조건으로 반복해서 사용하여 예측을 해 나가는 경우의 Drifting을 방지할 수 있습니다. 고차원에서 예측을 반복해 갈 때, 각 예측에는 오류가 포함되므로 길게 예측하는 경우에는 예측이 어긋나기 시작하는 현상이 일어납니다. 이산화하는 경우에는 고차원에 기인하는 오차가 포함되기 어려우므로[7] 길게 예측하더라도 오차가 커지지 않아 크게 틀리게 되는 경우가 적습니다.

학습이 어려운 이산 표현

한편, 이산화는 학습에 여러 문제가 있습니다. 신경망(NN)의 학습은 오차 역전파 방법을 사용하는데, 모든 계산이 미분 가능해야 하고 경삿값이 소멸되지 않아야 합니다. 그런데 이산화 처리를 하면 미분을 계산할 수 없거나 소멸합니다. 예를 들어 이산화 처리의 예로, 연속 스칼라값 x를 받아서 양수라면 +1을, 음수라면 -1을 반환하는 $\text{sign}(x)$라는 함수를 생각해봅시다. 이 함수의 미분은 $x \neq 0$에서 0이고 $x=0$에서 ∞이기 때문에 모든 위치에서 미분값이 소멸하거나 발산합니다.

이 문제에는 크게 두 가지 해결책이 있습니다. STE[straight through estimator]는 순방향 프로세스에서는 그대로 이산화 처리를 수행하고, 오차 역전파 시에는 이산화 처리를 생략하여 그대로 오차를 전파합니다. 이 경우 정확하지 않은 경삿값으로 학습하는 것이 되지만, 많은 작업들에서 학습이 가능하다고 알려졌으며, 앞서 언급한 VQ-VAE도 STE를 사용합니다. 또한, 시그모이드 함수를 이용한 학습에 투영 경사 하강법[projected gradient descent]

method을 적용하면, 오차 역전파 시에 시그모이드 함수가 소거되면서 STE와 같은 형태가 됩니다. 이산화 처리가 시그모이드 함수를 더 가파르게 만든다고 해석한다면, STE는 올바른 투영 경사 하강법을 실현한다고 볼 수 있습니다.[8]

또 하나의 기법이 굼벨-소프트맥스입니다. 굼벨-소프트맥스는 소프트맥스로 정의된 확률 분포로부터의 샘플링을 근사하여 변수 변환 트릭을 사용한 미분을 가능하게 해 주면서, 온도 파라미터를 낮추어 가는 경우에 이산화 처리와 같아지는 함수입니다.[9] 학습 초기에는 온도를 높이고 학습이 끝나감에 따라 온도를 0에 가까워지게 함으로써, 학습 중에는 경삿값을 생성하면서 이산화 처리를 실현합니다.

이산 표현과 언어

이산 표현을 세부 사항을 버리는 추상적 표현으로 볼 수도 있으며, 궁극적으로는 언어 데이터와 같은 추상적 사고와 추론의 실현으로 이어질 것으로 생각됩니다. 이산 표현에 대한 처리 및 계산은 아직 개발 도상에 있지만, GNN[Graph Neural Network]이나 어텐션 메커니즘등을 조합하여 이산 표현에 대한 다양한 처리가 가능하게 될 것으로 기대됩니다.

---

6   옮긴이_ 구체적으로는 discrete VAE 를 사용하여 오토인코딩을 합니다.

7   옮긴이_ 이산화 자체가 차원을 낮추는 효과가 있다는 의미입니다.

8   "Optimizing with constraints:reparametrization and geometry," https://vene.ro/blog/mirror-descent.html

9   옮긴이_ 굼벨-소프트맥스는 본질적으로 이산값인 소프트맥스로부터 효율 높은 샘플링을 통해 오차 역전파 학습을 가능하게 해주는 수학적 도구입니다. 온도 파라미터는 굼벨-소프트맥스 기법 자체와는 상관이 없지만, 학습 시에 보통 많이 활용합니다.

6.10 Perceiver: 다양한 입출력에 대응 가능한 신경망

생물은 시각, 청각, 촉각과 같은 다양한 모달리티로 고차원 데이터를 동시에 감지할 수 있습니다. 한편, 신경망에서 이러한 데이터를 처리할 때는 모달리티별로 전용 감지 모델을 설계해서 사용할 필요가 있습니다. 예를 들어, 이미지의 경우 데이터는 2차원 그리드상의 신호로 보고 합성곱 계층으로 변환합니다. 또한 복수의 모달리티를 처리해야 하는 경우, 이를 통합하는 네트워크를 준비하여 문제의 출력 형식에 맞춘 전용 네트워크를 설계해야 합니다. 이러한 사전 지식의 사용은 귀납적 편향으로서 효과가 있지만 복수의 모달리티를 어떻게 다루고 어떻게 통합할 것인지는 자명하지 않습니다.

Perceiver[1]는 여러 모달리티의 데이터를 다룰 수 있도록 설계된 신경망입니다. 입력이 어떤 구조인지는 가정하지 않고 필요한 정보가 들어있는 바이트 시퀀스로 취급합니다. 그런 다음 비대칭 교차 어텐션cross-attention 메커니즘을 사용하여 입력 전체를 고정 길이 잠재 변수 시퀀스로 변환하고 병렬로 읽어 들인 후, 잠재 변수 시퀀스에 셀프 어텐션 메커니즘의 변환을 반복 적용하여 출력 결과를 얻습니다.

또한 Perceiver IO[2]는 여러 종류의 출력을 다룰 수 있도록 확장되었습니다. 예를 들어, 출력으로 분류와 같은 스칼라값뿐만 아니라 입력과 같은 종류의 구조를 가진 벡터, 텐서 및 집합도 다룰 수 있습니다. 이를 통해 여러 종류의 작업을 하나의 신경망 아키텍처로 다룰 수 있습니다. 단지 다룰 수 있기만 한 것이 아니라 각 문제 전용으로 설계된 모델과 동등하거나 그 이상의 성능을 달성할 수 있다고 보고되었습니다. 예를 들어, 자연어 이해, 이미지 분류, 광학 흐름optical flow(인접 프레임 간의 픽셀 이동 예측), 음성 및 동영상 오토인코더, 복수 에이전트 강화 학습 등과 같은 작업들입니다. 여기서는 Perceiver와 Perceiver IO에 대해서 소개하겠습니다.

Perceiver의 구조

Perceiver는 두 가지 요소로 구성됩니다. 첫 번째 요소는 교차 어텐션 메커니즘으로, 입력 바이트 시퀀스와 잠재 변수 시퀀스를 잠재 변수 시퀀스로 변환합니다. 두 번째는 잠재 변수 시퀀스에서 잠재 변수 시퀀스로 변환하는 셀프 어텐션 메커니즘입니다.

먼저 기존의 셀프 어텐션 메커니즘에 대해 설명하고 나서, 이를 입력 시퀀스에 직접 적용하는 경우의 문제점을 이야기하겠습니다. 셀프 어텐션 메커니즘 또는 트랜스포머는 입력 시퀀스에서 동일한 길이를 갖는 쿼리 Q, 키 K, 밸류 V를 MLP로 계산하여, 쿼리와 키 사이의 내적의 크기(어텐션)에

---

1 A. Jaegle et al., "Perceiver: General Perception with Iterative Attention," ICML 2021, *https://arxiv.org/abs/2103.03206*

2 A. Jaegle et al., "Perceiver IO: A General Architecture for Structured Inputs & Outputs," *https://arxiv.org/abs/2107.14795*

따라 값을 읽어 들이는 기법입니다. 이 경우, 모든 요소들 사이의 어텐션을 계산할 필요가 있기 때문에, 입력 시퀀스의 크기가 M인 경우, $O(M^2)$의 계산량이 필요합니다. 입력 시퀀스는 일반적으로 크며, 예를 들어, $224 \times 224 = 50176$ 픽셀을 갖는 이미지넷 이미지나 48kHz로 샘플링된 1초 길이의 오디오는 입력 시퀀스가 약 5만 개가 됩니다. 이러한 입력 시퀀스에 셀프 어텐션 메커니즘을 직접 적용하는 것은 계산량이 너무 커지기 때문에 불가능합니다.

Perceiver는 교차 어텐션 메커니즘을 사용하여 이 계산량 문제를 해결합니다. 교차 어텐션 메커니즘은 키 K와 밸류 V는 입력 시퀀스에서 가져오고, 쿼리 Q는 잠재 변수 시퀀스에서 가져옵니다. 잠재 변수 시퀀스의 길이를 N으로 하면, 이 교차 어텐션 메커니즘의 계산량은 $O(MN)$입니다. 잠재 변수 시퀀스의 길이 N이 입력 변수 시퀀스의 길이 M보다 훨씬 작으므로(예를 들어, $N=512$), 이 정도의 계산량은 처리 가능합니다. 그런 다음 Perceiver는 이 잠재 변수 시퀀스에 트랜스포머를 적용합니다. 잠재 변수 시퀀스의 사이즈가 작기 때문에 트랜스포머를 직접 적용할 수 있습니다. 적용 시 계산 복잡도는 $O(N^2)$이므로, 잠재 변수 시퀀스 상에 L개의 계층으로 구성된 셀프 어텐션 메커니즘을 적용하면 계산량은 $O(LN^2)$가 됩니다.

이러한 교차 어텐션 메커니즘과 셀프 어텐션 메커니즘을 합치면 Perceiver 전체의 계산량은 $O(MN+LN^2)$가 됩니다. 중요한 것은 입력 사이즈 M과 계층 수 L이 분리되어 있다는 것입니다. 입력 사이즈와 관계없이 문제의 복잡도에 따라 계층의 수를 자유롭게 변경할 수 있습니다.

또한 Perceiver는 교차 어텐션 메커니즘을 사용하여 입력에서 처음뿐만 아니라 중간에 여러 번 읽습니다. 그렇게 함으로써 지금까지의 인식 결과

에 따라 입력에서 필요로 하는 정보를 원래 해상도대로 읽어 들일 수 있습니다.

그리고 Perceiver는 교차 어텐션 메커니즘과 셀프 어텐션 메커니즘의 파라미터를 계층 간에 공유합니다. 이로써 파라미터 수를 크게 줄일 수 있어 과적합을 방지할 수 있습니다. 이처럼 Perceiver는 파라미터를 공유하는 처리를 잠재 변수 시퀀스에 반복적으로 적용하는 것으로 볼 수 있기 때문에, RNN의 일종으로 간주할 수 있습니다.

위치 인코딩으로 입력의 위치 정보 제공

어텐션 메커니즘은 입력 집합에 있는 요소의 치환에 대해 동변(특수한 경우에는 불변)입니다. 이 성질은 점구름과 같이 치환에 대해 동변인 것이 바람직한 데이터에는 좋지만, 위치도 중요한 이미지나 음성에는 적절하지 않습니다. 그래서 위치 정보가 필요한 문제의 경우에는 BERT나 NeRF등에서 사용되는 푸리에 위치 특징을 입력에 추가합니다. 구체적으로는 d차원째의 위치가 x_d인 경우, 값 $[\sin(f_k \pi x_d), \cos(f_k \pi x_d)]$를 사용합니다. 여기서 f_k는 주파수 뱅크에서 k번째 주파수입니다. 이 위치 인코딩에 의해 Perceiver는 위치 정보도 이용하는 처리를 할 수 있습니다.

Perceiver IO

Perceiver는 임의의 입력을 다룰 수 있는데, 이를 임의의 출력을 다룰 수 있도록 확장한 것이 Perceiver IO입니다. Perceiver IO는 출력도 어텐션 메커니즘을 사용하여 구하게 되어 있습니다. 구체적으로는 출력 요소별로 설정된 쿼리를 사용하여 잠재 변수 벡터 시퀀스로부터 필요한 정보를 읽어 들여 출력을 만듭니다.

쿼리는 출력의 각 요소를 특징짓기에 충분한 정보가 얻어지도록 설정합니다. 예를 들어, 위치 인코딩된 위치 정보등을 쿼리로 이용하거나, 광학 흐름의 경우에는 위치 정보에 더해 대응되는 오리지널 입력 이미지 정보를 추가합니다. Perceiver IO는 이러한 쿼리를 사용하여 적절한 데이터를 읽어 들일 수 있도록 학습합니다. 이렇게 출력측에 필요한 정보에 따라 만들어지는 쿼리를 이용하여 정보를 읽어 들이는 방식은, 이 밖에도 테슬라Tesla의 이미지 시스템인 Vector Space[3]와 트랜스포머를 이용한 객체 검출 모델[4]에서도 사용됩니다. 지금부터는 Perceiver와 Perceiver IO를 모두 Perceiver라고 부르겠습니다.

문제 전용 솔루션과 동등 수준 성능을 달성하는 Perceiver

논문의 실험에서는 앞서 나열한 여러 작업에 대해 Perceiver를 평가했습니다. 모든 작업에 대해 각 모달리티에 특화된 방법의 SOTA 성능에 가까운 성능을 달성했으며, 특히 지금까지 눈에 띄는 발전이 있어온 이미지 분류에서는 동등한 성능이 달성되었다는 점은 주목할 가치가 있습니다. 또한 특정 순서에 따라 이미지의 픽셀을 치환하는 문제 설정에서도 Perceiver는 성능이 전혀 저하되지 않았습니다. 반면에, 이미지의 위치를 전제로 하는 CNN은 위치 정보가 주어지더라도 성능이 크게 저하되었습니다. Perceiver는 위치 정보를 어떻게 처리할 것인지도 학습할 수 있다는 의미가 됩니다.

한편, Perceiver는 기하학적 정보에 관련된 동변성이나 불변성등은 아직 다룰 수 없습니다. 앞으로 사전 지식으로 중요한 기하학적 정보에 관련된 불변성 및 동변성을 추가하는 개량이 있을 수 있습니다. 예를 들어 알파폴드AlphaFold의 불변 포인트 어텐션invariant point attention(IPA) 메커니즘 등이 있습니다.

향후 전망

Perceiver는 여러 가지 모달리티를 하나의 네트워크로 통일적으로 다룰 수 있도록 했습니다. 특히, 음성이나 동영상 등 서로 다른 모달리티를 가지는 데이터를 통합하여, 또 다른 종류의 출력으로 자유롭게 변환할 수 있다는 점에서 신경망 및 트랜스포머의 범용성을 더욱 확장했다고 볼 수 있습니다.

이렇게 하면, 특정 문제를 해결하기 위해 전용 네트워크 아키텍처를 설계하지 않고 먼저 Perceiver를 사용해볼 수 있습니다. 또한 여러 작업들이 하나의 네트워크 아키텍처로 통일되어 감으로써 전용 하드웨어 설계가 더 용이해질 것으로 생각됩니다.

---

3 Tesla AI Day, Vector Space *https://www.youtube.com/watch?v=j0z4FweCy4M&t=3450s*

4 N. Carion et al., "End-to-end Object Detection with Transformers," ECCV 2020, *https://arxiv.org/abs/2005.12872*

CHAPTER

7

기억의 얼개

Fast Weight: 어텐션으로 단기 기억 실현

단기 기억의 메커니즘은 고도의 작업의 실현에 필수입니다. 예를 들어, 복수의 작업을 조합한 작업을 실현하는 경우, 자신이 지금까지 어떤 작업을 했고 무엇이 남아있는지를 알아야 합니다.

이러한 단기 기억은 순환 신경망(RNN)에서도 어느 정도 실현됩니다. RNN은 내부 상태를 유지하면서 매 시각에 입력을 받아서 내부 상태를 업데이트하여 출력을 결정합니다. 예를 들어, 시각 t에서 입력 $x(t)$를 받아, 내부 상태 $h(t)$를 $h(t+1)$로 업데이트하여 출력 $y(t)$를 결정하는 RNN은 다음과 같은 함수 f로 주어집니다.

$$(y(t), h(t+1)) = f(x(t), h(t); \theta) \quad (\text{for } t = 1 \cdots n)$$
$$= f(Wh(t) + Cx(t))$$

이 예에서는 입력과 내부 상태를 선형 변환한 후에 ReLU 등의 비선형 변환을 적용합니다. 내부 상태를 더 장기간 유지하려면 LSTM$^{\text{long short-term memory}}$이나 GRU$^{\text{gated recurrent unit}}$등 더 복잡한 함수를 사용합니다. RNN의 경우 내부 상태가 단기 기억의 역할을 함으로써, 과거 정보를 인코딩하여 기억합니다. RNN은 자연어 처리나 부분 관측 마르코프 결정 과정에 의한 기억을 이용한 강화 학습 등에서 성공을 거두고 있습니다. 한편, RNN의 기억 용량은 내부 상태 h의 유닛수에 의해 제한되는 문제가 있습니다. 예를 들어, 주어진 키-값 쌍$^{\text{key-value}}$ ^{pair}을 차례차례 기억해서, 마지막에 키만 주어졌을 때 그 키에 해당하는 값을 추정하는 문제를 생각해봅시다. 이 경우, 내부 상태로 기억 가능한 양보다 많은 쌍을 기억하려고 하면 과거에 기억한 정

보를 잊어버리거나 그 기억이 오염되는 문제가 발생합니다.

이 단기 기억 문제는 외부 메모리를 준비해서 내부 상태를 외부 메모리로 복사하고, 필요하게 되면 외부 메모리에서 내부 상태로 읽어 들임으로써 해결됩니다. 이러한 방법이 실제 뇌에서 실현되고 있는지는 알 수 없지만, 컴퓨터로는 실현이 용이해서, 뉴럴 튜링 머신$^{\text{Neural Turing Machines}}$(NTM)[1]과 미분 가능 신경 컴퓨터(DNC)[2] 등으로 실현되고 있습니다.

파라미터에 단기 기억을 일시적으로 저장

이 절에서는 이와는 다르게 기억 용량을 크게 향상시키는 기법으로 신경망의 파라미터를 일시적으로 바꾸는 'Fast Weight'라는 기법[3]을 소개합니다. 인간이나 동물의 뇌에서는 뉴런 간의 어떤 시냅스가 사용되는 경우, 그 시냅스가 일시적으로 강화되는 현상이 알려져 있습니다. 이와 마찬가지로, RNN의 파라미터를 일시적으로 변경함으로써 단기 기억, 특히 연상 기억을 실현합니다. 내부 상태의 유닛 수가 N일 때, 그 유닛 간을 연결하는 시냅스에 해당하는 파라미터의 수는 $O(N^2)$으로, 이는 내부 상태의 유닛 수 N에 비해 매우 큽니다. 따라서 매우 많은 양의 정보를 파라미터에 기억시킬 수 있습니다.

신경망의 파라미터는 일반적으로 목적 함수를 최소화하도록 학습 단위별(미니 배치별)로 확률적

경사 하강법을 사용하여 업데이트됩니다. 이러한 통상적인 파라미터는 느리게 업데이트되므로 'Slow Weight'라고 부릅시다. 한편, 하나의 시퀀스를 처리하는 동안 일시적으로 파라미터를 변경해 가는 것을 (빠르게 변하는 파라미터라는 뜻으로) 'Fast Weight'라고 부르겠습니다.

Fast Weight는 N행 N열 행렬로 실현됩니다. $A(t)$는 이전 시각의 파라미터 $A(t-1)$를 감쇠시키고 현재 내부 상태의 외적을 더해서 구합니다.

$$A(t) = \lambda A(t-1) + \eta h(t)h(t)^T$$

현재 내부 상태의 외적을 더했다는 것은, 현재 내부 상태와 유사한 상태의 다음에 현재 내부 상태가 출현하기 쉽다는 것을 모델링합니다. 예를 들어, 고양이를 보았는데 다음 시각에 고양이의 절반이 장애물에 가려져 보이지 않게 되는 경우를 생각해봅시다. 이 경우, 고양이의 절반만 보이는데도 Fast Weight가 과거에 고양이 전체가 보였던 때의 내부 상태를 '떠올림'으로써, 다음 시각에는 고양이 전체에 대응되는 내부 상태를 만들 수 있습니다.

현재 내부 상태로부터 다음 내부 상태는 다음과 같이 계산됩니다. 먼저 Slow Weight를 사용하여 다음 상태의 초깃값을 만듭니다.

$$h_0(t+1) = f(Wh(t) + Cx(t))$$

다음으로, Fast Weight를 적당히 정한 S번 만큼 적용해서 내부 상태를 다음과 같이 갱신합니다.

$$h_{s+1}(t+1) = f\left([Wh(t) + Cx(t)] + A(t)h_s(t+1)\right)$$
$$(\text{ for } s = 1 \cdots S)$$

이때, 처음에 Slow Weight로 구한 부분은 경계 조건으로서의 역할을 하며, Fast Weight에 의한 영향을 더해서 정상 상태를 구합니다. 그러면 이

내부 루프의 마지막 상태가 다음 시각의 내부 상태가 됩니다.

$$h(t+1) = h_s(t+1)$$

이 Fast Weight는 A가 N^2개의 파라미터를 가지므로 명시적으로 계산하는 경우에 계산량이 크다는 문제가 있습니다. 또한, 미니 배치 학습을 하는 경우에 샘플별로 별도의 A를 유지하여 계산해야 하는 문제가 발생합니다. 그래서 A를 직접 다루지 않고, $A(t) = \eta \sum_{\tau=1}^{t} \lambda^{t-\tau} h(\tau)h(\tau)^T$ 라는 점에 주의하면 $A(t)h_s(t+1)$는 다음과 같이 구해집니다.

$$A(t)h_s(t+1) = \eta \sum_{\tau=1}^{t} \lambda^{t-\tau} h(\tau)h(\tau)^T h_s(t+1)$$

즉, Fast Weight는 현재 내부 상태와 과거 내부 상태의 내적 $h(\tau)^T h_s(t+1)$ 을 구해서, 그 값에 어텐션을 적용하여 과거의 내부 상태를 떠올리는 것에 해당합니다. 이렇게 하면 Fast Weight 행렬을 명시적으로 사용하지 않고 어텐션 메커니즘만으로 단기 기억을 실현할 수 있습니다.

이 Fast Weight의 효과를 알아보기 위해, Fast Weight 논문의 저자들은 최초의 실험으로서 알파벳 키-숫잣값 쌍의 시퀀스 문자열을 입력으로 준 다음, 키만 제공하여 그에 대응하는 값을 출력하는 작업의 학습을 진행했습니다. 이 경우 RNN에서는 내부 상태 유닛의 수가 충분히 크지 않으면 키-값 쌍을 기억할 수 없습니다. RNN의 내부 상

---

1 A. Graves et al., "Neural Turing Machines," *https://arxiv.org/abs/1410.5401*

2 A. Graves et al., "Hybrid computing using a neural network with dynamic external memory," Nature, vol.538, pp.471–476.

3 J. Ba et al., "Using Fast Weights to Attend to the Recent Past," NIPS 2016.

태 수가 적으면 Fast Weight를 사용하지 않은 경우에는 충분히 기억할 수 없습니다. 예를 들어 내부 상태 수가 20개일 때 Fast Weight를 사용한 경우의 오류율은 1.81%인 반면, RNN의 일종인 LSTM만 사용했을 때의 오류율은 60.81% 이었습니다.

다음 작업으로 이미지 인식이 수행되었습니다. 현재 주류를 이루는 합성곱 신경망(CNN)은 이미지의 모든 위치에 대해 동일한 양의 계산을 사용해서 처리하므로 작업과 관계없는 대부분의 처리가 낭비됩니다. 반면에 사람이나 동물은 이미지를 볼 때 먼저 전체를 보고 나서, 그 정보에 따라 눈이나 코처럼 관계있어 보이는 부분에 주목해서 인식을 수행합니다. 이와 마찬가지로 RNN이 이미지의 부분을 순서대로 주목해서 보아가면서 인식을 함으로써, CNN과 동일한 정확도를 보였다고 보고된 바 있습니다.

이 외에도, 복수의 이미지를 종합적으로 보지 않으면 판단할 수 없는 작업이나, 기억이 필요한 강화 학습 작업에도 Fast Weight를 사용한 기법의 유용성이 보고되었습니다.

Fast Weight는 매우 단순한 어텐션 메커니즘으로 단기 기억을 실현할 수 있기 때문에 흥미로운 연구입니다. 한편, 실용적으로는 과거의 내부 상태를 기억해두어야만 하고, 내부 루프의 계산량이 많다는 문제점이 있습니다. 이에 대한 개선책으로, 예를 들어 내적이 큰 부분만을 확률적으로 떠올리거나, 미니 배치 학습의 경우도 포함해서 Slow Weight를 효율적으로 계산하는 기법이 앞으로 중요해질 것으로 생각됩니다.

7.2 미분 가능 신경 컴퓨터: 외부 기억을 갖춘 신경망

오늘날의 디지털 컴퓨터는 계산을 담당하는 프로세서와 1차 기억과 장기 기억을 담당하는 외부 메모리로 구성됩니다.

계산 시에 외부 메모리에 저장된 값을 참조하는 메커니즘은, 변수나 함수 메커니즘의 실현으로 연결됨으로써 문제의 추상화를 달성합니다. 예를 들어, $f(x,y)=2x+y$라는 함수는 변수 x와 y를 바꾸어서 재사용할 수 있으며, 다른 함수의 결과를 변수로 사용함으로써 함수끼리 조합할 수도 있습니다. 또한 함수 자체를 변수로 간주하는 것도 가능하며, 고차 함수와 같은 고도의 계산 능력을 갖춘 컴퓨터를 구현할 수 있습니다.

또한 확장 가능한 외부 메모리는 새로운 작업을 효율적으로 기억할 수 있다는 장점이 있습니다. 기억 용량이 고정되면 새로운 작업을 학습할 때마다 기존 기억이 오염되어 기존 작업의 성능이 저하될 우려가 있습니다. 새로운 작업을 배울 때마다 메모리 영역을 늘려감으로써, 기존 지식을 오염시키지 않고 학습할 수 있습니다.

뉴럴 튜링 머신의 후속판

이러한 외부 메모리를 가진 신경망으로서 미분 가능 신경 컴퓨터Differentiable Neural Computer(DNC)[1]를 소개하겠습니다. 이것은 뉴럴 튜링 머신의 후속판으로서, 뉴럴 튜링 머신보다 더 복잡한 작업을 해결할 수 있습니다.

미분 가능 신경 컴퓨터는 뉴럴 튜링 머신과 마찬가지로 프로세서에 해당하는 미분 가능한 컨트롤러와 외부 메모리에 해당하는 외부 기억으로 구성됩니다. 미분 가능 신경 컴퓨터는 외부 메모리에 데이터를 읽고 쓰지만, 이 위치를 결정하는 것이 소프트 어텐션이라고 하는 기능으로, 일반 기억 장치와 마찬가지로 쓰기 헤드와 읽기 헤드라고 부릅니다. 미분 가능 신경 컴퓨터의 헤드는 일반적인 이산적 어드레싱과는 달리, 위치에 대한 가중치 분포를 사용하여 쓸 위치와 읽을 위치를 결정합니다. 외부 메모리는 N개의 행으로 구성되는 $N \times W$ 행렬 M으로 나타냅니다. 달리 설명하자면, 외부 메모리는 1차원 어드레스 $[1, 2, ...,N]$를 가지고, 각 어드레스에는 길이가 W인 벡터가 저장됩니다. 읽을 때의 어텐션은 길이가 N인 실수 벡터 w^r로 나타내며, 이에 의한 읽기 결과 벡터 r은 다음과 같이 나타낼 수 있습니다.

$$r = \sum_{i=1}^{N} M[i,\cdot]w^r[i]$$

여기서 $M[i, \cdot]$는 M의 i번째 행 벡터를 의미합니다. 마찬가지로, 벡터 v를 외부 메모리에 쓸 때는 쓰기 헤드인 길이 N을 갖는 벡터 w^w와 길이가 M인 소거 벡터 e를 사용하여 다음과 같이 외부 메모리를 갱신합니다.

---

1 A. Graves et al., "Hybrid computing using a neural network with dynamic external memory," Nature, 538, pp.471–476, 2016.

$$M[i,j] := M[i,j]\left(1 - w^{w}[i]e[j]\right) + w^{w}[i]v[j]$$

컨트롤러는 각 시각에 입력 x와 이전 시각의 읽기 결과 r을 받아서, 이 입력 정보들과 RNN의 내부 상태에 기반하여 출력 y와 쓸 내용 v, 읽기 헤드 w^{r}, 쓰기 헤드 w^{w}를 출력합니다. 이 쓰기 헤드를 기반으로 외부 메모리에 v가 기록됩니다.

어텐션 메커니즘 활용

미분 가능 신경 컴퓨터의 핵심은 읽기/쓰기 헤드 w^{r}, w^{w}가 결정되는 방식입니다. 미분 가능 신경 컴퓨터는 3개의 미분 가능한 어텐션을 조합해서 헤드를 결정합니다.

첫 번째는 내용contents 기반 어텐션입니다. 연상 기억associative memory과 유사하게 컨트롤러에 의해 결정된 키 벡터 k와의 코사인 거리를 가중치로 하는 어텐션을 정하는데, 유사하면 1에 가깝게, 유사하지 않으면 0에 가깝게 가중치 분포를 줍니다. 이러한 콘텐츠 기반 어텐션은 보완하는 역할을 합니다. 예를 들어, 고양이의 절반 밖에 보이지 않는 이미지에 대응되는 키로부터 과거에 고양이 전체를 포착했던 기억을 떠올릴 수 있습니다.

두 번째는, 연속적인 스텝으로 써 넣은 순서를 기억했다가 그것을 이용해서 어텐션을 결정합니다. N행 N열로 구성된 시간 전이 행렬 L에서 $L[i,j]$의 값은 위치 j에 쓴 다음 위치 i에 썼다면 1에 가깝고, 그렇지 않다면 0으로 정해집니다. 어떤 시각의 가중치 분포가 w라고 하면, 행렬 L을 곱한 Lw는 다음 시각에 쓰여진 위치에 해당하는 가중치 분포가 되고, $L^{T}w$는 하나 이전 시각에 쓰여진 위치에 해당하는 가중치 분포가 됩니다.

이 L을 사용하면 과거에 쓰여진 순서대로 읽을 수 있습니다. 이전의 뉴럴 튜링 머신에서는 연속된

위치, 예를 들어 i 다음에는 $i+1$에 쓰게 되어 있었습니다. 그러나 내용 기반 어텐션 메커니즘이 있으면, 쓰기가 위치적으로 불연속적이 되어 뉴럴 튜링 머신은 위치 정보 기반만으로는 도중의 기억으로 찾아갈traverse2 수 없다는 문제가 있었습니다. 미분 가능 신경 컴퓨터는 이 시간전이 행렬 L을 이용하여 외부 메모리에 가상적인 전이 그래프를 만들어서, 다양한 메모리 시퀀스를 저장하고 읽을 수 있게 되었습니다.

세 번째는 사용하지 않는 빈 영역에 어텐션을 적용하는 메커니즘입니다. 이는 메모리 할당에서 빈칸 목록free list과 같은 역할을 합니다. 각 위치가 어느 정도 중요한 새로운 정보를 가지고 있는지, 과거에 사용되었는지에 대한 정보를 해당 위치에 저장합니다. 그런 다음 쓰기 시에는 가장 사용이 덜 된 영역에 어텐션을 적용해서 거기에 쓰도록 합니다.

이 세 가지 어텐션 메커니즘을 조합해서 최종적인 읽기 및 쓰기 헤더를 결정합니다. 미분 가능 신경 컴퓨터 전체는 오차 역전파를 사용하여 학습할 수 있으며 지도 학습이나 강화 학습과 조합하여 사용할 수 있습니다.

질의응답 작업에서 최고 스코어 경신

먼저 페이스북(메타)의 인공지능 연구소Facebook AI Research(FAIR)가 공개한 bAbI 데이터셋으로 미분 가능 신경 컴퓨터의 성능을 평가했습니다. 이 데이터셋은 20 종류의 질의응답 작업으로 구성되었습니다. 예를 들어, '양은 늑대를 두려워합니다. 돌리는 양입니다. 쥐는 고양이를 두려워합니다. 돌리가 무서워하는 것은 무엇입니까?'(답: 늑대)와 같은 질의응답입니다. 이 경우 단기 기억과 추론 능력에 더해서 관계없는 정보(쥐는 상관 없음)에

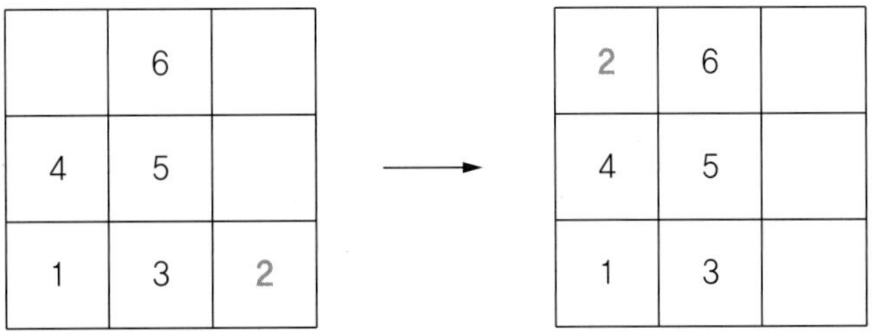

그림 7-1 블록 퍼즐 'Mini-SHRDLU' 작업의 예
'각 열의 가장 위에 있는 숫자를, 다른 열의 가장 위로 옮길 수 있다'는 규칙이 있음

현혹되지 않는 능력이 필요합니다.

미분 가능 신경 컴퓨터는 20 종류의 질문과 10,000개의 질문 답변 작업에 대해 3.8%의 오류율을 보였으며 이는 기존 방법의 최고 정확도인 7.5%를 훨씬 넘어섰습니다. 또한, 이는 같은 단기 기억을 실현하는 LSTM(25.2%)이나 뉴럴 튜링 머신(20.1%)의 오류율을 크게 뛰어 넘은 것입니다.

bAbI는 자연어 데이터이기는 하지만 이것이 담고 있는 사실은 (양-무서워함→늑대)처럼 엔티티를 노드, 관계를 에지edge의 레이블로 하는, 레이블이 지정된 유향 그래프로 나타낼 수 있으며, 질의 응답은 해당 그래프에서의 연산에 대응시킬 수 있습니다. 미분 가능 신경 컴퓨터는 시간 전이 행렬을 사용하여 그래프 구조를 기억할 수 있고, 콘텐츠 기반 어텐션으로 노드와 에지의 유사성을 따라 답변과 관련된 정보를 찾아갈 수 있다고 생각됩니다.

이 그래프를 다루는 능력을 추가로 검증하기 위해 두 번째 실험으로서 그래프 데이터에 대한 작업으로 미분 가능 신경 컴퓨터를 평가했습니다. 구체적으로는 랜덤 유향 그래프나 지하철 노선도, 가계도family tree와 같은 그래프 데이터를 제공한 다음, 순회traversal 문제(예: 양재역에서 3호선을 타고, 다음으로 9호선을 타고 김포공항에 가려면 어느 역들을 거쳐가야 하는가), 최단 경로 문제(예: 양재역에서 서울역까지 최단 경로로 가려면 어느 경로를 거쳐가야 하는가), 추론 문제(예: 단종의 두 번

째 작은 아버지는 누구인가)와 같은 작업으로 평가했습니다.

그래프 정보는 bAbI와는 달리, 각 에지를 나타내는 삼중항triple 정보를 특정한 순서 없이 읽어 들이도록 합니다. 학습 시에는 커리큘럼 학습을 사용하여 간단하고 작은 그래프로 작업을 학습시킨 다음, 이어서 크고 복잡한 그래프를 제공하여 학습을 진행했습니다. 미분 가능 신경 컴퓨터는 많은 그래프 문제를 해결할 수 있었는데, 기존의 학습 기법으로는 전혀 해결할 수 없을 것 같았던 경우도 풀어낼 수 있었습니다.

마지막 작업으로서 Mini-SHRDLU라는 블록 퍼즐 게임을 풀도록 했습니다(그림 7-1). 이 작업에서는, 예를 들어 3×3 격자에 1부터 6까지의 숫자가 쌓여 있고, 각 열의 가장 위에 있는 숫자를 다른 열의 가장 위로 옮길 수 있습니다. 거기에 제약 조건(예: 6은 2의 밑에 있고 4는 1의 오른쪽에 있어야 한다)이 주어지며, 초기 상태로부터 주어진 제약조건을 모두 만족하는 상태로의 전이 방법을 찾는 것이 목표입니다. 미분 가능 신경 컴퓨터는 이 Mini-SHRDLU도 커리큘럼 학습을 통해 학습해서 많은 문제를 해결할 수 있었습니다. 흥미롭게도 미분 가능 신경 컴퓨터는 앞으로 실행할 행

---

2 옮긴이_ graph traversal은 보통 '그래프 순회'로 번역됩니다만, 이 맥락에서는 순회보다는 찾아가는 것에 가깝기 때문에 이렇게 번역했습니다.

동을 먼저 외부 메모리에 기록하는 것으로 나타났습니다. 즉, 미분 가능 신경 컴퓨터는 계획을 세운 후에 실행한다는 것이 밝혀졌습니다.

사람은 생각해 낼 수 없는 알고리즘을 고안해 낼 가능성도

신경망이 연속적이고 확률적인 문제뿐만 아니라, 이러한 이산적이고 절차적procedural인 작업도 학습할 수 있음을 보였다는 것이 매우 중요합니다. 사람들은 지금까지 알고리즘을 발명하고 프로그램을 작성할 수 있었지만, 모든 것을 잘하는 것은 아닙니다. 예를 들어, 성능이 잘 나오고 올바르게 작동하는 병렬 알고리즘을 작성하기는 어렵습니다. 미분 가능 신경 컴퓨터는 병렬로 읽고 쓰며 효율적으로 풀 수 있는 알고리즘을 발명하여, 앞으로의 진화에 따라서는 사람이 상상도 하지 못하는 알고리즘을 발명할 가능성도 있습니다.

또한 외부 메모리가 확장 가능하며(어텐션 메커니즘은 외부 메모리의 크기에 의존하지 않음), 차례차례 새로운 작업을 계속 학습해 갈 수 있다는 방향을 보인 것도 중요합니다. 미분 가능 신경 컴퓨터의 성과는 이미 실용화 단계에 있는 이미지 인식과 음성 인식에 비해 아직 초기 단계이기는 하지만, 앞으로 큰 발전이 기대됩니다.

MEMO

PART

4

애플리케이션

CHAPTER

8

이미지

이미지 인식에서 높은 성과를 올린 CNN: 분류 오류가 매년 절반 가까이 감소

딥러닝이 매우 성공적이었던 분야 중 하나는 이미지 인식입니다. 지난 몇 년 동안 이미지 분류, 객체 인식 및 분할segmentation(픽셀 단위로 클래스를 분류하는 작업)의 정확도가 비약적으로 향상되었습니다. 기존의 이미지 인식 기술은 SIFT^Scale-Invariant Feature Transform, HOG^Histogram of Oriented-Gradients와 같이 전문가들에 의해 설계된 피처들을 이용하여 인식을 수행했었습니다. 반면, 딥러닝은 피처를 학습하여 피처 계산부터 최종 작업(분류, 인식 등)까지 일관되게 동시에 학습할 수 있습니다.

이미지를 데이터로 보는 경우, 2차원(x, y) 상의 각 픽셀에 복수의 채널 c(흑백의 경우 1, 컬러의 경우 3)가 있는 (x, y, c)의 3차원 데이터(컬러의 경우)로 간주할 수 있습니다. 신경망의 각 층은 이러한 3차원 데이터에서 3차원 데이터(입력 층 이외에는 채널 수를 임의로 정할 수 있음. 예를 들어 32 또는 512 등)로의 변환을 반복해 가면서 해당 작업에 필요한 값으로 변환합니다.

현재 딥러닝에 의한 이미지 인식에는 CNN이 널리 사용됩니다. CNN은 모든 뉴런을 연결하는 전결합층fully connected layer과 비교하여 두 가지 특징이 있습니다.

우선, CNN은 층간 연결이 국소적이라는 것입니다. 3×3나 7×7과 같이 커널이라고 불리는 영역의 모든 채널이 출력 채널 하나로 연결됩니다. 출력 채널이 여러 개가 되는 경우에는 출력 채널 수만큼 이런 연결이 있습니다. 이러한 연결 방식은 이미지에서는 가까운 위치의 정보끼리 서로 영향을 미친다는 사전 지식을 사용하여 고안된 것입니다.

또 하나의 특징은 동일한 파라미터가 이미지의 다른 위치에서 공유된다는 것입니다. 이는 대상물이 이미지 내에서 움직여도 그 의미는 크게 바뀌지 않는다는, 이미지의 평행 이동 불변성에 관한 사전지식을 이용한 것입니다. 이로 인해 학습 대상인 파라미터 수를 줄일 수 있으므로 학습 효율성이 향상될 뿐만 아니라 계산 효율성이 향상됩니다(필요한 메모리 대역폭을 줄일 수 있습니다). CNN에 입력되는 이미지는 이러한 합성곱 계층을 통해 사이즈는 점점 작아지고 채널 수는 늘어나도록 변환되어 갑니다. 예를 들어, 이미지 분류의 경우 마지막 계층 크기는 1×1이고 채널 수는 수백에서 수천 개의 피처를 나타내도록 변환되어, 이것을 사용하여 분류를 수행하게 됩니다.

경진 대회에 의해 매년 인식률 향상

딥러닝에 의한 이미지 인식의 진화 역사는 '이미지넷 이미지 분류 대회ImageNet Large Scale Visual Recognition Challenge(ILSVRC)'의 우승 팀에 대한 이야기로 소개하겠습니다.

이 대회에는 이미지 분류 및 객체 인식object detection과 같은 작업이 있습니다. 예를 들어, 이미지 분류 작업은 주어진 이미지가 1,000개의 클래스 중 어느 것에 해당하는지에 대한 분류 문제를 다룹니다. 또한 발전하는 모습을 알 수 있도록 우승 팀을 포함해 5위까지의 오류율을 보여줍니다(표 8-1). 다만, 작업 내용은 주최자에 의해 매년 조금씩 바뀌며, 정확도 역시 적용되는 방법[1] 이외의 요소(하이퍼파라미터 조정이나 학습 기법 등)에 따라 달라지므로 참고용으로만 보아주세요.

표 8-1 ILSVRC 상위 5위까지의 성적

팀명	에러율
SuperVision	15.3%
ISI	26.2%
OXFORD_VGG	27.0%
XRCE/INRIA	27.1%
University of Amsterdam	29.6%

* 2012년 기준

2012년 이미지넷 대회는 캐나다 토론토 대학교의 알렉스 크리체프스키Alex Krizhevsky, 일리야 수츠케버Ilya Sutskever, 제프리 힌튼 팀의 SuperVision이 우승(15.3%)했습니다. 또한 큰 차이로 2위와의 격차(26.2 %)를 보이면서 딥러닝의 등장을 명백하게 세상에 보였습니다.

그 이후로 이 세 사람은 딥러닝의 중심 인물로 활약하고 있습니다. 이때, 합성곱 계층과 풀링 계층을 번갈아 가며 사용하는 SuperVision에 사용된 신경망은 개발자의 이름을 따서 알렉스넷AlexNet이라고 불렸으며, 오늘날에도 여전히 많은 CNN에서 사용되는 원조와 같은 존재입니다.

덧붙여서, 후속 연구에서는 풀링 계층을 사용하면 정보가 손실되거나 편향되는 문제가 밝혀졌습니다. 이러한 이유로, 최근에는 모든 처리가 합성곱 계층으로 이루어지며, 풀링 계층은 계산량을 줄이기 위한 목적으로만 사용되는 경우가 많습니다.

2013년 이후의 상위권은 모두 딥러닝

2013년에는 모든 상위 팀들이 딥러닝 기반 기법을 사용했으며, 미국 뉴욕 대학의 매튜 자일러Matthew Zeiler가 만든 클래리파이Clarifai가 우승(11.7%)했습니다. 자일러는 신경망 학습의 분석을 위해 디컨볼루션deconvolution을 사용하여 신경망 모델을 최적화했습니다. 그 후에 역합성곱은 이미지 생성 및 분할에도 널리 사용하게 되었습니다.

2014년 대회는 구글의 GoogLeNet(6.7%)이 우승했습니다. GoogLeNet은 인셉션Inception이라고 불리는 여러 크기의 커널들을 갖는 합성곱 계층을 조합하여 다음 계층의 채널을 계산하는 것이 특징입니다. 다른 CNN에 비해 계산량을 줄일 수 있습니다. 또한 2위를 차지한 영국 옥스퍼드 대학교University of Oxford 앤드류 지서먼Andrew Zisserman의 VGG(7.3%)도 주목받고 있습니다. VGG는 3×3 및 1×1 합성곱 계층을 반복하며 11~17개 계층으로 이루어지는 딥 CNN을 사용합니다. VGG는 구조가 매우 간단하고 메모리 사용량이 적기 때문에 널리 사용됩니다.

그 후 구글, 마이크로소프트, 중국의 바이두Baidu, 이 세 회사가 한동안 최고 정확도 업데이트 경쟁을 계속했습니다. 이러한 상황에서 딥러닝은 인간에 의한 분류 성능의 기준인 5%를 능가했고 '기계의 정확도가 인간을 능가했다'라는 뉴스가 되었습니다. 그러나 이 5%는 개인이 시험삼아 측정해 본 정확도로, 인간도 일정 정도의 훈련을 하면 3% 정도는 달성할 수 있을 것으로 봅니다.

2015 년 대회의 우승은 152개 계층의 CNN을 사용한 마이크로소프트 리서치 아시아Microsoft Research Asia(MSRA)였습니다(3.6%). 이 정도로 깊은 신경

---

1 옮긴이_ 이 맥락에서는 모델 아키텍처를 의미합니다.

팀명	에러율
Clarifi	11.7%
NUS	13.0%
ZF	13.5%
Andrew Howard	13.6%
OverFeat–NYU	14.2%

* 2013년 기준

팀명	에러율
GoogLeNet	6.7%
VGG	7.3%
MSRA Visual Computing	8.1%
Andrew Howard	8.1%
DeeperVision	9.5%

* 2014년 기준

팀명	에러율
MSRA	3.6%
ReCeption	3.6%
Trimps–Soushen	4.6%
Qualcomm Research	4.9%
VUNO[1]	5.0%

* 2015년 기준

망은 지금까지는 학습할 수 없었지만, MSRA 팀은 ResNet이라는 계층을 사용하여 깊은 층의 학습도 용이하게 했습니다. ResNet은 1,000 계층을 넘어가는 경우에도 학습할 수 있다는 것을 보였습니다. 2위인 구글도 GoogLeNet을 개량하여 아마도 통계적으로는 거의 차이가 없는 정확도(3.6%)를 달성했습니다.

캡션 생성 등 다른 작업에서도 성공적

2012년 딥러닝이 등장한 이후 오류율이 매년 절반 가까이 떨어졌다는 사실은 딥러닝에 의한 이미지 인식의 진화가 얼마나 빠른지를 보여줍니다. 객체 인식, 분할, 비디오 분류, 이미지 캡션 생성과 같은 다른 작업에서도 딥러닝에 의한 이미지 인식은 널리 성공을 거두고 있습니다.

딥러닝에 의한 이미지 인식은 업계에서도 널리 사용되기 시작했습니다. 여기에는 자동차의 첨단 운전자 보조 시스템advanced driver assistance system(ADAS), 자율 주행의 차량 및 인간 인식, 로봇의 객체 인식 등이 포함됩니다. 이러한 애플리케이션의 경우에는 리얼 타임 성능 향상, 모바일 기기에서도 작동할 수 있도록 하는 메모리 절감, 연산 절감, 소비 전력 저감(데이터 이동량 절감) 등 많은 아이디어가 연구되고 있습니다.

---

2 옮긴이_ 한국의 AI 의료 기업인 뷰노(VUNO)입니다.

8.2 GLOM : 파싱 트리에 의한 이미지 인식의 실현 가능성

인간은 이미지를 인식할 때 대상을 파싱 트리로 인식하는 것으로 생각됩니다.[1] 파싱 트리(전산학에서 사용하는 거꾸로 된 나무 구조. 루트^{root}가 가장 위에 있고 리프^{leaf}가 가장 아래에 있음)의 루트는 대상의 전체 개념을 나타내고 각 노드의 자식^{child}은 노드가 나타내는 개념의 일부를 나타냅니다. 예를 들어, 고양이를 인식하는 파싱 트리는 고양이 전체를 나타내는 루트를 가지며, 그 자식으로 머리, 몸통, 발을 나타내는 노드들이 있고, 또한 머리를 나타내는 노드의 자식으로 입이나 눈썹을 나타내는 노드들이 있으며, 발을 나타내는 노드의 자식에는 발톱에 해당하는 노드가 대응됩니다. 각 노드는 해당 위치에 로컬 좌표계가 있으며, 부모^{parent}와 자식 사이의 에지에는 좌표계를 변환하는 행렬이 수반됩니다. 부모의 좌표계를 이동 또는 회전시키면 해당 하위 좌표계도 자연스럽게 변환됩니다(이러한 모델링은 CG에서 일반적입니다). 고양이 이미지의 회전을 생각해본다면 머리, 몸통, 입, 발톱도 자연스럽게 같이 회전되는 모습을 떠올릴 수 있지만, 이를 계산적으로 실현하기 위해서는 앞서 언급한 좌표 변환이 필수적입니다. 또한 하위 부분(자식)을 인식할 수 있으면 부모를 인식하는 데 도움이 될 것이고(귀와 발톱을 보면 고양이나 강아지일 것을 예측할 수 있습니다), 반대로 부모가 인식되면 자식을 인식하는 데 도움이 됩니다(자동차임을 알면 눈처럼 보이는 부분은 헤드라이트라는 것을 알 수 있습니다).

이렇게 인식 결과로 파싱 트리를 구하면 인간처럼 일반화하는 이미지 인식 시스템을 만들 수 있다고 생각되어 왔습니다. 특히 딥러닝의 아버지 중 한 명인 캐나다 토론토 대학 힌튼 명예교수는 1980년경부터 심리학적 실험 결과로부터 인간이 이런 식으로 인식한다고 생각하여, CNN만으로는 이를 실현하기 어렵다고 보고 다양한 방법을 제안했습니다.[2]

그러던 중, 2021년 2월에 힌튼 교수는 이미지 인식 결과를 파싱 트리로 표현할 수 있는 시스템인 GLOM[3]의 구상을 발표했습니다.[4] GLOM은 트랜스포머(셀프 어텐션 메커니즘), NeRF$^{neural\ radiance\ field}$ 등에 의해 주목받고 있는 신경장$^{neural\ field}$, 자기 지도 학습에서 성과를 올리고 있는 대조 학습$^{contrastive\ learning}$, 학습된 모델을 다른 모델로 옮기는 증류^{distillation}, 그리고 캡슐 아이디어를 결합한 야심적인 시스템입니다. 또한 이미지만이 아니라 언어도 대상으로 함으로써, 트랜스포머를 사용하는 자기 지도$^{self-supervised}$ 모델이 현재 자연어 처리에서 성공한 원인을 설명하려고 시도합니다. 이 절에서 GLOM에 대해 설명하겠습니다.

---

1 G. Hinton, "Some demonstrations of the effects of structural descriptions in mental imagery," Cognitive Science, vol.3, issue 3, pp.231–250, 1979.

2 G. Hinton, "Some demonstrations of the effects of structural descriptions in mental imagery," Cognitive Science, vol.3, issue 3, pp.231–250, 1979.

3 GLOM이란 '덩어리로 만든다'라는 뜻인 agglomerate라는 단어에서 비롯되었습니다.

4 G. Hinton, "How to represent part–whole hierarchies in a neural network," *https://arxiv.org/abs/2102.12627*

캡슐의 문제점

파싱 트리로 인식 결과를 표현하는 것이 자연스러워 보이기도 하지만, 사람의 뇌에서 그것을 실현하려고 하면 간단하지 않습니다(해석 결과를 파싱 트리로 다루는 자연어 처리에도 같은 문제가 있음). 뇌는 하드웨어로서 순간적으로 재구성될 수 없기 때문에, 파싱 트리에 대응하는 트리 구조가 매번 신경망 내에서 구성되고 있을 것이라고는 생각되지 않습니다. 또한, 인식 대상이 차례차례 바뀌는 경우에는 그에 대응되는 완전히 다른 형상을 가진 파싱 트리를 즉시 도출해야 하며, 복수의 인식 대상이 있는 경우에는 복수의 파싱 트리를 처리할 필요가 있습니다.

뇌에서 이러한 파싱 트리를 실현할 방법으로 힌튼 교수팀은 2017년에 캡슐을 제안했습니다.[5] 이 방법에서는 파싱 트리의 각 계층에 여러 유형의 캡슐을 미리 준비합니다. 예를 들어 가장 아래의 계층은 눈썹, 손톱, 손가락이고, 두 번째 계층은 머리, 손, 몸통 등이 됩니다. 그런 다음 각 인식 대상에 대해 해당되는 캡슐들만을 발화[6]시켜 파싱 트리를 도출합니다. 또한, 각 캡슐은 자세와 속성을 나타낼 상태 정보를 가지고 있는데, 캡슐 간의 관계가 가지는 상태 사이의 제약(예를 들어, 몸통과 팔은 상대적인 위치로서 이러이러한 방식으로 연결되어야 함)이 만족되는지를 검사합니다. 라우팅 알고리즘을 이용하여 제약 조건을 충족하는 파싱 트리의 도출과 상태 결정이 동시에 이루어집니다.

캡슐은 획기적이었지만, 두 가지 중요한 문제가 있었습니다.[7] 첫 번째는 각 인식 대상에 대해 서로 다른 캡슐 그룹을 사용해야한다는 문제입니다. 대부분의 캡슐은 사용되지 않으므로 비효율적이고 여러 대상의 동시 인식을 실현하기 어렵습니다.

둘째, 각 캡슐들은 각기 다른 타입을 다루게 되어 있어, 공통점이 있는 개념을 효율적으로 처리하지 못합니다. 예를 들어, 자동차 헤드라이트와 인간의 눈은 개념적으로 공통점이 많지만 별도의 캡슐로 취급해야 합니다. 또한 무엇보다도 일반화 성능에서 현재의 CNN을 개선한 모델들이나 셀프어텐션 메커니즘을 사용하는 모델들에 비해 떨어집니다. GLOM은 이러한 문제를 해결하는 것을 목표로 삼았습니다.

GLOM 유니버설 캡슐과 열 집합에 의한 인식

GLOM은 픽셀이나 패치와 같은 국소 영역에 해당하는 열column 집합으로 만들어집니다. 각 열은 복수의 계층(약 5개)으로 구성되며 해당 국소 영역에 대한 파싱 트리를 나타냅니다. 예를 들어, 열이 고양이 귀의 일부에 해당한다고 가정해보겠습니다. 이 경우 가장 아래 계층에는 털, 다음 계층에는 귀, 그다음은 얼굴, 그리고 가장 마지막 계층에는 고양이의 개념에 해당하는 임베딩 벡터가 있다고 생각할 수 있습니다. 각 열은 파싱 트리의 해당 영역에 대응하는 루트-리프 경로가 가지는 개념을 보관한다고 할 수 있습니다. 이러한 방식으로 전체 열 집합으로 파싱 트리를 나타낼 수 있으며, 인식 대상이 복수의 물체로 구성된 경우에도 처리할 수 있어 캡슐의 첫 번째 문제가 해결됩니다.

세상에는 이보다도 더 많은 계층이 있는 경우도 많습니다(예를 들어, 원자에서 우주 규모까지 수십에서 수백 개의 계층이 있을 수 있습니다). 하지만 그 경우에는 스케일의 일부만을 추출, 확대하여 처리한다고 생각할 수 있을 것입니다.

또한 모든 열은 동일한 파라미터를 공유하며 정확

히 동일하게 작동합니다. 입력의 차이에 의해 서로 다른 개념으로 수렴되게 됩니다. 이것은 입력 좌표로 함수의 다른 거동을 나타내는 신경장의 아이디어와 같은 것입니다. 각 열 계층에 대하여 기존의 캡슐과 같이 타입별 캡슐 셋을 준비하는 대신, 하나의 유니버셜 캡슐이 있습니다. 그리고 위치 정보와 주변 정보에 따라 유니버셜 캡슐이 특정 타입으로 분화되어 간다고 생각하는 것입니다. 논문에 쓰여진 유추에 따르면, 유니버셜 캡슐이 주변 정보에 의해 특정 타입으로 분화하는 것은, 세포의 분화에 있어서 모든 세포에 같은 설계도(DNA)가 있지만 주변 자극에 의해 다른 종류의 세포로 분화되는 현상과 닮았다고 설명합니다. 이를 통해 다양한 개념을 하나의 공통 캡슐로 효율적으로 담아낼 수 있으므로 캡슐의 두 번째 문제를 해결할 수 있습니다.

캡슐과 마찬가지로 GLOM도 상향bottom-up 및 하향top-down 정보를 모두 사용하여 각 개념을 결정하므로, 정지 이미지로부터 파싱 트리를 피드 포워드feed-forward로 한번에 출력하는 대신, 각 상태는 부모, 자식 및 주변 상태와 단계적으로 맞추어 가면서 결정됩니다. GLOM은 입력을 수신하는 시각마다 상태를 업데이트합니다. 정지 데이터는 매 시각에 같은 입력을 받아서 상태를 업데이트 해가는 모델로, 동영상 등은 그대로 매 시각에 대응되는 입력이 들어오는 문제로 생각할 수 있습니다. 위치 p에 있는 열의 시간 t에서의 l번째 계층의 상태 벡터를 $h^{(t,p,l)}$로 나타냅니다. 이 상태 $h^{(t,p,l)}$는 다음 4개의 합으로 결정됩니다.

1 아래 계층 상태 $h^{(t-1,p,l-1)}$로부터의 예측
2 윗 계층 상태 $h^{(t-1,p,l+1)}$로부터의 예측
3 같은 계층의 상태 $h^{(t-1,p,l)}$
4 어텐션 메커니즘으로 집약시킨 같은 계층의 주변 상태 $h^{(t-1,q,l)}$, $q \in N(p)$

여기서 $N(p)$는 위치 p 주변의 열 집합을 나타냅니다. 여기서 정보를 집약시킬 때 1과 2는 비선형 변환도 사용하는 복잡한 예측인 반면, 3과 4는 상태 그 자체인 간단한 모델을 일부러 사용합니다. 특히, 4는 셀프 어텐션 메커니즘인데, 쿼리, 키, 밸류 모두 상태 그 자체를 사용합니다.[8] 이 경우, 주변으로부터 자신과 유사한 벡터들만으로 구성된 집합의 평균값을 사용하는 것으로 볼 수 있습니다.

예를 들어, 물체 내부에 있지만 물체의 경계에 가깝게 위치하는 열의 상태에 의한 4 값과 물체 바깥의 상태에 의한 값은, 어텐션 메커니즘에 의해 필터링됨으로써 물체 내부측에 있는 열의 벡터 정보만을 모을 수 있습니다.

학습은 BERT나 자기 지도 학습인 대조 학습에서처럼, 교란된 입력 전체로부터 입력의 일부분을 예측하는 방식으로 하거나 대조 학습으로 진행할 수 있을 것입니다. 이를 통해 외부로부터 지도 시그널 없이도 많은 데이터 구조를 학습할 수 있습니다. 대조 학습은 실험적으로 우수할 뿐만 아니라 이론적으로도 데이터 생성 과정의 역함수를 학습하여 인자를 추정할 수 있다는 흥미로운 고찰도 있습니다.[9]

5 S. Sabour, "Dynamic routing between capsules," NeurIPS 2017.

6 옮긴이_ 생물학적 신경망 연구에서 온 개념으로서, 해당 뉴런이 활성화된 출력을 내보내는 것을 발화라고 합니다.

7 G. Hinton, "How to represent part-whole hierarchies in a neural network," https://arxiv.org/abs/12.12627

8 옮긴이_ 선형 변환 등을 사용해서 키, 쿼리, 밸류를 다른 값들로 변환하여 사용하지 않겠다는 것입니다.

9 R. Zimmermann, "Contrastive LearningInverts the Data Generating Process," https://arxiv.org/abs/2102.08850

이 GLOM은 아이디어 제안 논문이었는데, 원래는 연구팀 내에서 실험을 진행하기 위해 아이디어를 모은 자료가 커진 것이라고 합니다.

뇌에서의 신경망 기법 실현 가능성

이 논문은 또한 뇌에서 어떻게 최신 알고리즘이 실현되었는지에 대한 흥미로운 아이디어를 소개합니다.

첫 번째는 파라미터 공유에 관한 것입니다. CNN, RNN, GNN과 같은 신경망에서 파라미터를 공유하는 것은 매우 효과적인 귀납적 편향이며, 학습 효율성과 강력한 정규화를 실현하는 데 중요하다고 알려져 있습니다. 한편, 뇌에서는 뉴런의 시냅스 연결 강도와 상태 변화로 파라미터를 표현하는 경우, 한 곳의 파라미터 그룹의 값이 그대로 다른 위치에서 공유되는 방식으로 실현되기는 어려울 것입니다. 따라서 파라미터 공유는 엔지니어링 기법일 뿐이라고 생각되었습니다.

이에 대해, 서로 다른 열에 있어 동일한 입력에 대해 출력 결과가 일치하도록 학습하는 '증류'를 사용하여, 파라미터 공유와 동일한 정규화 효과를 얻을 수 있을 가능성이 제시되었습니다. 증류의 경우, 내부 파라미터값은 다르더라도 함수로서는 같아지도록 제약하므로, 파라미터 공유 정규화와 같은 효과를 얻을 수 있다고 생각됩니다. 증류 방식은 뇌에서도 간단히 실현될 수 있습니다. 또한 최근의 이론적 분석에 따르면, 혼자서 처음부터 학습하는 것보다 다른 사람이 학습한 결과를 증류를 통해 학습하는 것이 예측에 사용되는 피처 커버리지가 증가함으로써 일반화가 더 쉬워진다고 합니다.[10] 일반화라는 관점에서는 단순히 파라미터를 공유하는 것보다도 더 효율적일 가능성이 있습니다.

두 번째는 대조 학습이 뇌에서 어떻게 실현되는지입니다. 대조 학습은 올바른 쌍(양성 샘플. 예를 들어 비디오의 인접 프레임, 동일한 이미지로부터의 서로 다른 데이터 증강 결과)이 잘못된 쌍(음성 샘플. 예를 들어 비디오의 인접하지 않은 프레임, 무작위로 선택된 이미지를 증강한 결과)보다 더 유사한 임베딩을 학습하게 함으로써 이루어집니다. 인간이 깨어있을 때 시간적으로 인접한 프레임으로부터 양성 샘플을 얻는 등의 방법이 있지만, 음성 샘플은 완전히 다른 기억을 불러 와야 하므로 간단히 실현되기 어렵습니다. 한편, 자는 동안에는 낮에 기억한 상태가 빨리 감기 또는 셔플되어 떠올려지는 것으로 알려져 있습니다. 이것들이 음성 샘플이 되어 대조 학습이 일어나고 있을 가능성이 있다는 것입니다. 수면이 학습에 중요한 역할을 한다는 것은 거의 확실하지만, 수면의 작용에 대한 기존 연구들의 주류는 관련이 없는 연결[11]들이 정리된다는 관점이었습니다. 생성 모델인 헬름홀츠 머신(VAE 등의 기원)가 잠자는 동안 샘플을 생성하여 인식 모델의 경사를 추정한다는 설도 있었지만, GLOM 논문에서는 그 샘플링이 대비 학습에 사용될 가능성이 제시된 것입니다.

이미지 인식은 매년 놀랄 정도의 성능 향상을 보여왔지만, 인간이 쉽게 해결할 수 있는 많은 작업이 아직 해결되지 않았거나(예를 들어 자세 추정), 학습에 방대한 양의 데이터가 필요합니다. GLOM과 같은 시스템을 통해 인간이 실현하고 있는 이미지 인식 능력을 얻을 가능성이 기대되고 있습니다.

10 Z. Allen-Zhu, "Towards Understanding Ensemble, Knowledge Distillation and Self-Distillation in Deep Learning," *https://arxiv.org/abs/2012.09816*

11 옮긴이_ 뇌 내 뉴런들의 연결을 의미합니다.

CHAPTER

9

음성

웨이브넷: 자연스러운 음성 및 음악 생성을 위한 신경망

신경망은 이미지 인식 및 음성 인식과 같은 인식 작업뿐만 아니라 생성 분야에서도 성공적입니다. 예를 들어, DCGAN을 필두로 하는 기법은 현실의 사진과 헷갈릴 정도의 자연스러운 이미지나 사람이 그린 것 같은 그림을 생성할 수 있습니다.

이 인식과 생성 작업은 동전의 양면과 같은 관계입니다. 인식은 주어진 데이터로부터 그 데이터의 인자 또는 이를 구성하는 요소를 추정하는 작업이고, 반대로 생성은 인자로부터 데이터를 생성하는 작업입니다. 물리학자 리처드 파인만Richard Feynman은 이것을 "만들 수 없다면 이해했다고 할 수 없다(What I cannot create, I do not understand)"라고 단적으로 표현했습니다.

2016년 9월에 구글의 딥마인드는 자연스러운 음성을 생성할 수 있는 신경망인 웨이브넷WaveNet을 발표했습니다.[1] 웨이브넷에 의해 합성된 음성은 현재 최고 수준의 음성 합성에 비해 주관적 블라인드 테스트에서 50%나 성능이 향상된 것으로 나타났습니다. 실제 생성된 음성과 음악은 회사 홈페이지[2]에서 들을 수 있으므로 한 번 들어보시기를 추천합니다.

기존과 완전히 다른 접근 방법

웨이브넷은 기존의 음성 합성과는 완전히 다른 기법을 사용하여 음성을 합성합니다. 기존의 기법에서는, 예를 들어 하나의 화자로부터 수집된 대규모 음성 데이터를 프래그먼트fragment로 분할하여 조

합하는 기법이 사용되었습니다. 이 경우 화자를 바꾸거나 강조와 감정을 넣기가 어려웠습니다. 한편으로, 음성 모델을 파라미터로 표현하는 기법의 경우는 자유도는 높일 수 있지만 부자연스러운 음성이 생성되는 문제가 있었습니다.

웨이브넷은 이러한 기법과는 전혀 다른 접근 방식을 취합니다. 16KHz 음성 데이터의 경우, 초당 16,000개의 연속값을 가진 데이터로 간주하고 각각의 값을 순서대로 차례차례 생성하는 문제로 보았습니다. 이 경우 음성은 저주파에서 고주파 영역까지 상관관계가 있으므로 수천 스텝이나 떨어진 데이터와도 상관관계를 가질 수 있도록 모델링할 필요가 있습니다.

웨이브넷이 이를 실현할 수 있었던 데는 세 가지 기술적인 배경이 있습니다.

자기회귀 모델

첫 번째는 자기회귀 모델입니다. 자기회귀 모델은 자신이 과거에 출력한 값에 의존해서 다음 값을 출력하는 모델입니다.

예를 들어, 시간 t의 값을 x_t라고 할 때, x_t가 출력될 확률을 $p(x_t|x_{t-1}, x_{t-2}, \cdots)$와 같이 정의합니다. 이러한 조건부 확률의 곱은 동시 확률이므로 자기회귀 모델은 데이터 x에 대해 다음과 같은 생성 모델로 간주할 수 있습니다.

$$p(x_1, x_2, \ldots x_N) = \prod_{i=1}^{N} p(x_i \mid x_{i-1}, \ldots)$$

자기회귀 모델은 복잡한 확률 모델을 간단한 확률 분포의 곱으로 분해할 수 있기 때문에 복잡한 확률 분포를 학습하기 용이합니다.

현재 신경망 생성 모델의 주류는 잠재 변수 모델을 사용하는 모델이며, $\int_z p(x|z)p(z)dz$ 와 같이 표현됩니다. 출력 전체가 잠재 변수에 조건화되어 한꺼번에 생성되는 모델입니다. 잠재 변수의 경우 전체 데이터의 인자를 나타내는 것은 잘 하지만, 데이터의 세부적인 상관관계를 나타내는 것은 어렵습니다.

2015년 말 정도부터 이미지 생성에 자기회귀 모델을 사용하는 모델이 등장하여,[3,4] 기존의 잠재 변수 모델보다 가능도가 높고(즉, 실제 관측된 데이터에 더 높은 확률을 할당할 수 있음) 생성된 이미지의 품질도 높아서 주목을 받고 있습니다.[5] 이미지의 경우, 픽셀들 간의 의존 관계에는 방향이 없지만, 적당히 생성 순서를 정해서 각 픽셀을 왼쪽 위 등으로부터 순서대로 이미 생성된 픽셀에 조건화해서 생성해 갑니다.

자기회귀 모델의 경우 데이터를 하나씩 순서대로 생성하다보니 스텝 수가 많아진다는 문제점이 있었지만, 학습할 때는 CNN처럼 한꺼번에 생성할 수 있게 하여 효율을 크게 높일 수 있었습니다.

이 경우 CNN으로서는 과거 정보에 해당하는 뉴런에서 미래 정보에 해당하는 뉴런으로만 연결되도록[6] 하여 이를 달성 할 수 있습니다.

CNN에서 연결 건너뛰기

두 번째는 Dilated Convolution입니다. CNN은 계층간에 가까운 위치끼리 연결되는 구조로 되어 있습니다. 어떤 계층의 뉴런이 그 아래[7] 계층의 어느 범위의 뉴런과 연결되는지의 크기를 커널 사이

즈라고 부르며, 더 아래의 계층도 포함해서 대응되는 입력의 범위를 수용 영역receptive field이라고 합니다.

예를 들어 커널 사이즈가 5×5인 경우, 한 뉴런은 아래 계층의 5×5 영역과 연결됩니다. 아래 계층의 커널 사이즈도 5×5인 경우 5×5의 각 뉴런이 5×5로 연결되므로, 두 개 아래 계층의 9×9 영역에 대응됩니다. 일반적으로 커널 사이즈가 k이고 계층 수가 l일 때 수용 영역의 크기는 $l(k-1)+1 \times l(k-1)+1$이 됩니다.

CNN에서는 계층 수를 늘려도 수용 영역의 크기가 선형적으로만 증가하므로, 입력 전체를 수용 영역으로 하려면 입력 사이즈에 비례하여 계층 수를 늘려야 합니다. 이 문제는 CNN의 상위[8] 계층에서 일정 간격마다 뉴런을 건너뜀으로써 해결할 수 있습니다.

예를 들어 상위 계층에서 한 뉴런씩 건너뛰면 수용 영역이 두 배로 넓어집니다. 그러나 이 경우 대응되는 피처 맵feature map의 사이즈도 1/2이 됩니다

1 A. Oord et al., "WaveNet: A Generative Model for Raw Audio," *http://arxiv.org/pdf/1609.03499v2.pdf*

2 *https://deepmind.com/blog/wavenet-generative-model-raw-audio/*

3 A. Oord et al., "Pixel Recurrent Neural Networks," *https://arxiv.org/pdf/1601.06759v3.pdf*

4 A. Oord et al., "Conditional Image Generation with PixelCNN Decoders," *https://arxiv.org/pdf/1606.05328v2.pdf*

5 F. Yu et al., "Multi-Scale Context Aggregation by Dilated Convolutions," *https://arxiv.org/pdf/1511.07122v3.pdf*

6 옮긴이_ 마치 트랜스포머 디코더를 학습할 때, 미래의 값은 보이지 않도록 마스킹하는 것과 같습니다.

7 옮긴이_ 여기서 '아래'는 입력 측에 가까운 것을 의미합니다.

8 옮긴이_ 출력에 가까운 것을 의미합니다.

다. 최종적으로 피처 맵이 1×1이 되게 하는 분류 작업에서는 건너뛰는 것으로 충분하지만, 세그먼테이션이나 자기회귀 모델같이 입력과 출력의 사이즈가 동일한 경우는 피처 맵의 사이즈를 입력과 동일하게 해야 합니다.

Dilated Convolution은 계층이 올라갈수록 연결을 k배씩 건너뜀으로써 이 문제를 해결합니다.[9] 예를 들어, $k=2$이고 계층이 4개인 경우 제일 위의 계층은 $2^3=8$개마다 연결하고, 두 번째 계층은 $2^2=4$개마다, 세 번째 계층은 $2^1=2$개, 네 번째 계층은 $2^0=1$개마다 연결합니다. 이 경우 제일 위의 계층의 뉴런의 수용 영역 사이즈는 $16 \times 2=32$가 됩니다.

웨이브넷은 9개 계층의 Dilated Convolution을 사용하는데, 512 스텝, 수용 영역은 1024로서, 240ms에 해당합니다. 이 Dilated Convolution을 여러 번 겹쳐서 사용합니다. 그래서 실제로 수만 스텝 떨어진 값의 정보도 사용하여 예측할 수 있습니다.

혼합 가우시안 사용하지 않고 이산 분포로 생성

세 번째는 연속값을 혼합 가우시안으로 모델링하지 않고 범주형의 값으로 간주하여 이산 분포를 사용하여 생성하는 기법입니다. 작은 차이처럼 보일 수 있지만 생성된 데이터의 품질이 크게 달라집니다. 이 아이디어는 웨이브넷과 마찬가지로 딥마인드가 고안한 이미지 생성 모델인 PixelCNN에서 처음 사용되었는데, 웨이브넷에도 이를 응용했습니다. 이산 분포에서는 임의의 확률 분포를 표현할 수 있으며 가우시안과 달리 데이터 분포에 대한 가정이 필요하지 않습니다. 한편, 이산 분포의 경우 파라미터의 개수가 많아 추정이 어렵다는

문제가 있지만, 신경망으로 파라미터를 공유함으로써 이 문제도 해결됩니다.

앞으로의 과제

웨이브넷은 음성을 하나씩 생성한다는 매우 심플한 접근 방식으로 자연스러운 음성과 음악을 생성할 수 있다는 점에서 매우 의미가 큽니다.

향후의 가장 큰 과제는 생성이 느리다는 것입니다. 웨이브넷은 자기회귀 모델을 사용하기 때문에 생성 시 데이터를 하나씩 순차적으로 생성해야 합니다(학습 시에는 이 문제가 없다는 점[10]에 주의). 새롭게 생성하는 경우를 위해 각 계층 계산의 대부분을 미리 하여 캐싱함으로서 고속화할 수 있지만,[11] 실시간 합성을 하기 위해서는 몇개의 블록을 모아서 생성하는 등의 아이디어가 필요해 보입니다.

또 하나의 과제는 인식에 응용하는 것입니다. 음성 인식 분야에서는 전통적으로 MFCC[mel-frequency cepstral coefficient]와 같이 공학적으로 설계된 피처가 사용되었지만, 최근에는 원본 음성을 직접 모델링하여 학습을 통해 이러한 피처를 구하는 흐름으로 바뀌고 있습니다. 웨이브넷을 사용한 모델링으로 원본 음성 데이터로부터의 음성 인식은 가장 높은 정확도를 달성했습니다. 기존 기법과 비교하면 인식 정확도 면에서는 아직 차이가 있지만, 앞으로 성능 면에서도 기존의 인식 기법을 능가할 가능성이 있습니다.

---

9   F. Yu et al., "Multi-Scale Context Aggregation by Dilated Convolutions," https://arxiv.org/pdf/1511.07122v3.pdf

10 옮긴이_ 이미 모든 단계에서 정답을 알고 있기 때문에 병렬화할 수 있습니다. teacher forcing을 모든 단계에서 병렬로 한다고 이해할 수도 있습니다.

11 https://github.com/tomlepaine/fast-wavenet

CHAPTER 10

공간생성/인식

Generative Query Network: 이미지로부터 3차원 구조를 이해하여 생성

10.1

사람은 2차원 이미지만으로 물체의 3차원 정보를 추정할 수 있고, 형상, 위치 관계, 구성 관계를 인식할 수 있습니다. 또한 물체를 다양한 시점에서 보면 거의 완벽한 3차원 정보를 얻을 수 있습니다. 예를 들어, 방에 들어가서 그 안을 돌아다니며 보면서 방 안의 어떤 위치에 어떤 물체가 놓여 있는지에 대한 3차원 지도가 만들어집니다. 이와 같은 3D 지도를 만들 수 있다면 다른 시점에서 어떻게 보일지 예측하는 것도 가능합니다.

이러한 3차원 구조의 인식은 많은 작업의 실현에 중요하며 지금까지 많은 연구가 이루어졌습니다. 복수 시점으로부터의 이미지로 3차원 구조를 추정하는 작업을 움직임 기반 구조Structure From Motion(SfM)이라고 합니다. 그중에서 특히 자기 위치 추정도 동시에 하면서 온라인으로 위치 추정과 3차원 구조 추정을 하는 작업은 SLAM이라고 불립니다.

또한, 3차원 구조가 얻어졌을 때 그것이 어떻게 보일지를 푸는 문제는 컴퓨터 그래픽(CG) 렌더링의 문제와 동일합니다. 렌더링의 경우 광원에서 방출된 빛이 각 물체에서 어떻게 반사되어 강도가 변하여 시점으로 들어오는지를 시뮬레이션하여 이미지를 생성합니다.

이러한 SfM과 렌더링은 모두 매우 복잡한 프로세스로 구성된 면밀한 모델링과 기하학적 계산을 통해 만들어졌습니다. 또한 인식과 생성 방법만이 문제가 되는 것이 아니라 3차원 구조를 컴퓨터에서 어떻게 표현할 것인지도 문제가 됩니다.

예를 들어, 점구름으로 물체를 표현하는 것을 생각해봅시다. 이 경우 아무리 복잡한 물체라도 표현할 수 있지만, 물체를 한 덩어리로서 조작하는 것은 어려워집니다. 또한 점의 수가 증가함에 따라 계산량도 증가합니다. 이 외에도 메시나 디스크(법선 방향과 지름의 집합으로 표현됨), 구면 조화 함수spherical harmonics에 의한 물체 표현은 각각 장점과 단점이 존재합니다. 또한, 불확실한 정보의 표현도 어렵습니다. 예를 들어 차의 앞면만 보이고 뒷면은 보이지 않는 경우, 뒷면의 불확실성을 어떻게 표현할 것인지(세단인지, 왜건인지, 리무진인지)와 같은 경우입니다.

3차원 환경을 연속값 벡터로 표현

딥마인드가 발표한 GQN[1]은 이 SfM과 렌더링을 신경망으로 학습시켜서 얻습니다. 복수의 이미지를 보여주는 것만으로 그 3차원 구조를 추정하여 새로운 시점에서 이미지를 추정할 수 있습니다. 내부적으로는 3차원 구조는 피처 벡터들에 의해 표현되며, 피처 벡터상에서 물체의 추가나 변경과 같은 연산을 할 수 있습니다. 또한, 불확실한 3차원 구조를 처리하기 위해, 확률론적 생성 모델을 사용하여 복원을 처리합니다.

GQN은 학습 시에 입력 이미지 x_i^k와 시점 정보 v_i^k 쌍으로 구성되는 다음의 D를 학습 데이터로 이용합니다.

$$D = \left\{ \left(x_i^k, v_i^k \right) \right\}_{i=1\ldots N, k=1\ldots K}$$

여기서 N은 장면의 수, K는 각 장면에서 기록된 이미지의 수이며, 시점 정보 v_i는 카메라의 3차원 절대 위치 좌표 w와 요yaw각 y, 피치pitch각 p로 구성되는 5차원 벡터(w, y, p)로 구성됩니다. 테스트 시에는 새로운 장면의 M개 이미지와 그 시점 정보 $\{(x^m, v^m)\}_{m=1\ldots M}$이 주어지고, 쿼리 시점 v^q로부터 이미지 x^q를 예측합니다. 여기서 M은 $M \geq 0$을 만족하는 임의의 양수입니다.

GQN 네트워크에 대한 자세한 내용은 후반부에서 이야기하기로 하고, 먼저 실험 결과를 설명하겠습니다. 실험은 시뮬레이션상의 3D 환경에서 수행되었습니다. 우선, GQN은 복수의 물체가 있는 경우에도 장면을 정확하게 예측할 수 있었습니다. 또한, 물체의 존재나 위치에 불확실성이 있는 경우, 그 가능성을 샘플링할 수 있었습니다.

그리고 word2vec 등으로 얻어진 단어 벡터의 연속 표현처럼, 3차원 환경의 벡터에 대해 더하고 빼는 연산을 해서 물체의 속성을 변경할 수 있다는 것을 발견했습니다. 이 벡터상에 3차원 환경의 정보가 분해되어 표현되므로 그것을 조작할 수 있는 것입니다. 예를 들어, 파란색 구체sphere가 있는 장면에 대응되는 벡터에서 빨간색 구체가 있는 장면의 벡터를 빼고 빨간색 삼각형이 있는 장면의 벡터를 더하면, 파란색 삼각형이 있는 장면에 대응되는 벡터를 만들 수 있습니다. 이는 속성에서 빨간색과 구체라는 정보는 지워지고, 파란색과 삼각형이라는 정보가 남겨지기 때문입니다.

이러한 방식으로 3차원 구조는 벡터로 분해된 형태로 표현됩니다. 입력 이미지 대신 장면에 해당하는 벡터를 입력으로 사용하는 강화 학습은 작업을 매우 효율적으로 학습하는 것으로 나타났습니다.

자기회귀형 생성 모델을 이용

그러면 GQN의 기법을 살펴봅시다. GQN은 잠재 변수 모델을 사용하는 이미지 생성 모델입니다. 이 경우 조건으로서 다른 시점의 이미지와 쿼리 시점, $y = ((x^i, v^i), v^q)$를 사용합니다.

$$g(x \mid y) = \int g(x \mid z, y)\pi(z \mid y)dz$$

이 생성 모델에는 z에 대한 적분이 포함되지만, 적분을 직접적으로 해결하지 않고도 다음과 같이 ELBOevidence lower bound라고 하는 변분 하한을 구하여, VAE 등에서 사용되는 변수 변환 트릭을 사용하여 최대화함으로써 효율적으로 목적함수를 최적화할 수 있습니다.

$$\log g(x \mid y) \geq \int q(z \mid x, y) \log \frac{g(x \mid z, y)\pi(z \mid y)}{q(z \mid x, y)} dz$$
$$= \mathrm{E}_{q(z \mid x, y)} \log g(x \mid z, y) - \mathrm{KL}(q(z \mid x, y) \| \pi(z \mid y))$$

여기서, $g(x \mid z, y)$는 생성기이고, $q(z \mid x, y)$는 실제 사후 확률 $p(z \mid x, y)$를 근사하는 추론기입니다. 여기까지는 조건 p를 제외하고는 VAE와 동일합니다.

다음으로, 조건을 모델링하는 방법에 대해 설명하겠습니다. 입력의 M개의 이미지와 시점(x^i, v^i)은 다음과 같이 하나의 벡터로 변환됩니다.

$$r = f\left(x^i, v^i\right)$$

이 f를 표현 네트워크representation network라고 하며, 다음과 같이 각 관찰을 독립적으로 벡터로 변환하고 그 합을 계산하여 얻을 수 있습니다.

---

1 S. Eslami et al. "Neural scene representation and rendering," Science, vol.360, pp.1204–1210, 2018.

$$\hat{v}^k = \left(w^k, \cos\left(y^k\right), \sin\left(y^k\right), \cos\left(p^k\right), \sin\left(p^k\right)\right)$$

$$r = \sum_{k=1}^{M} \psi\left(x^k, \hat{v}^k\right)$$

이 표현 네트워크는 서로 다른 시점 간의 관계를 무시하므로 단순해 보이지만, 결과가 관찰 순서에 의존하지 않는다는 특징이 있어서 집합이나 그래프 등을 입력으로 하는 네트워크에서 자주 사용됩니다. 또한 함수 ψ는 입력 이미지와 시점을 3차원 구조를 나타내는 벡터로 변환하는 신경망입니다.

이렇게 얻어진 추정된 3차원 구조를 나타내는 r과 쿼리 시점 v^q으로 조건화하여, 생성기 $g(x|z,v^q,r)$, 사전 분포 $\pi(z|v^q,r)$, 추론기 $q(z|x^q,v^q,r)$를 모델링합니다.

이들 각각은 출력의 각 차원을 차례로 생성해서, 생성된 값을 조건으로 하여 다음 차원의 값을 정하는 자기회귀 모델을 사용하여 모델링됩니다. 이러한 자기회귀 모델은 복잡한 모델링을 할 수 있는 것으로 밝혀졌으며 PixelCNN이나 웨이브넷 등에서 사용됩니다. 이 기법에서는 RNN을 사용하여 모델링하고 convolutional LSTM을 사용하여 내부 상태의 업데이트와 각 스텝의 출력을 결정해 갑니다.

학습 시에는 ELBO를 최대화하도록 학습하고, 쿼리 시점에서 이미지를 생성할 때는 다른 시점의 이미지로 조건화된 사전 분포로부터 이미지를 생성합니다.

이 기법은 3D 구조의 인식과 생성이 신경망 학습으로 가능하고, 3D 구조가 연산 가능한 벡터로 표현될 수 있음을 보였다는 점에서 획기적입니다.

많은 발전이 기대되는 GQN 기반 기술

앞으로 이 기법을 기반으로 여러 가지 발전을 생각할 수 있습니다. 이 기법에서는 자기 위치와 자세를 입력으로 주지만, 자기 위치와 자세도 학습으로부터 추정할 수 있게 된다면 영상만으로도 3차원 구조를 복원할 수 있을 것입니다. 속도, 각속도의 이력으로부터 자기 위치와 자세를 예측하도록 학습된 RNN은 뇌의 격자 세포grid cell와 같은 공간 형태의 패턴을 기반으로 인식하는 것으로 밝혀졌습니다.[2] 또한 더 고도의 생성으로서, 시각과 조건이 다른 경우(예를 들어, 이 문을 밀면 어떻게 될 것인지)에도 생성이 가능하게 될 것입니다.

이번에는 시뮬레이션 상의 단순한 이미지나 3D 구조의 경우에 적용되었는데, 현실 세계의 경우에도 같은 방식으로 할 수 있을지가 앞으로의 과제일 것입니다. 한편, 작업을 수행하기 위해 반드시 이미지의 상세한 생성이 필요한 것은 아니며, 예를 들어 인스턴스 세그먼테이션 레벨에서 3D 구조나 이미지를 추정할 수 있다면 많은 문제가 해결될 수 있을 것입니다.

매우 큰 3차원 구조를 표현할 방법도 과제가 될 것입니다. 예를 들어, 도시 수준의 3차원 구조를 다루기 위해서는 거대한 메모리의 일부분에 어텐션을 적용해서 읽고 쓰기를 하게 될 것입니다.

---

2 A. Banino et al. "Vector-based navigation using grid-like representations in artificial agents," Nature, vol.557, no.7705, pp.429–433, 2018.

10.2 자기 지도 학습에 의한 깊이와 자기 이동 추정

장애물이나 벽 등 물체까지의 거리를 측정할 수 있는 LiDAR등의 깊이depth(거리) 센서는 로봇이나 자율주행차에 널리 사용됩니다. 일반적으로 깊이 센서는 변조된 레이저 등을 환경에 조사하여 반사파의 위상차와 도달 시간을 측정하여 깊이를 추정합니다. 이렇게 레이저 등을 스스로 조사하는 방식을 능동 센서active sensor라고 합니다. 생물 중에서는 박쥐 등이 음파로 이러한 메커니즘을 이용합니다.

한편, 사람이나 동물은 물체까지의 거리를 시각으로 추정할 수 있습니다. 스스로 빛을 조사하지 않고 수신된 빛만 사용하기 때문에 수동 센서passive sensor라고 합니다. 시각에 의한 깊이 추정은 양안 시차를 이용하거나, 스스로가 움직일 때 가까이 있는 것보다 멀리 있는 것이 느리게 움직이는 듯이 보이는 현상을 이용해서 추정합니다.

대상을 한쪽 눈으로만 보거나, 사진에 찍힌 물체까지의 거리를 추정할 수 있다는 사실에서 알 수 있듯이, 정지 이미지만으로도 어느 정도 거리를 추정할 수 있다는 것이 알려져 있습니다. 본래는 정지 이미지로부터 깊이를 유일한 값으로 구하는 것은 부정 문제indefinite problem이지만, 물체나 환경에 대한 사전 지식을 조합하여 깊이를 추정합니다(이를 이용하여 실제로는 오목한데도 솟아오른 것처럼 보이게 하는 착시 이미지도 있습니다).

딥러닝으로 정지 이미지 거리 추정

최근 딥러닝을 중심으로 한 이미지 인식 기술의 발전으로 깊이 센서를 사용하지 않고도 정지 이미지에서 직접 깊이를 추정할 수 있게 되었고, 자기 위치와 자기 움직임까지도 추정할 수 있게 되었습니다. 카메라는 비싸지 않고 널리 보급되었으므로 비용을 낮출 수 있을 뿐만 아니라 능동 센서를 사용할 수 없는 환경(예를 들면 거울이나 투명 물체가 있는 경우)에서도 깊이 추정이 가능하므로 바람직합니다.

이를 실현하기 위해서 기존에는 카메라와 깊이 센서가 모두 장착된 촬영 기기를 사용하여 일반 이미지와 깊이 (거리 이미지) 쌍으로 구성된 지도supervised 데이터를 만들어서 지도 학습을 수행하는 기법이 주류였습니다. 그러나 최근에는 지도 데이터를 사용하지 않고 이미지 데이터만을 이용해서 깊이 추정을 학습하는 기법이 등장하면서 지도 학습에 필적하는 성능을 올리기 시작했습니다. 이 학습은 비지도 학습이라고 할 수 있지만, 가까운 프레임 간에 성립하는 제약을 이용하여 지도 신호를 만들기 때문에 자기 지도 학습이라고 할 수 있습니다.

또한 깊이뿐만 아니라 부산물로서 자기 위치 추정도 동시에 해결되기 때문에 동영상에서 3D 환경과 카메라 위치를 동시에 추정하는 SfMStructure from Motion을 해결할 수 있습니다. 유튜브 등의 기록 동영상은 방대하기 때문에 자기 지도 학습에 의한 깊이 추정은 거의 무한대의 학습 데이터를 사용할 수 있습니다. 이번에는 이 자기지도 학습에 의한 깊이와 자기 위치 추정에 대해 설명하겠습니다.

운동 시차 이용

이 학습에서는 어떤 시점에서 본 풍경이 다른 시점에서는 어떻게 다르게 보이는지(운동 시차^motion parallax)를 이용하여, 깊이에 대한 지도 학습 데이터를 만들어 냅니다.[1]

먼저 이 배경에 있는 이미지 처리의 기초에 대해서 간략하게 설명하겠습니다. 공간 중의 카메라가 어떤 방향을 향해 이미지를 촬영한다고 하겠습니다. 이때, 공간 중의 초점 거리만큼 떨어진 위치에 가상 스크린을 설치한다고 하면, 카메라의 중심과 광원을 연결하는 광선이 스크린과 교차하게 되고, 그 교차하는 점들이 이미지가 됩니다.

환경 중의 카메라의 위치, 자세를 나타내는 행렬을 카메라의 외부 파라미터 행렬이라고 하고, 카메라의 초점 거리나 카메라의 스크린 원점으로부터의 오프셋으로 구성된 행렬을 내부 파라미터 행렬이라고 합니다. 환경 중의 좌표(세계^world 좌표라고도 함)에 외부 파라미터 행렬을 곱하면 카메라 좌표계의 위치로 변환될 수 있고, 여기에 내부 파라미터를 곱하면 이미지 내의 위치로 변환될 수 있습니다.

어떤 위치, 자세에서 촬영된 이미지 I_t중의 위치 p_t가 다른 위치, 자세로 촬영된 이미지 I_s 중의 어느 위치 p_s에 대응되는지는 다음 식으로 구해집니다.

$$p_s \sim KT_{t \to s}DK^{-1}p_t$$

여기서 좌표는 동차 좌표^homogeneous coordinate를 사용하여 나타내고, K는 내부 카메라 행렬, D는 깊이, $T_{t \to s}$는 시점 간의 상대 자세 행렬(즉, 자기 위치 이동)입니다. 이 식은 시점이 이동할 때 멀리 있는 점은 조금밖에 움직이지 않지만, 가까이 있는 점은 크게 움직이는 것을 보다 일반화한 식입니다.

일반적으로, 대응되는 위치 p_s는 정수가 아닌 소수입니다. 한편, 원본 이미지 I_s는 정수의 위치상에 있는 픽셀로 표현되기 때문에 엄밀하게는 소수로 나타나는 위치에 대응하는 픽셀은 존재하지 않습니다. 그래서 소수에 대응하기 위해 이중 선형 보간법^bilinear interpolation을 사용하여, 이웃 픽셀들의 가중 평균에 대응되는 픽셀을 구합니다. 이러한 이중 선형 보간은 소프트 어텐션 메커니즘과 같이, 복수의 대응하는 픽셀 후보 중 어느 것이 실제로 해당되는지를 오차 역전파로 학습하는 것을 가능하게 합니다.

카메라의 촬영에 따라 색상 등이 변하지 않는다고 하면, 이 p_s에서 샘플링된 픽셀값과 p_t의 픽셀값이 일치해야 합니다. 이 픽셀값들의 일치 여부가 손실 함수가 됩니다.

$$\sum_p \left| I_t(p) - \hat{I}_s(p) \right|$$

여기서 $\hat{I}_s(p)$는 대응하는 픽셀에서 계산된 추정 픽셀값입니다. 이 픽셀값의 계산에는 앞서 설명한 위치를 구하는 식을 사용합니다. 이 손실 함수는 T와 D도 변수가 되는 함수입니다.

모델은 I_t을 입력으로 하여 깊이를 출력하는 신경망(Depth CNN)과 I_s와 I_t를 입력으로 하여 상대 자세를 추정하는 신경망(Pose CNN)을 준비하여, 이 출력값들을 사용해서 앞서 언급한 손실 함수를 정의합니다. 이 손실을 최소화하도록 오차 역전파를 사용하여 Depth CNN과 Pose CNN을 동시에 학습합니다.

이 자기 지도 학습은 몇 가지 가정에 기반합니다.

첫 번째는 움직이는 물체는 없다는 것입니다. 실제 영상에는 사람, 자동차, 흔들리는 나뭇잎 등 움직이는 물체가 존재하고, 이들의 자세 변화도 고려하지 않으면 대응되는 위치를 구할 수 없습니다. 그래서 학습 시에는 움직일 것 같은 물체를 미리 마스킹하여 삭제하고, 정지된 환경 및 물체에 대해서만 손실을 계산함으로써 정확도를 향상시킬 수 있다고 보고되었습니다.[2,3]

또 하나는 내부 파라미터 행렬 K가 알려졌고 고정되었다는 것입니다. 하나의 카메라만 사용하여 초점 거리를 변경하지 않는 경우에는 이 가정이 성립하지만, 다양한 동영상을 수집하거나 동일한 카메라이더라도 초점 거리가 변하는 경우에는 이 가정은 성립하지 않습니다. 그래서 내부 파라미터 행렬도 데이터별로 추정하는 기법이 제안되었습니다.[4] 일반적으로 병진 이동만으로는 내부 파라미터 행렬은 고유하게 결정되지 않지만, 회전을 포함하는 경우는 내부 파라미터 행렬이 고유하게 결정됩니다.

마지막 가정은 물체의 대응되는 위치는 시점이 바뀌어도 픽셀값이 변경되지 않는다는 것입니다. 실제로는 광원과의 관계에 따라 시점이 바뀌면 픽셀값이 크게 바뀌는 경우가 있을 수 있습니다. 원래 픽셀값을 직접 사용하지 않고 신경망 내부의 피처값 등을 비교하는 일이 필요해질 것입니다.

다른 센서 정보와의 융합

앞으로는 움직이는 물체가 있는 경우도 모델링할 수 있고, 불확실성을 고려한 깊이 추정도 가능해질 것입니다. 또한 반드시 단안 카메라만으로 처리할 필요는 없으며, 스테레오 카메라나 복수의 카메라, 속도 정보,[5] IMU, GPS 등과 조합하여 정확도를 향상시키는 것도 생각해볼 수 있습니다.

1　T. Zhou et. al., "Unsupervised Learning of Depth and Ego-Motion from Video," CVPR 2017. *https://arxiv.org/abs/1704.07813*

2　V. Guizilini et al., "PackNet-SfM: 3D Packing for Self-Supervised Monocular Depth Estimation," *https://arxiv.org/abs/1905.02693*

3　A. Gordon et. al., "Depth from Videos in the Wild: Unsupervised Monocular Depth Learning from Unknown Cameras," *https://arxiv.org/abs/1904.04998*

4　A. Gordon et. al., "Depth from Videos in the Wild: Unsupervised Monocular Depth Learning from Unknown Cameras," *https://arxiv.org/abs/1904.04998*

5　V. Guizilini et al., "PackNet-SfM: 3D Packing for Self-Supervised Monocular Depth Estimation," *https://arxiv.org/abs/1905.02693*

10.3 3차원 형상 표현 기법

물체의 형상이나 환경(구조물이나 배경)의 3차원 정보를 어떻게 표현하느냐는 어려운 문제입니다. 기본적인 문제일 것 같지만, 실제로 어떻게 표현해야 할지 생각해보면 쉽지 않습니다. 형상 표현은 적은 용량(파라미터 수)으로 표현할 수 있는데, 충돌 판정이나 법선 계산 등 여러 처리를 빠르게 수행할 수 있는지, 비슷한 부품이나 형상을 공통으로 다룰 수 있는지가 문제가 됩니다.

현재 널리 사용되는 표현 방법에는 점구름, 메시mesh, 복셀voxel 및 음함수 표현 등이 있습니다. 이들을 간략하게 소개하겠습니다.

점구름은 물체가 존재하는 영역을 그 물체의 표면이나 내부에 속하는 점의 집합으로 나타내는 기법입니다. 이 점구름은 임의의 형상을 나타낼 수 있지만, 복잡한 형상을 나타내려면 포인트 수를 늘려야 하며 저장 용량이 증가합니다.

또한, 충돌 판정이나 법선 추정 등의 처리도 점의 개수에 비례하여 계산량이 커지는 문제가 있습니다. 고속화를 위한 데이터 구조(예를 들면 KD 트리)를 사용하여 계산량을 줄일 수도 있지만, 최악worst case 계산량을 줄이는 것이 어려우며 실제로도 계산량이 큽니다.

메시는 물체의 표면을 삼각형이나 다각형polygon의 집합으로 표현합니다. 단순한 형상이라면 적은 수의 삼각형으로 근사할 수 있어서 점구름보다 훨씬 적은 수의 파라미터로 형상을 표현할 수 있습니다. 또한 여러 가지 처리도 메시의 수에 비례하는 계산량으로 실현할 수 있어서 계산 효율도 높

습니다. 반면에 복잡한 도형을 표현하는 경우에는 메시의 수가 급격히 증가합니다. 또한 주어진 형상을 그에 대응하는 메시 표현으로 변환하는 것이 쉽지 않습니다. 대부분은 시스템이 제공하는 후보 솔루션을 사람 손으로 수정할 필요가 있습니다.

복셀은 정육면체의 집합으로 형상을 표현합니다. 여러 사이즈의 정육면체를 조합하는 경우도 많습니다. 복셀 표현은 다른 표현에 비해 표면만이 아닌 물체 내부 등의 입체 정보를 나타낼 수 있는 이점이 있습니다. 하지만 복셀은 용량이 커지는 경향이 있는데, 복잡한 형상을 표현할 때는 작은 정육면체를 대량으로 사용할 필요가 있어 용량이나 계산량이 커지기 쉽습니다.

음함수는 함수를 이용하여 물체를 표현합니다. 구체적으로는 좌표 $u=(x,y,z)$가 주어졌을 때 그것이 물체의 표면이라면 0, 내부라면 음의 값, 외부라면 양의 값을 반환하는 함수 $f(u;\theta)$를 사용합니다 (여러 변종이 존재합니다). 이 표현에서는 물체의 표면 정보는 명시적으로 표현되지 않기 때문에 물체의 표면에서 점의 좌표를 찾으려면 다소 복잡한 계산이 필요하게 됩니다. 한편, 복잡한 형상이더라도 함수를 잘 선택하면 소수의 파라미터로도 표현할 수 있습니다. 렌더링할 때 임의의 해상도를 선택할 수 있다는 것도 큰 장점입니다.

이러한 형상 표현에 있어서 신경망을 사용한 기법들이 성공을 거두고 있습니다. 여기서는 메시를 생성하는 PolyGen,[1] 음함수를 사용한 물체 표현,[2] 또한 거기에 휘도 정보를 더해서 임의의 시

점으로부터의 사실적인 장면을 복원할 수 있게 한 NeRF,[3] 그리고 기본적인 도형의 조합으로 복잡한 환경을 복원할 수 있는 BSP-Net[4]를 소개하겠습니다.

메시를 생성하는 신경망

먼저 메시를 생성하는 신경망인 PolyGen[5]을 소개하겠습니다. PolyGen은 이미지 등을 입력으로 하여 조건화한 후, 메시 생성 모델을 정의하여 메시를 샘플링할 수 있습니다. 이산적인 정보인 메시를 높은 정확도로 생성할 수 있는 최초의 모델입니다.

메시 생성 모델을 고려할 때 노드의 수나 면의 수가 가변적이기 때문에, 고정 차원 상에 정의된 확률 모델(예를 들면 VAE나 플로 기반 모델)은 사용할 수 없습니다. PolyGen은 그때까지 생성된 노드를 조건으로 하여 다음 노드를 순차적으로 생성하는 자기회귀 모델을 사용합니다. 각 노드를 생성한 후에 거기서 생성을 종료할지도 확률적으로 결정함으로써 가변 개수의 노드 집합에 대한 생성 분포를 정의하는 것이 가능합니다.

사람이 설계한 메시 데이터 등을 기반으로 각 노드를 생성할 가능도를 최대화하는 모델을 학습합니다. 원본 메시 데이터에는 생성 순서가 없지만, 이 연구에서는 노드는 z축 순서에 따라 순차적으로 생성됩니다.

다음으로 어느 위치에 노드를 생성할 것인지는 공간을 양자화하고 다항 분포상의 확률 분포를 모델링하여, 그로부터 샘플링하여 생성합니다. 연속 공간에서 생성하는 경우에는 가우스 분포가 사용되는 경우가 많지만, 형상에는 대칭성이 있어서 다음 노드의 생성 분포는 다중 모드가 되기 쉽습니다(예를 들면 오른손을 생성할지 왼손을 생성할지). 그래서 연속 분포상의 생성 분포 대신 다중 모드도 포함하여 분포의 표현력이 높은 이산 분포상의 확률 분포를 사용합니다.

또 과거에 생성된 노드를 어떻게 조건으로 사용하느냐가 문제가 됩니다. 여기서는 자연어 처리에서 성공을 거두고 있는 트랜스포머(셀프 어텐션 메커니즘)를 사용하여, 과거에 생성된 어떤 노드에 어텐션을 적용해서 생성할 것인지 정해지도록 했습니다. 트랜스포머는 가변 개의 요소를 조건으로 사용할 수 있다는 점에 주목해주세요.

이 PolyGen은 책상이나 의자 등의 형상에 대응되는 메시 데이터를 직접 생성할 수 있습니다. 기존의 메시 생성 기법에 비해 복잡한 형상을 처리할 수 있을 뿐만 아니라 기존 기법에서 흔히 볼 수 있었던 비최적 메시 분할이 되는 경우도 적습니다. 또한 두 개의 형상을 매끄럽게 보간하여 모핑 morphing처럼 변형하면서 각각의 경우에 대한 메시를 생성하는 것도 가능합니다.

1   C. Nash et al., "PolyGen: An Autoregressive Generative Model of 3D Meshes," *https://arxiv.org/abs/2002.10880*

2   A. Gropp et al., "Implicit Geometric Regularization for Learning Shapes," *https://arxiv.org/abs/2002.10099*

3   B. Mildenhall et al., "NeRF: Representing Scenes as Neural Radiance Fields for View Synthesis," *https://arxiv.org/abs/2003.08934*

4   Z. Chen et al., "BSP-Net: Generating Compact Meshes via Binary Space Partitioning," *https://arxiv.org/abs/1911.06971*

5   C. Nash et al., "PolyGen: An Autoregressive Generative Model of 3D Meshes," *https://arxiv.org/abs/2002.10880*

음함수에 의한 형상 표현

다음으로 음함수를 사용하는 형상 표현을 소개합니다. 음함수에 의한 표현에서는 좌표 $u=(x,y,z)$를 입력으로 하고 그 좌표가 객체의 표면인지, 또는 내부인지인지를 반환하는 함수 $f(u)$를 이용하여 객체를 표현합니다. 물체 표면까지의 부호 있는 거리를 반환하는, 더 정보량이 많은 SDF$^{signed distance}$ ^{function}도 자주 사용됩니다. 형상 표면은 좌표 집합 $\{u \mid f(u)=0\}$으로 나타냅니다.

복잡한 형상을 표현하기 위해서는 함수도 높은 표현력을 가져야 합니다. 그래서 높은 표현력이 가지는 신경망을 이용하는 음함수 표현이 기대되었습니다. 그래서 지난 몇 년 간, 신경망을 음함수로 사용하는 형상 표현은 지금까지의 함수로는 불가능했던 복잡한 형상을 표현할 수 있다는 것이 밝혀졌습니다.

이 형상을 표현하는 음함수를 학습할 때, 법선(음함수의 입력에 대한 경삿값)의 노름 크기를 1로 하는 정규화가 효과적이라고 알려져 있습니다.[6] 이 정규화에 의해 인체와 같은 매우 복잡한 형상을 정확하게 표현할 수 있게 됩니다.

한편, 신경망은 가능한 가장 단순한 함수를 학습하는 성질이 있습니다. 이 성질은 일반적인 학습 문제에서는 일반화로서 도움이 되지만, 복잡한 함수를 표현하려고 할 때 고주파 성분, 즉 물체의 형상이 급격히 변하는 곳을 표현하기 어렵다는 문제가 있습니다.

이에 대해, 트랜스포머 등에서 사용되는 위치 인코딩을 사용하면 고주파 성분도 정확하게 표현할 수 있습니다.[7] 위치 인코딩은 위치 정보를 위치 주파수 성분별 표현으로 나타내는 기법으로서, 서로 다른 주파수의 삼각 함수를 사용하여 좌표를 변환하는 기법입니다.

형상뿐만 아니라 시점 방향에 의존하는 휘도도 반환함으로써 사실적인 이미지를 생성하는 것도 가능합니다.[8] 생성된 이미지는 지금까지의 신경망을 이용한 이미지 복원^{reconstruction}[9] 기법들에 비해 현실과 구별할 수 없을 정도로 사실적이며, DCGAN이나 GQN에 필적하는 큰 브레이크스루로 생각됩니다. 여기서는 생략하겠지만, 이 기법에서는 문제를 해결하는 과정에서 깊이 추정이나 형상 추정과 같은 많은 문제가 비지도로 해결될 수 있음을 보여줍니다.

단순한 형상의 조합으로 나타내는 BSP-Net

지금까지 소개한 기법들은 형상을 조합해 낼 수 있다는 성질을 이용하지 않았습니다. 실제로 세상에서 보이는 많은 형상은 단순한 형상이거나 기존 형상의 조합입니다. 이러한 단순한 형상의 조합을 잘 표현할 수 있다면 학습된 기법을 일반화하는 것이 더 쉬워집니다.

BSP-Net[10]은 단순한 형상의 조합으로 형상을 표현하는 것을 학습합니다. 단순한 형상 자체는 음함수 표현을 사용합니다.

BSP-Net은 세 개의 계층으로 구성됩니다. 첫 번째 계층은 공간을 나누는 평면을 생성합니다. 평면이라면 직선($ax+by+c=0$)을, 공간이라면 평면($ax+by+cz+d=0$)을 나타내는 파라미터 (a,b,c) 또는 (a,b,c,d)를 생성합니다. 이 함수의 값을 음수로 만드는 좌표들의 집합이 물체의 내부가 됩니다. 두 번째 계층은 생성된 평면들의 AND를 취한 볼록 영역을 학습합니다. 여러 개의 영역의 AND 영역은 max로 표현됩니다. 음함수 표현에서는 음의 값을 갖는 영역은 물체 내부가 되며, 두 개의 함수가 동시에 음수인 영역은 이 두 함수 각각이 나타내는 영역의 AND 영역을 의미합니다. 복수의 영역의 AND를 취한 결과는 볼록한 형상을 나타낼 수 있습니다. 세 번째 계층은 이 볼록한 형상의 OR을 담당합니다. 이것은 앞선 작업과 반대로 min 작업으로 볼 수 있습니다. 최종적으로 max, min이 되지만 학습 중에는 이러한 연산에서 경삿값이 소멸되어 버리므로, 각각의 경삿값이 소멸되지 않는 표현을 사용하여 학습합니다. 이렇게 학습된 네트워크는 음함수 표현으로 형상을 표현하게 되는데, 첫 번째와 두 번째 계층은 단순한 형상에 대응하는 귀납적 편향을 갖습니다.

BSP-Net에서는 음함수 표현이나 다른 기법보다 적은 수의 파라미터로 표현할 수 있을 뿐만 아니라, 공통된 부분적 형상을 가지는 경우에도 동일한 표현으로 나타낼 수 있습니다.

형상 표현의 가능성

이러한 형상은 이미지 및 기타 정보를 기반으로 조건부로 생성될 수도 있습니다. 예를 들어, NeRF[11]는 여러 개의 시점이 있는 이미지로부터 환경의 3차원 정보를 정밀하게 복원할 수 있습니다. 앞으로는 신경망을 사용하여 차량 내 카메라와 GPS 정보가 포함된 이미지에서 도시 및 지역 전체와 같은 대규모 형상을 표현하는 일도 가능해질 것입니다. 앞으로는 로봇의 궤도 생성 시의 충돌 회피, 레이 트레이싱 CG, 모델링 등 다양한 분야에서 활용될 것으로 기대됩니다.

6 A. Gropp et al., "Implicit Geometric Regularization for Learning Shapes," *https://arxiv.org/abs/2002.10099*

7 B. Mildenhall et al., "NeRF: Representing Scenes as Neural Radiance Fields for View Synthesis," *https://arxiv.org/abs/2003.08934*

8 B. Mildenhall et al., "NeRF: Representing Scenes as Neural Radiance Fields for View Synthesis," *https://arxiv.org/abs/2003.08934*

9 옮긴이_ '재구성'으로 번역되는 경우도 있습니다.

10 Z. Chen et al., "BSP-Net: Generating Compact Meshes via Binary Space Partitioning," *https://arxiv.org/abs/1911.06971*

11 B. Mildenhall et al., "NeRF: Representing Scenes as Neural Radiance Fields for View Synthesis," *https://arxiv.org/abs/2003.08934*

이미지로부터 3차원 장면 이해: 국소 피처량 기반 이미지 매칭

대상물을 서로 다른 관점에서 촬영한 이미지 간에, 3차원 공간에서 동일한 위치에 대응되는 지점들을 찾는 것이 가능합니다. 계산량이나 정확도 관점에서 희소한 특징점을 추출하여 대응 관계를 구하는 것이 일반적입니다. 이러한 작업을 국소 특징량에 기반한 이미지 매칭image matching이라고 합니다.

이 이미지 매칭은 다양한 작업에 중요합니다. 스테레오 카메라로 깊이 추정을 하는 경우, 좌측 영상과 우측 영상 사이의 대응점(스테레오 대응점)을 구해서 삼각 측량과 동일한 원리로 깊이 추정을 할 수 있습니다. 복수의 서로 다른 시점 위치에서 촬영한 이미지 군group으로부터 3D 복원[1]을 수행하는 SfM은 이미지 매칭을 해서 그것을 기반으로 카메라 파라미터와 희소 3D 점구름을 추정합니다. SLAMSimultaneous Localization and Mapping에서도 SfM과 동일한 방식으로 대응점을 검출하여 실시간 자기 위치 자세나 그와 관련된 3D 재구성을 실현합니다. 동영상의 인접 프레임 간에 어떤 시각의 프레임의 각 픽셀이 다음 시각 프레임의 어느 픽셀에 대응하는지를 구하는 작업은 광학 흐름이라고 합니다. 이는 대상 물체의 움직임 검출이나 자기 위치 추정에 사용되는데, 이것도 넓은 의미에서의 이미지 매칭이라고 할 수 있습니다.

이처럼 이미지 매칭은 이미지에서 3D 환경을 인식하는 데 중요한 역할을 합니다. 스테레오 카메라를 이용한 깊이 추정, 외부 센서가 없는 VR 기기(오큘러스 퀘스트Oculus Quest 등)의 자기 위치/자세 추정, 이미지 기반 SLAM 등 이미지 매칭을 사용하는 제품이 이미 많이 있습니다. 한편, 도전적인 영역(실외, 촬영 카메라 간의 베이스라인[2]이 큰 경우, 정밀한 3D 재구성이 필요한 경우)에서는 여전히 많은 과제들이 남아 있습니다. 이미지 매칭에서도 딥러닝을 활용한 기법이 크게 발전하여 정확도와 속도 면에서 기존 방법을 능가하고 있습니다. 이 절에서는 최신 기법과 앞으로의 과제에 대해 설명하겠습니다.

기존 기법

먼저, 국소 특징량을 기반으로 하는 이미지 매칭의 작업 흐름을 간략하게 설명하겠습니다.

1 이미지로부터 희소 특징점을 검출합니다. 예를 들어, 모서리 영역은 좋은 특징점으로 간주되고, 물체 내부나 가장자리는 어떤 점을 선택하느냐에 따라 자유도가 있으므로 대응시키기가 어려워서 좋지 않은 특징점으로 봅니다.

2 특징점별로 특징 설명자descriptor를 구합니다. 많은 경우에 벡터를 사용합니다. 주위 정보로부터 계산되어 서로 다른 시점의 이미지 간에서도 같은 특징이 되도록 확대/축소, 회전, 아핀affine, 투영 변환에 대해서 불변인 것이 바람직합니다.

3 매칭 대상 이미지 각각에서 구한 특징점 집합 간의 특징 설명자가 유사한지 여부를 확인해서, 유사하다면 서로 대응되는 것으로 간주합니다.

국소 특징량을 검출하거나 설명자를 만드는 대표적인 기법이 SIFT[Scale-Invariant Feature Transform]입니다. 1999년에 발표된 이래 20년 가까이 사용되었으며, 오늘날에도 널리 사용됩니다. SIFT의 대표 특허는 2020년에 만료되었기에, 앞으로 사용이 더욱 확대될 가능성이 있습니다. SIFT에 대해서는 많은 설명 자료가 있으므로 여기에서 자세히 설명하지는 않겠지만, 주요 특징은 확대/축소나 회전 불변인 특징을 추출할 수 있다는 점입니다. 이러한 불변성은 현재의 기법으로도 달성할 수 없는 경우가 많습니다. 또한, SURF나 ORB 등 속도를 개선하거나 투영 변환 불변성등을 도입해서 정확도를 개선한 기법도 제안되고 있습니다.

이렇게 기존 기법들은 특징점 검출이나 설명자 계산 방법을 사람이 설계했었습니다. 그러나 이미지 분류나 객체 검출에서 데이터 기반 CNN 모델이 사람이 설계한 기법을 능가했듯이, 이미지 매칭에서 데이터 기반으로 얻어진 기법이 사람이 설계한 기법을 능가할 것으로 생각되어 많은 연구가 수행되었습니다. 이미지 분류나 검출에 비해서 시간이 더 걸렸지만, 지난 몇 년 동안 사람이 설계한 기법을 능가하는 기법이 등장했습니다.

SuperPoint/SuperGlue

여기서는 학습 기반 이미지 매칭의 대표적인 기법으로서 SuperPoint[3]와 SuperGlue[4]를 소개하겠습니다. 이는 AR 기기를 개발하는 스타트업인 매직 리프[Magic Leap]의 연구자들이 발표했습니다(연구의 중심 멤버인 토마스 말리시에비치[Tomasz Malisiewicz]는 2020년 아마존 로보틱스[Amazon Robotics]로 옮겼고 앤드류 라비노비치[Andrew Rabinovich]는 미국의 헤드룸[Headroom]이라는 스타트업을 창업하여 CTO가 되었습니다).

SuperPoint와 SuperGlue를 조합한 기법은 CVPR 2020 및 ECCV 2020의 Visual Localization 및 Image Matching Challenge 등 7개 부문에서 우승했습니다.

SuperPoint는 국소 특징을 검출하여, 그 설명자를 CNN을 사용하여 출력합니다. CNN은 이미지를 입력으로 받아 먼저 1/64로 축소[downscale]된 피처 맵을 출력한 다음, 검출용과 설명자용 헤드로 분기합니다. 검출용 헤드는 위치마다 65개의 채널을 출력하고, 64개의 위치 각각에 검출 대상이 있는지 또는 검출 대상이 하나도 없는지를 출력합니다. 설명자용 헤드도 각 위치에 대한 설명자를 출력한 다음 바이큐빅 보간[bicubic interpolation]을 사용하여 원래 해상도로 업샘플링합니다.

학습은 인공적으로 만든 지도 학습 데이터를 사용하여 시킵니다. 먼저 삼각형, 정육면체, 바둑판 등 단순한 도형으로 이루어진 인공 데이터를 준비하여, 물체의 모서리나 교차점을 정답으로 하는 특징점 검출기를 학습시킵니다. 이 학습된 모델을 MagicPoint라고 합니다. 다음으로 MagicPoint를 MS-COCO등의 현실 세계 데이터에 적용하여

---

1   옮긴이_ '3D 복원'으로 번역되기도 합니다.

2   옮긴이_ 3D 촬영을 하는 두 대의 카메라 간의 거리를 뜻합니다.

3   D. DeTone et al., "SuperPoint: Self-supervised interest point detection and description," In CVPR Workshop on Deep Learning for Visual SLAM, 2018, https://openaccess.thecvf.com/content_cvpr_2018_workshops/papers/w9/DeTone_SuperPoint_Self-Supervised_Interest_CVPR_2018_paper.pdf

4   Paul-Edouard Sarlin et al., "SuperGlue: Learning Feature Matching with Graph Neural Networks," CVPR 2020, https://openaccess.thecvf.com/content_CVPR_2020/papers/Sarlin_SuperGlue_Learning_Feature_Matching_With_Graph_Neural_Networks_CVPR_2020_paper.pdf

특징점을 생성한 다음, 이미지에 투영 변환(물체가 플랫한 평면이라고 가정하고 시점 변화를 하는 것에 해당)을 적용하여 카메라 자세 변환을 모방해서, 그 결과로 얻어진 특징점의 대응 관계를 학습 데이터로 사용합니다. 인공적인 데이터이고 투영 변환만으로 학습되지만 생각보다 일반화 능력이 있습니다.

SuperPoint는 SIFT등의 기존 기법의 정확도를 능가하면서도 CNN으로 모든 것을 처리할 수 있어 처리 속도도 빠르며 GPU 1개로 480×640 해상도의 이미지에 대해 70fps로 실행할 수 있는 것으로 보고되었습니다.

다음으로, 검출된 특징점과 그 설명자들을 이용하여 대응 관계를 구하는 SuperGlue에 대해 설명하겠습니다. 기존에는 설명자로 근방 탐색을 수행하여 가장 유사한 특징점들 간에 대응 관계가 있다고 가정하고, 가장 유사한 특징점과 두 번째로 유사한 특징점 간의 유사도 비율이 일정 수준 이상인 경우에만 채택하는 등의 휴리스틱heuristics을 이용하는 필터링을 했습니다.

SuperGlue는 주어진 특징점 집합의 대응 관계를 그래프 신경망에 의해 직접 출력합니다. 특징점 M개가 검출된 이미지 A와 특징점 N개가 검출된 이미지 B 간의 특징 매칭을 수행하는 경우를 생각해 봅시다. $M×N$ 크기의 대응 행렬 P를 출력하는 것이 목표가 되는데, i번째 특징점과 j번째 특징점이 대응되는 경우 $P_{i,j}=1$이 되고, 그렇지 않으면 0이 됩니다. 각 특징점에 대응되는 특징점은 1개가 있거나 아니면 아예 없으므로, $P1_M ≤ 1$, $P^T1_N ≤ 1$(P의 각 행과 열에 1의 값이 최대 1개만 존재)을 만족합니다.

각 특징점은 이미지 안에서의 위치와 설명자로 나타냅니다. 먼저, 위치 인코딩을 사용하여 위치를 벡터로 나타낸 뒤, 설명자와 결합합니다. 다음으로, 셀프 어텐션을 사용하여 같은 이미지 안에 있는 특징점 집합으로부터 정보를 집약(셀프 어텐션)하고, 다른 이미지의 특징점 집합으로부터 정보를 집약(크로스 어텐션)하여 내부 상태를 업데이트합니다. 셀프 어텐션으로는 다른 특징점들로부터 어떤 종류의 물체를 나타내는지, 이미지가 전체적으로 무엇을 나타내는지와 같은 정보를 집약할 수 있습니다. 크로스 어텐션으로는 대응되는 특징점 후보들에 대한 정보를 집약할 수 있습니다. 그런 다음 각 특징점에 대한 벡터를 출력합니다. 그리고 모든 특징점 사이의 내적을 계산하여 특징점 간의 유사성을 구한 유사도 행렬을 만듭니다. 마지막으로, 유사성 행렬의 각 요소를 음의 운송 비용으로 간주하여, 확률 분포 간의 최소 운송 비용을 구하는 최적 운송 이론을 사용하여 최종적인 대응관계를 구합니다. 주어진 운송 비용으로부터 최적 운송을 구하는 작업은 미분 가능한 싱크혼Sinkhorn 알고리즘을 사용합니다. 이를 사용하여 전체를 미분 가능하게 만듦으로서 엔드투엔드end-to-end 학습이 가능해집니다.

SuperGlue를 사용하면, 기존 SIFT를 사용하는 경우에도 성능이 향상되지만 SuperPoint와 같은 학습 기반 설명자를 사용할 때 상당한 성능 향상을 볼 수 있습니다. 이는 SIFT 설명자를 사용한 후의 대응 관계를 찾아내는 처리(유사도 비율 필터 등)에 대해서는 연구가 많이 진행되었지만, 학습 기반으로 구한 설명자에 대한 대응점 검출에는 개선의 여지가 있었고, 그것을 학습 기반으로 최적화하기 쉬웠던 이유가 있는 것으로 보입니다.

그 밖의 특징점 검출 및 설명자 계산

SuperPoint도 어떤 특징점이 좋을지(모서리를 사용한다든지)는 사람이 디자인합니다. 이미지 매칭이 잘 되게 하는 특징점 검출을 엔드투엔드 학습하는 기법도 등장했습니다. 검출 단계에서 어떤 특징점을 추출할지를 미분 가능한 연산으로 만들기는 어렵지만, 예를 들어 DISC[5]는 각 연산을 확률적 행동으로 만들어서 강화 학습을 이용하여 학습합니다. SIFT 및 SuperPoint와 비교하여 DISC는 훨씬 더 많은 유효 특징점들을 검출할 수 있어서, 뒷단에서 SfM 처리 등의 성능을 향상시킬 수 있습니다. 또한, HyNet[6]는 설명자 학습 시에 사용되는 삼중항 손실triplet loss이 양성과 음성 케이스 간에 서로 다른 특징이 있기 때문에, L2 정규화를 추가한 내적이나 L2 거리를 조합한 손실을 사용하고 적절한 정규화를 더함으로써 성능이 크게 향상됩니다.

이러한 기법들을 사용하는 깊이 추정, 자기 위치 추정 및 3D 재구성의 성능은 지속적으로 향상되고 있으며 앞으로 넓은 용도로 사용될 것으로 생각됩니다.

10

---

5 M. J. Tyszkiewicz et al., "DISK: Learning local features with policy gradient," NeurIPS 2020, *https://papers.nips.cc/paper/2020/file/a42a596fc71e17828440030074d15e74-Paper.pdf*

6 Y. Tian et al., "HyNet: Learning Local Descriptor with Hybrid Similarity Measure and Triplet Loss," NeurIPS 2020, *https://papers.nips.cc/paper/2020/file/52d2752b150f9c35ccb6869cbf074e48-Paper.pdf*

10.5 사람이나 동물의 공간 이해 메커니즘의 AI 활용 가능성

사람이나 동물이 공간을 어떻게 이해하고 처리하는지에 관해서는 어느 정도 알려져 있습니다. 예를 들어, 쥐를 대상으로 한 실험에서 뇌에는 특정 위치에 있을 때만 반응하는 장소 세포place cell와 특정 그리드상에 있을 때 반응하는 격자 세포grid cell가 있으며, 이들을 조합하여 공간 중의 위치를 표현하거나 내비게이션 할 수 있음을 발견했습니다. 이를 발견한 연구자들은 2014년 노벨 생리학·의학상을 받았습니다. 또한 머리가 향하는 방향을 나타내는 머리 방향 세포head-direction cell와, 특정 거리와 방향에 벽과 같은 경계가 존재할 때 반응하는 경계 세포boundary cell도 있습니다. 여담입니다만, 격자 세포는 서로 다른 주파수의 삼각 함수를 사용한 위치 인코딩(예: NeRF) 기법과 매우 비슷하고 경계 세포는 인코딩이 포함된 거리 함수와 매우 비슷합니다. 또한 속도 정보로부터 현재 위치를 예측하도록 RNN을 학습시키는 경우, RNN의 각 유닛은 격자 세포와 같은 역할을 한다는 것도 밝혀졌습니다.[1]

한편, 큰 수수께끼로 남아있는 것은 사람이나 동물이 자기 중심 표현egocentric representation(카메라 좌표계라고 할 수 있음)에 의해 시각이나 가속도를 얻는 반면, 이러한 위치 정보와 내비게이션은 타자 중심 표현allocentric representation(세계 좌표계라고 할 수 있음)에 의해 실현된다는 부분입니다. 자기 중심 표현이 어떻게 타자 중심 표현으로 변환될 수 있는지는 해명되지 않았습니다.

이는 3D 장면 이해와도 관련이 있습니다. 관측을 통해 자신의 위치와 자세를 추정하거나 내비게이션을 해결하는 문제입니다. 사람은 건물이나 시설에 처음 들어갔을 때도 자신의 위치를 강건하게 추정하여 입구에서 출구까지 원활하게 내비게이션할 수 있습니다. 서로 다른 시점viewpoint의 정보를 쉽게 통합할 수 있기 때문에 자기 중심 관측의 상대적 정보뿐만 아니라 절대적 공간 표현도 얻을 수 있습니다. 또한 좁은 공간에서 물건을 운반할 때도 주변에 부딪히지 않고 이동 계획을 세울 수 있습니다. 현재의 로봇 플래닝에서도 똑같은 일이 이루어지지만, 아직 사람 수준의 강건성과 범용성은 달성하지 못하고 있습니다. 따라서 사람이나 동물의 공간 이해나 처리 방법이 어떻게 실현되는지는, 과학적 관심뿐만이 아니라 실용적으로 도움이 되는 시스템을 만드는 데도 활용할 수 있는 부분이 있다고 생각됩니다.

시각정보에 의한 떠올림을 속도 정보만으로 예측

이러한 자기 중심 표현으로부터 타자 중심 표현으로의 변환은, 타자 중심 표현의 지도 데이터를 이용하지 않고 NN(신경망)을 사용하여 자기 이동 정보(가속도)로부터 시각으로 얻은 정보를 예측함으로써 창발emergence되는 것으로 밝혀졌습니다. 사람이나 동물에서도 실현될 수 있는 메커니즘이며, 현재 뇌 연구에서 알려진 메커니즘과 유사하기 때문에 사람이나 동물의 메커니즘과 비슷할 가능성이 높습니다. 이에 대해 자세히 설명하겠습니다.

영국 딥마인드의 베니그노 우리아[Benigno Uria] 등은 현재 알려진 뇌의 기억 메커니즘을 참고로 해서 다음과 같은 NN 아키텍처를 고안했습니다.[2] 이 모델은 속도 정보를 사용하여 시각 정보에 의해 어떤 기억이 떠올려질지[reactivation3]를 예측합니다. 시각 정보 자체를 예측하는 것은 아니라는 점에 주의해주세요. 이하의 설명에서, 논문에서 시각을 나타내기 위해 사용된 아래 첨자 t는 단순화를 위해 생략하겠습니다.

먼저, 시각 정보(이미지)를 CNN으로 압축하여 인코딩 $\mathbf{y}$를 얻습니다. 이 압축은 미리 학습한 오토인코더를 사용하여 수행됩니다. 그런 다음 R개의 RNN $\{F_r\}_{r \in 1..R}$을 준비합니다. 이 RNN들은 각각 서로 다른 종류의 입력 정보(각가속도만 입력으로 사용, 각가속도 및 속도를 사용, 입력 없음)를 기반으로 매 시각에 내부 상태 $\mathbf{x}_r$을 업데이트합니다. 그리고 다음과 같은 S개 슬롯으로 구성된 메모리 영역을 준비합니다.

$$\mathcal{M} = \left\{ \left(\mathbf{m}_s^{(y)}, \mathbf{m}_{1,s}^{(x)} \ldots \mathbf{m}_{R,s}^{(x)} \right) \right\}_{s \in 1 \ldots S}$$

각 슬롯은 시각 정보를 인코딩한 $\mathbf{y}$에 관한 메모리(위 첨자가 (y))와 RNN의 내부 상태에 관한 메모리(위 첨자가 (x))의 두 부분으로 구성됩니다.

먼저, 시각 정보를 압축하여 얻어진 인코딩 $\mathbf{y}$로부터, 어떤 슬롯을 떠올릴지(불러올지), 발화시킬지의 확률을 다음과 같이 정의합니다.

$$P_{\text{react}}\left(s \mid \mathbf{y}, \mathcal{M} \right) \propto \exp\left(\beta \mathbf{y}^T \mathbf{m}_s^{(y)} \right)$$

$\beta > 0$는 발화할 슬롯을 어느 정도 희소하게 할지를 조정하는 파라미터입니다. 또한, 속도 정보로부터 어느 슬롯이 발화할 것인지의 확률은 다음과 같이 정의됩니다.

$$P_{\text{pred}}\left(s \mid \mathbf{x}_1, \ldots, \mathbf{x}_R, \mathcal{M} \right) \propto \prod_{r=1}^{R} \exp\left(\pi_r \mathbf{x}_r^T \mathbf{m}_{r,s}^{(x)} \right)$$

$\pi_r > 0$는 각 RNN이 상대적으로 얼마나 중요한지를 나타내는 파라미터입니다. R개의 RNN에 의한 전문가 모델을 이용하는 PoE[product of expert] 모델이라고도 할 수 있으며, 모든 전문가의 점수가 높을 때만 확률이 높아지는 분포입니다.

그런 다음 P_{pred}의 R_{react}에 대한 교차 엔트로피 오차가 작아지도록 모든 파라미터를 학습합니다.

$$L = \sum_{s=1}^{S} P_{\text{react}}\left(s \mid \mathbf{y}, \mathcal{M} \right) \log P_{\text{pred}}\left(s \mid \mathbf{x}_1, \ldots, \mathbf{x}_R, \mathcal{M} \right)$$

이렇게 해서 속도 정보만 사용하는 P_{pred}가 시각 정보를 기반으로 어느 슬롯을 떠올릴지를 예측할 수 있도록 학습합니다.

이렇게 학습할 때, RNN의 메모리 $\mathbf{m}^{(x)}_{r,s}$는 업데이트되지만, $\mathbf{m}^{(y)}$만은 학습 목표이기 때문에 최적화 대상에서 제외됩니다. 대신, 슬롯 s를 일정한 확률로 랜덤하게 선택하여 현재 상태를 슬롯 s에 다음과 같이 할당합니다.

$$\left(\mathbf{m}_s^{(y)}, \mathbf{m}_{1,s}^{(x)} \ldots \mathbf{m}_{R,s}^{(x)} \right) := \left(\mathbf{y}_t, \mathbf{x}_{1,t}, \ldots, \mathbf{x}_{R,t} \right)$$

또한 RNN은 시각 정보를 사용하지 않도록 설계되었지만, 시각 정보에서 오는 정보를 사용하여

---

1 C. Cueva et al., "Emergence of grid-like representaions by training recurrent neural networks to perform spatial localization," ICLR 2018. *https:// openreview.net/pdf?id=B17JT0e0-*

2 B. Uria et al., "The Spatial Memory Pipeline: a model of egocentric to allocentric understanding in mammalian brains," *https://doi.org/10.1101/2020.11.11.378141*

3 옮긴이_ 원논문의 표현은 reactivate입니다. 원저자가 사용한 일본어 표현은 상기(想起)입니다.

위치와 방향을 사용할 수 있게 하고, 누적 오차를 제거할 수 있게 해야 합니다. 따라서, 일정한 확률 $P=0.1$로 내부 상태의 수정 코드를 다음과 같이 계산합니다.

$$\tilde{\mathbf{x}}_{r,t} = \sum_{s=1}^{S} w_{s,t} \mathbf{m}_{r,s}^{(x)} \quad w_{s,t} \propto \exp\left(\gamma \mathbf{y}_t^T \mathbf{m}_s^{(y)}\right)$$

즉, 현재 시각 정보에 의해 찾아진 슬롯이 떠올려질 수 있도록 내부 상태를 계산합니다. 그런 다음 이 수정 코드와 현재의 내부 상태로부터 다음 스텝의 내부 상태를 RNN으로 계산합니다. 여기에서도 의도적으로 시각정보가 내부 상태에 어느 슬롯을 떠올릴지의 정보만으로 한정해서 넘겨주도록 합니다.

NN에 의한 자기 중심 표현에서 타자 중심 표현으로 변환의 창발

이렇게 설계된 신경망을 서로 다른 종류의 입력을 받아들이는 RNN 그룹을 사용하여 실험한 결과, RNN은 타자 중심 표현을 계산하는 데 필요한 정보를 자연스럽게 획득하는 것으로 나타났습니다. 구체적으로는 각속도 정보만을 받아서 학습된 RNN은 위치가 아닌 방향에만 의존해 발화하게 됨으로써, 머리 방향 세포head direction cell와 비슷한 기능을 가지게 됩니다. 각속도 정보와 속도 정보를 받아들이는 RNN은 자기 중심 경계 세포egoBVC와 비슷한 역할을 하는 것으로 밝혀졌습니다. 예를 들어, 어떤 방향의 50cm 앞에 벽이 있는 경우에 발화하는 세포입니다. egoBVC는 자기 중심 정보를 타자 중심 정보로 변환하는 데 중심적인 역할을 하는 것으로 보입니다. 속도 정보를 전혀 받지 않고 시각 정보에서 얻은 수정 코드에 의해서만 학습된 RNN은 타자 중심 BVC와 비슷한 역

할을 하는 것으로 나타났습니다. BVC는 위치 세포 활성에 중요한 역할을 할 것으로 예상됩니다. 이러한 RNN들은 서로의 약점을 보완하여 시각이 어떤 기억을 떠올릴지 예측하는 법을 학습하였으며, 그 결과 자기 중심 표현에서 타자 중심 표현에 필요한 정보를 계산할 수 있는 것으로 밝혀졌습니다.

이 외에도 학습된 RNN은 환경 조작에 강건하고, 새로운 환경에 대해서도 높은 학습률에 의한 업데이트가 가능한 메모리 영역 덕분에 바로 적용할 수 있는 등의 우수한 성능을 가지고 있다는 것도 확인되었습니다.

현재 사람이 설계한 공간 표현이나 내비게이션 기법에 더해서, 이러한 사람이나 동물의 공간 이해에서 얻어진 지식을 잘 조합하여 (사람을 능가하는) 보다 강건하고 정확한 공간 이해와 이를 기반으로 한 처리를 실현할 수 있을 것으로 기대합니다.

10.6 Rotation Averaging: 빠르고 최적인 자세 추정 실현

비전이나 로보틱스 작업에서 자세 추정은 중요한 작업입니다. 복수의 다른 시점으로부터 관측하여 각 관측시의 카메라의 위치 자세(이하, '자세'라고 함)를 추정하고, 이를 바탕으로 현재의 상태를 추정하거나 3D 재구성 등의 기하학적 인식을 실현할 수 있습니다.

자세 추정의 최적화 문제는 최적화가 어렵고, 계산량이 매우 큰 것으로 알려졌습니다. 초깃값을 상당히 잘 정하지 않으면 로컬 솔루션으로 수렴되어 추정이 실패합니다. 또한 추정이 성공했는지를 보장할 수 없다는 것도 큰 문제였습니다. 문제의 특성상 최적해를 찾는 것은 불가능하다고 생각되었습니다.

이 자세 추정문제에 있어서 Rotation Averaging이라는 기술이 주목받고 있습니다. 이것은 복수의 관측 간의 상대 회전 자세의 추정 결과가 주어졌을 때, 모든 관측의 절대 회전 자세를 추정하는 문제입니다.[1] 자세는 회전 성분과 평행 이동 성분으로 이루어지는데, 그중 회전 성분만을 먼저 추정합니다. 회전 성분이 결정되면 평행 이동 성분은 비교적 쉽게 추정될 수 있습니다(볼록 최적화 문제로 만들어주는 손실을 선택할 수 있습니다). 또한, 두 관측 간의 상대 회전 자세는 공통 특징점으로부터 기본 행렬을 추정해서 고윳값 분해를 수행하여 추정할 수 있습니다. 그러나 Rotation Averaging 자체도 어려운 문제로 생각되었습니다.

2018년 호주 퀸즐랜드 공과대학교^{Queensland University} ^{of Technology}의 안데르스 에릭손^{Anders Eriksson} 등은 Ro-tation Averaging은 상대 회전 자세의 추정 결과가 일정량 이하의 노이즈만을 포함하는 경우에는 (초깃값에 의존하지 않고) 절대 자세의 최적해를 구할 수 있으며 최적성 보장 또한 가능함을 보였습니다.[2,3] 이는 자세 추정에 있어 주요한 진전이며, 실제로 제안된 기법은 기존 기법보다 훨씬 더 정확한 자세를 제공할 수 있었습니다. 그러나 실용적인 관점에서는 입력 수가 증가함에 따라 계산량이 급격히 증가하여 현실적인 시간 안에 계산할 수 있는 것은 수백 점 정도가 한계라서 널리 사용되지는 못했습니다.

2021년에 호주 애들레이드 대학교^{University of Adelaide}의 알바로 파라^{Álvaro Parra} 등(앞서 나왔던 논문의 에릭손 등도 포함)이 이를 개선하여 최적해를 효율적으로 추정하는 기법을 제안했습니다.[4] 계산량이 입력 수에 대해 선형적이라 입력 시점 수가 천 개를 넘어가더라도 고속으로 계산할 수 있으며, 기존의 기법보다 수십 배 빠르게 해를 얻을 수 있습

---

1 R. Hartley, "Rotation Averaging," International Journal of Computer Vision, vol.103, no.3, pp.267–305, 2013.

2 A. Eriksson et al., "Rotation Averaging and Strong Duality," CVPR 2018, https://openaccess.thecvf.com/content_cvpr_2018/CameraReady/0984.pdf

3 A. Eriksson et al., "Rotation Averaging with the Chordal Distance: Global Minimizers and Strong Duality," IEEE Transactions on Pattern Analysis and Machine Intelligence, vol.43, issue 1, pp.256–268.

4 A. Parra et al., "Rotation Coordinate Descent for Fast Globally Optimal Rotation Averaging," CVPR 2021, https://arxiv.org/abs/2103.08292

니다. 지금도 입력 이미지 수가 수천에서 수만 개 수준이 되면, 자세 추정에 수십 분에서 몇 시간까지 걸리는 상용 소프트웨어가 많이 있을 정도이므로, 몇 초에서 수십 초 안에 구할 수 있게 되는 것은 큰 임팩트가 있습니다. 이에 대해 설명하겠습니다.

Rotation Averaging

먼저 Rotation Averaging에 대해 설명하겠습니다. 이 문제는 무향 그래프상에서 정의됩니다. 그래프는 n개의 노드로 구성되며, 에지 (i, j)는 노드 i와 노드 j 사이의 상대 회전 자세 $\tilde{R}_{i,j}$를 나타냅니다. 목표는 모든 에지 E에 대해 $R_i \tilde{R}_{ij} = R_j$가 가능한 한 성립하는 절대 자세 $R_1, R_2, \ldots, R_n$을 추정하는 것입니다. 이 식은 R_i를 R_{ij}만큼 더 회전시키면 R_j가 된다는 기하 제약으로부터 비롯됩니다. 상대 회전 자세의 추정 오차를 고려하여, 거리 함수 d를 이용하여 다음의 최적화 문제를 풀어 절대 자세를 추정하는 작업을 Rotation Averaging이라고 합니다.

$$\arg\min_{R_1, \ldots, R_n \in SO(3)} \sum_{(i,j) \in E} d\left(R_i R_{ij}, R_j\right) \quad (1)$$

여기서 $SO(3)$은 회전군을 나타내며, 크기가 3×3인 회전 행렬, 즉 직교 행렬이면서 행렬식이 1인 행렬의 집합으로 표현됩니다(고유성을 보장하기 위해 미러 이미지 반전에 해당하는, 행렬식이 −1인 행렬은 제외합니다).

원래 문제가 복수의 회전 자세의 추정 $\{R_1, \ldots, R_n\}$이 주어졌을 때, 거리 함수 d에 대한 평균을 구하는 것이었기 때문에 Rotation Averaging이라고 부르게 되었습니다.

$$\arg\min_{R \in SO(3)} \sum_{i=1}^{n} d\left(R_i, R\right)$$

그리고 이 절에서 다루는 문제는 복수의 회전(절대 회전과 상대 회전의 곱)의 평균을 동시에 구하는 문제로 간주할 수 있습니다. 이 Rotation Averaging은 간단해 보이지만, 회전 행렬 $SO(3)$은 볼록 집합이 아니기 때문에 전체가 비볼록 최적화 문제이며 최적화하기 어렵습니다.

Rotation Averaging의 강쌍대성

에릭손 등은[5,6] 이 Rotation Averaging의 쌍대 문제가 특정 조건에서 강쌍대성strong duality을 가지며, 쌍대 문제(실제로는 쌍대 문제의 쌍대 문제)를 해결함으로써 최적해를 얻을 수 있음을 보였습니다.

먼저, 거리로서의 쌍대 문제를 다루기 쉽게 해주는 코달chordal 거리 $d(A, B) := \|A - B\|_F^2$를 이용합니다. 코달 거리는 R과 S가 각각 회전 행렬일때 $d(R, S) = 4(1 - \cos\alpha)$인데, 여기서 α는 R과 S의 상대 각도이므로, 상대 각도가 작을수록 0에 가까워지는 거리 함수입니다.

다음으로, 식 (1)을 다음과 같이 정리합니다. 코달 거리는 행렬곱의 대각합으로 나타낼 수 있습니다.

$$\left\| R_i \tilde{R}_{ij} - R_J \right\|_F^2 = \text{Tr}\left(R_i \tilde{R}_{ij} R_j^T \right)$$

그리고 에지 ij가 존재하면 $a_{ij} = 1$, 그렇지 않으면 $a_{ij} = 0$으로 하고, ij 번째 블록을 $a_{ij} R_{ij}$로 하는 $3n \times 3n$ 사이즈의 행렬 $\tilde{R}$을 만듭니다. 또한 n개의 회전 행렬을 연결한 $3 \times n$ 사이즈의 행렬 $R = [R_1 R_2 \ldots R_n]$을 만듭니다.

마지막으로, 회전 행렬의 행렬식이 1이라는 제약을 제외(집합은 $O(3)^n$)합니다. 이 경우 직교 행렬은 행렬식이 1인 집합과 -1인 두 집합으로 분할되며, 원래 문제의 최소해는 새 문제의 최소해가 된다는 보장이 있습니다. 해를 구했는데 행렬식이 -1이라면 반전시키면 됩니다. 그러면, 식 (1)을 다음과 같이 정리할 수 있습니다. 이것을 주문제[primal problem]로 합니다.

$$\min -\operatorname{tr}\left(R\tilde{R}R^T\right)$$
$$\text{s.t. } R \in O(3)^n$$

이어서 라그랑주 미결정 승수법을 적용합니다.

$$L(R,\Lambda) = -\operatorname{tr}\left(R\tilde{R}R^T\right) - \operatorname{tr}\left(\Lambda\left(I - R^T R\right)\right)$$
$$= \operatorname{tr}\left(R(\Lambda - \tilde{R})R^T\right) - \operatorname{tr}(\Lambda) \qquad (2)$$

여기서, Λ는 제약 조건 $R \in O(3)^n$에 대응하는 라그랑주 승수이고, 3×3 블록 행렬이 대각선으로 배열된 $3n \times 3n$ 크기를 갖는 블록 대각 행렬입니다. 극점을 찾기 위해, $L(R,\Lambda)$을 R에 대해 미분한 값이 0인 조건을 구하면 다음과 같이 됩니다.

$$\left(\Lambda^* - \tilde{R}\right)R^{*T} = 0 \qquad (3)$$

이 방정식을 변형하고 $\tilde{R}$의 정의를 고려하면 최적값 Λ^*는 다음과 같은 형태가 됩니다.

$$\Lambda_i^* = \sum_{j \neq i} a_{ij}\tilde{R}_{ij}R_j^{*T}R_i^*$$

이 라그랑주 미결정 승수법을 기반으로 다음과 같은 쌍대 문제를 고려합니다.

$$\max_\Lambda \min_R L(R,\Lambda)$$

$\min_R L(R,\Lambda)$은 (2)로부터 $\Lambda - \tilde{R} \geq 0$일 때는 $-\operatorname{tr}(\Lambda)$, 그렇지 않을 때는 $-\infty$가 됩니다($A \geq 0$은 A가 양의 준정부호 행렬이라는 뜻입니다). 여기서

$\Lambda^*(I - R^T R) = 0$라는 점과 식 (3)으로부터 다음이 성립합니다.

$$-\operatorname{tr}\left(\Lambda^*\right) = -\operatorname{tr}\left(\Lambda^* R^{*T} R^*\right) = -\operatorname{tr}\left(R^* \tilde{R}R^{*T}\right)$$

즉, $\Lambda^* - R \geq 0$가 성립하면, 쌍대 문제와 주문제 사이에 갭이 없는 강쌍대성이 성립되며, 쌍대 문제의 최적해가 주문제의 최적해를 제공함을 알 수 있습니다.

이 $\Lambda^* - R \geq 0$가 성립하는 조건도 해석적으로 구할 수 있으며, $\tilde{R}$이 참값과 크게 다르지 않은 경우에 달성됩니다.[7,8] 예를 들어, 그래프가 완전 그래프[complete graph]인 경우 각각 42.9도 이하의 오차라면 성립하는 것을 보일 수 있습니다.

이 조건은 관측 노이즈로서는 충분히 허용 가능할 것 같지만, 실제로는 상대 회전 자세는 다른 추정 기법(대응점 검출 등)을 사용하여 추정되기 때문에 크게 틀리는 경우도 많습니다. 이 보장에 관해서는 마지막에 이야기하겠습니다.

5   A. Eriksson et al., "Rotation Averaging and Strong Duality," CVPR 2018, $https://openaccess.thecvf.com/content\_cvpr\_2018/CameraReady/0984.pdf$

6   A. Eriksson et al., "Rotation Averaging with the Chordal Distance: Global Minimizers and Strong Duality," IEEE Transactions on Pattern Analysis and Machine Intelligence, vol.43, issue 1, pp.256-268.

7   A. Eriksson et al., "Rotation Averaging and Strong Duality," CVPR 2018, $https://openaccess.thecvf.com/content\_cvpr\_2018/CameraReady/0984.pdf$

8   A. Eriksson et al., "Rotation Averaging with the Chordal Distance: Global Minimizers and Strong Duality," IEEE Transactions on Pattern Analysis and Machine Intelligence, vol.43, issue 1, pp.256-268.

쌍대 문제 풀이법

이 쌍대 문제는 주문제와는 달리 임의의 초깃값으로부터 최적해를 얻을 수 있음이 보장되는 준정부호 볼록 최적화 문제semidefinite convex optimization이며, 내부점법interior point method등을 사용하여 풀 수 있지만, 입력 수에 대해서는 스케일링되지 않습니다.[9] 그래서 다시 이 쌍대 문제를 최적화 문제로 보는 경우의 쌍대 문제를 생각해서, 그것의 최적화 문제를 풀게 됩니다.

$$\min_Y -\operatorname{tr}(\tilde{R}Y)$$
$$\text{s.t. } Y_{ii} = I_3, Y \geq 0 \tag{4}$$

여기서 행렬 Y는 $3n \times 3n$의 행렬이고, 최적해는 주문제의 최적해와 일치하는 것을 보일 수 있습니다. 이 문제는 작은 블록마다 준정부호 계획 문제semidefinite programming를 해석적으로 푸는 블록 좌표 강하법block coordinate descent method을 이용해서 해결할 수 있습니다. 내부점법보다는 빠르지만, 연산량이 입력 수의 제곱에 비례한다는 문제가 있습니다.

회전 좌표 하강법rotational coordinate descent method[10]은 이 최적화 변수를 $Y=QQ^T$로 분해된 형태로 표현하여 (4)를 풉니다. Y는 최적값에서만 $Y^* = Q^*Q^{*T}$의 행렬 분해가 존재하며, 다른 값에서는 분해된다는 보장이 없지만 최적화 중에는 항상 이러한 방식으로 분해가 가능하여, Q에 대해서 최적화를 수행할 수 있습니다. 또한, 최적화 중에 Q의 행렬식이 −1이라면 1로 변환하여 현재의 회전 후보로 사용할 수 있으며, 로컬 정보를 이용하여 최적화를 수행하는 것도 가능합니다. 이러한 방식으로 업데이트하면 계산량을 입력에 대해 선형으로 줄일 수 있어서 수십 배의 극적인 속도 증가를 달성할 수 있습니다.

검증 가능한 기하 인식

최근에는 이 Rotation Averaging 외에도 기하 인식 작업에서 인식이 성공적인지를 검증할 수 있는 기법이 많이 등장했습니다(예를 들면 참고 문헌[11]). 이를 SLAM이나 SfM 등의 복원에 사용할 수 있으며 미션 크리티컬한 작업에서의 인식 실패를 검지할 수 있게 되었습니다. 앞으로는 고속, 고정확도, 고신뢰도의 인식 기술이 발전할 것으로 생각됩니다.

---

9 옮긴이_ 입력 수 증가에 대해 선형 또는 그 이하로 증가하지 않는다는 의미입니다.

10 A. Eriksson et al., "Rotation Averaging with the Chordal Distance: Global Minimizers and Strong Duality," IEEE Transactions on Pattern Analysis and Machine Intelligence, vol.43, issue 1, pp.256–268.

11 H. Yang et al., "One ring to rule them all: Certifiably robust geometric perception with outliers," NeurIPS 2020, *https://papers.nips.cc/paper/*

DROID-SLAM:
순차적 수정으로 환경에 대응

SLAM은 이동체가 온라인으로 센싱을 수행하면서 자기 위치 추정과 환경 지도 작성을 하는 작업으로서, 로봇이나 드론, 자율 주행등에 중요한 작업입니다. 센서로는 LiDAR나 휠 인코더(오도메트리odemetry)를 사용하는 경우가 많지만, 카메라를 이용한 Visual SLAM도 증가하고 있습니다.

이 SLAM 작업에 있어서 2021년 8월에 발표된 DROID-SLAM[1]은 기존 Visual SLAM의 정확도와 성공 확률(일반 SLAM은 자기 위치를 잃는 등의 실패 케이스도 많음)을 크게 향상시켰습니다. 구체적으로는 ECCV 2020 SLAM Competetion 우승 팀과 비교하여 자기 위치 추정 정확도 오차를 62% 줄였으며, EuRoC, TUM-RGBD, ETH3D-SLAM 등 다른 데이터셋에서도 기존 방식의 오차를 60~80% 가까이 개선했습니다. 또한 성공 확률도 ETH3D-SLAM으로 기존 기법이 19/32번 성공했던 것에 비해, DROID-SLAM은 30/32번 성공했습니다.

Droid-SLAM 주저자인 프린스턴 대학교Princeton University의 재커리 티드Zachary Teed는 지금까지 Vision SLAM 중 하나인 DeepV2D,[2] 광학 흐름(동영상의 인접 프레임 간에 대응되는 픽셀의 이동량을 추정하는 작업)에서 가장 높은 정확도를 달성한 RAFT,[3] 3D 변환군에 대한 미분[4] 등의 연구를 발표했는데, 이 DROID-SLAM은 이러한 연구의 집대성이라고 할 수 있습니다. RAFT는 이미지 인식 분야 최고의 학회 중 하나인 ECCV2020에서 최우수 논문상을 받았습니다.

DROID-SLAM이 문제를 해결하는 방법과 성능을 크게 향상시킬 수 있었던 이유를 설명하겠습니다.

기존 SLAM 기법과의 비교

SLAM은 기존에는 확률적 모델로 공식화되었으며 카메라 자세 추정과 환경 복원을 번갈아 최적화하여 실현되었습니다. 요즘에는 번들 조정bundle adjustment(BA)이라는 에너지 최소화와 같은 최적화 과제가 정의되어, 카메라 자세와 3D 환경의 지도map 추정을 동시에 수행하는 접근 방식이 주류가 되고 있습니다. 이 방식은 복수의 서로 다른 센서를 결합할 수 있다는 장점이 있습니다.

반면 DROID-SLAM은 지도 학습을 사용하여 이미지 그룹을 입력으로 받아 카메라 자세와 각 이미지의 깊이로 표현되는 환경 맵을 출력합니다. SLAM 문제를 직접 학습하는 것은 학습 자체가

---

1   Z. Teed et al., "DROID-SLAM: Deep Visual SLAM for Monocular, Stereo, and RGB-D Cameras," https://arxiv.org/abs/2108.10869

2   Z. Teed et al., "DeepV2D: Video to Depth with Differentiable Structure from Motion," ICLR 2020, https://arxiv.org/abs/1812.04605

3   Z. Teed et al., "RAFT: Recurrent All-Pairs Field Transforms for Optical Flow," ECCV2020, https://arxiv.org/abs/2003.12039

4   Z. Teed et al., "Tangent Space Backpropagation for 3D Transformation Groups," CVPR 2021, https://arxiv.org/abs/2103.12032

어렵거나, 일반화되지 않는 문제가 있었습니다. DROID-SLAM은 이 문제에 대해 번들 조정을 내부에서 사용함으로써 문제의 물리적 제약을 모델에 통합하고, 또한 RAFT에서 사용되는 미분 가능한 재귀 최적화Differentiable Recurrent Optimization-Inspired Design(DROID)를 사용하여 환경 적응 능력을 크게 향상시킴으로써 대응했습니다. 최적화 방법을 학습한다고 할 수도 있습니다.

DROID-SLAM 기법

그러면 DROID-SLAM의 구체적인 기법에 대해 설명하겠습니다.

입력으로 이미지 집합 $\{I_t\}_{t=0}^N$이 주어진다고 가정합니다. 각 이미지 I_t는 카메라 자세 $\mathbf{G}_t \in SE(3)$(회전 및 평행 이동)와 픽셀당 깊이의 역수 $\mathbf{d}_t \in R_+^{H \times W}$를 상태로 가집니다. 이러한 상태가 모델의 추정 대상입니다. 또한, 프레임 그래프 ($\mathbf{V}$, $\mathbf{E}$)를 생각해서, 각 노드는 이미지이고, 에지 $(i,j) \in \mathbf{E}$는 이미지 쌍 I_i, I_j 간에 공통으로 보이는 부분이 있는 경우를 나타낸다고 합시다. 상태가 업데이트될 때마다 공통으로 보이는 부분이 바뀔 것이므로 프레임 그래프도 그에 따라 업데이트됩니다.

먼저, 현재 카메라 자세 $\mathbf{G}$와 깊이 $\mathbf{d}$를 이용하여 어떤 이미지 I_i의 픽셀이 다른 이미지 I_j의 어느 픽셀에 대응되는지를 구합니다. 이미지 I_i상의 픽셀 그리드의 좌표로 이루어진 벡터를 $\mathbf{p}_i \in R^{H \times W \times 2}$라고 합시다(예를 들어 $(0, 0)$, $(0,1)$..., $(H-1, W-1)$와 같습니다). 이때, I_j상의 대응하는 픽셀의 좌표는 다음과 같이 구할 수 있습니다.

$$\mathbf{p}_{ij} = \Pi_c\left(\mathbf{G}_{ij} \circ \Pi_c^{-1}\left(\mathbf{p}_i, \mathbf{d}_i\right)\right)$$

여기서 Π_c는 카메라 모델을 기반으로 3차원의 점을 이미지 내의 위치로 변환하는 연산이고, Π_c^{-1}는 반대로 이미지 내의 위치로부터 프레임 좌표의 3차원 위치로 변환하는 연산입니다. 또한 $\mathbf{G}_{ij} = \mathbf{G}_j \circ \mathbf{G}_i^{-1}$는 이미지 I_i의 프레임 좌표를 세계 좌표world coordinate로 변환한 다음 이미지 I_j의 프레임 좌표로 변환하는 연산입니다.

다음으로, 이미지에서 얻은 정보로 이러한 대응 관계를 보정합니다. 이미지 I_i, I_j 간의 대응 관계를 구할 때, 먼저 각각의 이미지를 CNN(g로 표시)을 사용하여 1/8의 해상도를 갖는 피처 맵 $g(I_i)$ 및 $g(I_j)$로 변환하고, 이어서 이미지 쌍의 모든 픽셀 간의 대응을 나타내는 4D 피처 볼륨 C^{ij}를 다음과 같이 구합니다.

$$C_{u_1 v_1 u_2 v_2}^{ij} = \left\langle g\left(I_i\right)_{u_1 v_1}, g\left(I_j\right)_{u_2 v_2} \right\rangle$$

이 4D 피처 볼륨의 각 값은 피처 맵의 내적으로 구합니다. 다음으로, 이 4D 피처 볼륨의 한 쪽의 이미지의 해상도만을 다운샘플링으로 낮춘 피처 피라미드를 만듭니다. 이 4D 피처 볼륨은 픽셀 간에 어떤 종류의 대응 관계가 존재하며, 보정이 필요한지와 같은 정보를 나타냅니다.

그런 다음 $\mathbf{p}_{ij}$를 사용하여 4D 피처 볼륨의 대응되는 피처를 읽고, 이를 사용하여 ConvGRUconvolutional gated recurrent unit의 내부 상태 $\mathbf{h}_{ij}$를 업데이트합니다. 그리고 업데이트된 상태로부터 대응 관계 보정량 $\mathbf{r}_{ij} \in R^{H \times W \times 2}$와 신뢰도confidence $\mathbf{w}_{ij} \in R_+^{H \times W \times 2}$를 출력하여 보정한 대응 관계를 $\mathbf{p}^*_{ij}$라고 합니다.

$$\mathbf{p}^*_{ij} = \mathbf{r}_{ij} + \mathbf{p}_{ij}$$

현재의 대응 관계를 이미지에서 얻어진 대응 관계를 사용하여 수정하는 연산으로 볼 수 있습니다. 그런 다음 보정된 대응 관계와 신뢰도를 사용하여 번들 조정을 수행합니다. 번들 조정은 다음과 같은 목적 함수 최소화 문제를 풂으로써 달성됩니다.

$$\mathbf{E}\left(\mathbf{G}',\mathbf{d}'\right) = \sum_{(i,j)\in\mathcal{E}} \left\| \mathbf{p}^*_{ij} - \Pi_c\left(\mathbf{G}'_{ij}\circ\Pi_c^{-1}\left(\mathbf{p}_i,\mathbf{d}'_i\right)\right) \right\|^2_{\Sigma_{ij}}$$

여기서 $\|\cdot\|_{\Sigma}$는 마할라노비스[Mahalanobis] 거리이고 Σ_{ij} = diag$\mathbf{w}_{ij}$입니다. 앞서 나왔던 위치를 추정하는 경우와 비슷하지만, 이번에는 입력이 대응 관계 $\mathbf{p}^*_{ij}$와 신뢰도 Σ_{ij}이며 최적화 대상 변수는 카메라 자세 $\mathbf{G}'$ 및 깊이 $\mathbf{d}'$ 입니다.

이 최적화는 선형화한 후에 가우스-뉴턴[Gauss-Newton] 방법에 의한 해를 해석적으로 구할 수 있습니다. 이것은 $\mathbf{p}^*_{ij}$를 입력으로 하고, 최적화된 $\mathbf{G}'$, $\mathbf{d}'$가 출력되는 미분 가능한 계층으로 간주될 수 있습니다. 그런 다음 업데이트된 카메라 자세와 깊이를 다시 입력으로 사용하여, 앞선 연산과 동일한 파라미터를 공유하는 네트워크를 다시 통과시켜서 업데이트하는 것을 반복합니다. 이러한 방식으로 DROID-SLAM은 픽셀 간의 대응 관계, 자세 및 깊이를 업데이트하는 작업을 반복합니다. 이 모든 것이 하나의 네트워크가 되어 있습니다.

이러한 방식으로 만들어진 네트워크를 사용한 SLAM 시스템은 프론트엔드와 백엔드로 구성됩니다. 프런트 엔드는 이미지를 수신하고, 피처를 추출하고, 키프레임을 선택하여, 국소적으로 카메라 자세와 맵을 업데이트합니다. 백엔드는 정기적으로 모든 이미지로 카메라 자세와 전체 맵을 업데이트합니다. 4D 피처 볼륨은 사이즈가 크기 때문에 캐싱하지 않고 사용할 때 매번 다시 계산됩니다.

CG를 지도 데이터로 사용하여 학습

학습에는 TartanAir[5] 데이터셋을 사용했습니다. TartanAir는 언리얼 엔진[Unreal Engine]을 사용하여 만든 CG 데이터셋으로, 30개의 실내 및 실외 환경의 1,037개 시퀀스로 구성되었습니다. 각 시퀀스는 500개에서 4,000개의 이미지로 구성되며 총 100만 개 이상의 이미지가 있습니다. 이는 과거에 사용되던 데이터셋보다 수십 배 더 큰 것입니다. CG이기 때문에 픽셀간의 대응관계나 자세의 정답을 구할 수 있다는 점에 주목해주세요.

학습은 자세 손실과 대응 손실을 사용하여 지도 학습을 합니다. 자세 손실은 추정된 자세와 실제 자세 사이의 오차이고, 대응 손실은 실제 깊이와 자세에 의해 구해진 대응 관계와 추정된 대응 관계 사이의 오차입니다. 이 오차들은 재귀적 업데이트를 하는 모든 단계에서 주어지도록 했습니다.

이러한 방식으로 DROID-SLAM은 모든 단계에서 도중에 추정된 결과를 기반으로 개선할 수 있도록 학습하여, 이 단계를 반복해 가면서 참솔루션으로 수렴되도록 학습합니다. 이러한 방식으로 학습된 DROID-SLAM은 처음에 언급했듯이 많은 데이터셋 및 작업에서 기존 방법을 훨씬 능가하는 정확성과 강건성을 달성할 수 있었습니다. 또한 처리 속도도 기존의 Visual SLAM보다 빠르며 두 개의 GPU를 사용하면 실시간으로 처리할 수 있습니다.

5 W. Wang et al., "TartanAir: A Dataset to Push the Limits of Visual SLAM," IROS 2020, *https://arxiv.org/abs/2003.14338*

큰 향상이 이루어진 이유

DROID-SLAM이 큰 개선을 달성한 이유로는 TartanAir 데이터셋이라는 매우 큰 데이터셋을 사용하여 지도 학습을 했다는 점을 꼽을 수 있고, 특히 화소 간 대응 등 대량의 지도 학습 신호를 사용하여 모델의 정확도와 강건성을 크게 개선할 수 있었던 것으로 봅니다.

한편, 과거에는 CG를 사용한 학습이 그다지 성공적이지 않았습니다. 시뮬레이션과 현실 세계의 격차가 커서 CG로 학습된 모델은 현실 세계의 문제에 사용할 수 없었습니다. 그러나 DROID-SLAM은 CG만으로 학습하고 실제 데이터로 미세 조정하지 않아도 다양한 현실 환경에 일반화할 수 있어서 이러한 격차를 극복했습니다.

격차를 극복할 수 있었던 이유는 재귀적 보정의 메커니즘이 추론 시 환경에 적응하는 역할을 하기 때문이라고 생각됩니다. 예를 들어, 현실 세계의 데이터가 입력으로 사용되는 경우 추정치가 첫 번째 반복에서는 크게 벗어나더라도 해당 시점의 오류를 기반으로 후속 반복에서 수정할 수 있습니다.

또한, ConvGRU의 상태는 입력 데이터의 특성을 이해해서 거동을 변화시킨다고 볼 수 있습니다. 이렇게 상태를 가진 네트워크가 환경에 적응하는 것은 시뮬레이션으로 학습한 로봇이 루빅스 큐브를 푸는 예에서도 보고되었습니다.[6] 인간도 미끄러운 얼음 위를 걸을 때 첫 번째 걸음과 두 번째 걸음에서는 미끄러져 원하는 대로 걸을 수 없지만, 초기 오차에 따라 즉시 자신의 거동을 조정해서 걸을 수 있게 됩니다.

이렇게 입력 및 오차를 기반으로 하는 상태를 사용하여 자신의 거동을 순차적으로 재귀적으로 수정하는 메커니즘은 다른 작업에서도 높은 일반화

성능을 달성하는 데 효과적일 것으로 보입니다.

---

6 OpenAI, "Solving Rubik's Cube with a Robot Hand," https://arxiv.org/abs/1910.07113

NDF: 적은 지도 학습 데이터로 학습 가능한 물체나 3차원 환경의 동변 표현

로봇에게 작업을 지시할 때, 사람이 로봇을 움직여서 실제로 작업을 시연하고 그것을 반복하는 접근 방식은 직감적이고 강력합니다. 그러나 이 접근 방식은 일반화 측면에서 큰 한계가 있습니다.

예를 들어, 그리퍼가 달린 로봇 팔arm을 사용하여 머그잔을 수납 선반에 올려놓는 것과 같은 작업의 데모를 했다고 생각해봅시다.

이 경우 데모를 했을 때와 조금이라도 다른 환경, 예를 들어 다양한 모양의 머그잔, 수납 선반, 다양한 초기 상태 등에 대응하는 것은 쉽지 않습니다. 머그잔이 조금 작고 손잡이가 커지는 경우는 어떨까요? 머그잔이 비스듬히 배치된 경우는 어떨까요?

이러한 문제에 대해 NDFNeural Descriptor Field를 사용하면, 몇 번의 데모만으로도 환경이 다른 경우에 대응이 된다는 것을 보였습니다.[1] NDF는 예를 들어 10번의 시행만으로 다양한 형상의 머그잔과 초기 상태의 대해 90%의 성공률로 작업에 성공할 수 있었습니다. 기존의 강화 학습이나 모방 학습imitation learning에 비해 극적으로 적은 시행 횟수로 학습을 수행할 수 있습니다. 이 절에서는 이 NDF와 그 실현에 공헌한 Vector Neuron[2]에 대해 설명하겠습니다.

NDF 환경 중의 위치나 자세 설명자의 장

NDF는 대상 작업 중에 있어서 각 위치나 자세를 설명자(벡터)로 변환하여 나타내는 네트워크로서, 위치나 자세의 장field을 표현합니다. 이 설명자는 형상이 약간 다른 경우나 좌표축이 바뀐 경우에도 해당되는 위치/자세에 같은 설명자를 부여하도록 설계되었습니다. 그 결과, 서로 다른 환경 간의 위치나 자세의 대응 관계를 구할 수 있고, 참조 위치/자세와 현재의 위치/자세가 어느 정도 다른지를 표현하는 에너지장을 자연스럽게 정의할 수 있으며, 이 에너지장에 대한 최적화를 수행함으로써 참조 위치/자세까지의 궤도를 구할 수 있습니다.

Neural Point Descriptor

먼저 위치(점)에 대한 설명자를 제공하는 Neural Point Descriptor Fields를 소개하겠습니다. Neural Point Descriptor Field는 함수로 표현됩니다. 이 함수 $f(\mathbf{x}|\mathbf{P})$는 환경에서 얻은 점군point group $\mathbf{P}$에 조건화되며, 3차원 좌표 입력 $\mathbf{x} \in \mathbb{R}^3$이 주어지면 그 설명자를 나타내는 벡터 $\mathbf{d} \in \mathbb{R}^k$를 반환합니다. 이 설명자 $\mathbf{d}$는 점군 $\mathbf{P}$가 나타내는 환경에서의 위치 $\mathbf{x}$의 공간적 의미를 인코딩합니다. 예를 들어, 머그잔이 어떤 위치/자세에 있는 점군인 경우, 각 점에 대하여 그것이 손잡이에 가깝고 가장자리이며 내부에서 우측에 있다는 등의 정보를 인코딩합니다.

1 A. Simeonov et al., "Neural Descriptor Fields:SE(3)– Equivariant Object Representations for Manipulation," *https://arxiv.org/abs/2112.05124*

2 C. Deng et al., "Vector Neurons: A General Framework for SO(3)–Equivariant Networks," *https://arxiv.org/abs/2104.12229*

10

NDF는 설명자를 제공하는 함수를, 물체 형상을 나타내는 Occupancy Network라는 함수를 사용하여 표현합니다. Occupancy Network는 점군과 입력 좌표가 주어졌을 때, 입력 좌표가 점군으로서 관측된 물체의 내부에 있는지 외부에 있는지를 이진 분류하는 네트워크입니다. 이 분류 경계면은 물체의 표면을 나타냅니다. 이 Occupancy Network를 학습하기 위해서는 점군 데이터와 물체의 내외부 판정 정보만 필요하며, 대응 관계의 지도 레이블 등은 필요하지 않다는 점에 주목해주세요.

이 Occupancy Network는 점군을 잠재 표현으로 변환하는 인코더와, 잠재 표현과 입력 좌표가 주어지면 이진 분류를 수행하는 분류기로 구성됩니다. 이 분류기의 각 계층은 물체 표면을 단계적으로 세밀하게 분류하는 것에 대응되며 해당 활성화 값은 물체의 특징[3]을 나타냅니다. 따라서, Occupancy Network의 분류기 각 계층의 활성화 값들을 결합하여 얻어진 벡터를 설명자로 사용합니다. 이 설명자는 앞서 설명한, 유사한 의미를 갖는 위치에 대해 유사한 설명자를 제공한다는 특징을 가집니다.

또한 이 설명자는 사용하는 좌표축이 바뀌더라도 동일해야 합니다. 이것을 식으로 나타내면, 임의의 SE(3) 변환 $(\mathbf{R}, \mathbf{t}) \in$ SE(3)($\mathbf{R}$은 회전 행렬, $\mathbf{t}$는 병진 이동 벡터)에 대해 다음이 성립해야 합니다.

$$f(\mathbf{x} \mid \mathbf{P}) \equiv f(\mathbf{R}\mathbf{x} + \mathbf{t} \mid \mathbf{R}\mathbf{P} + \mathbf{t})$$

이를 위해 f는 SE(3) 변환에 대해 동변이도록 합니다. 병진 이동에 대해서는 점군과 입력 좌표를 점군의 중심을 빼는 형태로 하면 (동변을) 달성할 수 있으며, 회전 동변은 후술하는 Vector Neuron을 이용하여 달성할 수 있습니다.

Neural Pose Descriptor

다음으로, 방향(자세)에 대한 설명자인 Neural Pose Descriptor에 대해 설명하겠습니다. 조작 작업에서는 위치뿐만 아니라 방향(자세)도 중요합니다.

예를 들어, 그리퍼gripper를 사용하여 머그의 손잡이를 잡을 때 머그에 대한 그리퍼의 각도가 중요합니다. 이 자세는 평행 이동translation 및 방향orientation으로 구성되는 6차원의 자유도를 가지며 이를 지정할 수 있어야 합니다. Neural Pose Descriptor Fields는 고정된 쿼리 점군을 준비하여, 각 쿼리 점point의 설명자를 결합하여 얻은 벡터를 자세를 나타내는 설명description으로 사용합니다.

에너지 최소화에 의한 궤도 생성

Neural Point Descriptor에서는 현재의 입력 점군 $\mathbf{P}$와 위치 $\mathbf{x}$, 참조reference 점군 $\hat{\mathbf{P}}$ 및 기준 위치 $\hat{\mathbf{x}}$가 주어지면, 현재 점군에 의한 위치가 기준 점군에 의한 위치에서 얼마나 멀리 떨어져 있는지는 다음 에너지장에 의해 주어집니다.

$$E(\mathbf{x} \mid \hat{\mathbf{P}}, \mathbf{P}, \hat{\mathbf{x}}) = \left\| f(\hat{\mathbf{x}} \mid \hat{\mathbf{P}}) - f(\mathbf{x} \mid \mathbf{P}) \right\|$$

이것은 입력과 기준이 대응되는 경우, 이들의 설명자가 비슷하면 에너지가 작아지고 그렇지 않으면 에너지가 높아지는 성질을 이용하는 것입니다.

이 에너지장에서 대응되는 점 $\bar{\mathbf{x}}$는 최소화 문제를 풀어서 구할 수 있습니다.

$$\bar{\mathbf{x}} = \arg\min_{\mathbf{x}} E(\mathbf{x} \mid \hat{\mathbf{P}}, \mathbf{P}, \hat{\mathbf{x}})$$

이렇게 현재의 점에서 대응되는 점까지는 에너지를 최적화하여 최소화하는 점을 찾음으로써 달성할 수 있습니다. 마찬가지로, 자세에 대해서도 자세 $\mathbf{T}$에 대한 에너지장을 생각하여 그 최소화 문제를 해결함으로써 자세를 구할 수 있습니다.

이 에너지 함수를 사용하면 데모 중의 접촉 위치 및 자세를 기준점/자세로 해서 에너지 최소화 문제를 풀어 데모를 시뮬레이션할 수 있습니다. 처음에 언급했듯이 이 접근 방식을 통해 환경이 다른 경우에도 매우 적은 수의 시행 횟수로 높은 성공 확률을 달성할 수 있습니다.

Vector Neurons SE(3) 동변 NN

이 NDF는 입력에 대한 평행 이동 및 회전 변환, 즉 SE(3) 변환에 대해 동변이라는 점이 중요합니다. 학습 중에는 없었던 자세에도 대응할 수 있으며 높은 일반화 성능을 달성합니다. 이것의 실현에 기여한 것이 Vector Neuron입니다.

Vector Neuron은 SE(3)에서 회전 동변을 달성하는 신경망 설계 방법입니다. 지금까지도 SE(3) 동변이 되는 많은 신경망이 제안되었지만, 모두 상당한 네트워크 설계 제약이 있거나 전문 지식이 필요합니다. 반면 Vector Neuron은 전문 지식이 필요 없는 단순한 범용적 네트워크입니다. 이에 대해 설명하겠습니다.

일반적인 신경망에서 내부 상태의 각 뉴런은 스칼라값 $z \in \mathbb{R}$을 가지며, 채널 수가 C인 계층의 활성화값은 $[z_1, z_2, ..., z_C] \in \mathbb{R}^C$라는 C차원 벡터로 표현됩니다. 반면에 Vector Neuron은 각 뉴런을 3차원 벡터 v로 나타냅니다. 그러면 채널 개수가 C일 때의 활성화 값을 행렬 $V = [\mathbf{v}_1, \mathbf{v}_2, ..., \mathbf{v}_C] \in \mathbb{R}^{C \times 3}$으로 표현하고, 이것이 N개 모인 집합(점군 등)으로 구성되는 입력의 활성화값을 $V = \{\mathbf{V}_1, \mathbf{V}_2, ..., \mathbf{V}_N\} \in \mathbb{R}^{N \times C \times 3}$과 같은 텐서로 표현합니다. 함수 f는 입력

V와 임의의 회전 연산 $\mathbf{R} \in SO(3)$에 대해 $f(VR; \theta) = f(V; \theta)R$을 만족하면 회전 동변입니다. 이 조건을 만족시키는 결합 계층과 활성화 함수를 설계하게 됩니다.

먼저, 결합 계층은 가중치 행렬 $\mathbf{W} \in \mathbb{R}^{C \times C}$를 사용하여 $\mathbf{V}' = f_{lin}(\mathbf{V}; \mathbf{W}) = \mathbf{W}\mathbf{V} \in \mathbb{R}^{C \times 3}$으로 정의합니다. 여기서 임의의 회전 행렬 R에 대해 다음 식을 만족시켜야 하므로 이 결합 계층은 회전 동변이 됩니다.

$$f_{lin}(\mathbf{V}R; \mathbf{W}) = \mathbf{W}\mathbf{V}R = f_{lin}(\mathbf{V}; \mathbf{W})R = \mathbf{V}'R$$

다음으로 활성화 함수를 생각해봅시다. 일반적인 ReLU는 고정된 경계면을 사용하여 비선형 변환을 수행하므로 회전 동변이 아닙니다. 회전 동변으로 만들기 위해서는 입력이 회전할 때 경계면도 같은 방식으로 회전해야 합니다. 따라서 경계면은 고정되지 않고 입력으로부터 회전 동변 변환을 사용하여 결정되며, 그 경계면을 사용하여 비선형 변환을 수행해야 합니다. 풀링 계층도 이와 동일한 접근 방식으로 실현할 수 있습니다.

마지막으로, 동변을 불변으로 만들기 위해 회전 동변 피처 $\mathbf{V} \in \mathbb{R}^{C \times 3}$와 또 다른 회전 동변 피처 $\mathbf{T} \in \mathbb{R}^{C \times 3}$의 전치 행렬 $\mathbf{T}^T$ 간의 곱이 회전 동변이 된다는 것을 이용합니다.

$$(VR)(TR)^T = VRR^T\mathbf{T}^T = \mathbf{V}\mathbf{T}^T$$

지금의 피처와 전치의 곱 $\mathbf{V}\mathbf{V}^T$도 불변이 되지만, 차원 수가 $C \times C$로 증가하므로 대신에 그 채널 수를 줄인 피처의 전치와의 곱을 계산해서 불변량을 구합니다.

---

3   옮긴이_ 피처라고 생각할 수도 있습니다.

3차원 작업 지시 방법을 크게 바꿀 NDF

Neural Descriptor Fields는 3차원 공간에서 조작을 수반하는 작업에서도 대응 관계를 비지도 방식으로 구할 수 있어서, 형상이 다르더라도 일반화가 가능합니다. 또한, SE(3) 동변인 설명자를 사용하여 초기 상태나 자세의 차이에 대해서도 일반화할 수 있음을 보였습니다. 이로 인해 매우 적은 데모 횟수로 작업을 지시할 수 있음을 보였습니다.

이 기법에서는 입력으로 점군을 이용했지만, 최근 발전하고 있는 이미지로부터의 3D 재구성을 이용한다면 앞으로는 일반 카메라나 단안 카메라를 이용해서도 같은 기법을 실현할 수 있을 가능성이 있습니다.

CHAPTER

11

언어

11.1 seq2seq : 텍스트에서 텍스트를 생성하는 신경망

자연어 처리 분야에서 지난 몇 년 동안 큰 발전을 이룬 것이 텍스트 인식 및 생성입니다. 중심적인 역할을 한 것이 seq2seq[sequence to sequence]라는 새로운 계열[sequence] 모델입니다.[1]

텍스트는 사이즈가 가변적인 데 반해, 머신러닝에서 사용하는 모델의 사이즈는 고정됩니다. 따라서 텍스트를 머신러닝 모델로 처리하기 위해서는 어떻게든 기계[machine]가 다룰 수 있는 고정 길이 표현으로 변환할 필요가 있습니다.

기존 방법에서는, 텍스트를 표현하기 위해 텍스트에 포함된 단어들의 집합에 의한 표현인 단어 가방[Bag of Words](BoW, 텍스트 내의 단어의 위치는 무시하고, 단어가 있으면 그 단어에 해당하는 차원은 1, 없으면 0으로 표현하는 등의 방식)를 사용하거나, 텍스트의 의미를 분석하는 술어-논항 구조 분석[predicate-argument structure analyays]을 통해 주어, 술어, 목적어 삼중항을 구해서 사용하는 등의 기법이 쓰였습니다. 또한 이 문제는 입력이 텍스트이고 출력도 텍스트인 기계 번역과 같은 문제의 경우 더욱 복잡해집니다. 입력과 출력 모두가 가변 길이를 갖는 문제를 머신러닝에서 어떻게 처리할 것인지는 오랜 문제였고, 기존에는 임시방편[ad-hoc]적으로 대처하곤 했습니다.

가변 길이의 텍스트를 다루기 용이한 seq2seq

이 문제를 해결한 것이 seq2seq입니다. seq2seq는 텍스트에서 텍스트를 생성하는 모델입니다. 먼저, 입력 텍스트를 단어 단위로 순차적으로 읽어서 고정 길이의 내부 표현으로 변환하고, 그 내부 표현으로부터 가변 길이의 텍스트를 단어 단위로 순차적으로 생성합니다. seq2seq는 입력 시퀀스를 고정된 길이의 표현에 담는다는 상당히 강력한 제약 조건 하에서 학습합니다.

텍스트 $X=x_1, x_2... x_n$에서 텍스트 $Y=y_1, y_2... y_m$을 추정하는 문제를 생각해봅시다. seq2seq는 RNN을 사용합니다. 먼저 인코더 f_e는 단어를 하나씩 읽어서 내부 표현을 순차적으로 업데이트해 갑니다. 즉, i번째 내부 상태가 s_i이고, 입력 단어가 x_i인 경우, $i+1$번째 내부 상태는 다음과 같습니다.

$$s_{i+1} = f_e\left(s_i, x_i\right)$$

그리고 텍스트의 끝을 나타내는 EOS라는 단어가 들어오면 디코더인 f_d는 단어를 하나씩 생성합니다. 이때 직전에 생성한 단어에 대한 정보를 추가합니다.

$$\left(y_i, s_{i+1}\right) = f_d\left(s_i, y_{i-1}\right)$$

여기서 y_{i-1}는 바로 앞의 단어 출력이며 y_0=EOS입니다. 디코더가 EOS를 생성하면 텍스트 생성이 종료된 것으로 볼 수 있습니다. 인코더 f_e와 디코더 f_d는 서로 다른 모델[2]을 사용해도 좋습니다. 이 예는 계층이 1개인 모델이지만, 내부 상태의 은닉[hidden] 계층을 여러 개로 할 수도 있습니다.

이 seq2seq는 EOS를 수신하는 순간의 내부 상태

s_n에 입력 X의 정보가 모두 담기게 되는데, 입력 X의 정보를 고정 길이의 내부 표현으로 인코딩한다고 생각할 수 있습니다. 그 정보로부터 출력 Y를 순차적으로 생성할 수 있도록 f_e와 f_d를 학습하는 것입니다.

디코딩 중에 각 단어를 생성할 때, y_i는 소프트맥스 등을 사용하여 단어 집합에 대한 확률 분포를 생성하도록 함으로써 각각 출력의 단어를 예측할 수 있도록 학습하는 경우, 다음과 같이 됩니다.[3]

$$\sum_i \log p(y_i \mid s_i, y_{i-1})$$
$$= \sum_i \log p(y_i \mid X, y_1, \cdots, y_{i-1})$$

따라서 seq2seq는 Y의 X에 대한 조건부 확률 $p(Y|X)$를 학습하는 것에 해당합니다. 가변 길이 입출력을 처리하지만 모델 f_e, f_d의 사이즈는 고정됩니다.

이 RNN에서는 장기 의존성long-term dependency이 중요하기 때문에 LSTM 등과 같이 게이트가 적용된 계산 유닛을 사용합니다. 이렇게 함으로써 정보를 장기적으로 기억하여 학습 중에 오차(목적 함수의 경사)를 감쇠시키지 않고 먼 계층까지 전파할 수 있습니다.

seq2seq는 기계 번역, 구문 분석, 이미지로부터 캡션 생성, 대화 모델링 등을 포함하는 광범위한 문제에 사용되어 큰 성공을 거두었습니다. 자연어 처리에서는 텍스트 구조가 트리로 표현된다는 관점이 주류였습니다. 그러나 입력을 내부 상태에 차곡차곡 쌓는 seq2seq와 같은 방법을 사용하더라도 게이트가 있으면 먼 거리 단어 간의 관계를 다룰 수 있습니다. seq2seq는 단순한 구조임에도 다양한 작업에서 트리 구조를 사용하는 기법과 동등하거나 더 높은 정확도를 얻을 수 있기 때문에,

최근에는 트리 구조가 정말 필요한지에 대한 토론도 이루어지고 있습니다.

오토인코더로서의 seq2seq

입력 텍스트와 출력 텍스트가 동일한 경우 seq2seq는 시퀀스에 대한 오토인코더라고 생각할 수 있습니다. 오토인코더가 사전 학습에 효과적이었던 것처럼 seq2seq는 계열 데이터에 대한 사전 학습으로 사용할 수 있습니다.[4]

RNN은 지금까지 학습이 어렵다고 알려져 있습니다. 하이퍼파라미터의 조합에 따라 학습이 전혀 진행되지 않거나 발산할 수 있으며, 성공적으로 학습되는 경우는 매우 좁은 영역에서 뿐이라는 것이었습니다. 따라서 RNN 학습을 안정화하기 위한 연구가 진행되었습니다.

seq2seq를 사용한 사전 학습은 이 RNN의 학습을 안정화하는 데 도움이 됩니다. 텍스트를 정확히 요약할 수 있는 인코딩과 표현 방법을 얻을 수 있고, 이것을 보다 자세한 작업에 맞게 조정tuning하여 사용할 수 있기 때문입니다. 이 경우 입력과 출력에 동일한 텍스트를 사용하는데, 텍스트를 읽어 들인 후 그 텍스트를 다시 생성해 내도록 학습합

1   I. Sutskever, et al., "Sequence to Sequence Learning with Neural Networks," NIPS 2014.

2   옮긴이_ 여기서는 모델 아키텍처가 달라도 된다는 의미입니다. 아키텍처는 같고 인스턴스가 다르다는 의미는 아닙니다(물론 이것도 가능합니다). 덧붙여, seq2seq 구조에서 인코더와 디코더의 파라미터 공유는 일반적으로는 하지 않습니다(입력에 가까운 계층 쪽에서의 부분적 공유는 있을 수 있습니다).

3   옮긴이_ 이 식과 같다는 전제하에 seq2seq 모델을 사용한다는 의미입니다. 즉, 입력 텍스트 X와 출력 텍스트 $y_0, .., y_{i-2}$까지의 정보 전체가 s_i에 담긴다고 가정한다는 것입니다.

4   A. Dai, et al., "Semi-supervised Sequence Learning", http://arxiv.org/abs/1511.01432

니다.

기존의 오토인코더와 마찬가지로, 내부 표현은 표현력(차원 수)이 억제되어 있기 때문에 seq2seq라도 텍스트를 그대로 기억할 수는 없어서, 텍스트를 요약하여 압축시킨 형태로 저장해야 합니다. 그렇게 인코더는 텍스트로부터 좋은 내부 표현을 만들 수 있도록, 디코더는 내부 표현으로부터 원래의 텍스트를 만들어 낼 수 있도록 학습합니다. 또한 단어 단위의 드롭아웃도 효과가 있는 것으로 보고되었습니다. 텍스트에서 다소 단어가 누락되더라도 필요한 정보가 올바르게 추출될 수 있도록 학습합니다.[6] 원래 자연어에는 상당한 정도의 정보 중복성[7]이 있기 때문에 이런 방식으로도 모델을 학습시킬 수 있습니다.

이렇게 학습된 RNN을 초깃값으로 하여 문서 분류나 의미 해석 등의 특정 과제를 학습하면, 안정적 학습이 가능하게 되고 정확도도 기존 기법보다 높은 것으로 보고되었습니다.[8]

---

5 옮긴이_ 이 책의 출간 시점(2024)에서 보면, BERT(2018)에 적용되어 널리 알려진 MLM(Masked Language Model) 학습 기법을 말하는 것이 아닌가 싶을 수 있습니다. 그러나 원래 이 절의 내용은 저자가 일본의 기술 전문지인 닛케이 로보틱스(NIKKEI Robotics) 2015년 12월호에 게재한 것입니다. MLM의 원형이 이미 그 이전부터 존재했었고, 저자가 그 흐름을 파악하고 있었음을 보여줍니다.

6 옮긴이_ 일본에서 많이 쓰이는 한자 표현인 용장(冗長)을 옮긴 표현입니다. 중복성이 있음을 의미하는 용어로서, 일본의 많은 기술 분야에서 사용됩니다.

7 옮긴이_ 마찬가지로 RNN을 오토인코더적으로 사전 학습하여 사용하는 기법은 지금 시점(2024)에는 사실상 소멸했지만, 트랜스포머의 사전 학습으로 이어졌다고 볼 수 있습니다.

언어의 창발: 기계 간 커뮤니케이션 가능성

현재 기계 간의 커뮤니케이션은 사람이 설계한 프로토콜에 따라 실현됩니다. 작업과 컨텍스트에 따라 정보를 표현하는 방법과 발신자와 수신자가 처리하는 방식이 사람에 의해 결정되고 프로그램 등에 의해 구현됩니다.

반면에 사람들끼리는 주로 자연어를 사용하여 다양하고 유연한 방식으로 서로 커뮤니케이션할 수 있습니다. 자연어는 표현력이 높아서 온갖 현상, 정보 및 지식을 다른 사람에게 표현하고 전달할 수 있습니다.

예를 들어, 어제 야구 경기의 결과를 자연어로는 'A팀이 3-0으로 승리했습니다. 패한 B팀은 선발 투수는 안정적이었으나 중간 계투가 무너졌습니다. B팀의 유일한 기회였던 8회 말, 사인 미스가 더블 플레이로 이어지면서, 새로 영입된 C 선수가 아직 팀에 적응하지 못했음이 드러났습니다'라고 표현할 수 있습니다. 이 텍스트를 읽으면 실제 야구 장면을 상상할 수 있습니다. 이 정보를 다른 수단(예를 들어 JSON, XML, RDF)으로 표현하기는 어렵습니다. 자연어는 사람의 정보 표현 및 커뮤니케이션 방법에서 '사실상 표준de-facto standard'이 되었습니다.

기계다운 커뮤니케이션

그러나 자연어는 어디까지나 사람이라는 동물이 진화 과정에서 얻어낸 하나의 수단일 뿐입니다. 사람은 자연어를 사용하여 생각하고, 정보를 표현

하며 전달하므로 정보를 표현하는 방법이 자연어 밖에 없는 것처럼 생각하게 됩니다. 하지만, 자연어 이외에도 정보의 표현 방법이나 커뮤니케이션하는 방법이 충분히 있을 수 있습니다. 특히, 기계나 유무선의 네트워크는 사람과는 특성이 다르기 때문에 현재의 자연어와는 다른, 기계에 적합한 정보 표현 및 커뮤니케이션 방법이 존재할 수 있습니다.

그렇다면 기계는 어떤 방식으로 자연어 커뮤니케이션에 필적하거나 그것을 능가하는 커뮤니케이션 방법을 만들어 낼 수 있을까요?

기계가 새로운 언어를 만들어 내도록 하는 것은 오래전부터 시도되었습니다만,[1] 여기서는 기계가 서로 협력하여 과제를 해결하는 과정에서 문자, 단어, 텍스트에 해당하는 새로운 언어를 생성하는 예를 살펴보겠습니다.[2]

정보의 발신자는 자신이 가지고 있는 이미지에 대한 정보를 메시지로 보내고, 수신자는 메시지를 받아서 그것이 많은 이미지 중에서 무엇을 가리키는지를 추정하는 게임을 한다고 생각해봅시다. 발신자는 수신자가 송신 대상이 된 이미지를 가지고 있다는 것은 알지만, 그 밖에 어떤 이미지들의 집

---

1 S. Kirby, "Natural Language from Artificial Life," Artificial Life, vol.8, no.2, pp.185–215, 2002.

2 S. Havrylov et al., "Emergence of Language with Multi-agent Game : Learning to Communicate with Sequences of Symbols," ICLR 2017 workshop submission.

합을 가지고 있는지는 알 수 없다고 합시다. 그리고 메시지는 자연어와 같은 이산 기호의 가변 길이 시퀀스로 만들어진다고 하겠습니다.

발신자와 수신자 모두 RNN을 사용하며, 단위 유닛으로는 LSTM을 사용합니다. 발신자는 입력 이미지에 기초하여 가변 길이의 이산 기호들로 구성된 메시지들을 하나씩 생성해 가다가 메시지의 끝을 나타내는 기호를 생성하면서 종료합니다. 수신자는 메시지를 하나씩 끝까지 수신한 다음, 어떤 이미지를 가리키는지 추정합니다. 수신자의 최종 상태로부터 이미지 매칭을 위한 벡터를 계산해 내며, 이 벡터와의 내적이 가장 큰 이미지가 추정 결과가 됩니다. 목적 함수로는 힌지 손실 함수를 사용하며, 올바른 이미지의 스코어가 잘못된 이미지의 스코어보다 크도록 학습합니다.

기린이나 곰등의 의미를 가지는 이산 기호 획득 가능

학습에서는 발신 측의 연산(인코딩)과 수신 측의 연산(디코딩)을 연결하여, 전체 프로세스를 하나의 계산 그래프로 간주합니다. 오차 역전파를 통해 인코딩 및 디코딩 모델을 학습합니다. 그러나 이 계산 그래프는 이산 기호를 결정하는 부분에 미분 불가능한 이산화 단계를 포함하고 있기 때문에, 오차 역전파 기법을 사용하여 직접 학습할 수 없습니다.[3]

이러한 이산 분포가 포함되는 경우, 기존에는 가능도비 기법[4]을 사용하여 경삿값을 추정했지만, 이 경우 분산이 너무 커서 현실적으로 학습할 수 없었습니다.[5] 이 연구에서는 굼벨-소프트맥스 트릭이라는 기법[6]을 사용합니다. 정방향 계산 시에는 이산화하여 계산하고, 역방향 계산 시에는 소프트맥스 분포를 결정론적인 함수[7]와 굼벨 분포로부터의 노이즈의 조합으로 구성하여 학습하는 기법입니다. 정방향과 역방향 계산에 서로 다른 계산 그래프를 사용하기 때문에 경사 추정값에 편향이 포함되지만, 분산이 낮고 이산 변수의 수가 많은 경우에도 학습할 수 있습니다. 이 연구에는 10,000가지의 이산 기호가 있었습니다.

실험에서는 127개의 후보 이미지로부터 하나의 이미지를 추정하는 작업에서 수신자가 95%의 정확도로 맞출 수 있도록 학습할 수 있었습니다.

그 과정에서 얻어진 메시지의 이산 기호들에는 의미가 있었습니다. 어떤 기호에는 동물이라는 의미가 할당되었는데, 그 뒤에 이어지는 기호에 의해서 그 동물이 기린인지 곰인지에 대한 분류가 일어나고 있음을 알게 되었습니다. 즉, 자연어에서의 문자나 단어와 같은 것들이 학습에 의해 창발되고 있었다는 것입니다.

실험에서는 생성된 언어가 얼마나 자연어에 가까운지를 확인하였는데, 어느 정도는 개념에 공통 부분이 있음을 알게 되었습니다. 이러한 학습 과정에 의해 궁극적으로 자연어에 필적하는 문법 구조와 품사 체계를 얻어낼 수 있을지는 지금부터의 과제입니다.

인간과 달리 기계는 병렬로 커뮤니케이션할 수 있는 데다가, 벡터와 같은 연속 표현을 직접 전달할 수도 있습니다. 반드시 이산적인 시퀀스로 정보를 표현할 필요는 없습니다. 게다가 인간은 동시에 몇 명의 사람들과만 커뮤니케이션할 수 있지만, 기계는 수만 대의 기계들과도 커뮤니케이션할 수 있습니다. 이러한 기계의 특성을 살린 새로운 표현 및 커뮤니케이션 방법을 만들어 낼 수 있을지 주목받고 있습니다.

3 옮긴이_ 여기서 이야기하는 이산화 단계는 소프트맥스 분포로부터 하나의 기호를 결정하는 것을 의미합니다. RNN을 시퀀스 생성 모델로 사용하는 경우, 학습 시 매 단계에 소프트맥스 분포로부터 하나의 기호를 샘플링하려면 이런 문제가 발생합니다. 다만, RNN이든 그에 이어지는 트랜스포머이든, 자연어 처리 분야에서는 시퀀스 모델의 오차 역전파 학습 시에 샘플링보다는 argmax를 사용하여 결정론적으로 모델을 사용하는 것이 일반적입니다. 그러나 여기서 인용하고 있는 논문에서는 강화 학습적인 접근으로 RNN 모델을 사용하였기 때문에 샘플링 전략을 취했고, 그에 따라 이런 이슈를 굼벨-소프트맥스 트릭으로 완화하게 되었습니다.

4 옮긴이_ 강화 학습의 REINFORCE에 해당하는 기법입니다.

5 옮긴이_ 직관적으로 생각해보자면, 비율은 나눗셈을 의미하는데, 여기에 샘플링에 기인하는 노이즈가 관여하게 되면 나눗셈의 값이 널을 뛸 수가 있습니다. 이를 두고 분산이 크다고 한 것입니다. 특히 범주의 개수가 많은 이산 분포의 경우, 이 문제가 심해집니다.

6 옮긴이_ 2016년에 제안된 기법입니다. E. Jang, S. Gu, and B. Poole, "Categorical Reparameterization with Gumbel-Softmax," 2017, arXiv:1611.01144 [stat.ML].

7 옮긴이_ 보통은 argmax를 의미합니다.

11.3 자유로운 말로 로봇에게 지시

필자가 근무하는 프리퍼드 네트웍스(PFN)의 논문[1]이 ICRA 2018 Human Robot Interaction 최우수 논문으로 선정되었습니다. 이 논문은 로봇에 대해 자유로운 말로 피킹picking 작업에 대한 지시를 내리면, 로봇이 그에 따라 작업을 하는 연구를 다룹니다(그림 11-1). 이번에는 이 기술의 배경과 사용된 기술의 자세한 내용을 소개하겠습니다.

기존에는 로봇에게 작업을 지시할 때, 프로그램을 작성하거나, 직접 교시direct teaching[2]하거나, 사람이나 다른 시스템의 작동을 참조하여 모방 학습imitation learning을 하는 등의 방법들이 사용되었습니다. 한편, 사람이 다른 사람에게 지시를 내릴 때와 같이 로봇에게 말로써 작업을 지시하는 방법은 기존의 기법들과 비교해서도 유망합니다. 언어는 훈련 없이도 누구나 사용할 수 있는 커뮤니케이션 도구이기 때문입니다. 무한하다고도 할 수 있는 표현력이 있고, 추상적이면서 시공간을 넘어가는 표현(예: 내일까지 1층 방바닥에 흩어져 있는 모든 것을 정리할 것)을 다룰 수 있기 때문입니다.

그러나 지금까지 언어를 사용하여 작업을 지시하는 것은 아직 실용화되지 못했습니다. 자유롭게 말해진 언어를 이해하는 것, 그리고 이를 현실 세계의 작업에 매핑하는 것이 기술적으로 어려웠기 때문입니다. 그러다 딥러닝의 등장 이후 음성 인식, 언어 이해 및 이미지 인식의 급속한 발전이 있었고, 그 결과들의 자연스러운 통합이 가능하게 되면서 언어를 사용하여 로봇에게 지시를 내리는 일이 가능해질 토대가 마련되었습니다.

물체를 다른 상자로 옮기는 작업

이제 이 연구의 소개로 넘어가겠습니다. 본 연구[3]에서 로봇에게 자유로운 말로 지시를 내리고, 로봇은 그 지시에 따라 피킹 작업을 수행합니다. 처음으로 현실적인 난이도와 스케일을 가지는 문제를, 필요한 모든 기능을 통합하여 해결할 수 있었습니다.

구체적인 과제로서 4개의 상자에 흩어진 생활용품을 다른 상자로 옮기는 작업을 처리했습니다. 이 작업에 대한 지시를 말로 제공합니다. 100 종류가 약간 못 되는 생활용품을 다루게 되는데, 여기에서 약 20 종류의 생활용품을 무작위로 선택하여 상자에 흩어 놓습니다. 이 용품들은 서로 겹쳐 있을 수도 있고 자세도 자유롭습니다(그림 11-2). 또한, 모델이 일반화 능력이 있는지를 알아보기 위해, 학습 시에는 없었던 미지의 용품들을 22개 추가하여 테스트 시의 평가에 사용했습니다. 게다가 생활용품 중 몇 가지는 이름이 생각나지 않는 것들도 있고(예: 일본 코니시Konishi의 접착제인 '본드[4]'는 일본 출신이 아닌 사람들에게는 생소하기 때문에 빨간색 뚜껑이 있는 노란색 용기로 설명됨), 같은 제품이지만 종류가 다른 것들도 있습니다. 이런 경우 지시자는 형태, 색상, 구멍이 있는지와 같은 모양, 비슷하게 생긴 물체 등을 표현하여 지시를 내릴 필요가 있습니다.

예를 들어, 지시자는 다음과 같이 지시를 내립니다. '갈색 솜털 같은 물건을 그 아래 상자로 옮겨줘[5]', '오른쪽 아래에 있는 티슈 상자를 왼쪽 위의

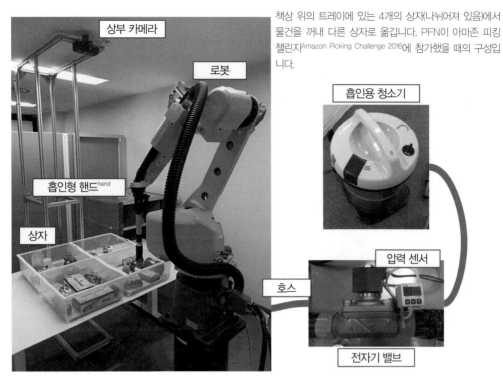

상부 카메라

로봇

흡인형 핸드hand

상자

흡인용 청소기

압력 센서

호스

전자기 밸브

그림 11-1 시스템의 외관

책상 위의 트레이에 있는 4개의 상자(나뉘어져 있음)에서 물건을 꺼내 다른 상자로 옮깁니다. PFN이 아마존 피킹 챌린지Amazon Picking Challenge 2016에 참가했을 때의 구성입니다.

상자로 옮겨 줘', '구멍이 많은 것을 오른쪽 위의 상자로 옮겨 줘' 등입니다. 또한 지시만으로는 대상 객체를 복수의 후보로 밖에 좁힐 수 없어서 모호함이 남는 경우, 로봇은 다음과 같이 다시 묻습니다.

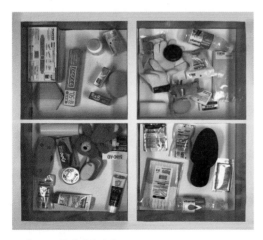

그림 11-2 물체 배열의 예

4개의 상자에 실제로 물체가 배열된 모습. 물체끼리 겹친 곳도 있습니다.

1   J. Hatori et al., "Interactively Picking Real-World Objects with Unconstrained Spoken Language Instructions," ICRA 2018, *https://arxiv.org/abs/1710.06280*

2   옮긴이_ 로봇공학(robotics)에서 직접 교시는 GUI나 또 다른 인터페이스를 통해서 작업의 단계를 하나하나 지정하는 것을 의미합니다. 머신 러닝이나 데이터 기반의 귀납적 학습과 반대되는 개념입니다. 프로그램을 작성하는 것도 넓은 의미의 직접 교시에 포함된다고 할 수 있습니다.

3   J. Hatori et al., "Interactively Picking Real-World Objects with Unconstrained Spoken Language Instructions," ICRA 2018, *https://arxiv.org/abs/1710.06280*

4   옮긴이_ 한국에서 접착제의 일반 명사처럼 알려진 '본드'는, 실제로는 일본 코니시의 브랜드명입니다.

5   옮긴이_ 일본 연구팀이 시도한 문장은 '茶色いふわふわしたものを、その下の箱に移動して(hey move that brown fluffy thing to the lower right bin)'입니다. 논문에서는 영어로 된 지시의 예로서 소개되었습니다.

지시자: 티슈 상자를 왼쪽 위로 옮겨 줘.

로봇: 어느 것인가요? (복수의 티슈 상자를 후보로 보인 후)

지시자: 봉제 인형 가까이에 있는 것

이 지시들은 구어체이기 때문에 문어체보다 훨씬 덜 정형화된 표현이며 문법적으로 부정확한 경우도 많습니다.

이 시스템은 5개의 하위 시스템으로 구성됩니다.

1) 음성 지시를 텍스트로 옮기는 음성 인식 시스템
2) 이미지에 대해 객체 인식을 수행하여, 후보 객체의 경계 상자bounding box를 출력하는 이미지 인식 시스템
3) 텍스트로 옮겨진 지시와 이미지 인식 결과를 받아서 어떤 객체에 대해 지시가 내려졌는지를 추정하는 객체 선택 시스템
4) 텍스트로 옮겨진 지시로부터 어느 상자로의 이동이 지시되었는지를 추정하는 상자 선택 시스템
5) 지시가 모호하다고 판단되면 세부 정보를 다시 물어보는 확인 시스템

이들에 대해 순서대로 상세히 설명하겠습니다.

1) 음성 인식 시스템의 경우, 클라우드 음성 인식 서비스를 이용했습니다. 이러한 음성 인식 시스템은 범용으로 설계되었기 때문에 특정 작업에서는 성능이 떨어지는 경향이 보입니다. 예를 들어, 이 연구의 작업에서는 상자 안에 없는 물체가 음성 인식 결과로 출력되는 경우가 많았으며 발음이 비슷한 단어를 혼동[6]하기도 했습니다. 음성 인식 시스템을 작업, 화자 및 다른 센서 정보를 사용하여 특화시켜, 다른 모듈과 연결하여 엔드투엔드(end-to-end)로 학습시키면 성능을 크게 향상시킬 수 있을 것으로 생각됩니다. 이는 향후의 과제입니다.

2) 이미지 인식 시스템에는 속도와 성능의 균형을 위해 SSDSingle Shot Detector를 사용했습니다. SSD는 CNN(합성곱 신경망)을 사용하여 피처 맵의 각 위치로부터 후보 객체와 그 신뢰도confidence를 생성합니다. 또한 객체를 검출할 때, 객체의 종류는 고려하지 않고 객체인지 배경인지만을 판단하여 '객체일 가능성'만을 기준으로 검출[7]했습니다. 이렇게 함으로써 다양한 객체 검출 학습 데이터셋을 이용할 수 있게 되어, 미지의 객체를 검출할 일반화 능력을 기대할 수 있습니다.

3) 객체 선택 시스템은 이미지 정보로부터 도출되는 부분과 오디오 정보로부터 도출되는 부분으로 구성됩니다. 이미지 정보로부터 도출되는 부분은, 먼저 SSD 검출 결과의 경계 상자를 이용하여 각 객체가 있는 이미지 영역을 잘라냅니다. 이어서 잘라낸 영역에 대해 CNN 과 MLP(다층 퍼셉트론)를 적용하여 각 객체의 피처 벡터를 계산합니다. 음성 정보로부터 도출되는 부분은, 음성 인식 시스템에 의해 텍스트로 옮겨진 지시들에 LSTM과 MLP를 적용하여 피처 벡터를 계산합니다. 지시가 덜 정형화된 표현이며 문법적으로 부정확한 경우가 많기 때문에 수동으로 만든 규칙, 사전 또는 문법 처리는 일절 사용하지 않고 신경망만 사용하여 처리했습니다. 그리고 각 객체의 피처 벡터와 지시의 피처 벡터 간의 코사인 유사도를 계산하여 유사도가 높은 샘플을 대상 객체로 결정합니다.

4) 상자 선택 시스템은 음성 지시에 따라 어떤 상자로 옮길 것인지를 추정합니다. 이 추정 모듈은 지시를 피처 벡터로 변환하는 객체 선택 시스템의 네트워크와 동일한 구조를 이용합니다.

5) 확인 시스템은 인식 결과에 자신이 없으면 다시 묻습니다. 자신이 없는지를 판단하기 위해, 1위 대상 객체 후보의 스코어와 2위 이하의 대상 객체 후보의 스코어 간의 차이가 작은지를 확인해서, 작

다면 다시 물어보도록 했습니다. 또한, 학습 시에는 정답 대상 객체의 스코어가 다른 객체의 스코어에 대해 큰 마진을 갖도록 학습합니다. 앞으로는 인식 결과의 불확실성에 따라 사용자에게 다시 물어보게 할 수도 있을 것입니다. 이 시스템들은 모두 연결되는데, 학습 시에는 각 하위 시스템별로 학습을 진행하여 각자의 파라미터를 최적화했습니다.

시스템 전체의 정확도 73.1%

성능은 시뮬레이션(각 하위 시스템별로 성능 평가)과 실제 로봇을 이용하여 평가했습니다. 로봇은 FANUC의 M-10iA를 사용했고 로봇 손에는 흡인 방식을 사용했습니다. 이 로봇 구성은 '아마존 피킹 챌린지Amazon Picking Challenge 2016'에 참가했을 때와 동일하지만 피킹 성능은 정확도와 속도 모두 크게 향상되었습니다.

학습 및 검증 데이터는 크라우드소싱 서비스인 아마존 메커니컬 터크Amazon Mechanical Turk를 사용하여 만들어졌습니다. 지시 학습 데이터를 만들 때, 실제 작업과는 반대로 '이 물체를 여기로 옮기려면 어떤 지시를 내려야 할지'를 주석자에게 묻는 방식으로 했습니다. 이 학습 데이터는 관련 사이트[8]에 공개되어 있습니다.

시스템의 성능은 각 하위 시스템별 평가와 실제로 작업이 완료되었는지의 end-to-end 평가, 이렇게 두 가지로 평가했습니다. 실제 로봇을 이용한 실험에서 정확한 목표 상자를 추정하는 정확도는 89.7%, 올바른 대상 객체를 선택하는 정확도는 75.3%, 물체를 선택하여 다른 상자에 넣는 피킹 시스템의 정확도는 97.3%였습니다. 또한 이러한 모든 하위 시스템을 연결한 end-to-end 시스템의 정확도는 73.1%였습니다. 하나의 객체를 옮기

라는 지시를 내렸을 때, 평균 0.45번 다시 물어보았습니다. 모호한 경우 다시 물어서 올바른 대상 객체를 선택하는 정확도는 시뮬레이터에서 88.0%에서 92.7%로 향상되어 다시 묻기의 중요성이 재확인되었습니다.

이번의 연구는 자유로운 말을 사용하여 로봇에게 물리적 작업을 지시하는 최초의 연구입니다. 앞으로 정확성과 안정성을 개선하고 더 어려운 작업을 수행하는 것을 목표로 하고자 합니다.

---

6 옮긴이_ 일본어로 바로 아래(真下)의 발음은 마시타(mashita)이고, 내일(明日)의 발음은 아시타(ashita)로 비슷해서, 전자를 후자로 혼동하는 경우가 있었습니다.

7 옮긴이_ 보통 객체 검출의 경우 어떤 객체인지를 판단하는 분류 작업이 됩니다만, 여기서는 모델에 수정을 가하여 '객체인지 아닌지'만을 판단하게 하였습니다.

8 https://projects.preferred.jp/interactive-robot/

11.4 BERT: 언어 이해의 사전 학습

자연어 처리에 있어서 BERT라는 사전 학습 방법은 큰 브레이크스루가 되었습니다. 지금까지 이미지 인식 분야에서는 이미지넷의 이미지 분류 작업에 의해 학습된 모델을 다른 작업의 초기 파라미터로 사용하는 사전 학습이 자주 사용되었습니다. 사전 학습에 의해 다양한 이미지 인식을 해결하는데 필요한 피처 추출기가 이미 확보되었으므로, 새로운 과제를 학습할 때 해당 작업에 고유한 부분만을 학습하면 되기 때문에 학습 데이터가 적은 경우에 특히 효과적인 접근 방식입니다.

자연어 처리에도 사전 학습이 효과적일 수 있을 것으로 오랫동안 생각되었습니다. 예를 들어, Word2Vec 이나 Glove와 같은 단어 표현의 사전 학습에서는 다음 단어를 예측하는 작업을 수행함으로써 각 단어의 연속적continuous[1]인 벡터 표현을 얻을 수 있었습니다. 이러한 연속 표현은 단어의 의미를 나타내며 벡터에 대한 다양한 연산이 가능하므로, 이를 이용하는 후속downstream 작업의 성능이 향상되는 경우도 있었습니다.

그 후 질의응답과 텍스트 이해text understanding에 필요한 문장이나 문단 수준의 표현을 사전 학습하는 문단 벡터paragraph vector나 skip thought 등도 등장했지만 그 이용은 제한적이었습니다. 2018년 등장한 ELMo는 양방향으로 2개의 언어 모델(다음 단어 예측 모델)을 학습하여 그 표현을 사전 학습으로 활용함으로써 다양한 과제를 해결할 수 있음을 보였습니다.

SoTA를 크게 업데이트한 BERT

이러한 상황에서 사전 학습 방법으로서 2018년 10월에 구글 AI가 BERTBidirectional Encoder Representation from Transformers를 제안했습니다.[2] BERT는 많은 언어 이해language understanding 작업에 있어 SoTA(최고 정확도)를 크게 업데이트했습니다. 게다가 그 이후로 BERT를 개선한 기법들이 속속 등장하여 성능이 향상되었습니다. 예를 들어, SuperGLUE[3]라고 하는 복수의 언어 이해 작업으로 구성된 벤치마크에서 BERT 기반 모델은 인간의 능력에 근접하거나 심지어 동등한 수준입니다[4](인간의 점수는 89.8, BERT를 기반으로 하는 RoBERTa는 84.6, 단어의 연속 표현을 사용하는 CBoW 기반 기법은 44.5). BERT는 2018년에 NAACL에서 최우수 논문상을 받았을 뿐만 아니라 발표 후 1년도 채 되지 않아 1,000회 이상의 인용 수(6년 후인 2024년 5월 시점 기준 10만회 이상)를 기록했으며, 이용 범위가 자연어 처리 이외로도 확장되고 있다는 사실도 그 임팩트의 크기를 보여줍니다.

BERT의 아이디어 자체는 간단합니다. 먼저, 경계 기호를 사이에 두고 복수의 연속된 문장을 연결하여 만든 시퀀스를 입력으로 준비합니다(원본 BERT 논문에서는 다른 문장들을 샘플링하는 방법을 제안했지만, RoBERTa 논문에서는 연속된 문장을 사용하는 것으로도 충분함[5]을 보였습니다). 다음으로, 단어들을 무작위(예를 들어, 15%)로 마스킹(적당한 마스킹 기호로 바꿈)하고, 주변 문맥으로부터 마스킹된 단어들을 예측하는 작업을 수행합니다. 이 작업을 해결하도록 학습된 모델을 사전 학습 완료된 모델로 하여, 다양한 작업을 학습하기 위한 초기 모델로 사용합니다. 각 작업에 대해 미세 조정이 수행됩니다. 사전 학습 중에는 입력의 일부가 마스킹되지만, 나중에 그것을 사용하는 작업에서는 입력에 마스킹을 적용하지 않으므로 입력 분포의 불일치가 발생하게 됩니다. 그래서 사전 학습 시의 예측 작업에서는 예측할 모든 단어를 마스킹 기호로 대체하지 않고 일부 단어는 그대로 두고 일부는 무작위로 다른 단어로 대체하여 이러한 불일치를 줄일 수 있도록 합니다.

BERT가 성공한 이유

BERT의 성공은 다음의 두 가지 이유 덕분이었습니다.

첫 번째는 BERT가 예측을 할 때 앞뒤의 컨텍스트를 사용한다는 점입니다. 유사한 작업으로서 ELMo에서도 사용되는 언어 모델이 있습니다. 그때까지의 텍스트로부터 다음 단어를 예측하는 작업이며, 사전 학습으로 언어 모델을 사용하는 예가 많습니다. 언어 모델에서 예측은 이전 문맥에서 다음 단어를 예측하는 한 방향이며, 앞에서부터 순차적으로 단어를 생성하는 생성 모델을 학습하는 것으로 볼 수 있습니다. 반면 BERT는 예측을 할 때 앞뒤의 맥락을 볼 수 있는데, 생성 모델링은 포기한 구조를 사용합니다. 이 양방향 예측은 언어 이해에 중요한데, 예를 들어 단어를 예측하는 경우에 그 앞의 문맥을 보고 다음으로 그 뒤의 문맥을 보고 나서 마지막으로 그것들을 종합해서 예측하겠다는, 보다 복잡한 프로세스를 사용할 수 있습니다. 이런 방식으로 텍스트의 앞뒤를 상황에 따라 사용하는 것은 언어 이해에 중요합니다. 또한 앞뒤의 문맥으로서 같은 문장 안에 있는 단어들뿐 아니라 인접한 주위의 텍스트도 사용해서 예측하는 것이 중요합니다. 입력은 연속적인 텍스트로 구성되므로, 예측에 필요하다면 주위 텍스트의 정보를 사용할 수 있게 되어 있습니다. 이를 통해 문장 단위를 넘어서는 언어 이해가 가능해집니다.

두 번째는 트랜스포머(셀프 어텐션 메커니즘)를 사용한다는 점입니다. 트랜스포머는 어텐션 메커니즘을 사용하여 데이터의 흐름을 그때까지의 처리결과에 따라서 동적으로 바꿀 수 있는 구조를 가집니다. 이에 의해 현재까지의 처리에 따라, 예를 들어 정보가 순방향 컨텍스트로부터 수집될 수도 있고, 뒤쪽 위치에서의 처리로 정보를 넘겨줄 수도 있습니다. 또한 트랜스포머는 멀리 있는 위치에 있는 정보를 한 단계만으로 집약할 수 있습니다. 반면, CNN과 RNN은 먼 위치에서의 정보를 취합하기 위해서는 거리에 비례하거나 그에 가까운 정도의 계산 단계를 필요로 합니다. 언어 이해에는 떨어진 위치의 정보가 필요한 경우가 많은데(예: 어떤 단어가 앞에서도 언급된 경우, 그 단어의 주변 정보를 수집), 이러한 경우에도 트랜스포머는 필요에 따라 한 단계의 계산만으로 정보를 수집할 수 있습니다. 또한, 트랜스포머는 희소 어텐션 메커니즘을 사용하는 것으로 볼 수 있기 때

1 옮긴이_ 벡터 요소들이 이산값이 아닌 연속적 실수라는 의미입니다.

2 J. Devlin et al., "BERT: Pre-training of Deep Bidirectional Transformers for Language Under standing," *https://arxiv.org/abs/1810.04805*

3 *https://super.gluebenchmark.com/*

4 Y. Liu et al., "RoBERTa: A Robustly Optimized BERT Pretraining Approach," *https://arxiv.org/abs/1907.11692*

5 옮긴이_ 연속된 문장을 사용하는 것이 학습에 더 효과적이라고 주장했습니다.

문에, MoE Model[6] 모델에서와 같이 모델의 표현력을 높이기 쉬우므로 표현력이 요구되는 언어 처리에 효과적입니다.

일부를 마스킹하거나 앞뒤의 문맥을 사용한다는 아이디어 자체는 간단하게 생각해 낼 수 있기 때문에, 아마도 지금까지 많은 사람들이 생각하고 시도했지만 좋은 결과를 얻지 못했던 것은 아닐까 합니다. BERT의 성공에는 트랜스포머의 등장이 컸지만, 막대한 계산 비용을 들여 대량의 학습 데이터로 대형 모델을 학습하는 실험을 쉽게 수행할 수 있게 되었기 때문이기도 할 것입니다.

BERT를 개량하기 위한 연구들은 이미 많이 발표되었습니다. 그중에서도 미국 워싱턴 대학교 University of Washington의 폴 G. 앨런Paul G. Allen 전산 공학과Computer Science & Engineering와 페이스북 AI가 만든 팀은 BERT를 개량한 RoBERTa를 제안했는데, 현재 가장 성능이 좋습니다.[7] RoBERTa는 BERT에 더해서 1) 각 반복iteration에 서로 다른 랜덤 마스크를 사용하고, 2) 학습 중의 배치 사이즈를 늘리고, 3) 학습 데이터 스캔 횟수[8]를 10배 가까이 늘려서 성능을 크게 향상시켰습니다. 기본적으로 지금의 BERT는 과소적합 상태이기 때문에 더 큰 모델과 더 긴 학습 시간을 사용하면 성능이 더욱 향상될 것이라고 보고했습니다.

RoBERTa는 언어 이해 과제에서는 사람에 필적하는 성과를 거뒀으므로, 언어 이해에 큰 진전을 이뤘다고 할 수 있습니다. 한편, 이 결과를 두고 현시점에서 언어와 관련된 작업들은 무엇이든지 해결할 수 있게 되었다고는 생각하지 않는 편이 좋을 것입니다. 이 언어 이해 작업이 커버하는 것은 극히 일부분이기 때문입니다. 실용화라는 관점에서 예를 들어보자면, 현실 세계와 언어를 매핑하는 기호 접지symbol grounding 문제, 심리 모델, 대화와 같이 교시teaching[9]가 어려운 작업을 어떻게 가르

칠 것인가와 같은 많은 중요한 문제들이 남아 있습니다. 앞으로 자연어 처리 연구가 가속화될 것은 틀림없지만, 무엇이 해결되었는지에 대해서는 신중한 평가가 필요합니다.

매우 큰 계산 부담

BERT를 사용하는 사전 학습과 이를 이용하는 추론에는 많은 계산 자원이 필요합니다. 그래서 구글, 페이스북, 마이크로소프트 등 대규모 계산 자원을 이용할 수 있는 조직만이 새로운 모델을 만들 수 있으며 실제로 벤치마크의 상위권은 이러한 회사들로 구성됩니다. 예를 들어, 최초의 BERT는 클라우드에서 학습 1회의 실험에 약 6,912 달러, 관련 기법인 XLNet은 61,440 달러가 필요한 것으로 보고되었습니다.[10] 오리지널 BERT 학습에는 16개의 Cloud TPU v3 pod를 사용하여 3일의 학습 시간이 필요했지만, RoBERTa[11]에서 제안한 횟수를 사용하면 학습하는 데 48일이 걸립니다. 이러한 이유로, 병렬화를 이용한 학습 속도의 향상도 필요하게 되어, 16매의 TPUv3 카드로 3일이 걸리는 학습 시간을 TPUv3 1024매를 사용하여 데이터 병렬화를 적용함으로써 76분까지 단축한 것으로 보고된 바 있습니다.

한편, 큰 모델과 데이터를 사용하고 스캔 횟수를 늘리면 성능은 여전히 향상될 것으로 예상됩니다. 2017년 구글의 제프리 힌튼 등은 자연어 처리에 있어서, 파라미터 1조 개를 갖는 모델을 1조 개의 단어로 이루어진 데이터로 학습시키는 것이 목표라고 밝혔습니다만,[12] 2021년에 등장한 Switch Transformer[13]는 파라미터가 1.6조 개였고 데이터양도 커졌습니다. 그러나 아직도 데이터양이나 모델 사이즈의 증가에 따른 일반화 성능이나 후속 작업의 성능 향상이 보이므로, 더욱 큰 모델이 필

요할 것으로 보입니다.

또한 학습할 때뿐만 아니라 추론할 때도 많은 양의 계산이 필요합니다. 엔비디아는 이미 BERT로 만든 모델을 효율적으로 추론할 수 있는 라이브러리를 제공하기 시작했습니다.[14]

언어 이해 기술의 급속한 향상

언어나 이미지 작업은 무수히 많은 데이터를 이용할 수 있는 문제 설정이므로, 비지도 학습, 자기 지도 학습 등이 결국에는 효과를 보일 것으로 생각되었습니다. BERT는 자연어 처리에서 이것이 실제로 가능하다는 것을 보였습니다. 언어 이해 작업은 지금까지와는 다른 페이스로 빠르게 해결되기 시작했습니다. 이미지 인식(상호 정보량 최대화에 의한 자기 지도 학습)과 기계 번역(역번역 back translation 기법 적용) 등의 분야에서도 비슷한 현상이 보입니다.

사람이 비지도 학습, 자기 지도 학습을 현재의 AI보다 훨씬 잘할 수 있는 이유로서, AI가 사용할 수 있는 결정적인 학습 방법이 발견되지 않았기 때문만이 아니라, 모델의 크기나 모델 업데이트 횟수에서 사람과 AI 사이에 압도적인 차이가 있기 때문일 가능성이 있습니다. 유아는 주변을 멍하니 바라보거나 사람들이 말하는 것을 계속 듣고 있다가 몇 년이 지나면 갑자기 주변을 인식하고 말을 할 수 있게 됩니다. 그사이에 예측이나 보완 등 자기 지도 학습을 지금의 AI보다 훨씬 큰 모델을 사용하여 대량으로 수행하는 것일지도 모릅니다. 앞으로 적어도 BERT와 같은 기법으로 지금보다 훨씬 큰 모델과 데이터를 사용하여 더 어려운 문제를 해결할 수 있는지가 확인될 것입니다.[15]

6 N. Shazeer et al., "Outrageously Large Neural Networks: The Sparsely-Gated Mixture-of-Experts Layer," *https://arxiv.org/abs/1701.06538*

7 옮긴이_ 어떤 작업에 대해 평가하느냐에 따라 달라질 수 있습니다. 이 절이 집필된 2019년 10월에는 RoBERTa 가 전반적으로 가장 성능이 좋은 BERT 계열 모델이었습니다.

8 옮긴이_ 에포크를 의미합니다.

9 옮긴이_ 로봇 공학에서 온 개념으로서, 작업의 단계를 하나하나 지정해 주는 것을 의미합니다.

10 *https://syncedreview.com/2019/06/27/the-staggering-cost-of-training-sota-ai-models/*

11 Y. Liu et al., "RoBERTa: A Robustly Optimized BERT Pretraining Approach," *https://arxiv.org/abs/1907.11692*

12 N. Shazeer et al., "Outrageously Large Neural Networks: The Sparsely-Gated Mixture-of-Experts Layer," *https://arxiv.org/abs/1701.06538*

13 W. Fedus et al.,"Switch Transformers: Scaling to Trillion Parameter Models with Simple and Efficient Sparsity," *https://arxiv.org/abs/2101.03961*

14 *https://devblogs.nvidia.com/nlu-with-tensorrt-bert*

15 옮긴이_ 2024년 시점에서 이에 대한 답은 명확합니다. 훨씬 더 어려운 문제를 해결할 수 있다는 것이 확인되었습니다.

CHAPTER

12

제어

확률적 제어:
부정확한 제어가 돕는 학습

오늘날의 많은 제어가 최적 제어에 의해 실현되고 있습니다. 이것은 제어 거동 자체의 좋고 나쁨을 나타내는 비용 함수를 설정하고, 그 비용 함수를 최소화하는 조작 시퀀스를 구함으로써 제어를 수행하는 것입니다.

이 경우, 제어는 먼저 최적 제어에 의해 궤도 등의 계획을 세운 다음 그 계획에 따라 실행됩니다. 예를 들어, 물체를 잡는 궤적을 생성하고 싶은 경우에는 시작점, 종료점, 속도, 가속도 등의 제약 조건 아래에서 비용 함수를 최소화하는 경로를 미리 구해서, 실행 중에 그 경로를 추적하도록 하여 제어를 실현합니다. 실행 중에 외력이나 노이즈 등에 의해 계획에서 벗어나려고 하면 계획으로 돌아가도록 피드백이 걸립니다. 이로써 몇 번을 반복하더라도 완전히 동일한 정확한 작업이 실현됩니다.

사람이나 동물은 계획 자체를 항상 수정

한편, 사람이나 동물의 움직임(예를 들어, 달리는 움직임이나 물체를 잡는 움직임)은 완전히 동일한 움직임을 반복하지는 않으며 각 움직임 간에 편차가 있는 것으로 밝혀졌습니다.[1] 경로를 계획한 후 변경하지 않고 실행하는 최적 제어와 달리, 사람이나 동물의 제어는 실행하는 동안 상황에 따라 계획 및 제어 출력을 수정해 가면서 목적이 달성되도록 제어합니다.

여기에는 여러 가지 이유가 있습니다. 하나는 환경 내에 예측 불가능한 외란external disturbance이나 내부 시스템(근육 및 힘줄 등)의 오류가 커서 먼 미래가 어떻게 될지 정확하게 예측하기 어렵다는 것입니다. 따라서 면밀한 계획을 세우는 것이 아니라 최종 목표를 주시하며 실행해 가면서 가까운 미래만을 계획하는 것이 합리적입니다.

두 번째는 에너지 최소화입니다. 계획에 따라 상태를 수정하려면 에너지가 필요하며 수정으로 인해 새롭게 발생하는 노이즈를 수정하는 데도 에너지가 필요합니다. 그래서 상태를 수정할 때는 작업을 달성하는 데 필요한 부분만을 수정하고, 작업과 관계없는 편차는 정정하지 않습니다.

세 번째는 행동의 다양성을 만들어 냄으로써 다양한 정보를 수집할 수 있게 되어, 학습에 있어서의 탐색이라는 면에서 유리하다는 점입니다.

시행착오로 정보를 수집하는 강화 학습

사람이나 동물의 경우, 최종 제어 능력은 학습을 통해 얻습니다. 이 학습은 강화 학습의 틀로 이해할 수 있습니다. 최적 제어는 비용 함수를 최소화하는 제어를 구하는 문제이고, 강화 학습은 앞으로의 기대 보상(기대 수익)을 최대화하는 행동을 선택하는 정책을 획득하는 문제입니다.

여기서 보상을 비용 함수의 음의 값으로 본다면, 최적 제어와 강화 학습은 같은 문제를 푸는 것으로 간주할 수 있습니다. 강화 학습에서도 기대 보상을 최대화하는 최적 정책은 결정론적으로 정해집니다. 즉, 주어진 상태에 대한 최적 행동이 고유하게 결정된다는 의미입니다. 한편, 기대 보상 최대화만이 아닌 탐색도 실현하고 싶다면 다양한 시행착오를 통해 정보를 수집해야 하므로, 확률적 행동 선택이 필요하게 됩니다.

다양한 움직임을 통해 여러 가지 행동과 그 결과를 경험함으로써 노이즈에 대해 강건해질 뿐 아니라, 나중에 다른 작업을 하는 경우에도 도움이 됩니다. 예를 들어, '물건'을 잡는 가장 좋은 방법을 하나만 습득하는 것이 아니라, 성능이 약간 떨어지는 여러 가지 파지법을 학습함으로써 이어지는 발전적 과제(움켜잡은 물체를 구멍에 넣기)나 다른 과제를 학습할 때 다른 파지법을 사용하여 효율적으로 학습할 수 있게 됩니다.

본 적 없는 상태를 효율적으로 탐색

기존에는 이러한 확률적 정책의 대부분은 휴리스틱에 의해 설정되었습니다. 예를 들어, ε-greedy 정책에서는 일정한 확률로 랜덤한 행동을 선택함으로써 탐색을 실현합니다.

최근 이러한 탐색의 효과를 공식화하여 확률적 정책을 도출하는 기법이 등장했습니다. 하나의 예로서, 이 절에서는 UC 버클리의 하르노야[Haarnoja] 등의 에너지 모델을 사용한 강화 학습[2]을 소개합니다. 강화 학습에서는 매 시각 t에 에이전트는 환경으로부터 상태 s_t를 받아서, 정책 $\pi(a_t|s_t)$에 따라 행동 a_t를 선택하여, 환경으로부터 보상 $r(s_t,a_t)$을 받습니다. 환경은 그 행동에 따라 갱신됩니다.

기존의 강화 학습은 미래의 기대 보상 $\Sigma_t \mathrm{E}[r(s_t,a_t)]$을 최대화하는 정책을 구하는데, 그렇게 하면 기본적으로 탐색은 고려되지 않습니다. 따라서 지금까지 본 적이 없는 상태를 효율적으로

탐색하기 위해 보상에 더하여 정책의 엔트로피 $H(\pi(\cdot|s_t))$도 최대화하는 문제를 생각할 수 있습니다.

$$\pi^* = \max_\pi \sum_t \mathrm{E}\left[r(s_t,a_t) + \alpha H\big(\pi(\cdot|s_t)\big)\right]$$

여기서 기댓값은 정책에 따르는 상태 행동 분포 (s_t,a_t)에 따라 구하며, $\alpha>0$은 탐색에 얼마나 중점을 두는지를 정하는 하이퍼파라미터입니다. 이 정책은 현재 정책의 엔트로피를 최대화할 뿐만 아니라 미래의 엔트로피도 최대화한다는 점에 주목해 주세요. 결과적으로, 아직 관찰한 적이 없는 상태처럼 엔트로피가 높은 상태를 위주로 탐색하게 됩니다.

이 공식에 의한 최적 정책은 소프트 행동 가치 함수 $Q^*(s,a)$와 소프트 상태 가치 함수 $V^*(s_t)$를 사용하여 다음과 같은 확률적 정책이 됩니다.

$$\pi^* = \big(a_t|s_t\big) = \exp\left(\frac{1}{\alpha}\big(Q^*(s,a) - V^*(s_t)\big)\right)$$

$$Q^*(s_t,a_t) = r_t + \mathrm{E}\left[\sum_t \gamma^t \big(r_{t+1} + \alpha H\big(\pi^*(\cdot|s_{t+1})\big)\big)\right]$$

$$V^*(s,t) = \alpha \log \int \exp\left(\frac{1}{\alpha} Q^*(s_t,a')\right) da'$$

각 행동은 $\exp(Q^*(s_t,a_t))$에 비례하는 확률로 선택되며, 각 행동 가치 함수가 분자, 상태 가치 함수가 분모가 되는 함수입니다. 여기서 $\alpha=0$인 경우는 기존의 최적 정책과 동일해지며, 해당 시각에서의 최대 행동 가치 함숫값을 갖는 행동을 결정론적으로 선택합니다.

1 E. Todorov et al., "Optimal feedback control as a theory of motor coordination," Nature Neuroscience vol.5, no.11, pp.1226–1235, 2002.

2 T. Haarnoja et al., "Reinforcement Learning with Deep Energy-Based Policies," ICML 2017.

이와 같이 탐색도 고려한 엔트로피 최대화를 포함하는 경우에도 정책과 가치 함수 간에는 아름다운 관계가 성립하지만, 문제는 상태나 행동이 고차원 연속 공간일 때 행동 가치 함수 $Q(s_t, a_t)$를 어떻게 모델링하느냐 하는 것입니다. 행동 가치 함수는 충분한 표현력을 가지면서, 상태 s_t가 주어졌을 때 각 행동 a_t를 고속으로 샘플링할 수 있어야 합니다.

실제로 효율적인 탐색을 실현

논문[3]에서는 신경망을 이용하여 $Q(s_t, a_t)$에 대한 회귀 모델을 생성하고, 고차원 에너지 함수를 기반으로 하는 생성 모델 중 하나인 Amortized SVGD를 사용하여 $\pi^*(a_t|s_t)$로부터 행동 a_t를 샘플링합니다. 이 Amortized SVGD는 에너지 함수에 따른 확률 분포에 의한 샘플을 결정론적 함수를 사용하여 노이즈로부터 생성(GAN과 같은 아이디어)할 수 있으므로, MCMC(마르코프 연쇄 몬테카를로 기법) 등과는 달리 매우 빠른 속도로 많은 양을 샘플링할 수 있습니다.

하르노야 등의 실험에서는 확률적 정책을 사용함으로써 실제로 상태 공간을 효율적으로 탐색할 수 있습니다. 예를 들면, 바람직한 상태가 여러 개 있는 경우에도 하나만이 아닌 여러 개를 탐색할 수 있게 됩니다. 또한 이 기법으로 학습된 모델을 기반으로 더 어려운 문제를 해결할 수 있는 것으로 나타났습니다.

이러한 '부정확한' 제어가 학습에 유용하다는 점은 흥미로운 인사이트입니다.

---

3   T. Haarnoja et al., "Reinforcement Learning with Deep Energy-Based Policies," ICML 2017.

온라인 학습과 최적 제어, 미지의 노이즈에도 강건한 제어 기법

선형 다이내믹스를 가지는 시스템의 제어는 고전적인 문제이며 광범위한 분야에서 볼 수 있습니다. 이러한 제어 문제에 대하여 온라인 학습을 적용하여 노이즈와 비용에 대한 가정을 크게 완화하고, 비용 함수가 동적으로 변하는 경우에도 대응할 방법이 최근 제안되고 있습니다. 이에 대해 소개하겠습니다.

이 절에서는 이산 시간 선형 시스템의 최적 제어 문제를 다룹니다. 시각 t에서의 시스템 상태를 x_t, 행동을 u_t, 전이 노이즈(또는 교란)를 w_t라고 할 때, 다음 시각의 상태는 다음과 같이 정해진다고 합시다.

$$x_{t+1} = Ax_t + Bu_t + w_t$$

이 문제 설정에서 전이 다이내믹스를 나타내는 행렬 A와 행동의 상태에 대한 영향을 나타내는 행렬 B는 안다고 합시다. 각 시각에서 비용 $c(x_t, u_t)$가 정의되고 시각 $t=1$에서 $t=T$까지의 비용 합계 $\sum_{t=1}^{T} c_t(x_t, u_t)$를 최소화하는 행동 시퀀스 $\{u_t\}_{t=1}^{T}$를 구하는 것이 목표가 됩니다. 지금까지의 정보로부터 행동을 결정하는 함수를 정책이라고 하겠습니다. 예를 들어, 자주 사용되는 정책으로는 현재 상태에 선형적으로 의존하여 행동을 결정하는 선형 정책이 있습니다.

$$u_t = -Kx_t$$

기존에는 이러한 제어 문제에서 노이즈 w_t는 가우시안이라고 가정하는 경우가 많았습니다. 그러나 현실의 문제에서는 이 가정이 성립되지 않는 경우도 많습니다. 이에 대해, 노이즈가 최악인 경우를 고려하여, 그 경우에 최적의 제어를 목표로 하는 H_∞ 제어가 제안되고 있습니다. 이는 노이즈가 최악이라고 가정할 때 각 시각의 최적 선형 제어를 구하는 문제이며, 다음과 같은 문제를 풂으로써 제어를 실현합니다.

$$\min_{K_1} \max_{w_{1:T}}, \min_{K_2}, \dots,$$
$$\min_{K_t} \max_{w_T} \sum_t c_t(x_t, u_t)$$

강건한 제어를 달성할 수 있지만, 최악의 노이즈를 가정하는 비관적인 제어이며 보다 현실적인 노이즈의 경우에 달성 가능한 최적성이 손상될 가능성이 있습니다. 또한 비용 $c(x_t, u_t)$가 x_t와 u_t의 2차 함수로 표현된다는 가정을 하는 경우도 많습니다. 이 경우의 최적 제어는 선형 2차 조절기linear quadratic regulator(LQR)로 알려졌으며, 리카티Riccati 방정식을 풀어서 최적 제어를 할 수 있습니다.

이 최적 제어 문제에 온라인 학습을 적용하면 임의의 노이즈를 대상으로 하고, 비용 함수도 2차 함수보다 넓은 볼록 함수인 경우에도 최적성을 달성할 수 있습니다. 먼저 온라인 학습을 설명하겠습니다.

온라인 학습

온라인 학습이란 차례차례 관찰된 데이터 x_t에 대해 행동 u_t를 결정하고, 그 결과에 따라 피드백

$c_t(x_t, u_t)$를 받아 파라미터를 즉시 업데이트하여 적응시키는 기법입니다. 현재의 신경망 학습은 동일한 학습 데이터를 몇 번이고 반복 사용해서 파라미터를 천천히 업데이트해 가는 반면, 온라인 학습은 기본적으로 데이터를 한 번만 봅니다.

온라인 학습의 특징은 Regret(후회)이라는 지수를 사용하여 알고리즘의 성능을 엄밀하게 평가할 수 있다는 것입니다. Regret은 정책에 의한 행동 결정이 최적의 정책에 의한 행동 결정과 비교하여 얼마나 나쁜지를 평가합니다. '최선의 정책을 사용했다면 이 정도는 달성할 수 있었을 것'이라는 '후회'를 측정하게 됩니다.

그러면 이 문제 설정에서의 Regret을 정의하겠습니다.[1] 먼저 임의의 정책 $\mathcal{A}$의 성능을 다음과 같이 정의합니다.

$$J_T(\mathcal{A}) = \sum_{t=1}^{T} c_t\left(x_t, u_t\right)$$

다음으로는 비교 대상으로 앞서 언급한 선형 제어를 사용하여 (일반적으로는 알 수 없는) 최적 선형 정책에 비해 정책 $\mathcal{A}$가 얼마나 나빴는지를 Regret으로 정의합니다. $J_T(K)$는 선형 정책을 사용한 경우의 성능을 나타냅니다.

$$\text{Regret} = J_T(\mathcal{A}) - \min_K J_T(K)$$

Regret은 시간 T에 대해 어떤 비율을 가지는지가 중요합니다. 만약 비율이 $O(T)$보다 작다면 시간당 Regret은 시간 T가 증가함에 따라 0으로 수렴합니다. 이는 $\mathcal{A}$와 최적의 선형 제어 K^*의 시간당 비용이 거의 일치한다는 것을 의미합니다.

Regret이 $O(\sqrt{T})$라면 1회당 오차는 $1/\sqrt{T}$에 비례하여 감소해 가고, $O(\log T)$라면 $1/T$($\log T$는 거의 정수로 볼 수 있기 때문)에 비례하여 감소합니다. 이것은 매우 빠른 수렴이며, 이 조건에서는 이

보다 더 빠르게 수렴할 수는 없다고 알려져 있습니다.

온라인 학습을 이용한 제어는 비용 함수가 볼록 함수라면 Regret은 $O(\sqrt{T})$, 강볼록strong convex 함수라면 $O(\log T)$를 달성할 수 있습니다.[2] 볼록 함수란 단일 입력single input 함수인 경우 2차 미분이 음수가 아니고, 강볼록 함수라면 2차 미분이 양수인 함수입니다.

온라인 학습에 의한 최적 제어

온라인 학습을 사용하여 제어하는 방법에 대해 설명하겠습니다. 온라인 학습은 기법 자체는 간단하지만, 그 이면의 이론과 증명은 지면의 한계로 소개하기 어렵습니다. 대신 기본 아이디어만 설명하겠습니다. 먼저 몇 가지 개념을 소개하겠습니다. 모두 온라인 학습에 의한 제어에 필요한 개념입니다.

먼저 노이즈가 없는 경우의 선형 제어의 안정성을 살펴보겠습니다. 이 경우 다음 시각의 상태는 $\tilde{A} = A - BK$로 정의된 행렬에 의해 지배되며, 0이 아닌 상태가 시간에 따라 어떻게 변해가는지를 나타냅니다.

$$\begin{aligned} x_{t+1} &= Ax_t + Bu_t \\ &= Ax_t - BKx_t \\ &= (A - BK)x_t \\ &= \tilde{A}^t x_1 \end{aligned}$$

선형 피드백 이득 제어 K에 의해 형성된 행렬 $\tilde{A}$는 $\tilde{A} = QLQ^{-1}$로 분해되며, L은 대각 행렬이고, $\|L\| \le 1 - \gamma$, $\|K\| \le \kappa$, $\|Q\|, \|Q-1\| \le \kappa$를 만족할 때, 이 K를 강맥(κ, γ)안정하다고 합니다.

다음으로, 외란이 있는 경우를 생각해봅시다. 정책 중에서 지금까지의 외란$(w_{t-1}, w_{t-2}, \ldots)$에 선형

의존하여 다음 제어를 결정하는 정책을 외란 행동 정책^{disturbance-action policy}이라고 합니다.

$$u_t = -Kx_t + \sum_{i=1}^{H} M_t^{(i)} w_{t-i}$$

여기서 K는 고정되어 있습니다. 노이즈 w_{t-1}은 직접 관측할 수 없지만, 다음 상태 x_t를 구할 수 있다면 $w_{t-1}=x_t-Ax_{t-1}-Bu_{t-1}$로 계산할 수 있다는 점에 주목해주세요.

이 외란 행동 정책은 $M_t=(M_t^{(1)}, M_t^{(2)}, ..., M_t^{(H)})$라는 파라미터로 특징지어집니다. 외란 행동 정책은 표현할 수 있는 함수의 자유도보다 파라미터의 개수가 많은 오버파라미터 모델입니다. 언뜻 보기에 외란에 의존하는 방식으로 정책을 정의하는 것은 부자연스러워 보이지만, 이렇게 하면 비용 함수가 최적화 대상 파라미터를 선형 변환한 결과에 대해 볼록이 되므로, 비용 함수에 볼록성 또는 강볼록성 성질 부여하게 되는 것으로 밝혀졌습니다.

또한, 시각 $t-H$의 상태를 $x_{t-H}=0$으로 가정하고, 그 후 각 시각에서 파라미터 $M_{t-H}, ..., M_t$를 갖는 정책에 의해 제어 u_t를 선택해 간 결과, 시각 t에서 도달한 상태를 이상^{ideal} 상태 y_{t+1}, 그 시각 t에서 취하는 행동을 이상 행동 v_t라고 정의합니다. 이 이상 상태, 이상 행동으로부터 정해지는 비용을 이상 비용이라고 합니다.

$$f_t\left(M_{t-H}, ..., M_t\right) \\ = c_t\left(y_t\left(M_{t-H}, ..., M_{t-1}\right), v_t\left(M_{t-H}, ..., M_t\right)\right)$$

이 이상 비용은 $M_{t-H}, ..., M_t$에 대해 선형이라는 점에 주목해주세요. 이 이상 비용은 실제 관측된 비용 $c_t(x_t, u_t)$와는 다르지만, 이러한 비용 차이는 강 (κ, γ)안정인 정책 간에서는 κ, γ를 사용하는 함숫값 이하로 억제될 수 있기 때문에, 이상 비용에 대해 최적화가 수행되더라도 실제 비용을 억제할 수 있

음이 밝혀졌습니다.

또한 $f_t(M)=f_t(M, ..., M)$입니다. 즉, 모든 과거 시각에 파라미터 M에 의해 결정되는 정책에 따라 행동이 선택될 때의 이상 비용을 나타냅니다. 이것은 기억을 활용하는 온라인 학습에 사용되는 기법입니다.

그러면 온라인 학습을 사용한 제어에 대해 설명하겠습니다. $\|B\| \le \kappa_B$라고 가정합니다. 먼저, 강 (κ, γ) 안정인 선형 제어 K를 하나 구합니다. 이것은 선형 다이내믹스가 알려진 경우 구할 수 있음이 알려져 있습니다. 그리고 K를 고정합니다. 그런 다음 가중치 $M_0=\{M_0^{[1]}, M_0^{[2]}, ...\}$을 적당하게 초기화합니다. 이 알고리즘은 각 시각 t에서 외란 행동 정책으로 행동을 선택합니다.

$$u_t = -Kx_t + \sum_{i=1}^{H} M_t^{[i]} w_{t-i}$$

그리고 다음 시각 정책의 파라미터를 다음과 같은 투영 경사 하강법으로 업데이트합니다.

$$M_{t+1} = \Pi_{\mathcal{M}}\left(M_t - \eta \nabla f_t\left(M_t\right)\right)$$

여기서 Π_M은 볼록 영역 $\mathcal{M}$으로의 투영이고, $\mathcal{M}$은 다음과 같습니다.

$$\mathcal{M} = \{M = \{M^{[1]}, ..., M^{[H]}\} \\ : \left\|M^{[i]}\right\| \le \kappa^3 \kappa_B (1-\gamma)^i\}$$

이 알고리즘에 의한 Regret은 비용 함수가 볼록이

1　N. Agarwal et al. "Online Control with Adversarial Disturbances," ICML 2019, *http://proceedings.mlr.press/v97/agarwal19c/agarwal19c.pdf*

2　N. Agarwal et al., "Logarithmic Regret for Online Control," NeurIPS 2019, *https://arxiv.org/abs/1909.05062*

면 $O(\sqrt{T})$, 강볼록이면 $O(\log T)$를 달성합니다.

수 있다고 할 수 있습니다.

그 밖의 문제

이 문제에서는 선형 다이내믹스의 파라미터가 알려졌다고 가정하지만, 알 수 없는 경우에도 이러한 파라미터는 경사 하강법을 사용하여 추정할 수 있습니다.[3] 이러한 기법을 결합하면 다이내믹스가 알려지지 않은 시스템에서 온라인 학습으로 제어할 수 있습니다.

또한, 이 문제에서는 상태 변수를 직접 관측할 수 있는 경우를 다루었습니다. 실제로는 일부 상태 변수는 직접 관측할 수 있고 일부는 관측할 수 없는 것이 일반적입니다. 이 경우 관측치로부터 온라인으로 상태 변수를 추정해야 하며, 칼만 필터 Kalman filter와 파티클 필터 particle filter 등이 알려져 있습니다. 요새는 칼만 필터와 DNN을 조합하여 추정하는 기법도 등장했습니다.[4] 이러한 기법은 상태를 분포로 표현하여 불확실성에 대응합니다. 앞으로는 온라인 학습을 활용한 기법에서도 불확실성을 고려한 최적 제어가 고려될 것입니다.

온라인 학습은 통계적 학습 이론과 달리, 성능 보증이 확률적이 아니라 항상 성립하는 형태로 주어진다는 특징이 있습니다. Regret은 알려지지 않은 최적 정책에 대한 상대적 성능 평가로서 절대적인 성능 보증은 아닙니다. 그러나 어떤 식으로든 최적 정책(최적 파라미터)의 존재와 그 성능을 알 수 있는 경우에는 강력한 이론적 성능 보증을 제공합니다.

온라인 적응이라는 면도 큰 매력입니다. 이번의 제어 문제에서도, 비용이 차례차례 동적으로 변해가는 경우에도, 어느 시점을 보더라도 성능이 보증됩니다. 즉 각각의 최적 정책으로 바로 전환할

3 M. Hardt et al., "Gradient Descent Learns Linear Dynamical Systems," JMLR 2018, *http://www.jmlr.org/papers/volume19/16-465/16-465.pdf*

4 P. Becker et al., "Recurrent Kalman Networks: Factorized Inference in High-Dimensional Deep Feature Spaces," ICML 2019, *https://arxiv.org/abs/1905.07357*

CHAPTER
13

시뮬레이션

13.1 AI에 의한 시뮬레이션의 진화

시뮬레이션 또는 컴퓨터 모델링은 시뮬레이션 자체의 기술 발전과 계산 성능 및 성능 비용 효율의 기하급수적인 개선으로 인해 넓은 분야에서 사용됩니다. 대상 문제의 원리, 원칙 및 공식을 알면 데이터를 기반으로 하지 않고도 정확하게 시뮬레이션할 수 있습니다. 화학 분야의 용어를 빌리자면 'ab initio(제1원리 계산)'로서 데이터나 경험을 사용하지 않고도 복잡한 현상을 매우 정확하게 시뮬레이션할 수 있습니다. 한편으로 시뮬레이션이 달성할 수 있는 정확도와 필요 계산량에는 개선의 여지가 많습니다. 정확도와 계산량은 트레이드오프 관계이며, 고정확도 시뮬레이션을 실현하려는 경우에는 계산량이 문제가 됩니다. 처리하는 요소의 수(물체, 전자 등의 수)가 증가함에 따라 계산량이 급격히 증가할 수 있습니다. 또한 디지털 컴퓨터는 연속량을 처리할 수 없기 때문에 시간과 공간을 양자화해야 합니다. 이 경우에도 정확도가 높은 시뮬레이션을 위해서는 높은 분해능[resolution]이 필요하므로 계산량이 증가합니다.

이러한 문제를 해결하는 기법으로 AI를 사용하여 시뮬레이션의 속도를 높이고 정확도를 향상시킬 수 있습니다. 이 절에서는 강체 물리 시뮬레이션, 양자 화학 시뮬레이션 및 컴퓨터 렌더링(광학계 시뮬레이션)에서 AI가 어떻게 사용되는지에 대해 소개하겠습니다.

강체 물리 시뮬레이션

먼저, 질량을 가진 복수의 강체[rigid body]가 상호작용을 하면서 미래에 어떤 궤도를 그릴지 시뮬레이션하는 문제를 생각해봅시다. 여기서는 뉴턴 역학과 그것을 일반화한 해밀턴 역학으로 기술되는 고전 역학을 다룹니다.

외력이 가해지지 않는 환경에서는 n개의 물체의 좌표 $\mathbf{q}=(q_1, q_2, ..., q_n)$과 운동량 $\mathbf{p}=(p_1, p_2, ..., p_n)$ (시간을 인수로 사용하지만 여기서는 생략함)의 다이내믹스는 해밀토니언[Hamiltonian] $\mathcal{H}(q, p, t)$ 라는 함수의 경삿값에 따라 기술될 수 있는 것으로 알려져 있습니다.

$$\frac{\partial \mathbf{q}}{\partial t} = \frac{\partial \mathcal{H}}{\partial \mathbf{p}}, \frac{\partial \mathbf{p}}{\partial t} = -\frac{\partial \mathcal{H}}{\partial \mathbf{q}}$$

이 역학은 가역적이며 에너지 보존 법칙이 성립합니다. 또한 이 식을 사용함으로써 현재 상태(위치 및 운동량)가 주어지면 미래와 과거 상태가 고유하게 결정됩니다. 예를 들어, 일정 시각 후의 위치를 구하기 위해서는 이러한 다이내믹스에 따라 변화량의 적분을 시간 방향으로 구하면 됩니다. 그러나 실제로는 오차가 발생합니다.

이러한 시뮬레이션에서 발생하는 오차는 크게 모델링 오류(예: 시스템의 모든 물체가 고려되지 않음, 추정된 해밀토니언이 잘못됨), 수치 계산 오차 등이 있습니다. 예를 들어, 중력 상호작용이 일어나는 다체[n-body]문제라거나, 복수의 물체가 복잡한 제약 조건 하에서 움직이는 경우, 이러한 오차를 억제하기 위해 시간 스텝 폭을 줄여야 해서 계산량이 급격히 증가합니다.

이 일정 시간 후의 상태 변화, 즉 신경망(NN)을 이용하여 수치 적분 조작을 고속으로 푸는 것을 생각할 수 있습니다. 이는 현재 상태로부터 미래 상태를 예측하는 신경망을 지도 학습시키면 실현할 수 있을 것으로 보입니다. 그러나 현재 상태로부터 미래 상태를 신경망으로 직접 학습하는 경우, 단기적으로는 정확하지만 장기적으로는 오차가 누적되어 실젯값이나 궤도에서 멀어지게 됩니다. 이렇게 장기 예측이 어긋나게 되는 현상은 보편적으로 발견되는 문제이며, 어떤 종류의 수정 메커니즘 또는 불변성을 예측에 도입해야 합니다.

해밀토니언 신경망Hamiltonian neural network(HNN)[1]은 다음 상태를 직접 예측하지 않고, 해밀토니언 역학에 따라 예측합니다. HNN은 상태 $(\mathbf{q}, \mathbf{p})$로부터 해밀토니언 스칼라값을 출력하는 신경망 H_θ를 학습하여, $\mathbf{q}$와 $\mathbf{p}$에 대한 경삿값을 사용하여 다음 상태를 예측합니다. 학습 시에는 관측 데이터로부터 얻은 상태 변화량이 경삿값과 일치하는지를 목적 함수로 하여 학습합니다.

$$L(\theta) = \left\| \frac{\partial H_\theta}{\partial \mathbf{p}} - \frac{\partial \mathbf{q}}{\partial t} \right\|_2 + \left\| \frac{\partial H_\theta}{\partial \mathbf{q}} + \frac{\partial \mathbf{p}}{\partial t} \right\|_2$$

이렇게 학습된 HNN은 해밀토니언 없이 직접 미래 상태를 NN으로 예측하는 경우보다 장기 예측의 정확도가 크게 향상되었다고 보고되었습니다. 이 HNN은 상태를 안다고 가정하고 처리하지만, 해밀토니언 생성 신경망Hamiltonian generative network[2]은 상태를 알 수 없는 경우에도 관측 데이터로부터 상태를 추정하는 신경망을 사용하여 정확한 장기 예측을 할 수 있다고 보고되었습니다.

심층 라그랑주 신경망Deep Lagrangian Networks[3]은 고전 역학의 또 다른 형태인 라그랑주 역학에 따라 상태의 시간 발전을 모델링합니다. 이 경우 미지의 관성inertia과 외력을 신경망으로 모델링하여, 데이터에서 이들을 얻은 후 시뮬레이션을 실행합니다. 실제 로봇을 사용한 실험에서 몇 분 만에 시스템을 결정identification하고 정확하게 제어할 수 있는 것으로 보고되었습니다. 이후에, 이러한 귀납적 편향은 에너지 보존 법칙이 아니라 2차 미분 방정식으로 나타내어지는 부분이라는 것이 밝혀졌습니다.[4]

이렇게 기존 시뮬레이션 모델에서 모델링하기 어려운 부분을 신경망으로 대체하는 접근은 다른 분야에서도 성공적입니다. 특히, 많은 요인이 영향을 주며 제대로 계산하려면 많은 계산량이 필요한 문제는 신경망을 이용하면 정확도를 저하시키지 않고 극적인 고속화가 달성되는 경우가 있습니다. 유체 시뮬레이션에서도 계산량이 큰 부분을 CNN으로 대체하면 시뮬레이션 속도를 획기적으로 높일 수 있다고 보고되었습니다.[5]

양자 화학 시뮬레이션

계산 화학 분야에서 재료의 성질을 추정하는 기법의 하나로서, 전자와 양자의 상태로부터 결정되는

---

1 S. Greydanus et al., "Hamiltonian Neural Networks," NeurIPS 2019. *https://arxiv.org/abs/1906.01563*

2 P. Toth and et al.,"Hamiltonian Generative Networks," ICLR 2020 accepted, *https://arxiv.org/abs/1909.13789*

3 M. Lutter et al., "Deep Lagrangian Networks: Using Physics as Model Prior for Deep Learning," ICLR 2019, *https://openreview.net/forum?id=BklHpjCqKm*

4 N. Gruver et al., "Deconstructing the Inductive Biases of Hamiltonian Neural Networks," ICLR 2022.

5 B. Kim et al., "Deep Fluids: A Generative Network for Parameterized Fluid Simulations," Eurographics 2019, *https://arxiv.org/abs/1806.02071*

해밀토니언을 구하고 이를 바탕으로 슈뢰딩거 방정식을 풀어 분자의 전위함수, 전자상태, 각종 성질(반응성, 전도성 등)을 추정할 수 있습니다. 일반적으로 전자의 수가 증가함에 따라 계산량이 급격히 증가하므로 현실적인 시간에 계산하려면 아이디어와 근사가 필요합니다. 예를 들어, 현재의 주요 기법 중 하나인 밀도범함수 이론density functional theory(DFT)에서는 원래 전자의 수만큼 파동 함수를 찾아야 했던 문제를 푸는 대신에, 동일한 결과를 얻을 수 있는, 전자 수에 의존하지 않고 전자밀도를 추정하는 문제로 만들어서 상태를 추정합니다. 그러나 이러한 아이디어를 적용하더라도 필요한 계산량은 여전히 많아서 시뮬레이션에 시간이 걸립니다.

대신에 분자 구조를 입력으로 하여 신경망을 사용하여 전위 함수를 직접 추정하는 방법이 등장했습니다. 예를 들어, ANI-1[5]은 58,000개의 분자와 1,720만 개의 가능한 공간 배열[6](각 원자의 위치)과 그때의 에너지를 학습 데이터로 사용하여, 분자가 취할 수 있는 공간 배열과 에너지를 신경망으로 학습하고 추정합니다.

이렇게 학습된 모델은 신경망을 사용하여 주어진 구조에 대한 공간 배열과 에너지를 고속으로 추정할 수 있을 뿐만 아니라 공간 배열이 어떻게 변하는지를 고속으로 시뮬레이션할 수 있게 됩니다. 구현 및 정확도에 의존합니다만, 기존 시뮬레이션에 비해 거의 10,000배 빠른 속도를 달성할 수 있어 더 많은 재료를 탐색할 수 있게 됩니다.

필요한 정보를 더 많이 제공하는 방법도 등장했습니다. 예를 들어, SchNet[7]은 3D 구조를 격자를 사용하지 않고 연속 필터를 사용하여 NN에 입력해서 3D 구조를 보다 자연스럽게 고려함으로써 포텐셜 함수를 보다 정확하게 추정하도록 합니다.

렌더링

컴퓨터 그래픽에 사용되는 렌더링은 광학 시스템의 시뮬레이션이며, 광원에서 발생하는 무수한 광선이 다양한 물질에 반사되면서 카메라에 어떻게 입사되는지에 대한 이른바 광 수송optical transport을 구하는 문제입니다. 요즘의 고품질 렌더링에 사용되는 기법으로는 레이 트레이싱ray tracing 및 광자 매핑photon mapping이라는, 광학 시스템의 보다 정확한 시뮬레이션 기법이 있습니다.

이러한 광 수송은 계산량이 큰 문제입니다. 예를 들어 구름을 시뮬레이션하는 경우를 생각해봅시다.[8] 이 경우 구름에 입사하는 광선은 구름에서 무수한 반사를 반복한 후 마침내 구름 외부로 방출됩니다. 이러한 반사를 몇 번 또는 수십 번 정도 계산해서는 구름의 사실적인 모습을 생성할 수 없고, 수백 또는 수천 번을 계산해야 구름처럼 보이는 패턴이 생성됩니다. 그래서 하나의 사실적인 구름을 생성하려면 며칠 동안 시뮬레이션을 해야 합니다. 이 무수한 반사는 적분 계산으로 볼 수 있으며 신경망을 사용해서 근사하는 것이 효과적입니다. Deep Scattering은 이 무수한 반사 후에 각 위치에 어느 정도의 광 에너지가 저장되어 있는지를 구름의 상태로부터 직접 추정합니다. 이 학습에는 오랜 시간 동안 시뮬레이션한 정확도 높은 결과를 사용합니다.

광 수송의 또 하나 큰 문제는 광원에서 방출되는 광선 중 극히 일부만이 시점으로 들어오기 때문에 대부분의 광 수송 시뮬레이션이 낭비된다는 점입니다(레이 트레이싱은 시점에서 광원까지 역방향으로 추적하여 이 문제에 대처하지만, 광원이 작은 경우에는 마찬가지 문제가 발생합니다). 이러한 소위 'Zero Contribution'의 광 수송을 억제하기 위해서는 난반사 동안 기여할 가능성이 있는 광선을 찾아 그것을 우선적으로 시뮬레이션할 필요가 있습니다(비편향 추정으로 만들기 위해서 중요도 샘플링으로 보정합니다). 마치 광원으로부터 순차적으로 행동(반사 방향)을 선택함으로써, 시점이라는 목표를 향해 경로를 선택해 가는 문제로 볼 수 있습니다. 실제로, 광 수송 계산식은 강화 학습에서의 가치 함수 업데이트 식과 공통점이 있으며, 강화 학습에 사용되는 테크닉을 사용하여 광 수송 계산 속도를 높일 수 있습니다.[9] 이러한 기술은 현재 영화 및 게임의 고품질 렌더링에 사용됩니다.

신경망으로 고속화 가능한 이유

신경망을 사용하여 시뮬레이션을 해결함으로써 시뮬레이션 속도를 높일 수 있는 이유는 무엇일까요?

첫 번째는 시뮬레이션이 다루는 일련의 문제들은 실제로 발생할 수 있는 현상의 극히 일부일 뿐이며, 이러한 제한된 영역에 대한 함수 근사는 신경망이 매우 뛰어난 성능을 보이는 분야이기 때문입니다. 이러한 영역 중 일부에서는 입력 변화와 해 solution가 일종의 매끄러운smooth 관계를 가지며, 적은 수의 학습 샘플로 일반화될 것으로 기대할 수 있습니다. 공간, 시간, 처리 방향에 적분 연산이 있더라도 결과에 일종의 매끄러움이 있으면 적분을 직접 다루지 않고 함수 근사에 의해 높은 정확도로 근사할 수 있습니다. 시뮬레이션에서도 계산량이 큰 일부분만을 추출하여 신경망으로 고속으로 근사하면, 시뮬레이션보다 더 강력한 일반화 성능을 기대할 수 있습니다. 신경망은 여전히 외삽 문제에 약하지만, 항상 성립하는 불변성이나 제약(예를 들면 해밀토니언 역학)을 통합하면 보다 많은 문제에서 외삽이 가능할 정도의 일반화 성능을 발휘할 수 있습니다.

두 번째는 신경망 계산은 계산의 단위 요소가 크고(큰 행렬, 텐서 곱 및 합성곱 연산 반복) 계산 패스당 계산 비용에 편향도 거의 없다[11]는 것입니다. 그래서 현재의 GPU 및 TPU와 같은 병렬 컴퓨터의 실행 효율성을 높이기 용이합니다. 또한 향후 신경망 계산에 최적화된 가속기가 등장할 것으로 기대됩니다.

앞으로의 신경망 시뮬레이터 문제는 더 복잡한 문제를 다룰 수 있도록 모델링을 자동화하는 방법(예를 들어 물리 시뮬레이션 환경 설정)과 사전 지식이나 법칙을 어떻게 신경망에 통합시킬지가 중요해질 것입니다.

6 J. S. Smith et al., "ANI-1: an extensible neural network potential with DFT accuracy at force field computational cost," Chemical Science 2017, vol.8., pp.3192–3203, *https://pubs.rsc.org/en/content/articlepdf/2017/sc/c6sc05720a*

7 옮긴이_ 일본식 용어인 배좌(配座)로 번역되기도 합니다.

8 K. T. Schütt et al., "SchNet: A continuous-filter convolutional neural network for modeling quantum interactions," NeurIPS 2017, *https://arxiv.org/abs/1706.08566*

9 S. Kallweit et al., "Deep Scattering: Rendering Atmospheric Clouds with Radiance-Predicting Neural Networks," SIGGRAPH Asia 2017, *https://arxiv.org/abs/1709.05418*

10 K. Dahm et al., "Learning Light Transport the Reinforced Way," *https://arxiv.org/pdf/1701.07403.pdf*

11 옮긴이_ 각 계산 단위의 계산량이 고르다는 뜻입니다.

시뮬레이션 기반 추론: 관측으로부터 귀납적 파라미터 추정

시뮬레이션은 많은 과학 분야에서 사용됩니다. 예를 들면 입자 물리학, 분자 다이내믹스, 유체 역학, 역학epidemiology, 경제학, 기상 모델, 생태학 및 기계 공학이 있습니다. 이러한 분야에서 사용되는 시뮬레이션은 대상 문제를 충실히 재현은 할 수 있게 되어있지만, 추론, 즉 관측으로부터 그 현상을 기술하는 파라미터나 관측할 수 없는 잠재 파라미터를 추정하는 역문제에는 적용하기 어려운 경우가 있습니다. 그러나 최근 등장한 신경망에 의한 대리 함수, 확률적 프로그래밍 프레임워크, 자동 미분 프레임워크에 의해 상황이 크게 변했고, 지금까지 추론이 어려웠던 경우에도 추론이 가능해졌습니다.[1] 이 절에서는 애초에 추론이란 어떤 과제인지, 왜 어려웠는지, 어떻게 해결할 수 있는지에 대해 설명하겠습니다.

이 절에서 시뮬레이터는 다음과 같이 단순화된 계산 모델입니다. 먼저 시뮬레이터는 거동을 특징지을 입력 벡터 θ를 받아서, 직접 관측할 수 없는 내부 상태 $z_i \sim p_i(z_i | \theta, z_{<i})$를 생성하고, 마지막으로 이것에 대한 조건부 확률에 의해 관측량 $x \sim p(x | \theta, z)$를 생성합니다. 예를 들어, 물리 시스템 시뮬레이션에서 θ(의 일부)는 해밀토니언 계수이고, z는 물체의 내부 상태 및 환경과의 상호작용 상태이며, 관측은 특정 시각의 물체 위치 등이 됩니다. 시뮬레이션의 각 단계가 확률적인 경우, 시뮬레이터는 생성까지의 단계를 기술하는 확률적 프로그램이라고 할 수 있습니다.

추론은 주어진 관측치 x로부터 파라미터 θ와 도중의 내부 상태 z_j를 추정하는 것입니다. 확률 모델로서는 $p(\theta | x)$와 $p(z_j | x)$가 되는데, 소위 사후 확률 분포입니다. 예를 들어 날씨 모델 시뮬레이터가 있고, 현재 관측(지표 각 지점의 기온 및 습도)을 기반으로 날씨 모델 시뮬레이터의 미지의 파라미터(각 그리드의 습도, 밀도, 풍속, 경계 조건 등)를 구하려는 경우 이 추론이 필요하게 됩니다. 물리나 화학의 실험이나 관측 데이터로부터 미지의 파라미터를 추정하는 것이 일반적으로 행해집니다. 데이터 동화assimilation(이 경우 확률 모델을 사용하지 않는 경우도 많음)나 파라미터 결정이라고 하는 작업의 일반화입니다.

잘 알려진 베이즈 공식을 사용하면, 이 추론은 다음과 같이 구해집니다($p(z_j | x)$도 마찬가지).

$$p(\theta | x) = \frac{p(x | \theta) p(\theta)}{\int p(x | \theta') p(\theta') d\theta'}$$

이렇게 가능도 $p(x | \theta)$를 구할 수 있고 파라미터에 대해 적분을 계산할 수 있다면 추론할 수 있습니다. 그러나 대부분의 시뮬레이터에서는 애당초 가능도를 계산하기가 어렵습니다.

시뮬레이터의 가능도 계산이 어려운 이유는, 도중에 잠재 변수를 주변화해야만 하기 때문입니다.

$$p(x | \theta) = \int p(x, z | \theta) dz$$

가능도를 구할 수 없는 시뮬레이션을 사용하여, 관측값으로부터 관측할 수 없는 파라미터를 추론하는 것을 likelihood-free inference라고 합니다. 이러한 문제에 가장 널리 사용되는 기법은 근사 베이즈 계산approximate Bayesian computation(ABC)입니다. 가장 간단한 형태로, ABC는 최초에 사전 분포로부터 초깃값 θ'를 샘플링한 다음 시뮬레이션을 실행하여 의사 관측 x'(이하 샘플)를 얻습니다. 이 샘플이 거리 함수 D를 기준으로 관측 x와 가깝다면($D(x,x')\langle\varepsilon$), 이 θ'를 사후 확률 분포로부터의 샘플로 간주합니다. 이 허용 조건 ε이 0에 가까울수록 ABC에 의한 샘플링이 실제 사후 확률 분포로부터의 샘플링에 가까워집니다. 그러나 무작위 시행 결과가 관측과 일치할 확률은 매우 낮으므로, 관측이 고차원인 경우에 필요한 샘플링 횟수는 실현 불가능할 정도로 커지게 됩니다.

요새는 이 문제가 시뮬레이션 기반 추론으로 크게 개선되었습니다. 샘플 효율, 추론 품질 및 상각(추론 간에 동일한 모델을 공유하여, 추론 1회당 비용이 적어짐)을 달성할 수 있습니다.

신경망에 의한 대리 함수

신경망을 이용한 강력한 생성 모델을 사용하여 시뮬레이터의 생성 분포 $p(x|\theta)$나 사후 확률 분포 $p(\theta|x)$를 직접 모델링할 수 있습니다. 특히, 정규화 플로는 효율적으로 샘플링할 수 있고 가능도를 정확하게 평가할 수 있습니다. 원래 함수와 유사한 거동을 보이면서 다루기 쉬운 특징을 가지는 함수를 대리 함수surrogate function라고 합니다. 대리 함수는 잠재 모델에서 흥미가 없는 잠재 변수의 주변화를 암시적으로 실현해 줍니다.

또한, 미분 가능한 대리 함수를 사용하는 경우, 가능도뿐만 아니라 잠재 변수나 파라미터의 경삿값을 효율적으로 구할 수 있습니다. 이러한 경삿값 정보는 지수형 분포가 대상인 경우 충분 통계량sufficient statistics이며, 경삿값 정보를 이용하여 가장 많은 정보가 얻어지는 위치를 시뮬레이터로 샘플링한다는, 이른바 능동 학습active learning을 실현할 수 있습니다.

서로 다른 파라미터 θ,θ'를 사용하는 경우의 가능도비 $p(x,z|\theta)/p(x,z|\theta')$의 대리 함수는 이들의 파라미터들을 사용하여 생성한 샘플을 분류하는 것과 같은 학습이 됩니다. 이러한 샘플을 최적으로 분류하는 모델은 가능도비와 일치하기 때문입니다. 이는 적대적 생성 모델의 식별기discreminator와 같습니다.

대리 모델을 사용함으로써 추론을 상각amortize할 수 있습니다. 즉, 새로운 관측 데이터가 획득되더라도 모델을 다시 학습시킬 필요가 없고, 이미 다른 관측 데이터를 이용하여 학습된 모델을 재사용하여 추론할 수 있으므로 효율적인 추론이 가능합니다.

대리 함수의 사용처로서 가능도, 사후 확률 분포, 가능도비의 세 가지가 있습니다. 추론이 목적이라면 사후 확률 분포를 학습하면 될 것으로 생각할 수 있지만, (사후 확률 분포 계산에 포함되는) 사전 확률 분포가 고정되어 버리는 문제가 있습니다. 나중에 사전 확률을 변경하려면 가능도를 모델링해서 변경할 수 있도록 해두는 것이 좋습니다. 또한, 가능도비의 학습은 분류와 동일한 방식으로 이루어질 수 있으며, 분포 자체를 학습하는 생성 문제에 비해 안정적으로 학습할 수 있다는 장점이 있습니다. 가능도비만 필요한 경우에는 가능도비를 직접 모델링하는 것이 좋습니다.

1 K. Crammer et al., "The frontier of simulation-based inference," PNAS 2020. *https://www.pnas.org/doi/full/10.1073/pnas.1912789117*

확률적/자동 미분 프로그래밍 프레임워크의 이용

여기까지는 시뮬레이터 자체는 변경하지 않고, 그 샘플을 이용하여 효율적으로 추론하는 기법에 대한 설명이었습니다. 시뮬레이터 자체를 변경할 수 있다면 더 효율적으로 만들 수 있습니다. 하나는 확률적 프로그래밍 프레임워크를 사용하는 것입니다. 확률적 프로그래밍에서는 기존 시뮬레이션 코드의 일부를 프레임워크를 사용하여 다시 작성함으로써, 특정 변수를 주변화시키거나, 사후 확률 분포에 따라 샘플링하는 등의 연산을 자동으로 수행합니다. 확률적 프로그래밍을 사용하면 각 시뮬레이터에 대해 번잡한 주변화, 추론 및 효율적인 샘플링 코드를 작성할 필요가 없습니다. 예를 들어, ABC에서도 확률적 프로그래밍 프레임워크를 사용하여 내부에서 MCMC 등으로 관측 데이터와 일치할 가능성이 있는 샘플을 샘플링할 수 있어, 샘플링 효율성을 획기적으로 향상시킬 수 있습니다.

다른 하나는 자동 미분 기능이 있는 프레임워크를 이용하여, 파라미터나 도중의 변수와 같은 임의의 변수에 대한 경삿값을 효율적으로 구할 수 있다는 것입니다. 미분 불가능한 연산(이산화, 미분 불가능한 함수 등)이 있는 경우, 이들을 완화relaxation하여 미분 가능하게 만드는 기법을 사용할 수 있습니다. 이렇게 함으로써 경삿값을 계산하는 효율적인 추론을 실현할 수 있습니다.

시뮬레이터의 적용 범위 확대

신경망을 사용하여 고차원 데이터를 직접 다룰 수 있게 되고, 정규화 플로 등에서 가능도를 직접 평가할 수 있으며, 나아가 샘플링도 가능한 모델을 대리 함수로 사용함으로써 계산량적으로 어려웠던 주변화를 한 결과를 직접 추정할 수 있게 되었습니다. 이러한 모델은 임의의 변수에 대한 경삿값 정보를 효율적으로 모델링할 수 있습니다. 무엇보다 딥러닝 프레임워크, 확률적 프로그래밍 프레임워크와 같은 프로그래밍 환경이 정비되어 모델을 기술하기가 쉬워졌습니다. 이러한 프레임워크를 사용함으로써 GPU나 대규모 병렬화 환경을 사용하는 것도 용이해졌습니다. 이미 많은 과학 분야에서 활용되고 있습니다.

관측 데이터로부터 귀납적으로 시뮬레이션의 파라미터를 추정하는 것이 용이해짐으로써 시뮬레이터의 적용이 확대될 것으로 생각됩니다.

딥러닝을 사용하는 물리 시뮬레이션 고속화

다양한 문제에 대한 물리 시뮬레이션은 시뮬레이션 기술의 개량과 컴퓨터 성능의 향상으로 인해 실제 응용이 진전되었지만, 아직 정확도와 속도를 높이기는 쉽지 않은 경우가 많습니다.

물리 시뮬레이션이 본질적으로 어려운 이유로서, 물리 세계(공간, 시간, 내부 상태)는 연속적인 양이므로 그에 대한 미적분 등이 필요한데, 컴퓨터에서 처리할 수 있는 것은 이산화 정보뿐이므로 미적분도 대부분 해석적으로 풀 수 없어서 수치 해석으로 근사적으로 풀어야 한다는 것을 들 수 있습니다.

예를 들어 공간을 그리드로 분할하여 근사하는 경우, 그리드의 해상도를 높여 정확도를 높일 수 있지만 계산량은 해상도의 2제곱이나 3제곱으로 증가합니다. 더욱 까다로운 것은 많은 문제에서 미시적 현상이 거시적 현상에 상당한 영향을 미치는 경우가 있기 때문에, 시뮬레이션에서 처리되는 최소와 최대 스케일이 수백만 배에서 수억 배까지도 차이가 나는 다중 스케일 문제를 다룰 필요가 있다는 것입니다.

예를 들어, 블레이드의 유체 시뮬레이션에서 2m 블레이드 주변의 난류를 시뮬레이션할 때 스케일이 10^{-6}m(열로 변환되기 직전의 최소 스케일로서 콜모고로프Kolmogorov 스케일이라고 함)의 와류를 처리해야 합니다. 이를 무시하거나 근사하면 전체 시스템이 수렴되지 않거나 틀린 결과를 얻을 수 있습니다. 또한, 분자 다이내믹스로 분자의 거동을 계산하는 경우, 단위 스텝으로서 원자의 고유 진동을 처리할 수 있는 10^{-15}(펨토)초를 사용하여, 10^{-6}(마이크로)에서 10^{-3}(밀리)초 수준의 변화를 시뮬레이션하려는 경우가 있습니다.

딥러닝을 사용한 시뮬레이션 고속화

이러한 갭을 줄이기 위해 머신러닝, 특히 딥러닝을 사용하여 시뮬레이션 속도를 높이면 동일한 정확도를 얻으면서도 수백 배에서 경우에 따라서는 수십억 배[1]까지 속도를 획기적으로 높일 수 있습니다. 기본적으로 계산량과 정확도는 트레이드오프 관계에 있으므로 이전과 같은 계산량을 사용하면 정확도를 더 높일 수도 있습니다. 딥러닝을 사용한 시뮬레이션 학습은 계산 비용만 쓸 수 있다면 학습 데이터를 얻을 수 있습니다. 느리지만 정확도 높은 결과를 얻을 수 있는 시뮬레이션(예: 해상도를 높인 모델)으로 대량의 학습 데이터를 생성하여, 정확도가 낮은 시뮬레이션 결과로부터 고정확도 시뮬레이션 결과를 추정하는 딥러닝 모델을 학습함으로써 시스템을 구축합니다. 문제 설정이라는 관점에서는 저해상도 이미지로부터 고해상도 이미지를 추정하는 초해상도super-resolution 학습과 매우 비슷합니다.

또한 딥러닝을 사용함으로써 GPU, TPU 등의 가

---

1 M. F. Kasim et al., "Building high accuracy emulators for scientific simulations with deep neural architecture search," https://arxiv.org/abs/2001.08055

속기에 최적화된 라이브러리를 활용할 수 있으며, 실행 효율이 높은 시뮬레이션을 실현할 수 있습니다. 기존 시뮬레이터의 병렬화와 가속기를 이용한 고속화가 진행되고 있지만, 병렬화할 수 없는 부분이 병목이 된다는 암달의 법칙Amdahl's law이 있듯이 성능 향상은 쉽지 않습니다. 딥러닝을 사용하여 CNN, 행렬 연산 등에 최적화된 모듈을 활용할 수 있으므로 실행 효율이 높은 시뮬레이터를 만들 수 있습니다.

딥러닝 이용 방법에는 크게 두 가지 접근 방식이 있습니다. 첫 번째 접근 방식은 시뮬레이션 전체를 딥러닝 모델로 대체하는 것입니다. 문제에 대한 사전 지식이 모델 아키텍처 설계에 어느 정도는 포함되지만, 전체적으로는 블랙박스 모델로 다루게 됩니다. 이 경우 신경망은 상수 시간constant time 내에 처리할 수 있다는 점도 있어서 극적인 고속화가 달성되지만, 물리 세계에 대한 사전 지식과 제약을 모델에 통합하기가 쉽지 않기 때문에 학습 데이터 이상으로 일반화하기는 어렵습니다. 그러나 이 시뮬레이터를 사용할 문제 설정을 충분히 커버할 수 있는 학습 데이터를 생성할 수 있는 경우 효과적인 접근 방식입니다.

이 접근 방식은 딥러닝이 시뮬레이션 결과 전체를 그대로 암기해서, 런타임에 참조할 뿐인 것으로 볼 수도 있습니다. 반면에, 고차원 입력의 결과를 그대로 기록해서 런타임에 참조하는 것은 용량과 속도 측면에서 쉽지 않습니다. 딥러닝은 시뮬레이션의 대량의 입출력 관계를 신경망 안의 파라미터에 효율적으로 기억해 둘 수가 있으므로, 비슷한 값이 학습 데이터에 포함되어 있었다면 경이적인 내삽interpolation 능력을 이용하여 높은 성능으로 예측할 수 있습니다. 유사한 해solution를 적은 오버헤드로 저장할 수 있다는 것입니다. 대량의 시뮬레이션 결과로 학습하여 대표적인 답을 기억할

수 있습니다.

두 번째 접근 방식은 시뮬레이터 자체는 기존의 물리 지식을 기반으로 만든 모델을 사용하면서, 이산화 및 수치 해석에서 발생하는 오차 보정항 및 계수를 학습에 의해 결정하는 것입니다. 근사하고 수정하는 방법을 인간이 설계하는 것이 아니라 데이터에서 학습하는 것으로 볼 수 있습니다. 이 접근법은 물리 지식과 제약 조건을 통합하여 사용할 수 있으므로 학습 데이터 이상으로 일반화되며 다양한 보존 법칙(예 : 에너지 보존)도 준수되므로 장기 시뮬레이션에서도 결과가 발산하지 않는 것이 큰 장점이 있습니다. 여기서는 이 두 번째 접근 방식을 소개하겠습니다.

유체 시뮬레이션 고속화

유체 시뮬레이션은 비선형 편미분 방정식인 나비에-스토크스Navier-Stokes 방정식으로 기술됩니다. 유체 시뮬레이션은 일기 예보, 자동차, 비행기, 엔진 및 터빈 설계와 같은 중요한 산업 과제이지만 시뮬레이션하기 어려운 대표적인 문제이며 나비에-스토크스 방정식에 해가 존재하는지를 보이는 것조차 아직 해결되지 않은 문제입니다. 최신 유체 시뮬레이터의 메시 사이즈는 거의 1억 개에 달하지만 정확도는 여전히 문제입니다.

구글 연구팀은 딥러닝을 사용하여 기존 유체 시뮬레이션을 보정하면 더 작은 해상도에서도 동일한 정확도를 얻을 수 있으며, 그 결과 동일한 시뮬레이션 정확도로 40배에서 거의 80배까지 고속화할 수 있음을 보였습니다.[2] 구체적으로는, 기존의 유한 체적법finite volume method(FVM)으로 이산화했을 때의 내삽 계수interpolation coefficient와 속도장velocity field의 보정량을 추정합니다.

고해상도의 시뮬레이션 결과를 학습 목표로 삼아서, 저해상도의 시뮬레이션이 그 결과를 출력할 수 있도록 내삽과 보정량을 학습합니다. 이 학습은 기존의 유한 체적법의 해를 구하는 솔버를 JAX(GPU와 TPU 대응 수치 계산 라이브러리)로 재작성하여 미분 가능하게 만들어, 오차를 줄이는 보간과 보정을 출력하도록 학습합니다.

기존 시뮬레이터의 보간과 보정으로 실현되기 때문에 머신러닝에서 우려되는 데이터 분포 밖에서의 일반화 능력도 있고, 다양한 사이즈나 레이놀즈수Reynolds number(관성력과 점성력의 비로 유동 특성을 나타냄)로의 일반화 능력이 높은 것으로 알려져 있습니다.

비슷한 접근 방식으로 독일 뮌헨 공과 대학교Technical University of Munich, 프랑스 텔레콤 파리Telecom Paris, 미국 컬럼비아 대학교Columbia University 그룹[3]은 유체 시뮬레이션의 이산화 오차를 CNN을 사용하여 직접 수정하는 접근 방식을 연구했습니다. 기존의 기법으로는 수정된 결과가 향후 시뮬레이션 결과에 어떤 영향을 미칠지 제어할 수 없었지만, 미분 가능한 유체 시뮬레이터를 사용하여 수정된 결과에 의한 향후 영향을 확인하고 그 경삿값을 계산할 수 있습니다. 이러한 미분 가능한 시뮬레이터를 사용하여 보정 정확도와 일반화 성능을 크게 향상시킬 수 있었습니다.

기존 시뮬레이터를 필요 최소한으로 보정하도록 학습

프랑스의 국립 공예원Conservatoire National des Arts et Métiers과 소르본 대학교Sorbonne Université 등의 그룹은 부분적으로는 모델링되었지만 나머지는 알 수 없는 상태인 문제에 대해 시뮬레이션을 하는 경우, 역학dynamics을 파악하고 추정하는 F_p와 블랙박스 모델

로 추정하는 F_a로 나누어, 블랙박스인 F_a가 필요 최소한 만큼만 보정되도록, 그 노름이 작아지도록 하는 정규화를 더해서 학습하는 기법을 제안했습니다.[4] F_a 노름은 평가 위치에서 함숫값의 제곱합을 사용합니다.

해석 동역학 등에서 알려진 역학의 시뮬레이션을 학습하는 경우는 피팅에 한계가 있지만, 이 기법은 피팅이 더 잘되는 데다가 일반화까지 되도록 학습할 수 있었습니다.

딥러닝 기반 시뮬레이터의 일반화

비학습 기반 시뮬레이션을 사용하는 경우 상당히 넓은 범위[5]의 입력에 대해 정확한 결과를 보장할 수 있습니다. 반면, 학습 기반 시뮬레이터에서는 학습 데이터 밖으로의 일반화가 항상 문제입니다.

그러나 시뮬레이션 대상을 부분 문제로 분해할 수 있고 전체 솔루션을 이들을 조합하여 표현할 수 있다면 이전에 생각했던 것보다 훨씬 더 일반화될 가능성이 있는 것으로 나타났습니다. 특히, MLP 대신 GNN과 같은 모델을 사용하면, 모델의 아키텍처나 비선형 함수 등이 실제 문제에서 다루는

2 D. Kochkov et al., "MachineLearning Accelerated Computational Fluid Dynamics," https://arxiv.org/abs/2102.01010

3 K. Um and et al., "Solver-in-the-Loop: Learning from Differentiable Physics to Interact with Iterative PDE-Solvers," NeuRIPS 2020. https://arxiv.org/abs/2007.00016

4 V. Le Guen et al., "Augmenting Physical Models with Deep Networks for Complex Dynamics Forecasting," ICLR 2021. https://arxiv.org/abs/2010.04456

5 옮긴이_ 여기서 범위가 넓다는 것은 학습 데이터에 담겨있는 정보의 영역보다 넓다는 뜻입니다. 일반화 능력에 대한 이야기입니다.

모델과 일치할 때는 외삽이 가능하다는 것이 밝혀졌습니다.[6] 앞으로 각 문제를 잘 이해하여 딥러닝을 잘 활용한다면 다양한 문제에서 시뮬레이션 속도와 정확도를 높일 수 있을 것입니다.

6 K. Xu and et al., "How Neural Networks Extrapolate: From Feedforward to Graph Neural Networks," ICLR 2021. *https://arxiv.org/abs/2009.11848*

매틀란티스:
AI를 사용한 범용 원자 레벨 시뮬레이터

2021년 7월 6일, 프리퍼드 네트웍스와 ENEOS 가 공동 출자하여 설립한 PFCC^Preferred Computational Chemistry(필자가 대표 이사임)는 범용 원자 수준 시뮬레이터인 매틀란티스^Matlantis[1]를 클라우드 서비스로 출시했다고 발표했습니다. 기존 시뮬레이션에 비해 정확도를 유지하면서 원자 규모의 시뮬레이션을 10만 배에서 수천만 배까지 가속화하는 것 외에도 55 종류의 원소를 지원하며 미지의 분자 및 결정과 같은 미지의 재료를 시뮬레이션할 수 있는 범용성을 겸비하고 있습니다. 이것의 기반은 딥러닝을 활용한 NNP^Neural Network Potential입니다.

이 절에서는 현대에 있어서의 재료 탐색의 중요성을 설명하고 NNP와 매틀란티스의 기술, 현재의 과제 및 미래 전망을 다루겠습니다.

지속가능한 사회 실현의 열쇠인 재료탐색

지금까지 새로운 재료와 소재는 새로운 생활과 산업을 열었습니다. 대표적인 예로 질소고정에 의한 농업 생산 혁명, 철강과 탄소섬유를 이용한 자동차나 비행기, 반도체에 의한 컴퓨터의 실현 등이 있습니다. 여기서는 지속 가능한 사회를 실현하기 위해서는 새로운 촉매의 발견이 중요하다는 것을 설명하겠습니다.[2]

요즘에는 지구 온난화 대책으로서 자연 에너지를 사용하는 재생 가능 에너지의 보급이 중요해졌습니다. 하지만 태양광, 바람 등 자연에너지를 이용한 재생 가능 에너지는 생산량이 날씨에 따라 달라지기 때문에 재생 가능 에너지를 기간 에너지로 활용하기 위해서는 막대한 양의 에너지를 저장하는 메커니즘을 마련할 필요가 있습니다.

예를 들어 미국에서 흐리거나 바람이 약한 날이 일주일 동안 계속되는 경우, 현재 전력의 70%와 비전력 에너지를 마련하기 위해서는 250TWh를 저장해야 할 것으로 계산됩니다. 리튬 이온 이차 전지로 이 정도를 저장하려면 128조 달러가 필요하며, 양수 발전^pumped-storage hydroelectricity(PSH)으로 실현하려면 이리호^Lake Erie 크기의 댐(소양강댐 약 300개의 저수량)에 해당하는 물을 펌핑해야 하므로 둘 다 비현실적입니다.

따라서 현실적으로 유망해 보이는 솔루션은 기존의 가스 인프라를 사용할 수 있는 수소 저장입니다. 천연가스용으로 구축된 인프라를 사용할 수 있으며, 기존 인프라로도 약 206TWh를 저장할 수 있습니다. 저장된 수소에서 전력를 추출하는 데는 연료 전지를 사용합니다. 수소 저장의 과제는 에너지 변환 효율(재생 가능 에너지의 잉여분을 저장했다가 다시 교류 전력으로 만드는 과정)이 35%로 낮다는 것입니다. 이는 배터리로 저장할 때 효율의 절반에서 1/3 정도에 해당합니다. 이러한 변환 효율을 향상시키기 위해서는 연료 전

---

1 *https://matlantis.com/*

2 C. Lawrence Zitnick et al., "An Introduction to Electrocatalyst Design using Machine Learning for Renewable Energy Storage," *https://arxiv.org/abs/2010.09435*

지를 위한 더 나은 촉매를 찾아야 합니다. 또한, 현재의 연료전지는 희귀귀금속(이리듐(Ir), 플래티늄(Pt))을 촉매로 사용해서 비용이 높다는 것도 문제입니다.

이러한 유망한 촉매의 발견이 재생 가능 에너지를 기간 에너지로 활용하기 위해 중요하므로, 2020년 페이스북과 미국 카네기 멜런 대학교Carnegie Mellon University는 오픈 카탈리스트Open Catalyst3라는 프로젝트를 시작하여 재료 탐색을 위한 데이터셋을 공개하는 등, 탐색에 필요한 기술 콘테스트를 개최하고 있습니다.

재료 탐색과 원리 해명에 중요한 재료 시뮬레이터

이러한 재료와 소재 개발을 위해, 전부터도 시뮬레이터의 사용은 중요하게 여겨져 왔습니다. 시뮬레이터는 유망한 재료를 찾아서 범위를 좁히는 역할과 실험 결과가 얻어졌을 때 그것이 어떤 현상인지를 명확히 하려는 목적이 있습니다.

예를 들어, 합금 촉매의 성능을 조사하기 위해 60개의 금속 중 5개를 선택한다고 하면 조합의 수는 800만 수준이 되고, 그것들의 비율과 조합 방식까지 생각하면 한층 더 방대한 수가 됩니다. 실험으로 이렇게 방대한 재료를 시도하는 것은 불가능하므로 시뮬레이터를 사용하여 유망한 재료들로 좁힌 다음 실험하고 탐색하는 것이 필요합니다.

또한 실험 결과가 나오더라도 구체적으로 무슨 일이 일어나는지 알 수 없으므로, 시뮬레이터를 사용하여 재료에서 일어나는 일을 조사하여 개선하는 것이 중요합니다. 예를 들어, 앞서 언급한 농업 생산 혁명을 일으킨 암모니아의 촉매 합성인 하버-보슈법Haber-Bosch process은 1906년에 발견되어 전 세계적으로 사용됩니다. 하지만 그 화학 반응 자체는 $N_2 + 3H_2 \rightarrow 2NH_3$로 단순한데도, 거기서 무슨 일이 일어나는지 아직도 완전히 이해되지 않았습니다. 카롤리나 홍칼라Karoliina Honkala 등이 2005년에, 이 반응이 금속 촉매상에서 적어도 12단계의 반응을 거쳐 진행되며 각 반응은 금속 원자의 다공성 배열에 의존한다는 것을 곧 설명할 밀도범함수 이론(DFT) 시뮬레이션으로 밝혀낸 것은 획기적이었습니다. 현재 전 세계의 연구자들은 시뮬레이터와 실험을 결합하여 재료를 개발합니다.

양자 역학으로 기술된 원자 레벨 시뮬레이션

다음으로 원자 수준 시뮬레이션에 사용되는 기술에 대해 간략하게 설명하겠습니다. 원자와 분자의 거동에서 특히 중요한 역할을 하는 것이 전자electron입니다. 이 전자의 거동은 거시적 세계에서 성립하는 고전 역학으로는 기술할 수 없고 양자 역학으로 기술해야 합니다. 양자 역학은 우리가 일반적으로 관측할 수 있는 고전 역학과는 다른 성질을 가집니다. 예를 들어, 시스템의 상태는 결정론적이라기보다는 확률 분포로 표현되고, 에너지는 이산적인 값밖에 가질 수 없으며, 입자와 파동의 특성을 모두 가지고, 전자 등의 페르미온은 두 개 이상의 입자가 동일한 양자 상태를 차지하지 않는다는 파울리 배타 원리Pauli exclusion principle를 따릅니다. 고전 입자가 뉴턴의 운동 방정식을 따르는 것처럼, 양자 입자는 양자 역학을 지배하는 다음의 슈뢰딩거 방정식(시간에 의존하지 않는 경우)을 따릅니다.

$$\hat{H}\Psi(\mathbf{r}) = E\Psi(\mathbf{r})$$

여기서 $\mathbf{r}$은 각 입자의 위치를 나타내며, N개의 입

자로 구성될 때 $3N$차원이 됩니다. $\Psi(\mathbf{r})$은 파동 함수라고 하는 입자 시스템의 상태를 나타내고, $|\Psi(\mathbf{r})|^2$는 입자 시스템이 해당 상태를 취할 확률을 나타냅니다. $\hat{H}$는 해밀토니언 연산자라고 하며 시스템의 총에너지를 나타내는데, E가 에너지입니다. 고윳값 문제의 형태를 취하여, 해밀토니언의 고유함수는 $\Psi(\mathbf{r})$이고 고윳값이 그때의 에너지에 해당됩니다.

이 방정식을 풀면 파동 함수, 에너지 및 힘을 구할 수 있지만 풀기가 어렵습니다. 본질적으로 어려운 이유는 이 문제가 다체문제, 즉 상호작용을 하는 3개 이상의 물체를 포함하는 시스템의 상태를 찾는 문제이기 때문입니다. 따라서 해석적인 해analytical solution는 가장 작은 수소 원자로 구성되는 단순한 시스템에서만 구할 수 있습니다. 게다가 문제로서 의미가 있는 시스템의 사이즈는 수백에서 수만 개의 원자를 갖는 분자이며, 전자의 수는 이것의 수십 배 수준이 되므로 근사한 해조차 현실적인 시간 안에 풀기 어렵습니다.

이 문제에 대해 1964년과 1965년에 월터 콘Walter Kohn 등이 전자가 바닥 상태ground state에 있는 경우에는 $3N$차원 파동 함수를 직접 구하는 대신에 훨씬 적은 수의 차원을 가진 3차원 전자 밀도를 통해 구할 수 있다는 것을 보임으로써, 범함수functional(함수를 인수로 받는 함수)의 변분법variational method에 의한 최적화 문제를 해결함으로써 이를 얻을 수 있다는 것을 보였습니다. 이를 밀도범함수 이론 (DFT)이라고 합니다. DFT는 후에 기법 개량이나 존 포플John Pople 등이 개발한 가우시안Gaussian과 같은 우수한 소프트웨어의 등장으로 인해 널리 사용되었으며, 현재는 많은 시뮬레이션에서 중심적으로 사용됩니다. 콘과 포플은 이 공적으로 1998년 노벨 화학상을 받았습니다.

DFT는 계산량을 극적으로 줄였지만, 여전히 원자 수의 세제곱 정도 수준[4]이며 최근의 슈퍼컴퓨터를 사용한다고 해도 수천 개의 원자를 다루는 데는 몇 개월의 계산이 필요했습니다.

NNP: 신경망 포텐셜

이러한 계산량 문제를 피하기 위해 슈뢰딩거 방정식을 풀지 않고 전위를 구해서 그에 따라 분자 다이내믹스 기법으로 시뮬레이션하는 방법이 연구되었습니다. 그러나 정확성과 범용성 측면에서 문제가 있었습니다. 이러한 문제를 해결하기 위해 신경망 포텐셜neural network potential(NNP)이 제안되었습니다. NNP는 각 원자의 위치를 입력하면 에너지를 예측하는 신경망입니다. NNP는 1990년대 후반에 제안되었으며 최근 딥러닝의 발전으로 다시 주목을 받고 있습니다. NNP는 에너지를 추정할 수 있을 뿐만 아니라, 원자 위치에 대한 에너지의 경삿값을 오차 역전파법으로 구함으로써 각 원자에 가해지는 힘을 얻을 수 있으며(포텐셜 에너지의 단위 이동당 변화량이 힘에 해당), 이를 시뮬레이션에 사용할 수 있습니다. 힘을 구한 후 일반적인 고전 역학에 따르는 분자 다이내믹스 시뮬레이션을 수행하면 됩니다. 그 밖에도 다양한 물성을 추정할 수 있는 것으로 알려져 있습니다.

NNP는 시간이 걸리는 전자 상태의 이완relaxation 계산을 수행하지 않고, 신경망에 의한 피드포워드 처리에 의해 입력에 대한 출력을 얻기 때문에 빠르며, 원자 수가 증가에 대해 계산량이 적게 증가

---

3 *https://opencatalystproject.org/*

4 옮긴이_ 원래 슈뢰딩거 방정식을 풀기 위해 필요한 계산량은, 다른 기법을 사용하면 $O(n^6)$이지만, DFT가 $O(n^3)$까지 줄였다는 의미입니다.

(선형과 제곱 차수 사이)하므로 고속으로 처리할 수 있습니다.

NNP는 기존 시뮬레이터를 사용하여 학습 데이터를 생성해서 지도 학습에 사용합니다. 고정밀 NNP를 실현하는 데는 두 가지 중요한 점이 있습니다. 첫 번째는 학습할 데이터셋입니다. 기존 DFT를 사용하여 다양한 조건에서의 시뮬레이션을 수행하여 결과를 만들어, 에너지와 힘을 구해서 이를 사용하여 NNP를 학습합니다. 어떤 데이터가 준비되느냐에 따라 성능이 크게 달라집니다.

두 번째는 네트워크 아키텍처입니다. 원자의 위치로부터 에너지를 구할 때, 원자 위치에 대한 회전, 평행 이동 및 대칭 변환에 대해 불변이어야 합니다. 이러한 불변성을 네트워크에 내장함으로써 높은 일반화 성능을 얻을 수 있습니다. 또한 3개 이상의 원자 간의 상대적인 위치와 각도가 중요하므로 이 정보를 처리할 수 있어야 합니다.

GPU 시간 10만 일로 학습된 PFP

PFCC에서 공개한 원자 수준 시뮬레이터 매틀란티스는 PFP[5]라는 NNP를 사용합니다. 이 PFP가 어떤 학습 데이터와 네트워크를 사용하는지 설명하겠습니다.

학습 데이터는 55 종류의 원자로부터 만들어진 데이터셋을 만들어, 1개의 GPU로 환산하면 10만 일 분량(약 273년)에 해당하는 시뮬레이션 시간을 들여서 생성되었습니다(2022년 6월 시점 기준 1000년에 해당하는 분량으로 증가). 이는 AI 연구에서도 대규모 학습으로 알려진 GPT-3가 13만 일 분량의 계산을 들인 것에 필적하는 계산량입니다.

양이 많을 뿐만 아니라, 기존의 NNP 데이터셋은

알려진 구조나 안정적인 구조를 사용하여 데이터를 생성한 반면, PFP 데이터셋은 고온 및 고압에서 불안정한 구조와 같은 매우 광범위한 조건에서 데이터를 생성한다는 특징이 있습니다. 신경망은 내삽 능력이 뛰어나므로, 현실적이지 않은 조건의 데이터를 추가함으로써 기존보다 훨씬 높은 일반화 성능을 달성하는 것을 목표로 했습니다.

다음으로 네트워크 아키텍처의 아이디어에 대해 설명하겠습니다. PFN은 각 구성 요소 단위로 아키텍처를 독자 개발했습니다. 앞서 언급한 불변성과 다원자 정보 처리를 모두 가능하게 하고 나서, 내부 정보로서 고차원의 텐서를 유지하여 합성곱 계층을 적용함으로써 원자 간의 고차 정보를 처리할 수 있습니다. 예를 들어, π 결합pi bonds과 같이 배향을 갖는 각도 정보 등을 표현할 수 있습니다. 그 결과, 동일한 학습 데이터셋을 사용하는 기존 신경망과 비교했을 때도 높은 성능을 얻을 수 있습니다. 앞서 언급한 Open Catalyst 컴퍼티션에서 2021년 9월 기준 리더보드 1위 기법(절대 에너지 오차 0.261)[6]보다 두 자릿수 적은 학습 데이터로 더 높은 성능(같은 검증 데이터셋으로 0.226)을 달성했습니다.

이렇게 데이터셋과 아키텍처를 개량함으로써 높은 범용성과 정확성을 달성했습니다. 예를 들어, 수소와 이산화탄소로부터 탄화수소를 만드는 데 중요한 촉매 검색, 나노 크기의 미세 기공을 가진 금속 유기 구조체 재료에서 물의 흡착 및 확산, 윤활유의 점도 계산 및 전고체 리튬 이온 이차 전지의 리튬 이온 확산 계수를 구하는 작업 등에 매틀란티스의 PFP를 사용한 사례들이 이미 있습니다.

또한 신슈 대학교Shinshu University 코야마 미치히사Michihisa Koyama 교수 그룹[7]은 매틀란티스의 개발 버전을 사용하여 자동차 연료 전지용 합금 촉매를 시뮬레이션했습니다. 그 결과, 이전에는

2,000~3,000 코어를 사용하여 몇 개월에 결과 하나를 얻을 수 있었던 것을, 0.1초 만에 실행할 수 있었다고 보고했습니다.

이를 통해 기존에는 불가능했던 수천 또는 수만 종류의 재료를 모두 탐색한다거나, 더 복잡한 시스템과 더 긴 기간의 시뮬레이션을 수행함으로써 재료 탐색을 가속할 수 있을 것으로 기대됩니다.

가능성과 앞으로의 과제

마지막으로 현재의 DFT와 그 특징을 이어받은 NNP, PFP의 과제와 잠재력에 대해 설명하겠습니다.

DFT는 이상적인 범함수를 사용하면 엄밀하게 정확한 해를 구할 수 있지만, 그러한 범함수는 아직 발견되지 않았으며 그것을 근사한 범함수를 사용합니다(이 차이를 교환 상관 범함수exchange-correlation functional라고 합니다). 어떤 교환 상관 범함수를 사용하느냐에 따라 특성이 달라져서, 잘 맞지 않는 시스템에서는 얻어진 해와 실험 결과 간에 격차가 생깁니다.

예를 들어, 교환 상관 범함수로 자주 사용되는 LDA와 GGA는 강상관 전자 시스템strongly correlated electron system이라고 하는 국소 전자가 있는 물질(산화철 등)을 취급하는 데 잘 맞지 않습니다. 또한, DFT는 전자가 기저 상태에 있는 경우에 대한 공식 표현formulation으로, 발광 현상과 같은 여기 상태를 그대로 취급할 수 없습니다. 또한 분산력(반데르발스 힘van der Waals force)과 같은 일시적인 분극으로 인한 상호작용을 처리하는 데도 잘 맞지 않습니다.

신약 개발에 DFT를 적용하는 것도 기대할 수 있지만, 과제가 남아 있습니다. 신약 개발에 있어서 는 표적 단백질에 보다 강하게 결합하는 화합물의 탐색이 필요하며 결합 자유 에너지의 예측이 중요하므로, 보다 정확한 예측을 위해 DFT가 사용될 것으로 기대됩니다. 한편, 단백질과 화합물의 원자 수는 매우 많기 때문에 자유 에너지를 구하기 위해서는 긴 시간 동안 대량의 시뮬레이션을 수행해야 합니다.

또한 슈뢰딩거 방정식의 파동 함수를 직접 신경망을 사용하여 구하려는 시도도 진행 중입니다. 예를 들어, FermiNet[8]은 파동 함수를 직접 신경망으로 모델링(시행 함수trial wavefunction[9] Ansatz라고 함)합니다. 이때, 신경망은 두 개의 전자가 교환될 때 파동함수의 부호가 반전되는 파울리 배타 원리를 만족하도록 설계되었으며, 이를 변분 몬테카를로variational Monte-Carlo 방법으로 최적화하여 파동함수를 구합니다. 실험에서 얻은 한계와 동일한 화학적 정확도(1kcal/mol 오차)를 얻을 수 있었지만, 작은 분자(30개의 전자로 구성되는 경우, 바이사이클로뷰테인Bicyclobutane)의 파동 함수를 구하는 데 GPU로 1,000 시간이 걸리는 문제가 있습니다.[10]

---

5   S. Takamoto et al., "PFP: Universal Neural Network Potential for Material Discovery," https://arxiv.org/abs/2106.14583

6   https://opencatalystproject.org/leaderboard_s2ef.html

7   G. V. Huerta et al., "Calculations of Real-System Nanoparticles Using Universal Neural Network Potential PFP," https://arxiv.org/abs/2107.00963

8   D. Pfau et al., "Ab initio solution of the many-electron Schrödinger equation with deep neural networks," Phys. Rev. Research. 2020.

9   옮긴이_ '시험 파동함수'로도 번역됩니다.

10 D. A. Rufa et al., "Towards chemical accuracy for alchemical free energy calculations with hybrid physics-based machine learning/molecular mechanics potentials", https://www.biorxiv.org/content/10.1101/2020.07.29.227959v1

13

이 절에서는 AI를 사용하여 원자 수준 시뮬레이션
이 어떻게 발전해 왔는지를 소개했습니다. 앞으로
도 컴퓨터의 성능 향상과 AI 기술의 진화로 새로
운 재료나 소재 발견의 가속화가 이루어질 것으로
기대됩니다.

게임

알파고: CNN과 강화 학습을 조합한 컴퓨터 바둑

2015년 말, 구글 딥마인드의 창업자인 데미스 하사비스Demis Hassabis는 "바둑에서도 대단한 결과를 곧 발표할 것"이라고 말했고, 알파고라는 컴퓨터 바둑 프로그램이 유럽 챔피언을 꺾었다는 사실이 화제가 되었습니다. 2016년 3월에는 세계 최정상 프로 기사와의 대결을 앞두고 있습니다.[1]

앞으로 컴퓨터 바둑이 더 강해질 것이라는 점을 감안하면 이번 대결이 인간 최고와의 마지막 대결이 될 가능성도 있습니다. 컴퓨터 바둑 연구자들이 모이는 메일링 리스트에 알파고의 성과를 소개하는 스레드의 제목이 '게임 오버Game Over'였던 것이 인상적이었습니다.

프로 기사와의 차가 컸던 컴퓨터 바둑

바둑은 탐색 공간이 넓고(후보 수move 선택지의 평균 개수는 250회, 깊이는 150), 바둑판 상황positions[2] 평가를 위한 피처 설계, 평가 함수 설계가 어려웠기 때문에 체스와 장기에 비해 컴퓨터 바둑은 약했습니다.

그런 상황에서 몬테카를로 탐색을 이용한 기법이 주목을 받았습니다. 이것은 특정 바둑판 상황으로부터 시뮬레이션으로 대량으로 대전시켜서(이 대전을 롤아웃이라고 함), 그 승패로 바둑판 상황을 평가하는 기법입니다. 그러나 프로 기사와의 격차는 컸고, 따라잡는 데 앞으로 몇 년이 걸릴 것이라고 생각되었지만, 알파고가 한 번에 따라잡았습니다.

알파고는 신경망을 사용하여 강화 학습으로 학습함으로써 바둑판 상황 평가를 정확하게 수행합니다.[3] 입력을 19×19(바둑판 전체)의 이미지로 간주하며, CNN(합성곱 신경망)을 사용하여 바둑판을 표현하여 다음 수의 예측이나 바둑판 상황 평가를 수행합니다.

알파고는 다음 네 가지 종류의 네트워크를 학습하여 사용합니다.

- 강한 기사에 의한 다음 수 예측. 정확하지만 느린 네트워크 p_σ
- 강한 기사에 의한 다음 수 예측. 부정확하지만 빠른 네트워크 p_π
- 바둑판 상황이 주어졌을 때, 가장 이길 가능성이 높은 수를 예측하는 네트워크 p_ρ
- 바둑판 상황이 주어졌을 때, 어느 쪽이 이길지를 예측하는 네트워크 v_θ

지도 학습이나 강화 학습을 활용

이 네트워크들을 학습하는 방법을 순서대로 설명하겠습니다.

먼저, 강한 바둑 기사가 두는 방식을 흉내 내기 위해 다음 움직임을 예측하는 신경망 p_σ를 만듭니다. 이 학습에는 온라인 바둑 사이트 KGS의 대국 기록에서 6단부터 9단까지인 강한 플레이어들의 대국 기록 16만 개로부터 3천만 수를 사용했습니다. 지도 학습을 사용한 정확도가 55.4%로서 그때까지의 예측 최고 정확도였던 44.4%보다 거의 10%

향상되었습니다. 이러한 예측 정확도의 차이는 최종 성능에 큰 영향을 미칩니다.

또한 롤아웃을 위해 선형 판별 모델을 사용하는, 정확도는 낮지만 빠른 예측 모델 p_π을 타이젬^{Tygem} 서버에서 구한 8백만 개의 바둑판 상황을 이용하여 만듭니다. p_π의 예측 정확도는 24.2%이지만 p_σ가 3ms가 걸리는 반면, p_π는 2μs로 예측할 수 있습니다.

다음으로, '어떤 수를 두면 최종적으로 승리할 수 있을까'를 예측하는 p_ρ를 강화 학습으로 학습합니다. 초깃값에는 p_σ를 사용하여, 적어도 강한 기사가 두는 수를 예측할 수 있을 정도의 강한 상태에서 시작합니다. 어떤 수를 둘 것인가라는 행동 선택을 확률 분포로 보고, 승률이 높아지는 확률 분포가 되는 방향으로 파라미터를 업데이트합니다.

앞서의 지도 학습은 강한 기사라면 다음에 어떤 수를 둘 것인지를 예측하는 것에 비해, 이 강화 학습은 최종적으로 이기기 위해서는 어떤 수를 두어야 하는지를 예측하므로, 더 직접적으로 이길 수 있는 수를 학습한다는 것에 주목해주세요.

p_ρ까지의 결과로, 오픈 소스 바둑 소프트웨어 중 최강인 파치^{Pachi}를 85%의 승률로 이깁니다. 지도 학습 결과를 사용한 승률은 11%라는 점에서, 단순한 다음 수의 예측이 아니라 최종적으로 이기는 수를 찾도록 강화 학습을 하는 것이 중요함을 알 수 있습니다.

마지막으로 p_ρ를 사용하여 주어진 바둑판 상황에서 어느 쪽이 이길지를 평가하는 예측 모델 v_θ를 만듭니다. 이 바둑판 상황 평가를 학습하기 위해 강화 학습으로 얻은 강한 p_ρ를 사용하여 3천만 번의 대국을 플레이하고 그 결과를 사용하여 바둑판 상황 평가를 학습합니다.

GPU 50개로 1개월 가까이 분산 학습

이제 네 종류의 네트워크가 준비되었습니다. 대국 시에는 이 네트워크들을 다음과 같이 사용합니다.

현재의 바둑판 상황에서 기존 기법과 동일한 방식으로 탐색 트리를 전개해서 후보가 될 다음 수를 찾습니다. 이 각 수의 전개는 가장 강력한 강화 학습으로 얻은 p_ρ가 아니라 사람의 수를 흉내 내는 p_σ를 사용합니다. 이는 사람의 수는 다양성이 있어서 결과적으로 더 넓은 범위의 탐색을 할 수 있게 되므로, 성능이 좋아지기 때문입니다.

다음으로, 탐색 트리의 끝(리프)에서 바둑판 상황 평가 함수 v_θ와, 고속 예측 모델 p_π에 의한 거기서부터의 롤아웃 대국 결과를 조합하여, 바둑판 상황 평가를 수행합니다. 이를 시간이 허락하는 만큼 수행해서 가장 유력한 수를 선택합니다.

바둑판 상황 평가 함수 v_θ 단독으로도 몬테카를로 탐색을 사용하는 기존 바둑 프로그램보다 강하지만, 이 둘을 조합하면 더욱 강한 바둑을 둘 수 있습니다. 모든 학습에 GPU 50개를 이용한 분산 학습을 사용했으며, 다음 수의 예측이 3주, 강화 학습에 의한 다음 수의 예측이 1일, 바둑판 상황 평가에 1주일이 소요되었습니다.

1　옮긴이_ 이 절은 알파고와 이세돌의 대전 직전에 쓰였습니다.

2　옮긴이_ 바둑에는 바둑판의 현 상황을 의미하는 반면(盤面)이라는 일본식 개념이 있습니다. 이 용어가 알파고 논문이 사용한 'positions'라는 개념에 가장 가깝지만, 바둑 용어에 익숙지 않은 한국 독자들에게는 생경할 수 있으므로 '바둑판 상황'으로 풀어서 옮겼습니다.

3　D. Silver, et al., "Mastering the game of Go with deep neural networks and tree search," Nature, vol.529, 28 January 2016.

14

알파고가 공헌한 것은 다음과 같습니다.

1 여러 네트워크를 조합하는 새로운 탐색 알고리
  즘을 설계했습니다.
2 어느 정도 강해진 컴퓨터끼리 대결시켜 강화
  학습을 통해 정확한 바둑판 상황 평가를 실현
  했습니다.
3 GPU 50개로 거의 한 달 동안 분산 학습을 수
  행하면, 이러한 학습이 가능하다는 것을 보였
  습니다.

또한 세부적으로도, 딥마인드가 연구하는 딥러닝
이나 강화 학습의 여러 가지 성과가 사용되는 것
을 보면, 그들의 연구의 집대성이라고 할 수 있습
니다. 그들이 다음으로 도전할 문제를 찾는 동안,
최정상 기사들과의 대전이 기대됩니다.

알파고 제로:
제로 베이스에서 학습하여 인간을 초월

딥마인드가 알파고의 개량판인 알파고 제로^{AlphaGo} ^{Zero}에 대한 논문을 네이처^{Nature}에 발표했습니다.[1] 알파고는 등장 이후 급속하게 강해지고 있습니다. 2015년에 등장한 알파고 판$^{AlphaGo Fan}$(딥마인드는 알파고의 각 버전에 이름을 붙임)은 유럽 바둑 챔피언 판후이$^{Fan Hui}$를 꺾었고, 반년 뒤에는 개선된 알파고 리$^{AlphaGo Lee}$가 세계 최정상 기사인 이세돌을 4대 1로 꺾었습니다. 그 후에도 알파고는 계속 강해져 갔고, 2017년 초에는 온라인 바둑에 등장한 알파고 마스터$^{AlphaGo Master}$가 세계 최정상 바둑 기사들을 상대로 60연승을 거뒀습니다. 이 절에서 소개할 알파고 제로는 알파고 마스터를 100번 중 89번 이길 정도로 강합니다.

알파고 제로는 강할 뿐만 아니라 그때까지의 알파고와 크게 다른 점이 있습니다. 그것은 사람의 기보를 흉내 내기 시작해서 학습하는 것이 아니라 0으로부터 학습한다는 점입니다. 게다가 학습을 시작한 지 며칠 만에 바둑의 정석[2]을 많이 발견했습니다. 미지의 정석도 많이 발견함으로써, 기존의 알파고보다 훨씬 강해질 수 있었습니다.

이것이 가능했던 이유의 중심에는, 자신보다 조금 더 강한 성능을 목표로 학습하는 새로운 강화 학습 기법이 있습니다. 알파고 제로는 $f_\theta(s)$라는 하나의 네트워크를 사용합니다. 기존의 알파고가 다음 수 예측, 바둑판 상황 평가, 탐색에 각각의 네트워크를 사용했던 반면, 알파고 제로는 이러한 모델들을 하나의 네트워크로 공유하여 이러한 작업에 공통으로 유용한 피처를 추출함으로써 학습을 효율화합니다. 이 모델 f_θ는 바둑판 상황 s가 주어졌을 때, 각 수를 둘 사전 확률 벡터 p와, 그 바둑판 상황 평갓값 v의 쌍 $(p, v) = f_\theta(s, a)$를 출력합니다.

다음으로, 이 네트워크를 사용하여 몬테카를로 트리 탐색(MCTS)을 수행합니다. 탐색 트리의 각 분기 (s, a)에는 사전 확률 $P(s, a)$, 방문 횟수 $N(s, a)$ 및 상태 행동 평가 함수 $Q(s, a)$를 저장합니다. 탐색은 현재 바둑판 상황에 대응되는 루트에서 시작되며 각 노드에서 다음과 같이 계산되는 신뢰상한$^{upper confidence bound}$(UCB)가 큰 수 a를 선택하여, 다음 상태 s'로 이동합니다.

$$Q(s,a) + U(s,a)$$

여기서 U는 그 수를 탐색한 횟수를 $N(s,a)$이라고 할 때, $U(s,a) \propto P(s,a)/(1+N(s,a))$로 주어집니다. 또한 $Q(s,a)$는 현시점의 시뮬레이션에서 수집된 평가로서, $Q(s,a) = \sum_{s'|s, a \to s'} V(s')/N(s,a)$로 주어집니다. 여기서 $s, a \to s'$는 바둑판 상황 s에서 다음의 수 a를 선택하여 최종적으로 바둑판 상황 s'에 도달했음을 나타냅니다. 탐색이 리프에 해당하는 바둑판 상황 s_v에 도달하면, 그 s_v를 한 번만 평가하여 $(p,s) = f_\theta(s_v)$를 얻어서 각 분기에 $P(s,a)$를 저

---

1 D. Silver, et al., "Mastering the game of Go without human knowledge," Nature, vol.550, pp.345-359.

2 옮긴이_ 주로 바둑 초반에 바둑판의 모서리나 가장자리 쪽에서 쌍방이 최선을 다해 두었을 때 나오는 10여 수 내외의 일정한 형태를 공식화한 것을 정석이라고 합니다. 정석이 확립되거나 변화하는 데는 꽤 오랜 시간이 걸립니다. 결과의 누적이 필요하기 때문입니다. 체스의 오프닝, 실시간 전략 게임의 초반 '빌드 오더'에 해당됩니다.

장합니다. 각 분기의 UCB는 최초의 $(N(s,a)=0)$는 사전 확률 $P(s,a)$와 일치하며, 탐색 횟수가 증가함에 따라 실젯값의 평균인 $Q(s,a)$가 지배적이 됩니다.

최종적인 수는 가장 많이 탐색된 수, 즉 가장 유망한 수의 분포 $\pi(s,a) \propto N(s,a)^{1/\tau}$에 따라 선택합니다. 이 τ는 온도 파라미터이며 온도가 높을수록 균등uniform하게 수를 선택하게 되고, 온도가 낮을수록 탐색 횟수가 가장 많은 수만을 선택하게 됩니다.

이 탐색 후에 얻은 분포 π는 원래의 p보다도 더 좋은 수를 선택할 수 있는 분포입니다. p는 현재의 바둑판 상황만으로부터 평가하는 반면, π는 실제로 탐색 과정에서 각 수를 시도하여 더 진행된 상태에서 평가한 결과를 모은 것이기 때문입니다.

현재의 정책 분포 p를 더 좋은(강한) 분포 π에 맞춤으로써 더 좋은 수를 둘 수 있게 됩니다. 이는 π와 p의 교차 엔트로피 손실 함수 $\pi^T \log p$를 최소화함으로써 실현할 수 있습니다.

한편, 바둑판 상황 평가의 목표는 그 수를 두어서 이길 수 있는지입니다. 바둑판 상황이 s일 때, 그때가 자기 차례인 사람이 이기면 $z=1$, 지면 $z=-1$인 확률 변수 z를 준비하여, 이것을 v가 예측할 수 있도록 최소 제곱법으로 최적화합니다.

이 둘을 합친 최종 목적 함수는 다음과 같습니다.

$$(p,v) = f_\theta(s)$$
$$l = (z-v)^2 - \pi^T \log p + c\|\theta\|^2$$

여기서 마지막 항 $\|\theta\|^2$는 정규화 항이고 $c>0$은 정규화 항의 강도를 결정하는 하이퍼파라미터입니다.

기존의 강화 학습에서는 벨만 방정식 기반으로 하는 TD(시간차) 오차를 기반으로 목푯값을 정하

거나, 직접 보상을 최대화하도록 정책을 최적화하는 정책 경사 방법을 사용하거나 했습니다. 알파고 제로의 새로운 학습 기법은 MCTS에 의해 얻을 수 있는 더 좋은 수의 분포 π와 실제 보상 z를 목표로 학습함으로써 안정적이고 효율적으로 개선할 수 있습니다.

과거에도 자기 대전을 기반으로 한 강화 학습 기법이 제안되었지만, 학습이 안정되지 않고 이전에 학습한 결과를 잊어버리는 문제점이 있었습니다. 이번에 제안된 방법에서는 이러한 문제는 보이지 않는 것으로 보고되었으나, 그 이유는 아직 해명되지 않았습니다.

최초의 실험에서는 알파고 제로에 작은 모델을 사용하여 기존 알파고와 비교했습니다. 각 바둑판 상황에서 다음 수를 선택하기 위한 MCTS는 1,600회의 시뮬레이션으로 이루어졌으며 실행에 0.4초가 걸렸습니다. 각 미니 배치에는 2,048개의 샘플이 있고 합계 70만 번의 업데이트가 이루어졌습니다. 신경망은 20 계층을 갖는 ResNet을 사용했습니다.

알파고 제로는 학습을 시작하여 36시간 후에는 알파고 리의 성능에 도달했고, 72시간 후에는 알파고 리에 100승 0패를 거둘 정도로 강해졌습니다. 알파고 리의 학습이 몇 달이 걸렸던 것에 비하면 학습 속도가 훨씬 빨라졌습니다. 또한 사람의 대국 기보를 예측하도록 지도 학습된 모델과 비교했을 때, 알파고 제로는 사람이 두는 수에 대한 예측 정확도는 낮은 것으로 나타났습니다. 이는 알파고 제로가 사람들이 두는 방식과는 다른 방식을 학습하여 강해졌다는 것을 보여줍니다.

알파고 제로는 바둑의 최소한의 규칙만(어디에 바둑돌을 놓는 것이 허락되는지)을 가르친 상황에서 학습을 시작하여, 바둑의 기본적인 규칙과 이미

알려진 정석을 차례차례 찾아내고, 아직 발견되지 않은 새로운 정석을 찾을 수 있었습니다.

학습 기법의 개선뿐만 아니라 바둑판 상황 평가와 다음 수의 예측 모델을 공유하는 것도 성능 향상에 큰 영향을 가져왔습니다(엘로 평점Elo rating에서 600점). 또한 이미지 인식 등에서 크게 성공한 네트워크인 Residual Network의 사용도 크게 기여한 것으로 나타났습니다(엘로 평점에서 600점).

최종 성능을 측정하기 위해 40개 계층으로 구성된 큰 네트워크를 만들어 40일간 학습했습니다. 이 학습에서는 게임이 2,900만 번 플레이되었고 2,048개의 샘플로 310만 번 업데이트를 했습니다. 이 네트워크는 알파고 마스터를 상대로 89승 11패로 크게 이겼습니다. 알파고 개발팀은 알파고를 이 이상으로 더 강하게 만들기 위한 연구개발은 종료하겠다고 발표했습니다.[3]

사람들이 수천 년 동안 연마해 온 바둑 기술을 며칠 만에 재현하고 능가했다는 것은 큰 의미가 있습니다. 또한, 학습 알고리즘 자체를 변경함으로써 학습 효율과 얻어지는 모델을 획기적으로 향상시킬 수 있음을 알 수 있었습니다. 최종적으로 얻어진 모델도 4개의 TPUTensor Processor Unit가 장착된 한 대의 머신에서 실행할 수 있으며, 이는 계산 능력의 향상 외에도 학습 기법에서 여전히 개선의 여지가 많다는 것을 나타냅니다.

그러나 알파고 제로의 성과를 그대로 다른 문제에 적용할 수는 없습니다. 이번 알파고 제로가 성공할 수 있었던 몇 가지 조건이 있습니다. 첫 번째는 바둑이 모든 정보가 플레이어에게 제공되는 완전 정보 게임game of perfect information이라는 점, 두 번째는 제로섬 대전 게임이라 상대방도 자신과 같은 모델을 사용하여 시뮬레이션할 수 있다는 점, 세 번째는 환경을 시뮬레이션할 수 있다는 점입니다.

대부분의 문제에서는 이러한 조건은 충족되지 않습니다. 예를 들어, 로봇 시뮬레이션의 경우 필요한 정보를 모두 구할 수는 없고 환경의 일부밖에 관측할 수 없습니다. 상호작용을 하는 환경(예를 들면 사람)도 완전히 재현할 수는 없어 시뮬레이션이 어렵습니다. 많은 강화 학습 분야의 연구가 이러한 문제를 해결하기 위해 노력하고 있습니다.

3 https://www.reddit.com/r/MachineLearning/
comments/76xjb5/ama_we_are_david_silver_and_
julian_schrittwieser/dolii1s/

14.3 알파스타: 다양성이 있는 학습 환경에서 고도의 스킬 획득

2016년, 구글 딥마인드가 개발한 알파고가 최정상 바둑 기사인 이세돌씨를 4대 1로 꺾어 화제가 되었습니다. 바둑은 대국 과정에서 매우 많은 수의 조합이 있기 때문에 바둑판 상황을 평가하기 위해서는 감각과 대국적인 시점이 필요하여 컴퓨터가 잘하지 못하는 것으로 생각되었습니다. 알파고는 이러한 관점을 무너뜨리고 순전히 데이터와 게임 규칙만으로부터 그러한 능력을 얻을 수 있음을 보였습니다.

한편, 컴퓨터가 인간 최정상 플레이어에 미치지 못하는 게임이 여전히 많습니다. 그런 대표적인 게임이 실시간 전략real-time strategy(RTS) 게임인 〈스타크래프트 2StarCraft II〉입니다.

〈스타크래프트 2〉는 다른 실시간 전략 게임과 마찬가지로 실시간으로 복수의 유닛에 지시를 내려 게임을 진행해 갑니다. 노동자 유닛은 환경에 흩어져 있는 자재를 수집하여 새로운 건물과 기술을 개발합니다. 게임에서 승리하기 위해, 이러한 건물과 기술을 사용하여 생성한 전투 유닛을 제어하고 상대방의 기지를 파괴하는 것을 목표로 합니다.

이러한 실시간 전략 게임에서는, 대국적인 전략에 기반하여 경제나 전투를 관리하는 거시적 작전과 각 유닛을 세세하게 제어하여 국지적 전투에서 승리하는 미시적 조작의 균형이 중요합니다. 전자는 전략 시뮬레이션 게임(예를 들어 〈노부나가의 야망Nobunaga's Ambition〉1)에 가깝고 후자는 액션 게임에 가까운 요소를 포함합니다.

최강의 프로 게이머에 승리

2019년 1월, 구글 딥마인드는 알파스타AlphaStar가 〈스타크래프트 2〉에서 최강의 게임 플레이어 중 한 명인 MaNa(그레고리 코민츠Grzegorz Komincz)를 꺾었다고 발표했습니다.2 컴퓨터로 〈스타크래프트 2〉를 푸는 경우, 다음의 세 가지 문제가 있습니다.

첫 번째는 게임의 정보를 전부 얻을 수는 없는 불완전 정보 게임game of imperfect information이라는 것입니다. 아군 유닛의 주변만 볼 수 있고, 상대방이 무엇을 하는지는 가서 보지 않으면 알 수 없습니다. 예를 들어, 때때로 상대방의 기지에 들어가서 정보를 얻는 정찰이 필요합니다. 관측되지 않은 부분에 대해서는 여러 가능성을 생각하여 행동해야 합니다.

두 번째는 장기 계획이 필요하다는 것입니다. 한 게임이 한 시간 가까이 걸리는 경우도 있으며 상황에 따라 전략을 유연하게 조정해야 합니다. 유닛 간에는 가위바위보처럼 강약 관계가 있으므로, 게임 상황에 맞추어 필요한 유닛을 생산해 가야 합니다. 상황에 따라 계획을 지속해서 수정해야 합니다. 또한 어떤 시점에 취한 행동이 최종적으로 어떤 효과를 가져오는지는 상당한 시간이 지나야만 알 수 있으므로 신용 할당 문제가 어려워집니다.

세 번째는 행동 공간이 매우 크다는 점입니다. 게임 중에 유닛과 건물의 수는 최대 수백 개까지 될 수 있으며 각각에 대해 명령하는 조작의 종류도 많습니다. 분당 작업 횟수는 알파스타의 경우 280

개나 됩니다(덧붙여서, MaNa의 분당 작업 횟수는 390개였습니다).

이러한 어려운 점들이 있는 데도 알파스타는 MaNa를 5대 0으로 이겼습니다. MaNa는 "상상하지 못했던 인간적인 플레이 스타일에 감동했다. 내가 얼마나 상대의 실수를 유발하도록 플레이해서 그 반응을 이용하고 있었는지 깨달았다. (이번 경기는) 이 게임의 새로운 방향을 보여주었다"[3]라는 감상을 이야기했습니다.

그러면 알파스타가 어떻게 만들어졌는지 살펴보겠습니다. 알파스타는 신경망에 의해 행동을 생성합니다. 이 신경망은 각 게임 유닛과 그 상태의 리스트를 입력으로 받아 행동 시퀀스를 출력합니다(단, MaNa와의 대전 후에는, 사람의 플레이와 마찬가지로 화면 자체를 입력으로 받아 화면 범위 내의 유닛에만 지시를 내릴 수 있는 버전을 만들었습니다).

신경망은 트랜스포머를 몸통으로 해서 LSTM, 포인터 네트워크pointer network가 추가된 자기회귀 모델을 기반으로 하는 정책 헤드policy head, 복수의 에이전트 간에 공유되는 베이스라인을 출력합니다.[4] 포인터 네트워크는 어텐션 메커니즘을 사용하여 특정 입력을 있는 그대로 읽는 메커니즘입니다. 베이스라인은 정책 경삿값으로, 선택된 행동이 평균적인 작동에 비해 나았는지를 평가하는 데 필요하며 학습의 성공률과 속도에 크게 기여합니다.

사람과의 플레이로부터 지도 학습한 후 리그 시합으로 강화 학습

알파스타는 알파고와 마찬가지로 처음에는 인간 플레이어를 흉내 내도록 지도 학습을 했습니다. 이렇게 배운 모델의 성능은 인간 플레이어의 '골드

gold 레벨(6단계 레벨에서 위에서 4번째)' 정도였습니다.

다음으로, 이렇게 어느 정도의 성능을 갖게 된 에이전트끼리 대결시켜서 강화 학습을 시킵니다. 여기서는 하나의 강력한 에이전트를 만드는 것이 아니라 다양성이 있는 에이전트 그룹을 만들고자 했습니다.

구체적으로는 가상 리그전을 준비하여, 거기에서 각각의 에이전트에게 서로 다른 목표나 내재적 동기를 부여함으로써 다양성이 있는 에이전트 그룹을 육성했습니다. 예를 들어, 한 에이전트에는 라이벌을 설정하여 이를 이기는 것을 목표로 삼게 하거나, 어떤 에이전트에게는 다른 에이전트들에 대한 전체 승률에 더해서 특정 유닛을 많이 생산하는 것을 목표로 하게 했습니다. 이렇게 함으로써 에이전트가 여러 가지 스킬을 습득해 가고, 다른 에이전트는 그 스킬의 약점을 찾아내어 그에 대응하도록 성장해 갈 수 있습니다.

1 옮긴이_ 삼국지 시리즈와 함께 코에이(KOEI)의 오래된 주력 게임 시리즈입니다. 삼국지 시리즈와 거의 비슷한 형태의 게임이며, 삼국지 시리즈(1985년)보다 먼저(1983년) 나왔습니다.

2 "AlphaStar: Mastering the Real-Time Strategy Game StarCraft II", https://deepmind.com/blog/alphastar-mastering-real-time-strategy-game-starcraft-ii/

3 "I was impressed to see AlphaStar pull off advanced moves and different strategies across almost every game, using a very human style of gameplay I wouldn't have expected. I've realised how much my gameplay relies on forcing mistakes and being able to exploit human reactions, so this has put the game in a whole new light for me. We're all excited to see what comes next."

4 J. N. Foerster, et. al., "Counterfactual Multi-Agent Policy Gradients," AAAI 2018. https://arxiv.org/abs/1705.08926

이 다양성 있는 에이전트 그룹은 학습의 기본 문제인 파괴적 망각을 예방하는 데도 도움이 됩니다. 학습에서 어려운 점은 새로운 스킬을 습득하면서 이전에 습득한 능력을 잊어버리게 되는 파괴적 망각이 일어난다는 것입니다. 에이전트 그룹이 있어서 다양한 스킬의 풀pool을 만들 수 있습니다. 예를 들어, 에이전트가 어떤 약점을 극복한 것을 잊어버렸다고 하더라도 다른 에이전트가 해당 약점을 다시 공략해 오게 되면 해당 스킬을 다시 습득할 수 있습니다.

이렇게 다양성이 있는 환경은 적당한 양의 임의성을 제공하여 학습이 국소 최적 솔루션에 빠지는 것도 방지합니다. 하이퍼파라미터 탐색과 네트워크 탐색에도 사용된 기술이 에이전트 학습에 적용되었다고 생각됩니다. 학습 과정에서 최고의 플레이어들이 실제로 사용하는 여러 가지 전술이 발견되었습니다. 또한, 어떤 전술이 발견되면 바로 그에 대한 대응책을 다른 에이전트들이 발견하는 것으로 나타났습니다.

이 가상 리그는 구글이 개발한 TPU v3라는 머신 러닝 가속기 칩을 사용하여 14일 동안 학습했으며 에이전트당 16개의 TPU가 사용되었습니다. 게임은 병렬로 실행되며 이 기간에 각 에이전트는 200년간에 해당하는 플레이를 경험합니다. 딥마인드의 발표에는 어느 정도 수의 에이전트(종류)가 학습되었는지에 대한 명확한 설명은 없지만, 그래프에서 보면 600개 정도의 에이전트가 학습된 것으로 보입니다(이 경우 사용된 TPU는 5,000~10,000개 정도). 최종적으로 사용할 에이전트는 내쉬 평균화Nash averaging5라는 과정을 적용하여, 각 에이전트에 상대적 실력의 가중치를 부여한 시행 환경learning environment상에서 가장 강한 에이전트를 하나 학습시킵니다.

알파스타가 이 정도로 강해진 이유로는 최신 모델과 학습 기법을 사용했다는 점도 있지만, 가장 큰 공헌은 리그의 존재일 것으로 생각됩니다. 다수의 서로 다른 특징을 가진 에이전트끼리 대결함으로써 약점을 찾아내고 분쇄할 수 있을 뿐 아니라, 꾸준히 성장한 에이전트가 상상도 할 수 없었던 완전히 새로운 스킬을 습득할 가능성을 높일 수 있습니다. 앞으로는 모델과 학습 기법뿐만 아니라 학습 환경의 발전이 중요해질 것으로 생각됩니다.

5   D. Balduzzi, et al. "Re-evaluating Evaluation," NuerIPS 2018. https://arxiv.org/abs/1806.02643

CHAPTER
15

바이오 생명 과학

15.1 알파폴드: 50년간의 생명 과학 그랜드 챌린지 해결

유전자 서열에서 단백질의 3차원 구조를 결정하는, 이른바 단백질 접힘protein folding 문제는 거의 50년 동안 많은 연구자들에 의해 생명 과학의 그랜드 챌린지로 다루어졌습니다. 단백질의 3차원 구조를 이해하면 생체 내에서 다양한 기전의 해명, 질병의 원인 규명, 신약 개발로 이어질 것으로 기대됩니다.

단백질의 3차원 구조는 실험으로 결정할 수 있는 경우도 있지만, 많은 노력과 비용이 필요합니다. 구조를 결정하려면 대상 단백질을 대량으로 발현, 정제하고 X선 결정 구조 해석, 저온 전자 현미경 (Cryo-EM) 등으로 측정해야 합니다. 하나의 구조를 결정하는 데 며칠에서 몇 달이 걸리며 때로는 몇 년이 걸려도 결정할 수 없기도 합니다. 또한, 많은 단백질은 실험적으로 구조를 결정하기 어려운 경우가 많습니다. 예를 들어 생명 현상으로서, 그리고 신약 발견 목표로서 모두 중요한 막 단백질은 막의 구조를 유지하면서 추출하기 어렵고 소수성hydrophobic이며 결정화하기 어렵습니다. 얼마 전까지는 인간 단백질 17%의 구조만 결정되고, 나머지는 미결정된 상태였습니다.

이 문제에 대응하기 위해 미국 알파벳Alphabet의 자회사인 영국의 딥마인드는 알파폴드라는 시스템을 구축했고, 2020년 11월에는 CASP 14라는 단백질 접힘의 정확도를 겨루는 대회에서 2위 이하를 압도하는 성적을 달성하며 우승했습니다. 실험 결과에 거의 근접한 구조를 예측할 수 있었습니다.

CASP 대회를 창설한 미국 메릴랜드 대학교University of Maryland의 존 몰트John Moult 교수는 "어떤 의미로는 이 (단백질 접힘) 문제가 해결됐다고 할 수 있다", "AI가 처음으로 중요한 과학적 문제를 해결한 사례이다"라고 말했습니다.

딥마인드는 2021년 7월에 상세 기술의 논문을 공개[1]함과 동시에, 추론 부분의 소스 코드[2]를 공개했고, 또한 학습된 모델도 함께 공개했습니다. 전 세계의 많은 연구자가 자신이 가지고 있는 데이터를 결정하기 위해 알파폴드를 실행했으며, 그중에는 몇 년 동안 구조를 결정할 수 없었던 것이 알파폴드로 결정되었다고 하는 연구자도 있었습니다.

또한 딥마인드와 유럽분자생물실험실European Molecular Biology Laboratory(EMBL)는 알파폴드에 의해 구조가 예측된 20,000개의 인간 프로테옴proteome 전부를 포함하는 350,000개 이상의 단백질 데이터베이스를 발표했습니다.[3,4] 지금까지는 인간 단백질의 17%가 실험적으로 구조 결정되었지만, 이번[5]에 알파폴드를 사용하여 98.5%까지 예측할 수 있었습니다. 그중 36%는 매우 높은 신뢰도로 결정되었다고 합니다. 앞으로 몇 달 안에 1억 개 이상의 서열 대부분에 대한 구조적 예측을 공개할 것이라고 밝혔습니다.

이 절에서는 이 문제의 의의와 알파폴드의 기술적 세부 사항 및 전망에 대해 이야기하겠습니다.

단백질 접힘

단백질은 펩타이드 결합에 의해 사슬로 연결된 20 가지 아미노산으로 구성된 고분자 화합물로, 생명체의 구조와 기능에 중심 역할을 합니다. DNA에 저장된 유전정보는 mRNA를 통해 단백질로 발현됩니다. 단백질의 구조에서는 아미노산의 종류와 관련이 없는 중심 연결을 주쇄main chain라고 하고, 주쇄에서 분기하여 가지처럼 옆으로 퍼지는 아미노산 고유의 부분을 측쇄side chain라고 합니다. 또한 하나의 아미노산의 단위를 잔기residue라고 합니다. 단백질은 소수성 상호작용, 분자 내 수소 결합 및 반데르발스 힘에 의해 유도되는 자발적인 과정으로, 순식간에(수 μs에서 수 ms까지) 매우 복잡한 구조를 구성합니다. 구조 결정은 이 주쇄와 측쇄가 취하는 구조를 결정하는 것입니다.

앞서 언급했듯이 실험을 통해 단백질의 구조를 결정하려면 많은 시간과 비용, 노력이 필요하기 때문에 아미노산 서열을 입력으로 사용하여 단백질의 구조를 예측하는 시스템을 만드는 것이 생명과학의 목표 중 하나였습니다. 이 목표 달성을 촉진하기 위해 1994년부터 2년마다 CASP가 개최되어 전 세계 연구 커뮤니티가 예측 방법으로 경쟁해왔습니다. 이 대회에서는 각 팀이 아직 구조가 세상에 공개되지 않은 단백질의 구조를 예측하고, 그 예측 결과를 실험적으로 결정된 구조와 비교·평가합니다.

그러던 중, 딥마인드가 2018년에 CASP 13에 출전해 알파폴드 v1으로 우승했지만, 2위 이하와는 아슬아슬한 차이였습니다. 그리고 2020년 11월에는 알파폴드 v1과 아키텍처가 다른 알파폴드 2로 CASP 14에 출전해 2위를 압도하는 점수로 우승을 차지했습니다. 주쇄의 정확도는 0.96Å $RMSD_{95}$ (95% 잔기의 커버리지에서의 평균 제곱 오차)로 2위인 2.8Å $RMSD_{95}$보다 훨씬 높습니다.

덧붙여 탄소-탄소 간 공유 결합 거리가 1.4Å입니다. 또한, 측쇄도 포함한 전체 정확도는 1.5Å로, 2위인 3.5Å를 크게 상회했습니다. 기존의 예측 방법을 능가하는 매우 정확한 예측을 할 수 있었습니다. 이어지는 설명에서 알파폴드는 이 알파폴드 2를 가리킵니다.

알파폴드 기술

알파폴드는 새로운 네트워크 아키텍처와 학습 방법을 사용하여 이러한 결과를 달성했습니다. 이전의 알파고와 마찬가지로 알파폴드도 완전히 새로운 기법을 채택했다기보다는, 많은 기법을 잘 조합해서 사용할 수 있도록 엔지니어링적으로 엮어냈다는 부분의 공헌이 큽니다. 그렇기는 하지만 보통의 논문으로 치면 10개 분량에 가까운 새로운 아이디어와 기법이 가득 들어 있습니다.

지금까지 단백질의 구조 해석에는, 열역학이나 동역학을 기반으로 결정하는 방법과 이미 구조가 결정된 진화 계통도에 가까운 유전자 서열을 찾아 이를 참조하여 추정하는 진화론에 기반한 방법이 사용되었습니다. 전자의 경우 단백질의 분자량이 매우 크다는 것과 환경 요인으로 인해 안정 상태를 구하는 것이 계산량 측면에서 어렵다는 문제가 있었습니다. 지난 몇 년간 많은 구조가 결정되어 단백질 정보 은행Protein Data Bank에 축적됨으로써

1   J. Jumper et al., "Highly accurate protein structure prediction with AlphaFold," Nature 2021.

2   https://github.com/deepmind/alphafold

3   K. Tunyasuvunakool et al., "Highly accurate protein structure prediction for the human proteome," Nature 2021.

4   https://alphafold.ebi.ac.uk/

5   옮긴이_ 2021년 10월 기준입니다.

15

진화론에 기반한 접근 방식이 유력하게 되었습니다. 그러나 데이터베이스에 유사한 서열이 존재하지 않는 경우는 진화론적 접근이 효과적이지 못하고 정확도도 충분하지 않았습니다. 알파폴드는 이러한 접근 방식을 통합하면서 머신러닝으로 구조를 직접 추정합니다.

알파폴드는 크게 두 가지 단계로 구성됩니다. 첫 번째 단계에서는 입력 서열의 피처를 결정하고, 이어지는 단계에서는 구한 특징으로부터 구조를 결정합니다.

첫 번째 단계에서는 기존의 진화론적 접근 방식과 마찬가지로 MSA$^{\text{multiple sequence alignment}}$라는 입력 서열과 비슷한 다수의 서열을 데이터베이스에서 검색하여, 대응되는 잔기가 나열되도록 정렬한 데이터를 만듭니다.

다음으로, N_{seq}가 MSA로 수집한 서열 수이고 N_{res}가 서열 길이라고 할 때, MSA를 나타내는 $N_{seq} \times N_{res}$ 크기를 갖는 행렬과 잔기 사이의 쌍을 나타내는 $N_{res} \times N_{res}$ 크기를 갖는 행렬을 만들어 이들을 업데이트해 갑니다. 이러한 행렬들에서는 채널 방향은 생략하지만, 실제로는 $N_{seq} \times N_{res} \times C$ 사이즈의 텐서가 됩니다. 전자를 MSA 표현, 후자를 쌍^{pair} 표현이라고 부릅니다. MSA 표현은 MSA의 결과로 초기화하고, 쌍 표현은 MSA 서열별 외적을 계산하여 이들을 합산한 것으로 하여 얻습니다.

다음으로, Evoformer라는 네트워크를 사용하여 MSA 표현과 쌍 표현을 업데이트해 갑니다. MSA 표현은 각 축^{axis}마다의 어텐션 메커니즘을 사용하여 업데이트합니다. 쌍 표현은 잔기 사이의 그래프로 간주하여, i, j, k 3개의 잔기를 생각하는 경우, j와 k 사이를 업데이트할 때 ij와 ik의 관계를 고려해서 업데이트하는 Triangle multiplicative update를 적용합니다. 이 기법 자체는 어텐션 메커니즘 대용으로 사용되어 온 기법입니다. 그런 다음 쌍 표현의 정보는 다시 MSA 표현에 잔기 사이의 어텐션 메커니즘의 바이어스로 사용됩니다. 이 Evoformer 48개 블록을 쌓아서 MSA 표현과 쌍 표현을 얻습니다.

두 번째 단계에서는 MSA 표현에서 원래 입력에 대응하는 행, 쌍 정보, 그리고 주쇄의 현재 추정 결과를 입력으로 하여 구조를 출력합니다. 주쇄의 구조는 글로벌 프레임에 대한 각 잔기의 로컬 프레임 $T_i := (R_i, \mathbf{t}_i)$로 표현됩니다. 각 잔기의 로컬 좌표 $\mathbf{x}_{local}$은 $\mathbf{x}_{global} = R_i \mathbf{x}_{local} + \mathbf{t}_i$ 을 통해 글로벌 좌표 $\mathbf{x}_{global}$로 변환됩니다. 네트워크는 로컬 프레임과, 주쇄와 측쇄의 비틀림 각도$^{\text{torsion angle}}$를 순차적으로 출력하여 구조를 수정해 갑니다.

처음에는 IPA$^{\text{Invariant Point Attention}}$를 사용하여 내부 상태를 업데이트합니다. 이 IPA는 글로벌 프레임의 회전이나 평행 이동에 대해 결과가 불변이 되도록 설계한 어텐션 메커니즘입니다. 이것으로 특징을 업데이트한 후에, 각 위치에서 프레임을 업데이트 함과 동시에 비틀림 각도를 업데이트합니다. 그런 다음 주쇄의 구조가 결정된 후 측쇄의 구조를 독립적으로 업데이트합니다.

모든 프레임이 원점에서 동일한 위치와 방향인 상태로 초기화된 다음 이러한 작업을 반복해서 적용하여 순차적으로 구조를 결정해 갑니다. 학습 도중의 구조에서도 정답과의 차이로 오차를 계산하여, 학습 도중의 구조에도 효과적인 학습 신호가 흐르도록 합니다.

최종적으로는 분자 다이내믹스에 기반한 미세 조정을 수행하여 물리적으로 이상한 구조가 된 부분을 수정합니다.

이렇게 하여 입력으로부터 구조가 결정되지만, 이 출력을 파라미터를 공유한 같은 네트워크에 다시 흘려서 반복해서 구조를 개선해 갑니다. 이를 네트워크 재활용^{network recycle}이라고 합니다. 재활용을 통해 동일한 네트워크에 여러 번 흘려서 구조를 수정합니다. 구조 결정 과정을 실제로 살펴보면 구조가 서서히 결정되어 가는 것을 확인할 수 있습니다.

알파폴드는 레이블이 지정된 데이터와 레이블이 지정되지 않은 데이터를 모두 사용하여 학습합니다. 레이블이 지정된 데이터에는 PDB 데이터를 사용했습니다. 레이블이 지정되지 않은 데이터는 지도 학습된 모델을 사용하여 350,000개의 다양한 서열의 구조를 결정하여, 신뢰도가 높은 예측 결과를 정답으로 추가합니다. 자기 증류^{noisy-student} 기법으로, 스스로 예측한 결과를 목표로 예측할 때 강력한 증강을 입력에 더함으로써, 어려운 문제 설정에서도 예측할 수 있도록 학습합니다. 이 자기 증류는 다른 많은 작업에서도 성공했습니다.

또한 BERT처럼, 랜덤하게 서열의 일부를 지우거나 다른 아미노산으로 변경하여, 마스킹된 부분의 입력을 예측할 수 있도록 비지도 학습을 수행합니다.

기존에는 도메인별로 구조 예측을 했지만, 알파폴드는 서열 전체를 처리함으로써 도메인 간에 상호작용이 있는 경우에 대응할 수 있습니다.

알파폴드 이후 전망

알파폴드가 단백질의 구조를 한층 쉽게 예측할 수 있게 해준 것은 사실이며, 생명 과학의 발전을 크게 앞당길 것으로 보입니다. 생명 과학의 연구를 수행하는 방식과 신약 개발 방식이 바뀔 것은 확실합니다. 예를 들어, 알파폴드에 의해 구조가 처음으로 알려진 단백질에 약물이 결합하기 쉬운 부분을 탐색하여 그에 맞는 화합물을 찾거나, 구조 변화가 일어나기 쉬운 유전자 변이를 식별하여 복구하는 방법 등이 발전될 것입니다.

그러나 이것만으로 신약을 금방 만들어내거나 생명 현상이 한번에 해명될 것이라고 생각해서는 안 됩니다. 이는 단백질이 생체 내에서 단독으로 존재하지 않고 매우 복잡한 상호작용을 통해 생물학적 메커니즘이 실현되기 때문입니다. 또한, 알파폴드가 잘하지 못하는 문제 설정도 많이 있습니다. 예를 들어, CASP나 알파폴드의 목표는 단일 단백질의 구조를 결정하는 것이었지만, 생체 내에서 단백질은 일반적으로 복수의 단백질 및 기타 물질과 결합한 상태로 존재하며 다른 구조를 갖는 경우가 일반적입니다. 경우에 따라서는 복합체도 예측할 수 있다고 보고되지만, 아직 격차가 있습니다. 또한, 알파폴드는 구조 결정 학습 신호의 대부분이 지도 학습에서 오기 때문에, 미지의 단백질에 대한 예측 정확도는 충분하지 않습니다. 정확도도 신약 개발 등에서는 옹스트롬(Å)보다도 미세한 서브옹스트롬 단위가 필요하며, 펩타이드 이외의 저분자 및 중분자 화합물의 구조와 이들의 결합 예측을 할 수 있어야 하는 과제가 있습니다.

이를 넘어 한층 더 발전해 가기 위해서는 네트워크나 학습 기법의 추가적인 발전과 더불어, 양자화학이나 열역학 등의 이론으로부터 구조를 결정하는 시뮬레이션 기술, 실험 해석 기술, 생체 내에서 정보를 읽어 들이는 기술 등의 발전이 필요할 것으로 생각됩니다.

CHAPTER

16

로봇

16.1 전자동 정리 로봇 시스템 개발. 고정밀도 객체 인식 기반 정리

로봇을 사용하여 집안일을 한다는 아이디어는 오랫동안 존재해 온 테마입니다. 예를 들어, 2008년 미국 스탠퍼드 대학교에서 실시한 실험에 따르면,[1] PR1 로봇을 사람이 원격 조종하여 냉장고를 열어서 맥주를 꺼내고, 뚜껑을 열어 사람에게 건네주고, 바닥에 널려 있는 장난감을 정리하고, 식기 세척기에 접시를 넣는 등 다양한 작업을 수행할 수 있다는 것을 보였습니다. 이 실험에서는, 로봇이 집안일을 할 수 없는 이유가 하드웨어 문제가 아니라, 로봇 자신이 환경을 인식하여 적절하게 스스로를 제어하지 못하기 때문이라는 것이 밝혀졌습니다.[2]

프리퍼드 네트웍스는 CEATEC JAPAN 2018에서 '전자동 정리 로봇 시스템'을 전시했습니다.[3] 이 전시회에서는 토요타 자동차가 개발하여 연구 개발용으로 제공한 생활 지원 로봇 HSR^{Human Support} Robot을 사용하여 로봇이 방을 자동으로 정리하는 데모를 했습니다 (그림 16-1).

일반 가정의 방 바닥에 정리 대상 물건들이 랜덤하게 흩어져 있고, 로봇이 그것들을 지정된 장소로 정리한다는 것입니다. 가구들은 모두 실제 가구이며 정리 대상 물건은 일상 생활에서 볼 수 있는 것 중에서 약 100 종류를 골랐습니다. 로봇은 이 물건들을 인식하고, 파지하고, 떨어지지 않도록 운반해서, 물체 종류별로 지정된 장소에 지정된 상태로 정리합니다.

또한 로봇에 대해 말이나 제스처를 사용하여 어디로 정리할 것인지를 지시할 수 있습니다. 지시 내용을 파악하기 위해 음성 인식과 사람의 자세 인식을 실현했습니다. 로봇은 모든 물체가 어디에 있는지 파악하고 있기 때문에, 사람이 찾는 것이 어디에 있는지를 로봇에게 물으면 '양말은 현관의 나무 블록 가까이에 있습니다'와 같이 답할 것입니다. 이처럼 현실 세계 환경이 디지털화되어 컴퓨터가 다룰 수 있게 됨으로써 앞으로 다양한 서비스가 창출될 것으로 생각됩니다.

이 로봇으로 물체 하나를 정리하는 데는 약 30초에서 1분이 걸리며, 지저분한 방은 1시간 정도에 청소할 수 있습니다. 4일간의 CEATEC 행사 기간에 두 대의 로봇이 정리한 물건의 총개수는 약 5,000개이며, 그동안 정기적인 배터리 교체와 몇 번가량 물건들 사이에 끼인 경우를 제외하고는 거의 사람의 개입 없이 안정적으로 계속 움직일 수 있었습니다.

이 개발은 데이터 수집을 포함하여 반년 정도 걸렸으며 평균 약 20명이 참여했습니다(그림 16-2). 뒤에서 이 전시에 사용된 기술을 소개하겠습니다.

데모 시스템은 우선 4개의 천장 카메라를 사용하여 방 안의 어디쯤 어느 물체가 있는지를 인식합니다. 천장 카메라 없이도 로봇이 정리를 할 수는 있지만, 그러려면 로봇이 처음에 방을 둘러보고 어떤 물건이 어디에 있는지를 파악할 필요가 있습니다. 이번에는 데모의 속도를 높이기 위해 천장 카메라를 사용했습니다.

다음으로, 로봇이 어떤 물체를 집으러 갈지를 플래너가 결정합니다. 이번 전시회에서는 가장 가까운 물건을 집으러 가는 단순한 전략을 채택했지만, 중요도가 높은 것들부터 정리하는 등의 다양한 요구에 맞춘 플랜도 쉽게 만들 수 있습니다. 그 후 HSR에 장착된 카메라를 사용하여 물체를 인식하고 종류, 위치, 그리고 어디를 붙잡을지를 추정합니다. 이 인식 결과에 따라 로봇은 물체를 파지하고 정리할 위치까지 옮겨서 적절한 방법으로 놓습니다.

세계 2위의 성적을 거둔 딥 러닝 모델 이용

이번에 특히 어려웠던 것은 객체 인식과 파지 계획이었습니다. 다루게 될 물체의 종류가 약 100가지로 매우 많았고, 배치 방법도 여러 가지 조합물체도 많았습니다. 물건을 검출하는 것 자체가 어려운 데다가, 그 물체의 형상

그림 16-1 CEATEC 전시장 데모
첫 번째 사진은 방 안에 있는 물체들의 인식 결과이고, 두 번째 사진은 장난감을 실제로 로봇이 파지한 모습임.

이나 자세를 추정하는 것도 어렵습니다. 대상 물체도 수건이나 양말 등과 같이 무정형인 것도 많았습니다. 검출 위치도 정확도가 높아야 하며, 붙잡는 위치가 몇 센티미터만 틀려도 물체를 잡을 수 없게 됩니다. 장난감 물뿌리개나 일본 장난감인 죽방울 등은 붙잡을 수 있는 위치도 제한적입니다.

객체 인식에는 딥러닝에 의한 이미지 인식기를 사용했습니다. 이미지 인식은 이미지넷으로 사람의 인식 정확도를 넘어선 후에도 경이적인 성능 향상이 계속되고 있습니다. 이번 데모 시스템에 사용된 이미지 인식 모델은 프리퍼드 네트웍스가 구글 AI 오픈 이미지 챌린지Google AI Open Images Challenge

[2018]에 참가하여 세계 2위를 차지했을 때 사용했던 PFDet[4]를 확장한 것이며, 100개 이상의 GPU를

1 *http://personalrobotics.stanford.edu/*

2 옮긴이_ 로봇이 집안일을 하기 어려운 이유가 무엇인지를 밝히려는 실험이었습니다. 하드웨어의 한계인지, 로봇 자신의 제어 능력의 한계인지, 또는 둘 다인지를 확인하고자 했습니다. 사람이 원격 제어를 하면 집안일을 할 수 있다는 것이 확인되어, 문제는 로봇 자신의 제어 능력의 한계였음이 밝혀졌습니다.

3 *https://projects.preferred.jp/tidying-up-robot/*

4 T. Akiba, et al." PFDet: 2nd Place Solution to Open Images Challenge 2018 Object Detection Track," *https://arxiv.org/abs/1809.00778*

16

그림 16-2 로봇 시스템 개발 멤버
약 20명이 개발에 참여했음(첫 번째 사진). CEATEC 기간 중에는 경제 산업 장관 세코 히로시게^{Hiroshige Sekō}도 시찰을 위해 방문하여, 필자가 설명하였음(두 번째 사진).

사용하여 학습했습니다. 학습 데이터는 실제로 거실과 같은 방을 만들어서 다양한 일용품을 배치하고 사진 촬영을 하여 만들었습니다.

이렇게 학습된 모델은 높은 인식 정확도와 환경 변화에 대한 강건성을 달성했으며, 이번의 작업을 실현하는 데 중심 역할을 했습니다. 인상적인 예로서, 전시 기간에 조명이 꺼지는 문제가 발생해서 촬영 환경이 크게 바뀐 경우에도 데모가 멈추지 않고 로봇은 계속해서 정확하게 정리를 계속했습니다. 이미지 인식 추론은 로봇과는 별도로 전시 부스 제어실에 배치된 외부 GPU 탑재 서버에서 수행되었으며, 초당 2~3개의 이미지를 추론할 수 있었습니다. 앞으로는 로봇에 탑재된 칩에서 추론하게 될 것입니다.

음성이나 제스처로 지시 가능

로봇에게는 음성으로 지시를 내릴 수 있으며, 이를 실현하기 위한 음성 인식에는 전시장의 소음에 대해 더 강하게 만드는 대책이 적용되었습니다.

또한 이번의 문제 설정에 따라 대상 물체나 지시에 특화되도록 언어 모델도 최적화했습니다.

사용자는 어느 부분을 정리하고 싶은지, 물건을 어디로 옮길지, 물건이 어디에 있는지를 음성으로 지시할 수 있습니다. 이러한 지시는 로봇이 작동하는 중에도 내릴 수 있으며 여러 번 반복할 수도 있습니다. 로봇에 내린 지시가 실패하더라도 바로 한 번 더 반복해서 지시하면 인식할 수 있게 되어 있습니다. 이와 같이 바로 반복함으로써, 인식 정확도가 100%에 미치지 못하더라도 사용자는 스트레스 없이 지시를 내릴 수 있습니다. 이렇게 로봇에 음성으로 지시를 내리는 기술에 관해서는 논문[5]을 참조해주세요.

제스처에 의한 지시도 가능합니다. 위치 지정과 같이 말만 가지고는 지시하기 어려운 경우나(책상의 특정 다리 근처 등), 이름을 알 수 없는 물체에 대한 지시는 제스처를 사용하는 것이 적절할 것입니다. 이번 데모에서는 천장 부근에 설치된 거리 이미지 센서(키넥트^{Kinect})를 이용해 제스처를 인식했지만, 앞으로는 로봇에 장착된 카메라로 인식하게 될 것입니다.

로봇을 이용하는 경우에는 로봇이 무엇을 생각하고 있는지, 지시가 정확하게 전달되고 있는지 알 수 없는 문제가 있습니다. 이번에는 AR 기술을 사용하여 로봇이 무엇을 생각하고 있는지를 보이는 데모를 했습니다. 이를 통해 로봇이 어떤 물체를 어떻게 인식하는지, 로봇이 지금 무엇을 생각하고 있는지 직감적으로 이해할 수 있습니다.

이러한 눈에 보이는 기능들 외에도 이 시스템의 개발에는 많은 기술이 투입되었습니다. 예를 들어, 전시장 내에서는 전파 간섭이 강하기 때문에 로봇이 외부 서버와 안정적으로 통신할 수 있도록 무선 네트워크에 대한 많은 준비가 이루어졌습니다. 또한 많은 서브 시스템이 관련되었음에도 개발 속도가 느려지지 않도록 테스트 자동화와 같은 CI(지속적 통합)의 실현에 많은 개발 리소스를 할당했습니다.

앞으로의 과제

이 로봇 기반 자동 정리를 일반 가정에서 실용화하기 위한 기술적 과제가 남아 있습니다. 파지에 관해서는 더 많은 종류의 물체에 대응할 필요가 있습니다. 특히 대형 의류나 수건, 센서가 잘 인식하지 못하는 투명한 병, 미묘한 힘 조정이 필요한 유리 제품 등을 안정적으로 파지하기 위해서는 새로운 기술 개발이 필요할 것입니다. 미지의 물체도 안정적으로 잡을 수 있어야 합니다. 이번에는 HSR에 표준 탑재된 평행 그리퍼와 흡인 핸드를 사용했지만, 대응 가능한 물체를 늘리려면 새로운 메커니즘과 센서도 필요할 것으로 생각됩니다.

또한 방의 환경도 다양한 상황에 대응할 필요가 있습니다. 단차나 카펫이 있는 경우에 대한 대응

이나, 환경이나 광원이 바뀌어도 안정적으로 대응할 수 있는 객체 인식이 필요합니다. 또한, 방이나 집 안의 정확한 지도 정보를 미리 구할 수 없는 경우에도 이러한 시스템을 운용할 수 있도록 하는 것이 바람직합니다.

언어나 제스처에 의한 지시도 방 안의 다양성을 다룰 수 있도록 표현력을 높여야 합니다.

정리뿐 아니라 다른 집안일도 로봇이 해결해 줄 것입니다. 정리와 같은 종류의 기술이 필요한 작업은 해결할 수 있겠지만(특정 물건을 특정 장소로 운반하거나 물건을 모으는 등), 도구를 사용하거나 물건을 가공(예를 들어 골판지 상자 열기)하는 것과 같은 작업은 난도가 많이 올라갑니다. 그러나 처음에 언급한 실험에서와 같이 다른 작업도 사람이 원격 조종을 하면 해결할 수 있다는 것이 밝혀졌기 때문에, 자동화가 불가능하지 않을 것으로 생각됩니다.

---

5   J. Hatori, et al. "Interactively Picking Real-World Objects with Unconstrained Spoken Language Instructions," ICRA 2018. *https://arxiv.org/abs/1710.06280*

16.2 도메인 무작위화

머신러닝에 필요한 데이터를 현실 세계에서 수집하는 것은 비용과 시간이 들 뿐만 아니라, 로봇과 같이 물리적인 움직임이 있는 기계의 경우, 위험하거나 드문 케이스들은 애초에 수집할 수 없는 경우도 많습니다. 그래서 현실 세계를 시뮬레이션한 환경에서 데이터를 수집하는 것이 기대되어 왔습니다.

그러나 시뮬레이션 상에서 수집된 데이터를 학습 데이터 또는 검증 데이터로 사용하는 경우, 시뮬레이션과 현실 세계 사이의 격차, 이른바 리얼리티 갭sim2real gap이 문제가 됩니다.

시뮬레이션상에서 학습된 모델은 시뮬레이션 환경에 과적합되어서 현실 세계의 문제에서는 성능이 크게 저하됩니다. 특히 신경망과 같은 강력한 모델을 사용하는 경우, 모델은 시뮬레이터에서만 발생하는 현상을 부당하게 악용exploit1하여 문제를 해결하려고 하게 됩니다.

이 문제를 피하기 위해서는 시뮬레이션을 현실 세계의 환경에 가깝게 만들 필요가 있지만, 시뮬레이터 개발은 많은 경우 어려우므로 로봇과 같은 하드웨어 시뮬레이션뿐만 아니라 물리 현상으로서의 마찰, 충돌, 카메라 시뮬레이션 등도 현실과의 격차가 특히 큽니다.

이 문제를 극복하기 위해 도메인 무작위화domain randomization라는 기법이 제안되었습니다. 환경의 여러 파라미터를 랜덤하게 바꾼 버전을 대량으로 준비하여, 이러한 여러 가지 환경 모두에서 잘 작동

할 수 있는 모델을 학습하겠다는 것입니다.

파라미터로는 마찰 계수, 충돌 계수, 물체 질감texture, 광원 모델 등이 있습니다. 다양한 환경에서 학습된 모델은 환경의 다소 변화가 있더라도 대응할 수 있을 것입니다. 즉, 환경에 대해 일반화되었기 때문에 환경의 변종의 하나인 현실 세계의 환경에 대해서도 잘 작동할 것으로 기대할 수 있습니다.

예를 들어, 오픈AI는 도메인 무작위화를 이용하여 다섯 손가락을 가지는 손의 제어를 시뮬레이션 상에서 학습해서, 이를 현실의 다섯 손가락 손에 적용해서 고도의 제어가 실현됨을 보였습니다.[2] 구체적으로는 매우 복잡한 다섯 손가락 손인 Shadow Dexterous Hand를 사용하여 손에 있는 주사위와 같은 물체를 의도한 방향으로 회전시키는 작업을 학습했습니다. 다섯 손가락 손은 비쌀 뿐만 아니라 고장이 나기 쉽고 개별 기기의 편차와 마모로 인해 시간 경과에 따른 변화도 큽니다. 그래서 실제 다섯 손가락 손으로 대량의 시행 데이터를 수집하는 것은 불가능하다고 봤습니다. 이 작업을 시뮬레이터 환경상에 구축하고, 도메인 무작위화를 적용하여 강화 학습을 통해 학습시켰습니다. 현재의 강화 학습에는 많은 시행 횟수가 필요한데, 이 작업에서도 시뮬레이터에서 하나의 환경에 대해 다섯 손가락 손을 제어하는 방법을 배우려면 현실 세계로 환산할 때 약 3년만큼의 시행이 필요했습니다. 또한, 도메인 무작위화를 한 후에 다양한 환경에 일반화된 제어 방법을 획득하

기 위해서는 현실 세계 환산으로 약 100년의 시행이 필요했습니다. 이것은 8개의 GPU와 6,144개의 CPU 코어를 사용하는 시뮬레이터에서, 3년 분량은 1.5시간, 100년 분량은 50시간으로 실현됩니다.

도메인 무작위화에 더해 이 기법은 강화 학습 에이전트가 RNN을 사용한다는 것이 특징입니다. 이에 의해 에피소드 전반부의 경험을 바탕으로 에피소드 후반부의 정책을 변경할 수 있게 됩니다. 에피소드 전반부에서 환경이 어떤 파라미터를 가지는지를 RNN이 추정하여(예를 들면 물체가 미끄러움), 그에 따라 후속 행동을 조정하여 에이전트가 에피소드 중에 환경에 자동으로 적응하기를 기대하는 것입니다.

이렇게 도메인 무작위화는 시뮬레이션으로 학습한 모델을 현실 세계의 문제에 적용할 수 있도록 했지만, 몇 가지 문제가 있습니다. 그중 하나로, 본래는 현실 세계의 문제만 풀면 되는데도 도메인 무작위화를 사용하여 학습할 때는 그보다 훨씬 더 어려운 많은 환경에서 잘 작동하는 모델을 학습해야만 한다는 점을 들 수 있습니다. 따라서 모델은 필요 이상으로 강력해야 하며 모델을 학습하려면 더 많은 학습 데이터가 필요합니다. 실제로 앞서 언급한 다섯 손가락 기계 제어의 경우에는, 도메인 무작위화를 적용한 문제에서 하나의 환경에 대한 학습의 30배에 가까운 시행 횟수가 필요했습니다.

이 문제를 해결하기 위해 미국 X 컴퍼니와 구글 브레인 팀은 도메인 무작위화를 사용하여 직접 정책을 학습하는 대신, 관측을 공통 포맷 같은 표준 버전canonical version으로 변환하는 방법을 제안했습니다.[3] 시뮬레이터와 현실 세계의 관측을 모두 공통 형식인 표준 버전으로 변환하여 제어할 수 있다면

시뮬레이터에서 학습된 모델을 그대로 현실 세계에 적용할 수 있습니다.

문제는 '관측에서 표준 버전으로의 변환을 어떻게 학습할 것인가'입니다. 시뮬레이터상의 관측으로부터 표준 버전으로 변환하는 것은 학습 데이터를 시뮬레이터상에서 얼마든지 만들 수 있으므로 용이합니다. 반면에 현실 세계의 관측을 표준 버전으로 변환하기 위한 학습 데이터는 사람에 의한 어노테이션이 필요하므로 막대한 시간과 비용이 필요합니다. 이를 해결하기 위해 먼저 도메인 무작위화를 사용하여 다양한 환경의 관측을 표준 버전으로 변환하는 방법을 학습합니다. 이 변환은 환경의 변종에 대해 일반화되기 때문에 환경의 변종 중 하나인 현실 세계의 관측에 대해서도 표준 버전으로 변환하는 것이 가능해집니다.

그리고 로봇에 의한 파지 작업에 있어서, 로봇의 어깨 위에 설치된 카메라로부터의 이미지를 입력으로 하여 폐루프closed loop로 팔과 손을 제어하는 문제를 다루었습니다. 이 문제에서는 입력 카메라 이미지의 시뮬레이션 결과를 실제 얻어진 이미지와 일치시키는 것이 어려웠습니다.

그리고 표준 버전으로서, 배경, 물체가 놓이는 쟁반, 로봇의 팔을 단색으로 하는 표현을 사용했습니다. 또한, 파지 대상 물체는 질감 정보만을 남기고 단색으로 변환한 표현을 사용하여 물체의 정보(자세 및 부위)를 얻도록 했습니다. 팔의 상태도

1 옮긴이_ 과적합된다는 의미입니다.

2 M. Andrychwicz et al., "Learning Dexterous In-Hand Manipulation," *https://arxiv.org/abs/1808.00177*

3 S. James et al., "Sim-to-Real via Sim-to-Sim: Data-efficient Robotic Grasping via Randomized-to-Canonical Adaptation Networks," *https://arxiv.org/abs/1812.07252*

16

이미지로부터 얻어질 수 있도록 팔의 각 링크를 각각 다른 색상으로 했습니다. 광원은 고정된 위치에 놓기로 했습니다. 이 표준 버전은 시맨틱 세그먼테이션semantic segmentation과 비슷하지만, 물체의 질감이나 표준화된 광원이 만들어 내는 그림자 등에 의해 보다 자세한 정보를 표현할 수 있는 형식이 되어 있습니다.

도메인 무작위화를 적용한 후 각 환경에서 이미지로부터 표준 형식으로의 변환을 학습할 때 학습을 돕기 위해, 표준 형식에 더해 세그먼테이션 마스크, 깊이 정보도 동시에 예측하는 작업을 풀게 했습니다. 학습에서는 선명한 이미지를 변환해서 생성할 수 있도록 GAN(적대적 생성 신경망)을 사용했습니다.

파지 학습의 시행 데이터로서, 오프 폴리시와 온 폴리시on-policy 두 종류의 데이터가 필요하게 됩니다. 모든 시행 데이터를 실제 로봇을 사용해서 수집한 경우에는, 오프 폴리시 용 학습 데이터 생성에 현실 세계에서 58만 번의 파지 시행이 필요했습니다. 이 시행은 7대의 로봇으로 몇 주일이 걸렸습니다. 여기에 온 폴리시용의 5,000번의 데이터를 더하면 87%의 정확도가 달성되고, 28,000번의 데이터를 더하면 96%의 정확도가 달성됩니다.[4]

이에 반해, 제안된 기법을 사용하여 표준 버전으로 변환하면 시뮬레이터상의 학습 데이터만을 이용해서 70%의 정확도로 파지할 수 있게 됩니다. 거기에 현실 세계의 온 폴리시 용 5,000번의 데이터를 더하면 정확도가 91%가 되고, 28,000번의 데이터를 더하면 94%가 됩니다. 원래는 현실 세계에서 60만 번에 약간 모자란 시행 횟수로 87%를 달성했지만, 제안 방법은 5,000번의 시행만으로 91%의 정확도를 달성할 수 있으므로 현실 세계에서의 시행 횟수를 1/100로 줄일 수 있는 것입니다.

도메인 무작위화는 사람이 만든 시뮬레이션뿐만 아니라 관측으로부터 학습한 모델에도 적용할 수 있습니다. 예를 들어, 관측으로부터 환경 모델을 하나가 아닌 여러 개 학습하여, 그것들 모두에 대해서 잘 작동하는 메타 학습을 하는 기법이 제안되었습니다.[5] 앞으로도 컴퓨팅 성능의 지속적인 향상이 예상되므로 이러한 가상 환경에서의 학습이 더욱 중요해질 것입니다.

4 D. Kalashnikov et al., "QT-Opt: Scalable Deep Reinforcement Learning for Vision-Based Robotic Manipulation," CoRL 2018, *https://arxiv.org/abs/1806.10293*

5 I. Clavera et al., "Model-Based Reinforcement Learning via Meta-Policy Optimization," CoRL 2018, *https://arxiv.org/abs/1809.05214*

MEMO

CHAPTER 01

CHAPTER 02

CHAPTER 03

---

* 이 참고 문헌 목록은 『닛케이 로보틱스Nikkei Robotics』지에 게재된 연재 기사의 원제목으로, 기사별 잡지 호수 정보를 함께 표기했습니다.

CHAPTER 04

CHAPTER 05

CHAPTER 06

CHAPTER 07

CHAPTER 08

CHAPTER 12

CHAPTER 13

CHAPTER 14

CHAPTER 15

CHAPTER 16

찾아보기*

---

*   일러두기_ 이 책 한국어판의 색인은 역자가 선별해 작성했으며,
원서에는 색인이 따로 없습니다.